Sicherstellung der Wohlverhaltensregeln bei grenzüberschreitendem Bezug

Dissertation
zur Erlangung des Grades eines Doktors der Rechte
der Juristischen Fakultät
der Universität Ausgburg

vorgelegt von:
Thomas Stephan
aus München

2001

Berichterstatter:

1. Prof. Dr. Thomas M. J. Möllers
2. Prof. Dr. Christoph Becker

Tag der mündlichen Prüfung: 8. Februar 2001

Thomas Stephan

Sicherstellung der Wohlverhaltensregeln bei grenzüberschreitendem Bezug

2., unveränderte Auflage

UTZ

Herbert Utz Verlag · München

Rechtswissenschaften

Herausgegeben von

Prof. Dr. Thomas Küffner
küffner maunz langer zugmaier, München

Band 12

Zugl.: Diss., 2001

Bibliografische Information der Deutschen Nationalbibliothek:
Die Deutsche Nationalbibliothek verzeichnet diese Publikation in der Deutschen Nationalbibliografie; detaillierte bibliografische Daten sind im Internet über http://dnb.d-nb.de abrufbar.

Titelabbildung: steinchen / pixabay.com

frühere Ausgabe: ISBN 978-3-89675-812-5

ISBN 978-3-8316-8159-4

Printed in EU
Herbert Utz Verlag GmbH, München
www.utzverlag.de

Danke
an Ina Paschen und Beate Kahn, die Korrektur gelesen haben
und für das Verständnis von meinen Sohn Julian, für den ich
wegen der Arbeit weniger Zeit hatte sowie von Jespar, der
deswegen weniger von seiner Mutter hatte

Kurzübersicht

Inhalt

Literaturliste

- *Abrams, Charles,* The Investment Services Directive – who should be the principal regulator of cross-border services?, EFSL 1995, 317
- *Abrams, Charles,* The Second Banking Directive and the Investment Services Directive: when and how can the single European passport be used for cross-border services?, EFSL 1997, 248
- *Abrams, Charles/ Yonge, William,* Implementation of the Investment Services Directive – indirect customers and location of head office, EFSL 1995, 339
- *Akehurst, Michael,* Jurisdiction in International Law, XLVI BYIL (1972/1973), S. 145
- *Alternativkommentarreihe, Kommentar zum Grundgesetz für die Bundesrepublik Deutschland,* 1. Band, 2. Auflage, 1989 [zit.: Bearbeiter, in: Alternativkommentar zum Grundgesetz]
- *Andenas, Mads/Hadjiemmanuil, Christos,* Banking Supervision, the Internal Market and European Monetary Union, EBLR 1998, 149.
- *Arnold, Franz*, in: Telekommunikation und Wirtschaftsrecht: Kongress Telekommunikationsrecht im Umbruch 1987, München, herausgegeben von Joachim Scherer, Köln 1988
- *Arnold, Rainer,* Die Übernahme des allgemeinen Völkerrechts in den internen Rechtsbereich der Europäischen Union, in: Gedächnisschrift für Günther Küchenhoff, Recht und Rechtsbesinnung, Berlin 1987, 165
- *Assmann, Heinz-Dieter/ Schneider, Uwe*, WpHG, Kommentar, Köln 1999 [zit.: Bearbeiter, in: Assmann/Schneider, WpHG]
- *Assmann, Heinz-Dieter/ Schütze, Rolf,* Ergänzungsband zur 2. Auflage des Handbuch des Kapitalanlagerechts, Loseblatt, 1. Lieferung, Stand 1999
- *Assmann, Heinz-Dieter,* Neuemmissionen von Wertpapieren über Internet, in: FS Schütze, München 1999
- *Assmann, Heinz-Dieter/ Schütze, Rolf,* Handbuch des Kapitalanlagerechts, 2. Auflage, München 1997
- *Auernhammer, Herbert,* Bundesdatenschutzgesetz, 3.Auflage, Köln u.a. 1993
- *Auernhammer, Herbert,* Die Europäische Datenschutz-Konvention und ihre Auswirkungen auf den grenzüberschreitenden Datenverkehr, DuD 1985, 7
- *Autenrieth, Karlheinz*, Der britische Protection of Trading Interests Act im System des Internationalen Kartellrechts, RIW 1983, 15
- *Badr, Gamal Moursi*, State Immunity, An Analytical and Prognostic View, The Hague u.a 1984
- *Baetge, Dietmar,* Der gewöhnliche Aufenthalt im IPR, Tübingen 1994
- *Bähre, Inge Lore*, KWG-Kommentar, 3. Auflage, München 1986 [zit.: KWG]
- *Balzer, Peter*, Discount-Broking im Spannungsfeld zwischen Beratungsausschluß und Verhaltenspflichten nach dem WpHG, DB 1997, 2311
- *Bar, Christian von,* Internationales Privatrecht, Bd. 1, Allgemeine Lehren, München 1987

- *Bär, Rolf,* Kartellrecht und Internationales Privatrecht, Bern 1965
- *Basedow, Jürgen*, Entwicklungslinien des internationalen Kartellrechts, Ausbau und Differenzierung des Auswirkungsprinzips, NJW 1989, 627
- *Batereau, Lutz,* Spieleinwand bei „range warrants" – Umfang der Aufklärungspflicht des Discount-Brokers, Kommentar zu BGH Urteil vom 05.10.1999, BB 2000, 11
- *Bauer, Klaus-Albert*, Das Recht der internationalen Bankenaufsicht, Bankauslandsniederlassungen im Aufsichtsrecht der USA und der Bundesrepublik Deutschland, Baden-Baden 1985 [zit.: Internationale Bankenaufsicht]
- *Baur, Georg,* Das neue Wertpapierhandelsrecht, Die Bank 1997, 346
- *Bechtold, Rainer,* Kartellgesetz, Gesetz gegen Wettbewerbsbeschränkungen, Kommentar, München 1993
- *Beck, Bernhard*, Die extraterritoriale Anwendung nationalen Wettbewerbsrechts unter besonderer Berücksichtigung länderübergreifender Fusionen, Baden-Baden 1986 [zit.: Extraterritoriale Anwendung]
- *Beck, Heinz/Samm, Carl-Theodor,* Gesetz über das Kreditwesen, Kommentar, Loseblatt, Stand 2000
- *Behrens, Peter,* The Institutional Architecture of Global Financial Markets, MJ 1999, 271
- *Bergmann, Michael*, Grenzüberschreitender Datenschutz, Baden-Baden 1985
- *Berlanda, Marco,* Effects of the Investment Services Directive on the Italian Stock Exchange, EFSL 1995, 82
- *Bernhardt, Rudolf,* Ungeschriebenes Völkerrecht, ZaöV 36 (1967), 50
- *Bertele, Joachim,* Souveränität und Verfahrensrecht: eine Untersuchung der aus dem Völkerrecht ableitbaren Grenzen staatlicher extraterritorialer Jurisdiktion im Verfahrensrecht, Tübingen 1998
- *Bertin-Mourot, Oliver/ Pickering, Jaques,* Transposition of the Investment Services Directive into French Law, EFSL 1997, 14
- *Bieber/Dehousse/Pinder/Weiler* (Herausgeber), 1992: One European Market?, 1988 [zit.: Bearbeiter, in:]
- *Binding, Karl,* Handbuch des Strafrechts, Band 1, Leipzig 1885
- *Bingham Report*, Inquiry into the Supervision of the Bank of Credit and Commerce International, chairman: Lord of Justice Bingham, erstellt auf Wunsch des House of Commons am 22. Oktober 1992, Referenznummer HCP 198 und herausgegeben von HM80, London 1992
- *Birkelbach, Jörg/Ebeling, Adolf/Kramer, Erich,* Hauptsache billig, Internetbanking, was geht zu welchem Preis, c`t (Zeitschrift für Computer und Technik), 7 (2000), 142
- *Biscottini, Guiseppe,* L'efficacité des actes administrative étrangers, Receuil des Cours de l' Academie de droit international, 1961 III, 635
- *Björkland, Mattias,* The Scope of the General Good Notion in the Second Banking Directive According to Recent Case Law, EBLR 1998, 227
- *Blair, Michael,* Financial Services: The new core rules, London 1991
- *Blaurock, Uwe* (Herausgeber), Das Bankwesen im Gemeinsamen Markt, Baden Baden 1981 [zit: Bearbeiter, in:]

- *Bleckmann, Albert*, Die völkerrechtlichen Grundlagen des Internationalen Kollisionsrecht, Köln 1992 [Völkerrechtliche Grundlagen]
- *Blenk, Werner K.*, Die Zustellung von Bescheiden der Kartellbehörden mit Auslandsbezug, RIW 1980, 233
- *Bliesener, Dirk H.*, Aufsichtsrechtliche Verhaltenspflichten beim Wertpapierhandel, Berlin, New York 1998 [zit.: Verhaltenspflichten]
- *Bopp, Richard*, Europäische Aufsicht über Kreditinstitute, Frankfurt am Main 1982
- *Bownlie, Ian,* Principles of Public International Law, 5. Auflage, Oxford 1998
- *Briault, Clive,* The Rationae for a Single National Finances Regulator, Occasional Paper 2 of the Financial Services Authority, May 1999 [zit.: Rationae]
- *Bruske, Frank*, Beweiswürdigung und Beweislast bei Aufklärungspflichtverletzungen im Bankrecht, Berlin 1994 [zit.: Beweiswürdigung]
- *Bundesaufsichtsamt für den Wertpapierhandel,* Richtlinie des Bundesaufsichtsamtes für den Wertpapierhandel zur Konkretisierung der Organisationspflichten von Wertpapierdienstleistungsunternehmen gemäß § 33 Abs. 1 WpHG vom 25. Oktober 1999
- *Bundesminister für Finanzen,* Konzept Finanzplatz Deutschlands, WM 1992, 420
- *Burmester, Gabriele,* Grundlagen internationaler Regelungskumulation und -kollision, unter besonderer Berücksichtigung des Steuerrechts, Baden-Baden 1993 [zit.: Grundlagen]
- *Cahn, Andreas*, Grenzen des Markt- und Anlegerschutzes durch das WpHG, ZHR 162 (1998), 1
- *Calliess, Christian/Ruffert, Matthias,* Kommentar zu EU-Vertrag und EGV, Neuwied 1999 [zit.: Bearbeiter, in: Calliess/Ruffert]
- *Carreau, Dominique,* Bourses et Valeurs Mobilières, Juris-Classeur Europe 9, 1997, Fasciscule 1030 à 1035 [zit.: Juris-Classeur]
- *Clarotti, Paolo,* La deuxième directive de coordination en matière d'établissement de crédit, RMC 1989, 453
- *Dalhuisen, JH,* Liberalisation and Re-Regulation of Cross-Border Financial Services, The Situation in the EU and WTO/GATS, Part I, EBLR 1999, 158; Part II , EBLR 1999, 284; Part III, EBLR 1999, 354
- *Damian, Helmut*, Staatenimmunität und Gerichtszwang, Grundlagen u. Grenzen der völkerrechtlichen Freiheit fremder Staaten von inländischen Gerichtsbarkeit in Verfahren der Zwangsvollstreckung oder Anspruchssicherung, Berlin u.a. 1985
- *Darnion, Marco,* Schlußantrag des Generalanwalts im Zellstoff Verfahren, EuGH Slg., 1988, 5227
- *Dassesse/Isaacs QC/Penn*, EC Banking Law, second edition, London 1994
- *Davis, Howard,* Building the Financial Services Authority: What`s New?, 1999 Travers Lecture, London Guidhall University Business School, 11 March 1999
- *Davis, Howard,* EURO-REGULATION, European Financial Forum Lecture, Brussels, 8. April 1999
- *Davis, Howard,* Financial Regulation and the Law, Chancery Bar Association and Combar Spring Lecture, Lincoln`s Inn. London, 3 March 1999
- *Davis, Howard,* Speech at the EU Conference, 1 June 1999

- *Deckert, Martina R./Rüden, Jens von,* Anlegerschutz durch Europäisches Kapitalmarktrecht, EWS 1998, 46
- *di Amato, Astolfo,* Problemi penalistici derivanti dalle nuove disposizione comunitarie in materia bancaria, Il Foro Italiano 1989, IV, 108
- *Di Fabio, Udo*, Richtlinienkonformität als ranghöchstes Normauslegungsprinzip?, NJW 1990, 947
- *Diwan,Richard,* Extraterritorial Application of U.S. Law, 31 The International Lawyer (1997), 331
- *Dreyling, Georg,* Das Recht der Bankenwerbung nach dem Kreditwesengesetz, 1977
- *Ellger, Reinhard*, Der Datenschutz im grenzüberschreitenden Datenverkehr, Eine rechtsvergleichende und kollisionsrechtliche Untersuchung, Baden-Baden 1990 [zit.: Datenschutz]
- *Empel van/Smits*, Banking and EC Law, Deventer, 1992
- *Engelhardt, Hanns/App, Michael*, Verwaltungs-Vollstreckungsgesetz, Kommentar, München 1996
- *Engelhardt, Hanns/App, Michael*, Verwaltungszustellungsgesetz, Kommentar, München 1996
- *Estey, Wade,* 21 Hastings International and Comparitive Law Journal (1997/98), 177,
- *Europäische Zentralbank,* The effects of technology on the EU banking system, Juli 1999
- *Eyermann, Erich,* Verwaltungsgerichtsordnung, Kommentar, München 1998 [zit.: Bearbeiter, in: Eyermann, VwGO]
- *Fischbach, Natascha,* Organisationspflichten von Wertpapierdiuenstleistungsunternehmen nach § 33 Abs. 1 Nr. 1 WpHG, Dissertation, noch nicht veröffentlicht [zit.: Organisationspflichten]
- *Forsthoff, Ernst*, Lehrbuch des Verwaltungsrecht, Band 1, 10. Auflage, 1973
- *Frank, R.*, Öffentlich-rechtliche Ansprüche fremder Staaten vor inländischen Gerichten, RabelsZ 34 (1970), Seite 56 bis 75
- *Fröhlichsthal,* Kommentar zum Wertpapieraufsichtsgesetz, Das Recht der Wertpapier- und Kapitalmarktaufsicht, Wien 1998 [zit.: Wertpapieraufsichtsgesetz]
- *Furtak, Oliver,* Die Parteifähigkeit in Zivilverfahren mit Auslandsberührung, 1995
- *Gaßner, Otto/ Escher, Markus*, Bankpflichten bei der Vermögensverwaltung nach Wertpapierhandelsgesetz und BGH-Rechtsprechung, WM 1997, 93
- *Geiger, Rudolf,* EGV, Kommentar zu dem Vertrag zur Gründung der Europäischen Gemeinschaften, 2. Auflage, München 1995
- *Geimer, Reinhold,* Internationales Zivilprozeßrecht, 2. Auflage, Köln 1993
- *Geimer, Reinhold,* (Herausgeber), Wege zur Globalisierung des Rechts, FS für Rolf A. Schütze, München 1999 [zit.: Verfasser, in: FS Schütze]
- *Georgieff, Alexander,* Kollisionen durch extraterritoriale staatliche Regelungen im internationalen Wirtschaftsrecht, Köln 1989 [zit.: Kollisonen]
- *Gleiss, Alfred/Hirsch, Martin,* EWG-Kartellrecht, Heidelberg 1962
- *Gottwald, Peter,* Sicherheit vor Effizienz? – Auslandszustellungen in der Europäischen Union in Zivil- und Handelssachen, in: FS Schütze, Wege zur Globalisierung des Rechts, herausgegeben von Reinhold Geimer, München 1999, 225

- *Gounalakis, Georgios/Rhode, Lars,* Haftung des Host-Providers: ein neues Fehlurteil aus München?, NJW 2000, 2168
- *Greene, E.F./Cohen, A.B./Matlack, L.S.*, Problems of Enforcement in the Multinational Securities Market, 9 University of Pennsylvania Law Review, 325 (1987)
- *Greene, Edward/Beller, Alan/Cohen, George/Hudson, Manley/Rosen, Edward,* US Regulation of the International Securities Markets, 2 Bände, Prentice Hall, Englewood Cliffs, N.J. 1991
- *Grifffin, Joseph P.*, Foreign Governmental Reactions to U.S. Assertions of Extraterritorial Jurisdiction, ECLR 1998, 64
- *Griffin, Joseph P.*, Foreign Governmental Reactions to U.S. Assertions of Extraterritorial Jurisdiction, ECLR 1998, 64
- *Groeben/Thiesing/Ehlermann*, Kommentar zum EU-/EGV, 5. Auflage Baden Baden, 5. Band 1997 [zit.: Bearbeiter, in:]
- *Gronstedt, Dagmar,* Zentrale staatliche Börsenaufsicht und Insiderrecht – Erfahrungen mit der französischen Börsenkommission, München 1995
- *Groß, Thomas*, Die administrative Föderalisierung der EG, JZ 1994, 596
- *Grotius, Hugo,* De Jure Belli ac Pacis Libri Tres (1625), zitiert nach *Krüger, Herbert,* Allgemeine Staatslehre, Stuttgart, 1966
- *Gude, Hans Harald Otto,* Der Ombudsmann der privaten Banken in Deutschland, Großbritannien und der Schweiz, Bonn 1998 [zit.: Der Ombudsmann]
- *Guggenheim, Paul*, Les deux éléments de la coutume en droit international, in: Etudes en l'Honneur de Georges Scelle, Bd. 1, La technique et les principes du droit public, 1950, Seite 275
- *Hartfield, H.*, The Implementation of U.S. Extraterritorial Discovery Proceedings Against Multinational Corporations for the Judiciary, New York University Journal of International Law and Politics 16 (1986), 973
- *Hay, Peter,* Zur etraterritorialen Anwendung US-amerikanischen Rechts, Zugleich eine Anmerkung zu *Hartfort Fire Insurance Co. v. California,* RabelsZ 60 (1996), 303
- *Haymann, Michael*, Extraterritoriale Wirkungen des EWG-Wettbewerbsrechts, Dissertation Zürich, 1974 [zit.: Extraterritoriale Wirkungen]
- *Hector, Pasal,* Das völkerrechtliche Abwägungsgebot, Abgrenzung der Souveränitätssphären durch Verfahren, Berlin 1992
- *Heinze, Stephan,* Europäisches Kapitalmarktrecht, Recht des Primärmarktes, München 1999
- *Heise, Cord Joachim,* Die Vorlage im Ausland belegener Geschäftsunterlagen im Steuerermittlungsverfahren, Dissertation, 1975 [zit.: Im Ausland belegene Geschäftsunterlagen]
- *Hellenthal, Ludger,* Das Bankenaufsichtsrecht der Europäischen Gemeinschaft, Berlin 1992 [zit.: Bankenaufsichtsrecht]
- *Hermanns, Ferdinand*, Die Ermittlungsbefugnis der Kartellbehörden, Köln 1972
- *Hermanns, Ferdinand,* Völkerrechtliche Grenzen für die Anwendung kartellrechtliche Verbotsnormen, Köln 1969
- *Higgins, Rosalyn,* The Legal Bases of Jurisdiction, in: *Olmstead*, Extra-territorial Application of Laws and Responses Thereto, 1984 [zit.: Legal Bases]

- *Hocke, Ernst/Berwald, Siegfried/Maurer, Heinz Dieter,* Außenwirtschaftsrecht, Band 1, Heidelberg, Stand Januar 1991
- *Hoffmann, Diether,* Banken- und Börsenrecht der EWG, Baden-Baden 1990
- *Hohlfeld, Knut,* Die Zukunft der Versicherungsaufsicht nach Vollendung des Binnenmarktes, Kongreß der Deutsche Richterakademie 1992 in Trier, VersR 1993, 144
- *Hoppmann, Carsten,* Europäische Börsenaufsicht, EWS 1999, 204
- *Hopt, Klaus*, Der Kapitalanlegerschutz im Recht der Banken, München 1975 [zit.: Der Kapitalanlegerschutz]
- *Hopt, Klaus*, Grundsatz- und Praxisprobleme nach dem Wertpapierhandelsgesetz – insbesondere Insidergeschäfte und Ad-hoc Publizität –, ZHR 159 (1995), 135
- *Hopt, Klaus*, Schweizerisches Kapitalmarktrecht – Begriff, Aufgaben und aktuelle Probleme, WuR 1986, 101
- *Horn, Norbert,* Banks' Duties to Inform and to give Advice under German Law, übersetzt von *Nottage, Luke,* EBLR 1998, 374
- *Horn, Norbert*, Die Aufklärungs- und Beratungspflichten der Banken, ZBB 1997, 139
- *Horn, Norbert,* Monetary Union and the Internal Market for Banking, ELR 1999, 150
- *Horn, Norbert (Hrsg.),* German Banking Law and Practice in International Perspective, Berlin, New York 1999 [zit.: Verfasser, in: Horn, German Banking Law]
- *Horn, Norbert*, Zur Entwicklung des Finanzbinnenmarktes in Phase 3 der Europäischen Währungsunion, ZBB 1999, 1
- *Huber, Ulrich,* Auswirkungstheorie und extraterritoriale Rechtsanwendung im internationalen Kartellrecht, ZGR 1981, 510
- *Hülsen, von,* Vorlage von Dokumenten und Zeugenvernehmungen für US-Zivilprozesse (Pre-Trial Discovery), AWD 20 (1974), 315
- *Immenga, Ulrich/Mestmäcker, E.-J.*, GWB, Kommentar, 1992 [zit.: Bearbeiter, in:]
- *Ipsen, Hans-Peter,* Europäisches Gemeinschaftsrecht in Einzelstudien, Baden-Baden 1984
- *Ipsen, Knut,* Völkerrecht, 4. Auflage , München 1999
- *Jaeger, Stefan,* Nomen est Omen, Wettbewerbliche Verantwortung von DNS-Betreibern, c`t (Zeitschrift für Computer und Technik) 2000, 242
- *Jarass, Hans/Pieroth, Bodo,* Grundgesetz für die Bundesrepublik Deutschland, 4. Auflage, München 1997
- *Jennings, R.Y.,* Extraterritorial Jurisdiction and the United States Antitrust Laws, BYIL 33 (1957), 147
- *Jennings, Robert Yewdall,* Extraterritirial Jurisdiction and the United States Antitrust Laws, 33 BYIL (1957), 146
- *Jennings, Robert/Watts, Arthur,* Oppenheim's International Law, 9. Auflage, London – New York 1996
- *Juenger,Friedrich K.,* Conflict of Laws: A Critique of Interests Analysis, 32 American Journal of Comparative Law (1984), 1
- *Junker, Abbo*, Discovery im deutsch-amerikanischen Rechtsverkehr, Heidelberg 1987 [zit.: Discovery]

- *Kaffanke, Joachim,* Nationales Wirtschaftsrecht und internationale Wirtschaftsordnung, Anwendungsgrenzen nationalen Rechts bei internationalen Sachverhallten, Baden Baden 1990 [zit.: Nationales Wirtschaftsrecht]
- *Kärde, Bengt/Degenne, Sophie,* Implementation of the Investment Services Directive in Sweden, EFSL 1997, 8
- *Kegel, Gerhard/Seidl-Hohenveldern, Ignaz,* On the Territoriality Principle in Public International Law, Hastings International and Comparative Law Review 5 (1981/82), 245, ist eine Übersetzung ins Englische des deutschsprachigen Aufsatzes in FS Ferid, 1978, 233
- *Kegel, Gerhard/Seidl-Hohenveldern, Ignaz,* Zum Territorialitätsprinzip im internationalen öffentlichen Recht, FS Ferid, 1978, 233
- *Kersten, Hans-Christian,* Zur Anwendbarkeit des GWB auf ausländische Unternehmenszusammenschlüsse mit Inlandswirkungen, WuW 1979, 719
- *Kessel, Wolfgang,* EU-Richtlinie über System für die Entschädigung der Anleger, AG 1997, 313
- *Kevekordes, Johannes,* Auslandszusammenschlüsse im internationalen und materiellen Kartellrecht, Heidelberg 1986
- *Kiel, Peter,* Internationales Kapitalanlegerschutzrecht: zum Anwendungsbereich kapitalanlegerschützender Normen im deutschen, europäischen und US-amerikanischen Recht, Berlin, New York 1994 [zit.: Kiel]
- *Knack, Hans Joachim,* Verwaltungsverfahrensgesetz (VwVfG), Kommentar, 6. Auflage, Köln 1998 [zit.: Bearbeiter, in: Knack, VwVfG]
- *Knauth, Klaus-Wilhelm,* Die Werbung in der Kreditwirtschaft, 1988
- *Köhler/Pieper,* UWG, Gesetz gegen den unlauteren Wettbewerb, München 1995 [zit.: Bearbeiter, in: Köhler/Pieper, UWG]
- *Kollatz, Udo,* Anmerkung zu ArbG Köln RIW 1999, 623, RIW 1999, 624
- *Köndgen, Johannes,* Die Entwicklung des privaten Bankrechts in den Jahren 1992 – 1995, NJW 1996, 558
- *Köndgen, Johannes,* Mindestharmonisierung im europäischen Bankrecht – konzeptionelle Grundlagen -, Referat im Rahmen des vom Zentrum für Europäisches Wirtschaftsrecht und vom Zentrum für Europäische Integrationsforschung veranstalteten 7. Bonner Europa-Symposiums „Mindestharmonisierung im Binnenmarkt“, 27. April 1996, Sammelband Nr. 70 [zit.: Verfasser, in: 7. Bonner Europa-Symposium]
- *Köndgen, Johannes,* Wieviel Aufklärung braucht ein Wertpapierkunde? Bemerkungen zum Richtlinienentwurf des Bundesaufsichtsamts für den Wertpapierhandel zu § 35 Abs. 2 WpHG, ZBB 1996, 361
- *Kopp, Ferdinand O.,* Kollisionsrecht im öffentlichen Recht, DVBl 1967, 469
- *Kopp, Ferdinand O.,* Verwaltungsgerichtsordnung, Kommentar, 10. Auflage, München 1994 [zit.: Kopp, VwGO]
- *Kopp, Ferdinand O.,* Verwaltungsverfahrensgesetz (VwVfG), Kommentar, 6. Auflage, München 1996 [zit.: Kopp, VwVfG]
- *Köstlin, Ulrich,* Anlegerschutz und Auslandsbeziehungen, Bonn 1985
- *Kropholler, Jan,* Internationales Privatrecht, 3. Auflage, Tübingen 1997

- *Kuhlmann, Ulrich,* Drittstaatsbezogene Unternehmenszusammenschlüsse im EWG-Kartellrecht, Frankfurt a.M. 1990
- *Kühnhardt, Ludger,* Stufen der Souveränität, Staatsverständnis und Selbstbestimmung in der „Dritten Welt“, Bonn, Berlin 1992 [zit.: Stufen der Souveränität]
- *Kümpel, Siegfried,* Bank- und Kapitalmarktrecht, Köln 1995
- *Kümpel, Siegfried,* Die allgemeinen Verhaltensregeln des Wertpapierhandelsgesetzes, WM 1995, 689
- *Kümpel, Siegfried,* Wertpapierhandelsgesetz: eine systematische Darstellung, Berlin 1996 [zit.: Wertpapierhandelsgesetz]
- *Kümpel, Siegfried/Ott, Claus,* Kapitalmarktrecht, Ergänzbares Rechtshandbuch, Loseblattausgabe [zit.: Bearbeiter in: Kümpel/Ott, Kapitalmarktrecht, (Stand der betreffenden Lieferung), „Kennzahl“ des Beitrags]
- *Kuyper, Pieter Jan,* The EC and the US Pipeline Embargo, 27 GYIL (1984), 72
- *Lange, Dieter,* The extraterritorial application of national laws, 1987 [zit.: Extraterritorial Application]
- *Loewenheim, Ulrich/Belke, Rolf,* Gesetz gegen Wettbewerbsbeschränkungen, Loseblatt, Herne, Stand 1993
- *Lowe, A.V.,* Extraterritoirial juristdiction, an annotated collection of legal materials, Cambridge 1983
- *Lowe, A.V.,* Public International Law and the Conflict of Laws: The European Response to the United States Export Administration Regulations, 33 International and Comparative Law Quarterly (1984), 515
- *Maier, Harold,* Interest Balancing and Extraterritorial Jurisdiction, 31 American Journal of Comparative Law (1983), 579
- *Mann, Frederick A.,* Öffentlich-rechtliche Ansprüche im internationalen Rechtsverkehr, RabelsZ 21 (1956), 1
- *Mann, Frederick A.,* The Doctrine of International Jurisdiction Revisited after Twenty Years, Receuil des Cours 1984 III, 9
- *Mann, Frederick A.,* The Doctrine of Jurisdiction in International Law, Receuil des Cours 1964 I, 9
- *Mann, MichaelD.,* International Legal Assistance in Securities Law Enforcement – Status and Perspectives, WuR 1986, 175
- *Matscher, Franz,* Über die Grenzen der territorialen Souveränität, deren Verletzung und befugte Überschreitung, ÖZöffRVR 1977, 131
- *Matthies, Heinrich,* Die deutsche internationale Zuständigkeit, Frankfurt a.M. 1955
- *Maunz/Dürig*, Grundgesetz, Kommentar, Loseblatt, Stand Februar 1999 [zit.: Bearbeiter, in:]
- *Maurer, Hartmut,* Allgemeines Verwaltungsrecht, 11. Auflage, München 1997
- *Mc All, Susan M,* Implementation of the Investment Services Directive: progress to date, EFSL 1996, 83
- *Meessen, Karl Matthias*, Völkerrechtliche Grundsätze des internationalen Kartellrechts, Baden-Baden 1975 [zit.: Völkerrechtliche Grundsätze]

- *Meixner, Rüdiger*, Neuerungen im Bankenaufsichts- und Kapitalmarktrecht, NJW 1998, 862
- *Melnyk, Robert/Rogg, Heiko/Steiner, Alexander,* Direct Banking in Europa, Die Bank 1999, 664
- *Meng, Werner,* Extraterritoriale Jurisdiktion im öffentlichem Wirtschaftsrecht, 1994 [zit.: extraterritoriale Wirkungen]
- *Meng, Werner,* Neuere Entwicklungen im Streit um die Juristdiktionshoheit der Staaten im Bereich der Wettbewerbsbeschränkungen, ZaöV 41 (1981), 468
- *Meng, Werner,* Völkerrechtliche Zulässigkeit und Grenzen wirtschaftsverwaltungsrechtlicher Hoheitsakte mit Auslandswirkung, ZaöV 44 (1984), 675
- *Meng, Werner,* Wirtschaftssanktionen und staatliche Jurisdiktion – Grauzonen im Völkerrecht, ZaöV 54 (1997), 269
- *Mestmäcker, Ernst-Joachim,* Staatliche Souveränität und offene Märkte, RabelsZ 52 (1988), 205
- *Metzger, D.*, The Restatement of Foreign Relations Law of the United States: Bases and Conflicts of Jurisdiction, New York University Law Review 41 (1966), 7
- *Möllers, Thomas M.J.*, Das neue Werberecht der Wertpapierfirmen: § 36b WpHG, ZBB 1999, 134
- *Morrison, Fred L.*, Conflicts of Jurisdiction, GYIL 29 (1986), 417
- *Morse, Duane D./Powers, Joan S.*, U.S. Export Controls and Foreign Entities: The Unanswered Question of Pipeline Diplomacy, 23 Virginia Jounal of International Law (1983), 537
- *Mozet, Peter,* Internationale Zusammenarbeit von Kartellbehörden, Heidelberg 1991
- *Mülbert, Peter O.*, Bankenaufsicht über internationale Bankkonzerne – Informationsrechte und -pflichten nach der KWG-Novelle 1984, AG 1986, 1
- *Münchener Kommentar*, Bürgerliches Gesetzbuch, Internationales Privatrecht, 4. Auflage, München 1998 [zit: Bearbeiter, in:]
- *Nessler, Volker,* Der transnationale Verwaltungsakt – Zur Dogmatik eines neuen Rechtsinstituts, NVwZ 95, 863
- *Nicholson, Keith,* International Computer Crime, A Global Village under Siege, New England International & Comparative Law Annual 2 (1996)
- *Nordmann, E.*, Die Beschaffung von Beweismitteln aus dem Ausland durch staatliche Stellen, 1979 [zit.: Beschaffung von Beweismitteln]
- *Norton, Joseph Jude,* Extraterritorial Jurisdiction of US Antitrust and Securities Laws, 28 International and Comparative Law Quarterly (1979), 575
- Note, verschiedene Bearbeiter, American Adjudication of Transnational Securities Fraud, 89 Harvard Law Review (1976), 553
- Note, verschiedene Bearbeiter, The Extraterritorial Application of the Antifraud Provisions of the Securities Acts, 11 Cornell International Law Journal (1978), 137
- *Nyberg, Per,* Sweden: Implementation of the Investment Services Directive, EFSL 1996, 92
- *Obresek, Wolf,* Hoheitsakte auf fremden Staatsgebiet, Eine Betrachtung anhand praktischer Fälle, ÖZöffRVR 1985, 325

- *Oppermann, Thomas,* Europarecht, 1999
- *Oppermann, Thomas,* Nichteinmischung in innere Angelegenheiten, 14 ArchVR (1969/70), 321
- *Ordemann, Hans-Joachim/Schomerus, Rudolf,* Bundesdatenschutzgesetz, Gesetz zum Schutz vor Missbrauch personenbezogener Daten bei der Datenverarbeitung, 4. Aufl, 1988
- *Osterloh, Cathrin,* Diskussionsbeitrag zu Referaten im Rahmen des vom Zentrum für Europäisches Wirtschaftsrecht und vom Zentrum für Europäische Integrationsforschung veranstalteten 7. Bonner Europa-Symposiums „Mindestharmonisierung im Binnenmarkt“, 27. April 1996, Sammelband Nr. 70 [zit.: Verfasser, in: 7. Bonner Europa-Symposium]
- *Ostrove, Michael,* Extraterritorial Application of U.S. Law, 33 The International Lawyer (1999), 418
- *Pagenstecher,* Werden die Partei- und Prozessfähigkeit eines Ausländers nach seinem Personalstatut oder nach den Sachnormen der lex fori beurteilt? Ein Beitrag zur Lehre von den zivilprozessualen Kollisionsnormen: ZZP 64 (1951), 249
- *Palandt,* Bürgerliches Gesetzbuch, 59. Auflage, München 2000 [zit.: Bearbeiter in:]
- *Parisi, John J.,* Enforcement Co-operation Among Antitrust Authorities, ECLR 1999, 133
- *Pfeiffer, Florian,* Der Schutz des (Klein-) Anlegers im Rahmen der Verhaltensregeln der §§ 31, 32 WpHG, Verbraucherschützende Aufklärungs- und Beratungspflichten der Banken, Dissertation Augsburg, 1999 [zit.: Pfeiffer]
- *Phillips, Paul,* The practical effect of the Investment Services Directive on UK Investment businesses, EFSL 1996, 322
- *Pötsch, Thomas*, Der Diskussionsentwurf des Dritten Finanzmarktförderungsgesetzes, AG 1997, 193
- *Rehbinder, Eckard,* Extraterritoriale Wirkungen des deutschen Kartellrechts, Baden-Baden 1965 [zit.: Extraterritoriale Wirkungen]
- *Reich, Norbert,* Competition between Legal Orders: A New Paradigm of EC Law, CMLRev 29 (1992), 861
- *Reich, Norbert*, Informations-, Aufklärungs- und Warnpflichten beim Anlagengeschäft unter besonderer Berücksichtigung des „execution-only-business“ (EOB), WM 1997, 1601
- *Reischauer, Freidrich/Kleinhans, Joachim*, Kreditwesengesetz (KWG), Loseblatt, Stand 1998
- *Rendell, Robert,* International Banking and Finance, 33 The International Lawyer (1999), 243
- *Ress, Georg,* Entwicklungstendenzen der Immunität ausländischer Staaten, ZaöV 40 (1980), 217
- *Riegel, Reinhard,* Grenzüberschreitende Datenübermittlung und Datenschutz im Sicherheitsbereich, BayVBl. 1980, 65 mit Duplik auf *Weigert* ab Seite 72
- *Römer, Monika,* Harmonisierung der Bankenaufsicht in der Europäischen Gemeimschaft, Berlin 1977
- *Rosendahl, Douglas E./Knighton, William M.,* National Laws and International Commerce, Chatham House Papers, No. 17, London 1982

- *Rudolf, Walter,* Territoriale Grenzen der staatlichen Rechtsetzung, Berichte der Deutschen Gesellschaft für Völkerrecht 11 (1973), 9
- *Sachs, Michael,* Grundgesetz, Kommentar, München 1996 [zit. Bearbeiter in: Sachs]
- *Sack, Rolf,* Die Berücksichtigung der Richtlinie 97/55/EG über irreführende und vergleichende Werbung bei der Anwendung der §§ 1 und 3 UWG, WRP 1998, 241
- *Savigny, Friedrich Carl von,* Geschichte des römischen Rechts im Mittelalter, Band 1, 2. Auflage, Berlin 1834
- *Schäfer, Frank/ Müller, Jörg,* Haftung für fehlerhafter Wertpapierdienstleistungen, Köln 1999
- *Schapper, Claus Henning,* Grenzüberschreitender Datentransfer und Datenschutz, CR 1987, 86
- *Schaumann, Wilfried,* Die Immunität ausländischer Staaten nach Völkerrecht und deutschem Zivilprozeßrecht : Arbeiten der 2. Studienkommission der DGVR, Thesen der Kommission / Berichte von Wilfried Schaumann und Walther J. Habscheid, Karlsruhe, 1968, 5
- *Schimansky, Herbert/Bunte, Hermann-Josef/Lwowski, Hans-Jürgen,* Bankrechts-Handbuch, Band III, München 1997 [zit.: Verfasser, in:]
- *Schlochauer, Hans-Jürgen,* Die extraterritoriale Wirkung von Hoheitsakten nach dem öffentlichen Recht der Bundesrepublik Deutschland und nach internationalem Recht, Frankfurt am Main 1962
- *Schlosser, Peter,* Der Justizkonflikt zwischen den USA und Europa, Berlin, New York 1985 [zit.: Der Justizkonflikt]
- *Schlosser, Peter,* Die internationale Zustellung zwischen staatlichem Souveränitätsanspruch und Anspruch auf ein faires Verfahren, in: FS Franz Matscher, Verfahrensgarantien im nationalem und internationalem Prozessrecht, Wien 1993
- *Schlosser, Peter,* Internationale Rechtshilfe und rechtsstaatlicher Schutz von Beweispersonen, ZZP 94 (1981), 394
- *Schlüter, Uwe,* Wertpapierhandelsrecht, München 2000
- *Schmidt, Dirk,* Das besondere Wettbewebsrecht der Kreditinstitute, 1968
- *Schmidt, Karsten,* Gesellschaftsrecht, 3. Auflage, Köln u.a. 1997
- *Schmitz, Berthold,* Fiktive Auslandszustellung, Berlin 1980
- *Schneider, Uwe,* Europäischer und globaler Wettbewerb der Bankensysteme, in: FS für Theodor Heinsius, 1991, 733
- *Schneider, Uwe,* Refuge de l'Aiguille du Gouter der Rechtsangleichung oder ein juristischer Erlkönig? – eine Stellungnahme, Referat im Rahmen des vom Zentrum für Europäisches Wirtschaftsrecht und vom Zentrum für Europäische Integrationsforschung veranstalteten 7. Bonner Europa-Symposiums „Mindestharmonisierung im Binnenmarkt", 27. April 1996, Sammelband Nr. 70 [zit.: Verfasser, in: 7. Bonner Europa-Symposium]
- *Schnyder, Anton K.,* Der Sitz von Gesellschaften im Internationalen Zivilverfahrensrecht, in: FS Schütze, Wege zur Globalisierung des Rechts, herausgegeben von Reinhold Geimer, München 1999, 767
- *Schomerus,* Datenschutz im grenzüberschreitenden Datenverkehr, Referat anläßlich der DAFTA 1977, Tagungsband, hrsg. von der GDD, 1978, 24

- *Schön, Michael*, Verhaltensregeln für Wertpapierdienstleistungsunternehmen nach dem Zweiten Finanzmarktförderungsgesetz: Auswirkungen auf die Anlageberatung der Kreditinstitute, Hamburg 1998
- *Schröder, Michael,* Die Wertpapierhandelsaufsicht nach dem zweiten Finanzmarktförderungsgesetz, Frankfurt a.M., Berlin, Bern, New York, Paris, Wien 1998
- *Schulte-Frohlinde, Mark-Olaf,* Art. 11 Wertpapierdienstleistungsrichtlinie und seine Umsetzung durch das Wertpapierhandelsgesetz, Frankfurt a.M. 1999 [zit.: Art. 11 Wertpapierdienstleistungsrichtilnie]
- *Schulze, Johannes,* Das öffentliche Recht im internationalen Privatrecht, Frankfurt a.M. 1972
- *Schuster, Gunnar,* Die internationale Anwendung des Börsenrechts, Beiträge zum ausländischen öffentlichem Recht und Völkerrecht, Berlin u.a. 1996 [zit.: Internationale Anwendung]
- *Schwappach, Jürgen,* Internationale Datenflüsse im Bereich der Industrie und ihre Bewertung nach dem Bundesdatenschutzgesetz, DuD 1978, 21
- *Schwark, Eberhard*, Anlegerschutz durch Wirtschaftsrecht, München 1979
- *Schwark, Eberhard,* Die Verhaltensnorm in den §§ 31 ff WpHG, Das zweite Finanzmarktförderungsgesetz in der praktischen Umsetzung, in: Bankrechtstag 1995, 109
- *Schwark, Eberhard*, Gesellschaftsrecht und Kapitalmarktrecht, in: FS für W. Stimpel, 1985, 1087
- *Schwartz, Ivo E.*, Anwendbarkeit nationalen Kartellrechts auf internationale Wettbewerbsbeschränkungen, in: Kartelle und Monopole im modernen Recht (1961) Band II, 673
- *Schwartz, Ivo E.*, Deutsches Internationalen Kartellrecht, Der Anwendungsbereich des Gesetzes gegen Wettbewerbsbeschränkungen unter vergleichender Heranziehung des amerikanischen Antitrustrechts, 2. Auflage, Köln u.a. 1968
- *Schwarze, Jürgen,* Das allgemeine Völkerrecht in den innergemeinschaftlichen Rechtsbeziehungen, Kongreß: Wissenschaftliche Gesellschaft für Europarecht/Wissenschaftliches Kolloquium (8), 1982, Bad Ems, EuR 1983, 1
- *Schweitzer, Michael/Hummer, Waldemar*, Europarecht, 5. Auflage, Berlin 1996 [zit. Schweitzer/Hummer]
- *Seidl-Hohenveldern, Ignaz,* Völkerrechtliche Grenzen bei der Anwendung des Kartellrechts, AWD 17 (1971), 53
- *Serick, Rolf,* Rechtsform und Realität juristischer Personen, Tübingen 1955
- *Sethe, Rolf,* Einlagensicherung und Anlegerentschädigung nach europäischem und deutschem Recht, ZBB 1998, 305
- *Siegrist, Dave*, Hoheitsakte auf fremdem Staatsgebiet, Dissertation, Zürich, 1987
- *Siller, Christian,* Rechtsfragen des Discount-Broking, Dissertation, Köln 1999
- *Simitis, Spiros,* Datenschutz und Europäische Gemeinschaft, RDV 1990, 3
- *Simitis/Dammann/Mallmann/Reh*, Bundesdatenschutzgesetz, Kommentar, Loseblatt (letzter Stand: Dez. 1998) [zit.: Bearbeiter, in:],

- *Stadler, Astrid*, Der Schutz des Unternehmensgeheimnisses im deutschen und US-amerikanisehen Zivilprozeß und im Rechtshilfeverfahren, 1989 [zit.: Schutz des Unternehmensgeheimnisses]
- *Steinberger, Helmut,* State Immunity, EPIL 10 (1987), S. 428
- *Stern, B.*, Quelques observations sur les règles internationales relatives à l'applocation extraterritoriale du droit, Annuaire Francais du Droit Internationale 32 (1986), 7
- *Stockmann, Kurt,* Kartellbehördliche Ermittlungen im Ausland, WuW 1975, 243
- *Strupp, Karl/Schlochauer, Hans-Jürgen,* Wörterbuch des Völkerrechts, Berlin 1960 (erster Band), 1961 (zweiter Band), 1962 (dritter Band) [zit.: Verfasser, in: Strupp/Schlochauer]
- *Stürmer, Ulrich,* Die extraterritoriale Anwendung amerikanischer Anlegerschutzbestimmungen, Frankfurt a.M. 1978 [zit.: Extraterritoriale Anwendung]
- *Stürmer, Ulrich,* Die extraterritoriale Anwendung des US-amerikanischen Rechts, RIW 1984, 239
- *Swindells, Chris/Henderson, Kay,* Legel Regulation of Electronik Commerce, JILT (3), 1998
- *Szászy, István*, International Civil Procedure, A Comparative Study, Leiden 1967
- *Tercier, Pierre*, Die Herausgabe im Ausland belegener Dokumente in der amerikanischen Rechtsprechung, RabelsZ 36 (1972), 341
- *Thomas, Heinz/Putzo, Hans/Reichold, K.*, Zivilprozeßordnung, München 1999 [zit: Thomas/Putzo/Reichold]
- *Tornberg, Nina,* The Commission`s Communication on the General Good - magna charta or law -making?, EBLR 1999, 24
- *Torremans, Paul,* Extraterritorial Application of E.C. and U.S. Competition Law, European Law Review, 1996, 280
- *Troberg, Peter,* Stellungnahme zu Referaten im Rahmen des vom Zentrum für Europäisches Wirtschaftsrecht und vom Zentrum für Europäische Integrationsforschung veranstalteten 7. Bonner Europa-Symposiums „Mindestharmonisierung im Binnenmarkt", 27. April 1996, Sammelband Nr. 70 [zit.: Verfasser, in: 7. Bonner Europa-Symposium]
- *Ulbricht, Volker,* Der grenzüberschreitende Datenschutz im Europa- und Völkerrecht, CR 1990, 602
- *Vagts, Detlev F.*, The Scope of Application and Enforcement of U.S. Laws, Regulations, WuR 35 (1983), 72
- *Vattel, Emer de,* Droit des Gens, Bd. 3, erschienen 1758, Deutsche Übersetzung von Euler, Wilhelm, Tübingen 1959
- *Veelken, Winfried,* Interessenabwägung im Wirtschaftskollisionsrecht, Baden Baden, 1988 [zit.: Interessenabwägung]
- *Verdross, Alfred/Simma, Bruno*, Universelles Völkerrecht, Theorie und Praxis, 3. Auflage, Berlin 1984
- *Verzijl, J.H.W.*, The Controversy Regarding the So-Called Extraterritorial Effect of the American Antitrust Laws, NTIR 8 (1961), 3
- *Vives, X.*, The Supervision Function of the European System of Central Banks, 51 Giornale degli Economisti e Annali di Economia (1992) 523

- *Vogel, Klaus,* Administrative Law, Internationale Aspects, EPIL 9 (1986), 2
- *Vogel, Klaus*, Der räumliche Anwendungsbereich der Verwaltungsrechtsnorm, Eine Untersuchung über die Grundfragen des sogenannten Internationalen Verwaltungs- und Steuerrechts, Berlin 1965 [zit.: Räumlicher Anwendungsbereich]
- *Vollkommer, Max,* Disharmonien und Spannungen im internationalen Rechtshilfeverkehr zwischen den USA und Deutschland (Ladungen und Zustellungen), ZZP 80 (1967), 248
- *Wagner, Gerhard*, Voraussetzungen und Grenzen rechtsfortbildenden Richterrechts, BB 1986, 465
- *Wagner, Klaus*, Die internationale Tätigkeit der Banken als aufsichtsrechtliches Problem, Baden-Baden 1982
- *Waller, Spencer W.*, Bringing Meaning to Interest Balancing in Transnational Litigfation, Vanderbilt Journal of Transnational Law (1991), 925
- *Watkins, Owen,* The Proposals for Regulatory Reform of Financial Services in the United Kingdom, EBLR 1998, 107
- *Weber, Martin,* Die Entwicklung des Kapitalmarktrechts 1998-2000: Organisation, Emission und Vertrieb, NJW 2000, 2061
- *Weber-Rey, Daniela/ Baltzer, Corinna*, Aufsichtsrechtliche Regelungen für Vermittler von Finanzanlagen und Vermögensverwalter nach der 6. KWG-Novelle, WM 1997, 2288
- *Weigert, Klaus,* Replik auf *Riegel,* BayVBl. 1980, 69
- *Weiss*, The General Agreement on Trade in Services 1994, CMLRev 32 (1995), 1177
- *Wengler, Wilhelm*, Völkerrecht Band I und II, Berlin u.a. (1964)
- *Wengler, Wilhelm*, Völkerrechtliche Schranken der Beeinflussung auslandsverknüpften Verhaltens durch Maßnahmen des staatlichen Rechts, 31 GYIL (1988), 448
- *Wernicke, Konrad,* Wettbewerbsrechtliches Sonderrecht für die Werbung der Kreditinstitute?, WM 1976, 1242
- *Westermeier, J.T.*, Personal Jurisdiction: Today's Hot Issue in E-Commerce, JILT (3) 1998
- *Wiebke, Harald*, Das neue Aufsichtsrecht für Finanzdienstleistungsunternehmen, DStR 1998, 491
- *Wieneke, Laurenz,* Discount-Broking und Anlegerschutz, Baden-Baden 1999
- *Wildhaber, Luzius,* Jurisdiktionsgrundsätze und Jurisdiktionsgrenzen im Völkerrecht, Schweizerisches Jahrbuch für Internationales Recht XLI (1985), S. 99
- *Zeitler, Isabella*, Internationales Bankgeschäft als Problem der Bankenaufsicht, München 1984
- *Zekos, Georgios,* Internet or the Electronic Technology: A Threat to State Sovereignty, JILT (3), 1999
- *Ziegenhain, Hans-Jörg,* Extraterritoriale Rechtsanwendung und die Bedeutung des Genuine-Link-Erfordernisses, München 1992 [zit.: Extraterritoriale Rechtsanwendung]
- *Ziegenhain, Hans-Jörg,* Extraterritoriale Reichweite des US-amerikanischen und des reformierten deutschen Exportkontrollrechts, RIW 1993, 897
- *Zitelmann, Ernst,* Internationales Privatrecht, Bd. 1, Leipzig 1897

Abkürzungen

a.A.	andere Ansicht
AG	Aktiengesellschaft
AO	Abgabenordnung
ArchVR	Archiv für Völkerrecht
AWD	Außenwirtschaftsdienst des Betriebsberaters (bis 1974, ab dann RIW)
AWG	Außenwirtschaftsgesetz
AVV	Allgemeine Verwaltungsvorschrift
BAKred	Bundesaufsichtsamt für Kreditwesen
BAWe	Bundesaufsichtsamt für den Wertpapierhandel
BAG	Bundesarbeitsgericht
BayVBl.	Bayerische Verwaltungsblätter
BB	Betriebsberater
BDSG	Bundesdatenschutzgesetz
BFHE	Entscheidungssammlung des Bunesfinanzhofes
BGBl.	Bundesgesetzblatt
BRat-Drucks.	Bundesratsdrucksache
BTag-Drucks.	Bundestagsdrucksache
BVerfGE	Entscheidungssammlung des Bundesverfassungsgerichts
BYIL	British Yearbook of International Law
CMLRev	Commun Market Law Review
COB	Commission des Opérations de bourse (Frankreich)
CR	Computer und Recht
DGVR	Deutsche Gesellschaft für Völkerrecht
DStR	Deutsches Steuerrecht
DVBl.	Deutsches Verwaltungsblatt
DuD	Datenschutz und Datensicherheit
EBLR	European Business Law Review
EC	European Community
ECLR	European Competition Law Review
EFSL	European Financial Services Law
EG	Europäische Gemeinschaft
EGBGB	Einführungsgesetz zum Bürgerlichen Gesetzbuch
EGV	Vertrag zur Gründung der Europäischen Gemeinschaft
EPIL	Encyclopedia of Public International Law (herausgegeben von *Bernhardt, Rudolf*, Max Planck Institut for Comparative Public Law and International Law)
EU	Europäische Union
EuR	Europarecht
EWGV	Vertrag zur Gründung der Europäischen Wirtschaftsgemeinschaft

EWS	Europäisches Wirtschafts- und Steuerrecht (Betriebs-Berater für Europarecht)
F. 2d	Federal Reporter Second Series [zit.: Volume N# F. 2d page (year)]
F. 3d	Federal Reporter Third Series [zit.: Volume N# F. 3d page (year)]
F. Supp.	Federal Supplement [zit.: Volume N# F. Supp. page (year)]
ff.	fortfolgende
FS	Festschrift
FSA	Financial Services Authority oder Financial Services Act je nach Kontext (Vereinigtes Königreich)
GG	Grundgesetz
GWB	Gesetz gegen Wettbewerbsbeschränkungen
GYIL	German Yearbook of International Law
ICJ	International Court of Justice
i.d.R.	in der Regel
ILA	International Law Association
IPR	Internationales Privatrecht
IPRspr.	Die deutsche Rechtsprechung auf dem Gebiete des IPR
JILT	Journal of Information, Law and Technology
JZ	Juristen-Zeitung
KWG	Kreditwesengesetz
m.w.N.	mit weiteren Nachweisen
MJ	Maastricht Journal of European and Comparative Right
NJW	Neue Juristische Wochenschrift
NTIR	Nederlans Tijdschrift voor International Recht
ÖZöffRVR	Österreichische Zeitschrift für öffentliches Recht und Völkerrecht
RabelsZ	Zeitschrift für ausländisches und internationales Privatrecht, begründet von Ernst Rabel
RDV	Recht der Datenverarbeitung
RIW	Recht der internationalen Wirtschaft
RMC	Revue du Marché Commun
SI	Statutory Instrument (Vereinigtes Königreich)
SIB	Securities and Investment Board (Vereinigtes Königreich)
U.S.	United States Report [zit.: Volume N# U.S. page (year)]
UWG	Gesetz gegen den unlauteren Wettbewerb
VerkProspG	Verkaufsprospektgesetz
VersR	Versicherungsrecht
VO	Verordnung
VwVfG	Verwaltungsverfahrensgesetz
VwVG	Verwaltungs-Vollstreckungsgesetz
VwZG	Verwaltungszustellungsgesetz
VwGO	Verwaltungsgerichtsordnung
WAG	Wertpapieraufsichtsgesetz (Österreich)
WpDRiL	Wertpapierdienstleistungsrichtlinie
WM	Wertpapiermitteilungen

WpHG	Wertpapierhandelsgesetz
WRP	Wettbewerb in Recht und Praxis
WuR	Wirtschaft und Recht
WuW	Wirtschaft und Wetbewerb
WuW/E	Entscheidungssammlung der Zeitschrift Wirtschaft und Wettbewerb, nach Instanzen und laufenden Seitenzahlen geordnet
ZBB	Zeitschrift für Bankrecht und Bankwirtschaft
ZHR	Zeitschrift für das gesamte Handels- und Wirtschaftsrecht
ZGR	Zeitschrift für Unternehmens- und Gesellschaftsrecht
ZZP	Zeitschrift für Zivilprozess
ZaöV	Zeitschrift für ausländisches öffentliches Recht und Völkerrecht

A. Einführung

I. Problemaufriss

Die jüngsten Entwicklungen beim internationalen Wertpapierhandelsverkehr haben die Anforderungen an die staatliche Aufsicht in ganz entscheidender Form verändert. Wir müssen heute nicht mehr zu kühnen Spekulationen greifen, um uns vorzustellen, mit welchen Problemen in Zukunft auf internationaler Ebene zu rechnen ist. Erst jüngst hat die IOSCO[1] am 28. März einen internationalen „Internet-Day" veranstaltet, an dem sich zahlreiche Aufsichtsbehörden, darunter das BAWe, beteiligten. Unter den 10.000 besuchten Internet Seiten kam es in 1000 Fällen zu weiteren Nachforschungen wegen Verdachts auf widerrechtlicher Inhalte, worunter sich 250 Seiten befanden, die grenzüberschreitende Geschäfte anboten.[2]

Große Probleme gibt es in Bezug auf die mitunter nicht sehr verlässlichen Kommunikationstechniken wie Telefon-Hotlines, Internet u.ä., mit deren Hilfe man heute immer mehr mit der Bank in Kontakt tritt. So hat es bereits eine Vielzahl von Beschwerden gegenüber der Schutzgemeinschaft für Kleinaktionäre[3] und dem BAWe[4] gegeben, weil manche Kunden sich schlichtweg überhaupt nicht mehr in der Lage sahen, mit ihrer Bank Kontakt aufzunehmen. Georg Wittich, Präsident des BAWe, forderte daher von diesen Banken, dass sie im Sinne der Fairness statt der Werbung mit sekundenschneller Auftragsausführung deutlich darauf hinweisen, dass Anfragen und Aufträge wegen völliger Überlastung manchmal nur verzögert bearbeitet werden könnten.[5] Fraglich ist, ob er diesen

---

[1] International Organisation of Securities Commissions

[2] Pressemitteilung des technischen Ausschusses der IOSCO vom 16. May 2000: „Financial Services Fraud on the Internet: Securities and Futures Regulators Surf the Internet in Coordinated International Action." Abrufbar im Internet unter http://www.iosco.org (besucht am 10.07.2000).

[3] „plus-minus" Sendung im ARD am 04.04.00, 21:55 Uhr.

[4] *Birkelbach/Ebeling/Kramer,* c't, 7 (2000), 142, 143.

[5] „plus-minus" Sendung im ARD am 04.04.00, 21:55 Uhr. Am 24.02.2000 hat Herr Wittich an eine Reihe von Direktbanken und Discountbrokern ein Schreiben geschickt um festzustellen, wie diese Unternehmen auf das stark gestiegene Interesse der Anleger an Wertpapieren vorbereitet sind. Das Schreiben des BAWe beinhaltet einen Fragenkatalog, dessen Beantwortung Aufschluss darüber geben soll, welche Vorkehrungen die Unternehmen im Hinblick auf Systemkapazitäten, Erreichbarkeit, Personalausstattung und Beschwerdemanagement ergrei-

Brief auch an ausländische Banken schicken könnte. Inwieweit ausländische Banken überhaupt den deutschen Regeln und der deutschen Aufsicht unterstehen, ist überhaupt sehr unsicher. Folgende Fragen können konkret gestellt werden:

- Sind auf ausländische Banken die deutschen Pflichten im 5. Abschnitt des WpHG, z.B. die des § 33 Abs. 1 Nr. 1 WpHG, anwendbar?
- Handelt es sich bei § 33 Abs. 1 Nr. 1 WpHG um eine so genannte „Wohlverhaltenspflicht" im Sinne des Art. 11 WpDRiL?
- Ist das BAWe befugt, ausländische Banken darauf hinzuweisen, dass sie für die Durchführung von Wertpapierdienstleistungen gegenüber Kunden in Deutschland die erforderlichen technischen Mittel vorzuhalten haben, damit sie auch bei dramatischen Kursveränderungen Kundenaufträge empfangen und ausführen können?
- Kann das BAWe eine ausländische Bank dazu auffordern, technische Mängel innerhalb einer bestimmten Frist zu beheben und alle (potenziellen) Kunden darüber aufzuklären, dass es infolge von Überlastungen zu Verzögerungen bei der Bearbeitung von Kundenaufträgen kommen kann?
- Wie kann das BAWe gegebenenfalls eine solche Verfügung zwangsweise durchsetzen?
- Wie kann das BAWe hierfür mit den französischen zuständigen Stellen zusammenarbeiten?

1. Zunahme des internationalen Wettbewerbs

Der Wertpapierhandel hat in den letzten Jahren gerade in Deutschland eine ungeahnte Zunahme erfahren.[6] Dabei wird der Handel an den Börsen immer mehr zu einer Betätigung, die nicht mehr nur wenigen Spezialisten vorbehalten ist, sondern zunehmend alle Gesellschaftsschichten anspricht.[7] Nicht nur die Bör-

---

fen bzw. ergriffen haben, vgl. Pressemitteilung vom 25.02.2000, unter http://www.bawe.de (besucht am 15.07.2000) abrufbar.

[6] Bereits Anfang der neunziger Jahre bezeichnete das Finanzministerium den Markt für Finanzdienstleistungen als „ein Wachstumsfeld ersten Ranges", WM 1992, 420. Nach dem zweiten Bericht der Kommission „Aktueller Stand auf dem Gebiet der Finanzdienstleistungen", COM 2000, 336, handelt es sich um einen Sektor, in dem die Union das größte Wachstumspotenzial hat. Finanzdienstleistungen machen bereits heute etwa 6 % des Bruttoinlandprodukts der EU und 2,5 % der Beschäftigung aus (Seite 3).

[7] Dies wird bestätigt durch die Emissionen der so genannten Volksaktien wie z.B. der Telekom Deutschland. Nach Ansicht der Kommission machen die privaten Ersparnisse 20 % des

senzeiten werden bis in den Abend ausgedehnt, auch der technische Ablauf des Geschäfts wird mit modernen edv-unterstützten Systemen immer mehr verfeinert und effektiver gestaltet. Das Wertpapierhandelsgeschäft, das vor allem auch ein Geschäft mit der richtigen Information zur richtigen Zeit ist, hat durch den sprunghaften Fortschritt bei den Kommunikationstechnologien einen gewaltigen Impuls erfahren.

Dieser Impuls reicht bereits weit über die nationalen Grenzen hinaus. Die fortschreitende Globalisierung der Märkte hat auch die Börsen ergriffen.[8] Erleichtert wird das durch den Einsatz von EDV und modernen Kommunikationsmitteln. Anleger interessieren sich zunehmend für ausländische Wertpapiere und Märkte. Ausländische Wertpapierdienstleistungsunternehmen suchen immer mehr das Geschäft außerhalb der nationalen Grenzen. Mit der Explosion des Marktes muss die staatliche Vorbeugung von missbräuchlichen Praktiken Schritt halten, die sich vor allem in einer intensivierten Aufsicht über die Wertpapierdienstleistungsunternehmen äußert.[9] Dabei verfolgen praktisch alle Staaten das Ziel, das Verhalten der Akteure auf dem Markt so zu steuern, dass sich insgesamt ein das Geschäft belebender, intakter und seriöser Markt entwickelt, zu dem die Anleger ein berechtigtes Vertrauen haben.[10] Jeder soll sich an dem Geschäft mit dem Charakter eines Glücksspiels beteiligen können, ohne befürchten zu müssen, sofort von der Professionalität der Banken übervorteilt zu werden.

Bruttoinlandsprodukts in Europa aus, die, wenn sie auf dem Wertpapiermarkt aktiviert werden, effizient zur Anregung und zur Schaffung von Arbeitsplätzen eingesetzt würden. Dabei könnten moderne Finanzmärkte sogar zum Entstehen einer neuen Generation von Unternehmen führen, vgl. zweiten Bericht der Kommission „Aktueller Stand auf dem Gebiet der Finanzdienstleistungen", COM 2000, 336, Seite 4.

[8] Verlautbarung des Bundesministers der Finanzen, WM 1992, 420. Siehe auch *Melnyk/Rogg/Steiner,* Die Bank 1999, 664, nach denen multinationale Player wie American Express, Charles Schwab oder Citibank sich verstärkt international betätigen. Aber auch bisher rein national ausgerichtete Banken wie Comdirect oder Consors drängen verstärkt ins Ausland. Insbesondere Internetbanken planen ein europaweites Angebot. So will z. B. first-e, ausgehend von Großbritannien, weitere europäische Märkte erschließen, vgl. den Vortrag von G. Huber: Enba -Allfinanz Online for Europe's Consumer, 08. Juni, Amsterdam, zitiert a.a.O.

[99] Das hat schon *Mann* im Jahre 1986 erkannt, vgl. *Mann,* WuR 1986, 175, 176.

[10] Die Verlautbarung des Bundesministers der Finanzen, WM 1992, 420, zählt für den Finanzmarkt Deutschland drei wichtige strukturelle Elemente auf: ein solides und dynamisches Universalbankensystem, ein international wettbewerbsfähiges Börsenwesen und ein unternehmerisch geprägter Versicherungsmarkt mit hohen Kapazitäten. Dabei wird das Vorhandensein allgemein anerkannter rechtlicher Standards zur Sicherung des Funktionen- und Anlegerschutzes gefordert, was letztlich zur Gründung des BAWe führte.

Gerade bei der internationalen Tätigkeit der Banken besteht jedoch die Gefahr, dass die Grenzen, an die die Aufsichtsbehörden bisher wortwörtlich stießen, dazu genutzt werden, Risiken einzugehen, die sonst unterbunden worden wären,[11] oder die Freiheit, sich dem Einwirkungsbereich staatlicher Aufsicht entziehen zu können, missbraucht wird.[12] Wertpapierdienstleistungsunternehmen könnten versuchen, die deutschen Wohlverhaltensregeln zu umgehen, wenn sie diese für zu streng erachten und die im eigenen Land einzuhaltenden Regeln entweder lockerer sind, oder möglicherweise von der Aufsichtsbehörde weniger streng durchgesetzt werden als in Deutschland.

2. *Besondere Problematik bei Direktbanken*

Diese Problematik zeigt sich im besonderen Maße bei den sogenannten Direktbanken. Das sind Unternehmen, die mit einem Minimum an personellen und sächlichen Mitteln und unter Verzicht auf ein Filialnetz ihre Dienste besonders kostengünstig anbieten. Je nach Ausgestaltung findet eine persönliche Beratung nur mit Hilfe der Telekommunikation statt oder es wird vollständig darauf verzichtet.[13] Manchmal wird sie nur ab einem bestimmten einzusetzenden Vermögen geleistet.[14] Es soll an dieser Stelle nicht auf die besondere Problematik derartiger „Discount-Broker" eingegangen werden, deren grundsätzliche Zulässigkeit kaum mehr ernstlich bezweifelt wird.[15] Tatsache ist, dass solche Banken wie

---

[11] *Hellenthal,* Bankenaufsichtsrecht (1992), 29; *Bauer*, Internationale Bankenaufsicht (1985), 39 ff. (allerdings weniger im Wertpapierhandelsrecht); *Zeitler*, Internationales Bankgeschäft als Problem der Bankenaufsicht (1984), 42 ff.; *Wagner*, Die internationale Tätigkeit der Banken als aufsichtsrechtliches Problem (1982), 20 ff.; *Römer,* Harmonisierung der Bankenaufsicht in der Europäischen Gemeinschaft (1977), 35; *Mülbert,* AG 1986, 1, 12.

[12] *Mann,* WuR 1986, 175, 176; *Dicken*, in: Blaurock (Hrsg.), Das Bankwesen im Gemeinsamen Markt (1981), S. 75 ff., 88 befürchtet ein Ausweichen auf „aufsichtsfreie Räume".

[13] Es werden 3 Geschäftsmodelle unterschieden: Relationship Manager, Needs Specialist und Deep Discounter. Vgl. *Melnyk/Rogg/Steiner,* Die Bank 1999, 664, 668.

[14] Vgl. z.B. derzeit die „Advance Bank" mit ihrem „Fondspicking"-Angebot. Verlangt werden mindestens 20.000 DM Anlagekapital.

[15] Nach BGH NJW 2000, 359, unterliegen Discount-Broker nur noch reduzierten Aufklärungspflichten, die grundsätzlich durch Übermittlung standardisierter Informationen an den Kunden bei Aufnahme der Geschäftsbeziehungen erfüllt werden können. Vgl. hierzu auch *Batereau,* BB 2000, 11. Ausführlich z.B. *Siller,* Rechtsfragen des Discount-Broking (1999); *Wieneke,* Rechtsfragen des Discount-Brokings (1999); *Kümpel*, Bank- und Kapitalmarktrecht (1995), 800; *Balzer,* DB 1997, 2311, 2314; *Horn,* ZBB 1997, 137, 151; aber auch *Hopt,* ZHR 159 (1995), 135, 140; *Kümpel,* WM 1995, 689, 693; *Cahn,* ZHR 162 (1998), 1, 38; *Bliesener,*

Pilze aus dem Boden sprießen[16] und manchmal nur noch minimale Beträge für Aufwendungsersatz und an Provisionen für die geleisteten Dienste verlangt werden.[17] Das kostengünstige Internet sowie die integrierte Verwendung von Internet und Telefon werden als Motor für ein weiteres Marktwachstum im Online-Bereich bezeichnet.[18] Allein in den letzten drei Jahren hat sich nach Angaben des Bundesverbandes deutscher Banken die Anzahl der online geführten Konten mehr als verdreifacht.[19] Die Europäische Kommission hat es sich sogar zur Aufgabe gemacht, die Entwicklung des elektronischen Geschäftsverkehrs intensiv zu fördern.[20]

Die Banken kommen mit der schnellen Geschäftsentwicklung und der großen Neukundenzahl manchmal nicht mehr zurecht. Die so genannten Telefonhotlines sind oft hoffnungslos überbelastet und schriftliche Anfragen werden mit erheblicher Verzögerung oder gar nicht beantwortet.[21] Wenn dann auch noch die Server für die Internet Präsenz und das Online-Banking ausfallen, kann der Kunde nur noch hoffen, dass sich die Situation irgendwann wieder verbessert. Diese Missstände sind rechtswidrig, weil nach Art. 33 Abs. 1 Nr. 1 die Wertpapierdienstleistungsunternehmen verpflichtet sind,

> *die für eine ordnungsmäßige Durchführung der Wertpapierdienstleistung und Wertpapiernebendienstleistung notwendigen Mittel und Verfahren vorzuhalten und wirksam einzusetzen.*

Verhaltenspflichten (1998), § 13 I 5; *Schulte-Frohlinde,* Art. 11 Wertpapierdienstleistungsrichtlinie (1999), 188 ff.; *Herrmann,* in: Horn, German Banking Law (1999), 110.

[16] Siehe zu der deutschen und europäischen Marktlage *Melnyk/Rogg/Steiner,* Die Bank 1999, 664.

[17] Studie der *Europäischen Zentralbank,* The effects of technology on the EU banking system, Juli 1999, wonach die Kosten zu 75 bis 99 % beim Internetbanking gesenkt werden können. Die Zahl der Europäer, die das Internetbanking nutzen, wird Vorausschätzungen zufolge nach Erfahrungen in den USA bis 2004 um 30 % auf mehr als 20 Millionen steigen, vgl. zweiter Bericht der Kommission „Aktueller Stand auf dem Gebiet der Finanzdienstleistungen", COM 2000, 336, Seite 7.

[18] *Melnyk/Rogg/Steiner,* Die Bank 1999, 664, 665.

[19] *Melnyk/Rogg/Steiner,* a.a.O.

[20] Mitteilung der Kommission: „Finanzdienstleistungen: Das Vertrauen der Verbraucher stärken" vom 26.06.1997, KOM (1997) 309 endg., Seite 4.

[21] *Birkelbach/Ebeling/Kramer,* c't, 7 (2000), 142, 143.

Gemeint sind zum Beispiel genau definierte Verfahren, wie Anfragen an die Bank weitergeleitet werden. Jedenfalls bei postalischen Anfragen verfügen die Banken über konkrete interne Anweisungen, nach denen die Formulierung der Antwort ausschließlich Mitarbeitern mit entsprechender Erfahrung und Zeichnungsbefugnis obliegt. Im Online-Bereich allerdings haben sich derartige Verhaltensregeln offensichtlich noch lange nicht durchgesetzt.[22]

Diese Probleme stellen sich natürlich auf viel schärfere Art und Weise bei ausländischen Unternehmen, die geografisch und kulturell vom Kunden in Deutschland noch viel weiter weg sind als deutsche Wertpapierdienstleistungsunternehmen. Diese grenzüberschreitenden Geschäfte sind zwar noch vergleichsweise selten. Deutsche Anleger in Deutschland werden sich in aller Regel an eine deutsche Direktbank oder zumindest an eine deutsche Tochter einer ausländischen Bank wenden als an eine Bank im Ausland. Schon heute allerdings nimmt die grenzüberschreitende Dienstleistung aufgrund der Erleichterungen, welche die moderne Telekommunikation mit sich bringt, in einem rasanten Tempo zu.

3. *Mögliche Maßnahmen zur Sicherstellung von Verhaltensregeln*

Die Aufsichtstätigkeit muss mit dieser Entwicklung Schritt halten, was ihr häufig schwer fällt.[23] Die gesetzlichen Vorgaben müssen die besonderen Gefahren aus der grenzüberschreitenden Wirtschaftstätigkeit berücksichtigen. Die Aufsichtsverwaltung muss ihren Blick über die Grenzen richten. Sie muss auch dann handeln können, wenn sich Sachverhalte zum Teil im Ausland abspielen und sich zu beaufsichtigende Unternehmen im Ausland befinden.

International üblich ist eine Aufteilung der Bankenaufsicht in 4 Bereiche: [24]

- *authorisation* (Zulassung oder Aufsicht über den Marktzugang)
- *prudential supervision* (Unternehmensaufsicht, Aufsicht über die Einhaltung der Ausübungsbedingungen)
- *conduct of business supervision* (Verhaltensaufsicht über die Akteure am Markt)
- *product control* (Produktkontrolle)

---

[22] Hierzu *Birkelbach/Ebeling/Kramer,* c't, 7 (2000), 142, 144.

[23] Nach *Weber,* NJW 2000, 2061 entwickeln sich die Möglichkeiten der digitalen Informationsentwicklung und -verarbeitung häufig erst einmal in „rechtsfreien Räumen". Dies ist zweifellos eine überspitzte Formulierung. Die Technologien sind natürlich nicht rechtsfrei. Die tatsächliche Durchsetzung des Rechts kann aber manchmal nur erschwert erfolgen.

[24] *Dalhuisen,* EBLR 1999, 158.

Speziell für das Wertpapierhandelsrecht liegt der Schwerpunkt auf der direkten Marktaufsicht über das Verhalten der Akteure auf dem Markt. Manche bezweifeln sogar, ob für diese Art der Bankdienstleistung andere Formen der Aufsicht als die über die Einhaltung von Verhaltensregeln wirklich erforderlich sind.[25] Es ginge aber sicherlich zu weit zu sagen, dass alle anderen Aufsichtsinstrumente, wie die über die Zuverlässigkeit der Marktteilnehmer und gewisse infrastrukturelle Mindestanforderungen personeller und organisatorischer Art, für die handelnden Unternehmen völlig überflüssig wären.

Um Unternehmen speziell zu der Einhaltung von Verhaltensregeln anzuhalten, kann man deren Einhaltung zum einen direkt verlangen und bei Nichtbefolgung sanktionieren. Außerdem kann die Einhaltung der Wohlverhaltensregeln mit flankierenden Maßnahmen gefördert werden, die es dem Unternehmen leicht machen, diese Regeln einzuhalten. Zu den Maßnahmen, welche die direkte Sicherstellung der Verhaltensregeln flankierend unterstützen können, gehören Marktzugangserfordernisse und/oder -beschränkungen, Meldepflichten, Pflichten, die den Zustand des Unternehmens betreffen wie Mindestvoraussetzungen personeller und sächlicher Art und schließlich gesetzliche Qualifikationserfordernisse, die an die für das Unternehmen verantwortlichen Personen gestellt werden. Viele dieser Maßnahmen sind auch im Kreditwesengesetz geregelt, wie zum Beispiel die Erlaubnispflicht nach den §§ 32 ff KWG. Die Sicherstellung der Wohlverhaltensregeln ist also eingebettet in das System der Bankenaufsicht insgesamt.

Die ganze Palette möglicher Maßnahmen zur Sicherstellung der Wohlverhaltensregeln sieht das deutsche Recht in mehr oder minder strenger Weise vor. Das gilt grundsätzlich auch für die meisten Fälle des grenzüberschreitenden Bezugs, wobei gewisse Modifikationen unausweichlich sind. So können zum Beispiel die Regeln über die sächlichen und personellen Mindestvoraussetzungen für den Marktzutritt nicht ohne weiteres auf Unternehmen mit Sitz im Ausland angewandt werden, ohne die Souveränitätsinteressen des betreffenden Staates zu berühren.

---

[25] Dies bezweifelt z.B. *Dalhuisen,* EBLR 1999, 158, 179.

4. Neue Dimension des Wertpapierhandelsrechts in der EU

Zu einer neuen Dimension dieser Sachlage haben EU-rechtliche Entwicklungen geführt. Durch eine Reihe von Richtlinien wurde den Mitgliedstaaten aufgegeben, einen Mindeststandard an Regeln zu erlassen, der für einen funktionierenden Wertpapierhandelsmarkt erforderlich ist. Zu nennen ist hier zu erst die Wertpapierdienstleistungsrichtlinie[26] vom 10.05.1993. Daneben sind die Transparenz-Richtlinie[27], die Insider-Richtlinie[28], die Richtlinie des europäischen Parlaments und des Rates zur Änderung der Wertpapierdienstleistungsrichtlinie (BCCI-Folgerichtlinie) vom 29.6.1995[29], die EG-Einlagensicherungs[30]- und EG-Anlegerentschädigungsrichtlinie[31] erwähnenswert. Geplant ist eine Richtlinie über den Fernabsatz von Finanzdienstleistungen an Verbraucher[32] und auch bereits eine umfassende Aktualisierung der Wertpapierdienstleistungsrichtlinie.[33] Schließlich veröffentlichte die Kommission auch noch einen Aktionsplan für den Zugang der Verbraucher zum Recht und die Beilegung von Rechtsstreitigkeiten der Verbraucher im Binnenmarkt vom 14.02.1996[34] sowie einen Aktionsplan zur Umsetzung des Finanzmarktrahmens vom 11.05.1999[35]. Ein herausstechendes Merkmal an der europäischen Konzeption ist die angestrebte ausgefeilte

---

[26] 93/22 EWG, Amtsblatt EG Nr. L 141 vom 11.06.1992, 27.

[27] 88/627/EWG, Amtsblatt EG Nr. L 348 vom 17.12.1988.

[28] 89/592/EWG, Amtsblatt EG Nr. L 334 vom 18.11.1989.

[29] 95/26/EG Amtsblatt EG Nr. L 168 vom 18.7.1995, 7.

[30] Richtlinie 94/19/EG des Europäischen Parlaments und des Rates vom 30. Mai 1994 über Einlagensicherungssysteme, Amtsblatt EG L 135 vom 31/05/1994, 5 – 14.

[31] Richtlinie 97/9/EG.

[32] Geänderter Vorschlag für eine Richtlinie über den Fernabsatz von Finanzdienstleistungen an Verbraucher und zur Änderung der Richtlinien 97/7/EG und 98/27/EG, KOM (1999) 385 endg. Vom 23.07.1999.

[33] Aktionsplan zur Umsetzung des Finanzmarktrahmens vom 11.05.1999, KOM (1999), 232, Seite 5. Ein Grünbuch hierzu soll Herbst 2000 veröffentlicht werden. Konkret sind insbesondere Erleichterungen der grenzüberschreitenden Wertpapierdienstleistungen geplant, vgl. Bericht des siebten Treffens der „Financial Services Policy Group“ am 11. Mai 2000 im Brüssel, http://www.europa.int/comm/internal_market (besucht am 14.07.2000). Außerdem will die Kommission wiederum im Herbst ein „consultation document“ veröffentlichen, das untersuchen soll, wie die gegenwärtige Situation vor allem bei den Verhaltensregeln in Einklang mit dem elektronischen Handel gebracht werden kann, vgl. Bericht des sechsten Treffens der „Financial Services Policy Group“ am 8. Februar 2000 im Brüssel, http://www.europa.int/comm/internal_market (besucht am 14.07.2000).

[34] KOM (96) 13 endg.

[35] KOM (1999), 232. Hierzu ist bereits der zweite Bericht über den aktuellen Stand auf dem Gebiet der Finanzdienstleistungen erschienen, vgl. KOM 2000, 336.

aufsichtsverwaltungsrechtliche Zusammenarbeit zwischen den verschiedenen national zuständigen Stellen, die auf eine echte Aufgabenteilung hinausläuft. Das aufwendige Zulassungsverfahren von Wertpapierdienstleistungsunternehmen findet jetzt zum Beispiel für das innergemeinschaftliche Gebiet nur noch einmal durch den Herkunftsmitgliedstaat statt. Die anderen Mitgliedstaaten müssen sich auf die Effizienz und Effektivität des Verwaltungshandelns der zuständigen Stellen der in der Kompetenzverteilung vorrangig handelnden anderen Mitgliedstaaten verlassen. Diese Aufgabenteilung birgt auch spezielle Risiken in sich. So könnten sich Wertpapierdienstleistungsunternehmen, die im Inland vergleichsweise strengen Regeln unterliegen, sich an Unternehmen im europäischen Ausland beteiligen, die wiederum inländische Filialen oder Tochterunternehmen besitzen. Dann könnte man das Bankgeschäft teilweise über diese Unternehmen im Ausland abwickeln und möglicherweise diesbezüglich einer weniger strengen Aufsicht unterliegen.[36]

Deutschland hat die für die vorliegende Untersuchung besonders wichtige Wertpapierdienstleistungsrichtlinie mit dem 2. Finanzmarktförderungsgesetz im Jahre 1994 begonnen umzusetzen, mit dem das BAWe durch Erlass des WpHG gegründet wurde.[37] Das WpHG ist inzwischen häufig geändert worden. Von besonderem Interesse sind folgende, zum Teil relativ neue Vorschriften im WpHG, die zum Teil auch im Verhältnis zu Drittstaaten anwendbar sind und im Zentrum dieser Arbeit stehen sollen:

- §§ 31 Abs. 3 und 32 Abs. 3, mit denen auch Unternehmen, die ihren Sitz im Ausland haben, direkt den deutschen Wohlverhaltensregeln unterworfen werden,
- § 35 Abs. 2, der dem BAWe direkte Auskunfts- und Vorlagerechte gegenüber Unternehmen mir Sitz im Ausland einräumt,
- § 36a, der Regelungen dafür vorsieht, wie die deutschen Interessen auch gegenüber Unternehmen mit Sitz in einem anderen EU-Mitglieds- oder Vertragsstaat durchgesetzt werden können, und
- § 36c, der gesetzlich notwendige Befugnisregelungen darüber enthält, wie das BAWe mit zuständige Stellen im Ausland zusammenarbeiten kann.

---

[36] *Hellenthal*, Bankenaufsichtsrecht (1992), 29.

[37] Gesetz über den Wertpapierhandel (Wertpapierhandelsgesetz – WpHG) vom 26.7.1994 (BGBl. I 1749); verkündet als Art. 1 des Gesetzes über den Wertpapierhandel und zur Änderung börsenrechtlicher und wertpapierrechtlicher Vorschriften (Zweites Finanzmarktförderungsgesetz) vom 26.7.1994 (BGBl. I 1749).

Die letzten drei Vorschriften sind erst 1997 in das WpHG aufgenommen worden.[38]

Das EU-Recht zur Sicherstellung des Wohlverhaltensregeln enthält manche Lösungsansätze, die bei der Beurteilung der Problematik bei der Sicherstellung der Wohlverhaltensregeln gegenüber Unternehmen aus Drittstaaten behilflich sein können. Überhaupt liefert das europarechtliche Konzept eine für die weltweite Integration der Märkte brauchbare Palette an Strategien und Instrumentarien.[39]

II. Gang der Untersuchung und Themeneingrenzung

Der Begriff „Wohlverhaltensregeln" ist vor allem ein europarechtlicher Begriff. Deren Sicherstellung soll jedoch nicht nur europarechtlich untersucht werden. Die eingehende Kommentierung der zum Teil relativ neuen Normen §§ 31 Abs. 3 und 32 Abs. 3, 35 Abs. 2, 36a und 36c ist der wichtigste Teil, damit ein praxisbezogener Umgang mit der sowohl sprachlich als auch dogmatisch komplizierten Materie erleichtert wird. Einige europarechtliche Grundlagen sowie viele Probleme völkerrechtlicher Art müssen in diesem Zusammenhang aber vorneweg geklärt werden. Das EU-Recht stellt selbst eine Quelle des Völkerrechts dar und ist gleichzeitig in das Völkerrecht eingebettet. Der schwierige Bereich der relativ unsicheren völkerrechtlichen Rahmenbedingungen kann im EU-Recht zum großen Teil außer Betracht bleiben, weil hier der EGV und das darauf beruhende sekundäre EU-Recht zwar komplizierte, aber immerhin kodifizierte Vorgaben enthält, die dem Völkerrecht vorgehen. Die typischen Auswirkungen aus der besonderen völkerrechtlichen Problematik zeigen sich demgegenüber beim deutschen Verhältnis zu Unternehmen mit Sitz in Drittstaaten und den dortigen zuständigen Stellen.

Selbst wenn das Thema als eher enger Ausschnitt aus dem internationalem Bankenrecht erscheint, sind einige Aspekte außer Betracht zu lassen, die den Rahmen sprengen würden. So werden die Wohlverhaltensregeln selbst hinsichtlich ihres Inhalts und ihrer Auslegung nicht näher behandelt.[40] Außerdem wird nur

---

[38] Artikel 2 des Gesetzes zur Umsetzung von EG-Richtlinien zur Harmonisierung bank- und wertpapieraufsichtsrechtlicher Vorschriften vom 22. Oktober 1997 (BGBl. I 2518).

[39] So auch *Behrens,* MJ 1999, 271, 292; *Dalhuisen,* EBLR 1999, 158, 161.

[40] Diesbezüglich wird auf die einschlägige Kommentarliteratur verwiesen. Eine ausführliche Darstellung findet sich auch bei *Schulte-Frohlinde,* Art. 11 Wertpapierdienstleistungsrichtlinie (1999).

die aufsichtliche Sicherstellung der Wohlverhaltensregeln, nicht die Möglichkeiten eines privatrechtlichen Vorgehens in den Mittelpunkt gestellt. Der gesamte Bereich des internationalen Zivilprozessrechts wird also ausgeklammert. Ebenso wird die durch die in den letzten Jahren immer stärker werdende Globalisierung der internationalen Märkte bedingte internationale institutionelle Zusammenarbeit der Staaten nicht eingehend behandelt.[41] Schließlich soll grundsätzlich nur die Sicherstellung der „deutschen" Wohlverhaltensregeln untersucht werden. Insoweit ist die Arbeit etwas einseitig aus der Sicht Deutschlands geschrieben, damit die Übersichtlichkeit gewahrt bleibt.

[41] Hierzu z.B. *Dalhuisen,* EBLR 1999, 158, Part II: International Aspects of Financial Services Regulation; Developments in Gatts, the EU and BIS/IOSCO, ab Seiten 284 ff.

B. Grundlagen der Sicherstellung der Wohlverhaltensregeln im EU-Recht

Schon mit dem EGV hatte man es sich zum Ziel gesetzt, die grenzüberschreitende Dienstleistung und die freie Niederlassung über die Grenzen Europas hinweg zu ermöglichen und zu erleichtern, obwohl ein ausdrücklicher primärrechtlicher Regelungsauftrag für Bankdienstleistungen fehlte.[42] Zahllose nationalstaatliche Beschränkungen sollten schrittweise aufgehoben werden. So hätten Beschränkungen der Gründung von Zweigniederlassungen durch Angehörige eines Mitgliedstaates nach Art. 52 (alt) EGV über die Niederlassungsfreiheit bereits vor langer Zeit aufgehoben werden müssen, und zwar eigentlich bis zum Ende der Übergangsphase,[43] d. h. bis zum 31.12.1969.[44] Es zeigte sich allerdings, dass es aufgrund der Verschiedenheit der Rechtssysteme[45] sehr mühselig war, die neuen Freiheiten umzusetzen[46] und Banken hatten es schwer, sich international zu öffnen. Die einzelstaatlichen Regelungen und Aufsichtssysteme hatten eine marktbeschränkende Wirkung, unabhängig davon, ob dies bezweckt war oder nicht. Die verschiedenen Rechtssysteme der Mitgliedsstaaten mussten also aufeinander abgestimmt werden. Mit einer umfassenden Harmonisierung, wie dies vor allem bei der Warenverkehrsfreiheit verfolgt wurde, wollte man sich aber nicht begnügen. Das wäre jedenfalls für die Niederlassungsfreiheit nicht ausreichend gewesen, weil die eigentlichen Hindernisse aufsichtsrechtlicher und ordnungsrechtlicher Natur waren. Die gesamte verwaltungsrechtliche Aufsicht sollte den europarechtlichen Bedürfnissen angepasst werden.

Die hochgesteckten Ziele der Kommission einer Vollrechtsharmonisierung und eine zentralisierte Aufsicht[47] waren allerdings in ihrem Konzept politisch nicht

---

[42] *Heinze,* Europäisches Kapitalmarktrecht (1999), 10.
[43] Die Übergangsphase wurde im Art. 7 EGV (alt) definiert.
[44] Weitere primärrechtliche Anknüpfungspunkte im EGV für die Verwirklichung der Dienstleistungs- und Niederlassungsfreiheit bei den Banken zeigt *Heinze,* Europäisches Kapitalmarktrecht (1999), 11 ff., auf.
[45] Zu einem Vergleich der verschiedenen Bankensysteme mit den für eine Harmonisierung notwendig werdenden Veränderungen siehe im einzelnen *Schneider,* in: FS Heinsius (1991), 733.
[46] Nach *Horn,* in: Horn, German Banking Law (1999), 75, ist der Grund der späten Umsetzung der Freiheiten im Bankensektor darauf zurückzuführen, dass nach Art. 61 Abs. 2 EGV die Verpflichtung zur Liberalisierung an die Voraussetzung der Vollendung der Kapitalverkehrsfreiheit geknüpft sei.
[47] Kommission der Europäischen Wirtschaftsgemeinschaft, Segré-Bericht, Brüssel 1966, 15.

durchsetzbar.[48] Ein Durchbruch wurde erst mit dem Weißbuch der Kommission zur Vollendung des Binnenmarktes aus dem Jahre 1985[49] erzielt. Das Ziel der weitgehenden Rechtsangleichung mit einer zentralisierten Aufsicht wurde abgelöst durch das Prinzip der gegenseitigen Anerkennung mit nur noch einer Mindestharmonisierung.[50] Man entschied sich also für einen Kompromiss zwischen einer Marktintegrierung durch Konkurrenz zwischen verschiedenen Märkten und Rechtssystemen auf der einen Seite, und einem einzigen auf einheitlichem Recht basierenden Kapitalmarkt auf der anderen Seite.[51]

I. Der Grundgedanke des Herkunftslandprinzips

1. Der „Europäische Pass"

Der Dreh- und Angelpunkt bei dem europarechtlichen Konzept ist das so genannte Herkunftslandprinzip. Die Banken sollen vorrangig der Aufsicht des Staates unterliegen, in dem sie ihren Sitz haben. Man spricht daher auch von Sitzlandkontrolle. Die Aufnahmeländer, also die Staaten, „in die hinein" die Unternehmen von ihrem Herkunftsland aus ihre Dienstleistungen anbieten, mussten hierfür auf ihre eigene Aufsichtskompetenzen weitgehend verzichten. Die Mitglieds- und Vertragsstaaten erkennen wechselseitig die Wirksamkeit und Effektivität der Kontrolle durch das Herkunftsland auch für das eigene Staatsgebiet an.[52] Die eigene Kontrolle wird also durch die der Herkunftsländer ersetzt. Der Grundstein für diese Form der Verwirklichung der europäischen Grundfreiheiten wurde im Grunde genommen vom EuGH bereits mit seinem berühmten „Cassis de Dijon" Fall[53] gelegt.[54] Im Jahre 1979 ahnte man allerdings noch nicht, welche

---

48 *Andenas/Hadjiemmanuil,* EBLR 1998, 149, 151; *Hoppmann,* Europäische Börsenaufsicht, EWS 1999, 204 m.w.N.

49 Der Text ist z.B. in englischer Fassung abgedruckt bei *Bieber/Dehousse/Pinder/Weiler* (Herausgeber), 1992: One European Market?, 387 ff.

50 *Hellenthal*, Bankenaufsichtsrecht (1992), 43 ff.; *Hoppmann,* Europäische Börsenaufsicht, EWS 1999, 204; zur neuen Strategie allgemein vgl. nur *Oppermann*, Europarecht (1999), RNr. 1175 ff. m. w. N. ; *Schmidt von Sydow*, in Bieber u.a., 1992: One European Market? (1988), 79 ff.

51 *Heinze,* Europäisches Kapitalmarktrecht (1999), 15 ff.; *Deckert/von Rüden,* EWS 1998, 46, 48, *Dalhuisen,* EBLR 1999, 158, 354.

52 *Horn,* in: Horn, German Banking Law (1999), 77, weist zutreffend darauf hin, dass dies ein Vertrauen der Aufnahmeländer in die Qualität der Behördentätigkeit der Herkunftsländer voraussetzt.

53 EuGH Slg. 1979, 649.

54 *Tornberg,* EBLR 1999, 24, 25; *Björkland,* EBLR 1998, 227, 228.

Bedeutung dieses Urteil zur Warenverkehrsfreiheit für die Dienstleistungs- und Niederlassungsfreiheit haben würde.

Diese Erscheinungsform der gegenseitigen Anerkennung hoheitlicher Akte war dem internationalen Verwaltungsrecht[55] keineswegs völlig fremd.[56] Naheliegend ist angesichts des gebräuchlichen Schlagwortes „europäischer Pass"[57] für das Herkunftslandprinzip der Vergleich mit einem nationalen Führerschein, der auch im Ausland anerkannt wird. Für viele Länder ist es weder erforderlich, dass alle Fahrer, die ein Fahrzeug in ihrem Staatsgebiet führen wollen, den jeweiligen nationalen Führerschein besitzen, noch wird immer ein internationaler Führerschein verlangt. Man begnügt sich häufig mit dem ausländischen nationalen Führerschein, aus dem der betreffende Autofahrer stammt, als Nachweis seiner Fahrkünste.[58] Nichts anderes gilt für die Erteilung eines Nachweises für die I-dentitätsfeststellung, also der Personalausweises oder Pass, weitergehend noch der Diplomatenpass. Der eine Staat verlässt sich darauf, dass die von einem anderen Staat ausgestellte Urkunde, welche die Identität einer Person und möglicherweise eine bestimmte Funktion feststellt, inhaltlich richtig ist. Dabei wird regelmäßig nicht auf das öffentliche Recht eines anderen Staates verwiesen, wie beim Verweis auf das Privatrecht eines anderen Staates im Falle des internationalen Privatrechts, sondern einem ausländischen staatlichen Handeln wird eine innerstaatliche Wirkung zugesprochen.[59]

Ganz ähnlich wird nun das Herkunftslandprinzip für Banken in der EU angewandt. Die Aufnahmemitgliedstaaten lassen die aufsichtliche Zulassung einer Bank zum Wertpapierhandel im Sitzland auch für das eigene Staatsgebiet gelten. Sie ist gewissermaßen der Nachweis dafür, dass das Unternehmen bestimmte

---

[55] Zu diesem Begriff *Meng,* Extraterritoriale Jurisdiktion (1994), 186.

[56] Siehe hierzu die grundlegende Untersuchung von *Biscottini,* L'efficacité des actes administrative étrangers, Receuil des Cours, 1961 III, 635, der noch viele weitere Beispiele bringt, wie z.B. den Waffenschein, Jagdschein oder Heiratsurkunde und sonstige familienrechtliche staatliche Akte wie die Adoption.

[57] Vgl. etwa *Deckert/von Rüden,* EWS 1998, 46, 52 oder *Schlüter,* Wertpapierhandelsrecht (2000), 12.

[58] Hierzu *Biscottini,* Receuil des Cours, 1961 III, 635, 654 ff. *Biscottini* unterscheidet zwischen der automatischen Anerkennung eines ausländischen Verwaltungsaktes und der Anerkennung nach zusätzlicher Prüfung durch eigene staatliche Stellen.

[59] *Biscottini,* Receuil des Cours, 1961 III, 635, 651.

Mindestkriterien der Zuverlässigkeit für seine geschäftliche Betätigung[60] erfüllt. Die Zulassung durch die zuständigen Stellen des Sitzstaates gilt jetzt grundsätzlich europaweit. Zwar muss das Unternehmen den Beginn seiner geschäftlichen Tätigkeit dem Aufnahmestaat anzeigen. Dieser kann das Vorhaben aber grundsätzlich nicht verhindern.[61] Es liegt also ein Fall der automatischen Anerkennung eines ausländischen Verwaltungsaktes vor.[62]

Der Zugang aus Drittstaaten in den europäischen Binnenmarkt ist ebenfalls für den Fall vereinfacht worden, dass das betreffende Unternehmen in einem Mitglied- oder Vertragsstaat der EU eine Tochtergesellschaft gründet, vgl. Art. 7 WpDRiL. Dieser Stützpunkt profitiert dann von den Vorteilen des europäischen Passes. Das gilt allerdings nicht für die Errichtung einer Zweigstelle, für die die WpDRiL keinerlei Besonderheiten bringt. Bei den Zweigstellen oder auch bei der bloß grenzüberschreitenden Dienstleistung bleibt es also bei dem jeweiligen nationalstaatlichen Zulassungs- oder Erlaubnisrecht.[63]

Wie am Beispiel des Führerscheins bedeutet der Europäische Pass allerdings nicht, dass im Aufnahmeland grenzenlose Freiheit herrscht. Muss sich der Autofahrer im Ausland an die dort geltenden Verkehrsregel halten, so müssen sich auch die Wertpapierhandelsunternehmen im Ausland an die dort geltenden Verhaltensregeln halten. Dabei bedingen sich Zulassungskontrolle und Verhaltenskontrolle in einem gewissen Maße nur auf nationaler Ebene, was die Rechtslage kompliziert macht. Während nämlich, um beim Beispiel des Führerscheins zu bleiben, die fortschreitende Verletzung der Verkehrsregeln in Deutschland dazu führen kann, dass nach Erreichen einer maximalen Punktezahl in Flensburg der Führerschein entzogen wird, also die Zulassung zum Straßenverkehr aufgehoben wird, so geht der deutsche Autofahrer dieses Risiko im Ausland in dem Maße nicht ein. Nur in Extremfällen kommt es zu einem sofortigen Führerscheinentzug.

---

60 Der Europäische Pass geht von einem Universalbankensystem aus. Er kann daher für eine breite Anzahl verschiedener Bankdienstleistungen erteilt werden, vgl. *Andenas/Hadjiemmanuil,* EBLR 1998, 149, 152.

61 Vgl. die Art. 17 und 18 WpDRiL und die §§ 53b ff. KWG.

62 Vgl. *Biscottini,* Receuil des Cours, 1961 III, 635, 651.

63 *Dalhuisen,* EBLR 1999, 158, 359.

2. *Keine zentralisierte Aufsicht*

Auch im Bankenrecht besteht die Gefahr, dass ein Fehlverhalten im Ausland sich nicht unmittelbar auf die Kontrolle im Heimatland auswirkt. Doch gerade bei der internationalen Tätigkeit der Banken ist die Tendenz erkennbar, dass die Grenzen, an die die Aufsichtsbehörden bisher wortwörtlich stießen, dazu genutzt werden, Risiken einzugehen, die sonst unterbunden würden.[64] Es war also notwendig, mit der Einführung der Sitzlandkontrolle auch die Prüfungsbefugnisse der nationalen Aufsichtsbehörden entsprechend auf die ausländischen Zweigstellen zu erweitern[65] und die Überwachungstätigkeit auf alle internationalen Aktivitäten der Unternehmen im Europäischen Wirtschaftsraum auszudehnen. Daraus folgt, dass die Aufsichtsstellen des Sitzlands auch die geschäftliche Tätigkeit im europäischen Ausland und die Einhaltung der dort geltenden Regeln überwacht.[66] In Ausführung dieses Grundgedankens erscheint übrigens die Einräumung gegenseitiger Prüfungsrechte über die Zweigstellen im Ausland, wie sie in Art. 15 Abs. 1 der Zweiten Bankrechtskoordinierungsrichtlinie erfolgt ist, als logische Konsequenz der Öffnung des Binnenmarktes für Bankdienstleistungen.[67]

Die einzige Alternative zur Ausweitung der nationalen Überwachungsbefugnisse wäre die Errichtung eines europäischen Aufsichtsamtes gewesen. Dieses Ziel wurde jedoch wegen der politischen Undurchführbarkeit [68] jedenfalls zu Beginn einer europaeinheitlichen Bankenaufsicht nicht angestrebt.[69] Statt dessen wurde bewusst ein Weg gewählt, der einen Wettbewerb der verschiedenen Rechts- und Aufsichtssysteme zur Folge hatte.[70] Ob dieses Konzept auch in Zukunft beibehalten wird, bleibt abzuwarten. Möglicherweise war die Zeit vor 10 Jahren einfach noch nicht reif, eine einheitliche europäische Bankenaufsicht auf die Füße zu stellen, oder die Beibehaltung der nationalen Aufsichten erschien mit geringerem Aufwand verbunden. Manche befürworten eine stärkere Zentralisierung[71]

---

[64] Siehe oben Fußnoten 11 und 12.

[65] *Hoffmann*, Banken- und Börsenrecht der EWG (1990), 73.

[66] Für die entsprechende Situation im Versicherungsaufsichtsrecht *Hohlfeld*, VersR 1993, 145.

[67] *Clarotti*, RMC 1989, 453, 459.

[68] Siehe oben B. .

[69] *Hellenthal*, Bankenaufsichtsrecht (1992), 58.

[70] Vgl. zur Diskussion über das Ob und das Wie des Wettbewerbs von Rechtssystemen auch *Reich*, CMLRev 29 (1992), 861.

[71] *Andenas/Hadjiemmanuil*, EBLR 1998, 149 ff., 162, wollen die Aufsicht bei der Europäischen Zentralbank ansiedeln. Weitere Nachweise dort in Fußnote 41.

oder bezweifeln, ob die zuständigen Stellen der Herkunftsstaaten Kunden im Ausland ausreichend schützen können oder wollen.[72] Auch die Kommission stellt die derzeitige Struktur der Zusammenarbeit und Koordinierung zwischen den Behörden angesichts des fortschreitenden Prozesses der Internationalisierung in Frage.[73] Sie befürwortet klarere aufsichtsrechtliche Zuständigkeitsabgrenzungen oder eine einzige Aufsichtsbehörde im Lichte der Marktveränderungen und beklagt das Fehlen eines Ausschusses „angemessenen Ranges", der die EU-Institutionen bei der Entwicklung und Einführung von Vorschriften unterstützen könne.[74]

Diese Bedenken sind nur teilweise gerechtfertigt. Das Konzept einer dezentralisierten Aufsicht ist auch langfristig vorzugswürdig. Es lässt einen riesigen Behördenapparat, der weit weg vom europäischen Bürger und dessen Interessen agiert, gar nicht erst entstehen.[75] Eine dezentralisierte, und damit am Sachverhalt nähere Aufsicht sowie eine intensive Zusammenarbeit mit ineinandergreifenden Kompetenzen kann sogar viel effektiver sein. Anders als bei rein nationalen Sachverhalten führt die extraterritoriale Ausweitung der einzelstaatlichen Aufsichten zu Kompetenzüberlappungen, die zu einer erwünschten intensiveren Aufsicht führen kann. Unter Hinweis auf das Subsidiaritätsprinzip verneint *Hoppmann* seit dem Maastricht Vertrag sogar eine rechtliche Umsetzbarkeit des ursprünglichen Konzepts einer Zentralisierung der europäischen Börsenaufsicht und Kapitalmarktaufsicht.[76] Dennoch sollte es meiner Ansicht nach eine Stelle mit weitreichenden Entscheidungsbefugnissen geben, die bei Streitigkeiten zwischen zuständigen Stellen bei grenzüberschreitenden Sachverhalten eine koordinierende und sogar streitentscheidende Kompetenz haben könnte. Der Forderung nach einem „Ausschuss angemessenen Ranges" kann mit einer entsprechend spezialisierten Gruppe im Wirtschafts- und Sozialausschuss nachgekommen werden.[77]

---

[72] *Vives,* 51 Giornale degli Economisti e Annali di Economia (1992) 523, 530.
[73] Aktionsplan zur Umsetzung des Finanzmarktrahmens, KOM (1999) 232, vom 11.05.1999 auf Seite 12.
[74] Aktionsplan zur Umsetzung des Finanzmarktrahmens, KOM (1999) 232, vom 11.05.1999 auf Seite 13.
[75] Ähnlich *Dalhuisen,* EBLR 1999, 158, 167.
[76] *Hoppmann,* EWS 1999, 204, 208 ff. A.A. allerdings *Andenas/Hadjiemmanuil,* EBLR 1998, 149, 160.
[77] Außerdem tagt regelmäßig eine „Financial Services Policy Group", die aus persönlichen Vertretern der Finanzminister gebildet ist. Die Kommission will aber einen eigenen Wertpa-

3. Die Ausnahmen vom Herkunftslandprinzip

Das Herkunftslandprinzip als exklusive Aufsichtskompetenz gilt allerdings nicht absolut. Die Zuständigkeit für die Regelung der Beziehungen zwischen den Wertpapierfirmen und ihren Kunden (Geschäftsregeln) sollte schon nach dem ersten Vorschlag der Kommission für den Entwurf einer WpDRiL jedenfalls zunächst nicht den Stellen des Herkunftsmitgliedstaates übertragen werden, weil zwischen den Mitgliedstaaten noch zu große Unterschiede in Bezug auf den Inhalt derartiger Regeln und auf die Art und Weise, wie sie angewandt werden, bestanden.[78] Erst später sollte die Kontrolle, ob die Wertpapierfirma sonstige wesentliche aufsichtsrechtliche Regeln und Geschäftsregeln einhält, soweit wie möglich auf die Aufsichtsorgane des Herkunftsmitgliedstaates übertragen werden.[79] Der erste Entwurf der WpDRiL enthielt auch keine den jetzigen Art. 11 und Art. 19 Abs. 2 WpDRiL entsprechenden Vorschriften. Der Wirtschafts- und Sozialausschuss drängte dann in seiner Stellungnahme gemäß Art. 57 Abs. 2 des EWG-Vertrags darauf, den Bereich der Aufsichtsregeln einerseits und den der Wohlverhaltensregeln andererseits klar voneinander abzugrenzen.[80] Da die Kontrolle über die Wohlverhaltensregeln Sache der zuständigen Behörde des Aufnahmestaates sei, sei diese Abgrenzung unerlässlich, um Kompetenzgerangel zu verhindern. Der Ausschuss betonte weiterhin, dass die Überwachung des ordnungsgemäßen Funktionierens der Wertpapiermärkte der lokal zuständigen Behörde obliegt, womit er auf das Subsidiaritätsprinzip anspielte. Daraufhin wurde dann aber eine klare Kompetenzzuweisung für die Aufsicht über die Einhaltung der Rechts- und Verwaltungsvorschriften, die durch das Allgemeininteresse zwingend gerechtfertigt sind[81] und für die Aufsicht über die Einhaltung der Wohlverhaltensregeln zu Gunsten des Aufnahmestaats in der WpDRiL aufgenommen.

---

pierausschuss bilden, vgl. Aktionsplan zur Umsetzung des Finanzmarktrahmens, KOM (1999) 232, vom 11.05.1999 auf Seite 29.

[78] Amtsblatt Nr. C 43 vom 22.2.89, 7, Begründung KOM (88) 778 endg, 2 unten: Beträchtliche weitere Harmonisierungsbemühungen seien erforderlich, damit die Anwendung dieser Regeln der Herkunftsland-Kontrolle unterstellt werden könne.

[79] Amtsblatt Nr. C 43 vom 22.2.89, 7, Begründung KOM (88) 778 endg.

[80] Amtsblatt der EG, Nr. C 298/6 vom 27.11.89.

[81] Für die Prüfung anhand der EuGH Rechtsprechung im Detail vgl. auch die Kommentierung unten zu § 36a Abs. 2.

Dem Aufnahmestaat verbleibt also eine gewisse Restkompetenz, die sich im WpHG vor allem im § 36a wiederspiegelt. So lässt sich folgendes Schema für die Kompetenzverteilung der WpDRiL zeichnen:

Der andere Mitglied- oder Vertragsstaat ist ***Aufnahmeland***	der andere Mitglied- oder Vertragsstaat ist ***Herkunftsland***
⇓ Es gelten nur die dort in nationales Recht umgesetzten ***Wohl***verhaltenspflichten des ***Art. 11*** **WpDRiL,** und ausnahmsweise die Regeln, die i.S.d. Art. 19 Abs. 6 WpDRiL als aus Gründen des Gemeinwohls erlassene Rechts- und Verwaltungsvorschriften trotz des Europäischen Passes	⇓ Es gelten die dort in nationales Recht umgesetzten Aufsichtspflichten des ***Art. 10*** **WpDRiL,** und alle anderen Regeln, die im Herkunftsland gelten, damit das Unternehmen vom Europäischen Pass profitieren kann.

Die entsprechenden Verhaltensregeln der Herkunftsstaaten werden zwar nicht automatisch verdrängt.[82] Deshalb spricht man bei der Restkompetenz des Aufnahmestaats auch von einer ergänzenden Rolle.[83] Entscheidend ist jedoch, dass das Wertpapierdienstleistungsunternehmen sich in diesen Bereichen nicht auf seinen „Europäischen Pass" berufen kann. Und diese Bereiche der Restkompetenz sind von ungemein wichtiger Bedeutung. Denn gerade im Wertpapierhandelsaufsichtsrecht liegt der Schwerpunkt sehr deutlich auf der Aufsicht über die Einhaltung der Verhaltensregeln. Dies gilt zwar etwas weniger für die professionellen Intermediäre untereinander, jedoch umso stärker für den Sekundärmarkt. Damit ist vor allem der Verkauf, die Vermittlung und Beratung beim Wertpapierhandel gegenüber dem Kleinanleger und Verbraucher gemeint, um deren Schutz im Interesse des Gemeinwohls sich die Aufsichtstätigkeit des Aufnahmenstaats besonders kümmern wird.[84] Zulassungsregeln und Zustandspflichten

[82] Das gleiche vermutet auch *Dalhuisen,* EBLR 1999, 158, 357 unter Hinweis auf das berechtigte Interesse des Herkunftstaats an einer guten Reputation seiner Finanzmärkte. Hierzu auch noch unten C. II.3.
[83] Z.B. *Tornberg,* EBLR 1999, 24, 25.
[84] *Dalhuisen,* EBLR 1999, 158, 181.

durch den Herkunftsstaat sind hier nur unterstützend erforderlich. Die Notwendigkeit einer Aufsicht hierüber wird sogar bisweilen völlig in Frage gestellt.[85] Nicht umsonst ist die ausdrückliche Zuweisung von Aufsichtskompetenzen an den Aufnahmestaat eine singuläre Besonderheit der WpDRiL im Vergleich zu den übrigen Richtlinien im Bankenrecht.[86]

Gerade in diesem Bereich bleibt die WpDRiL aber leider recht unpräzise. Die enumerativ aufgezählten Wohlverhaltenspflichten in Art. 11 sind recht allgemein formuliert und bei den aus Gründen des Allgemeinwohls im Aufnahmeland geltenden Rechts- und Verwaltungsvorschriften sucht man vergeblich nach einer Definition oder Konkretisierung. Die WpDRiL überlässt es letztlich der Rechtsprechung des EuGH, hier für konkrete Präzisierung zu sorgen. Daher wird nicht nur von der Kommission befürchtet, dass die Möglichkeit zu diesen wegen des „Gemeinwohls“ gerechtfertigten Ausnahmen zu unpräzise sei, leicht missbraucht werden und den freien Markt behindern könne.[87] Der Kommission blieb aber nichts anderes übrig als das beste aus der Situation zu machen, nachdem Reformen längst überfällig waren aber Kompromisse nur sehr schwer erreicht werden konnten,[88]. Dabei mussten vage Formulierungen und unklare Kompetenzabgrenzungen in Kauf genommen werden.

Eine nähere Konkretisierung des Begriffs der „aus Gründen des Gemeinwohls erlassenen Rechts- und Verwaltungsvorschriften“ kann bei § 36a Abs. 2 erfolgen, der für seine ebenfalls unpräzise Formulierung der „in diesem Abschnitt geregelten Pflichten“ ohnehin richtlinienkonform ausgelegt werden muss. Da derartige Vorschriften i.d.R. eine Beschränkung der Niederlassungsfreiheit oder des freien Dienstleistungsverkehrs darstellen, muss in einem zweiten Schritt ge-

---

[85] *Dalhuisen,* EBLR 1999, 158, 179.

[86] *Tornberg,* EBLR 1999, 24, 26.

[87] Mitteilung der Kommission: „Finanzdienstleistungen: Das Vertrauen der Verbraucher stärken“ vom 26.06.1997, KOM (1997) 309 endg., Seite 2 des Anhangs, und den Aktionsplan zur Umsetzung des Finanzmarktrahmens der Kommission, KOM (1999) 232, Seite 5 („ ..., das Ausmaß der Anwendung der Wohlverhaltensregeln des Gastlandes – welche die grundlegende Voraussetzung für die ISD bildet – zu überdenken“) und Seite 9, sowie Seite 23. Sie plant deswegen auch eine Mitteilung zur Definition des „professionellen Anlegers“ sowie über eine Politik für den elektronischen Geschäftsverkehr im Finanzdienstleistungsbereich, vgl. den genannten Aktionsplan auf Seite 8 und 20. Schließlich will sie ungerechtfertigtes Festhalten an nichtharmonisierten Vorschriften durch die Mitgliedstaaten erkennen und bekämpfen, Seite 26. Vgl. auch *Dalhuisen,* EBLR 1999, 158, 163 und *Tornberg,* EBLR 1999, 24, 27.

[88] Vgl. *Tornberg,* EBLR 1999, 24, 27.

prüft werden, ob sie gegebenenfalls unanwendbar sind, weil sie den vom EuGH aufgestellten strengen Voraussetzungen nicht genügen.[89] Auf eine Beschäftigung mit dem sich letztlich auch als recht problematisch erweisenden Begriff der „Wohlverhaltensregeln“ kann an dieser Stelle indes nicht verzichtet werden.

II. Der schwierige Begriff der „Wohlverhaltensregeln“

1. Der Begriff der Verhaltensregeln

„Verhaltenregeln“ beziehen sich, wie das Wort verrät, auf ein menschliches Verhalten. Der Begriff „Verhalten“ selbst ist vom gebräuchlichen Wortsinn in Abgrenzung zu sehen von einer „Gesinnung“, „Zustand“, „Eigenschaft“ oder ähnlichen Substantiven. Diese grammatikalischen Interpretation ist indes für das Bankenaufsichtsrecht viel zu profan. Sie muss in einen konkreten wirtschaftsaufsichtsrechtlichen Kontext gebracht werden.

Auf die internationale übliche Einteilung der Bereiche bei der Bankenaufsicht wurde bereits eingegangen.[90] Dem deutschen Kapitalmarktrecht lag demgegenüber bis zum Erlass des WpHG ein rechtsform- und institutionenbezogenes Aufsichtskonzept (Marktzugang und Einhaltung der Ausübungsbedingungen) zu Grunde. Erst danach wurde auch die marktbezogene Aufsicht des BAWe zusätzlich eingeführt (Verhaltensregeln und Produktkontrolle). Unter Verhaltensregeln können also, ausgehend von einer bundesdeutschen Terminologie, grundsätzlich alle Pflichten verstanden werden, die sich auf das Verhalten der Akteure auf dem Markt beziehen.[91] Diesen Pflichteninhalt kann man zum Beispiel abgrenzen von Regeln, die für die Zulassung eines Unternehmens einzuhalten sind, sich also auf den Zustand der Sache „Unternehmen“[92] beziehen oder von Regeln, die Qualifikationserfordernisse für Dienstleistungsanbieter aufstellen, ohne dass diese Abgrenzungen den Anspruch auf Vollständigkeit erheben.

Systematisch ist demgegenüber der spezielle Begriff der „Verhaltensregeln“, wie er im § 36c gebraucht wird, abzugrenzen von Verhaltensregeln in anderen Abschnitten des WpHG. § 36c meint nur die Verhaltensregeln des 5. Abschnitts

---

[89] Siehe unten E. III.1.

[90] Siehe oben A. I.3.

[91] Gebräuchlich ist auch Begriff „Compliance-Regeln“, vgl. *Schlüter,* Wertpapierhandelsrecht (2000), 111.

[92] Diese Pflichten mag man „Zustandspflichten“ nennen.

des WpHG. Die Insiderverbote im 3. Abschnitt und die Mitteilungs- und Veröffentlichungspflichten des 4. Abschnitts sind natürlich sprachlich gesehen auch „Verhaltens“pflichten, erfahren jedoch für den Fall des grenzüberschreitenden Bezugs eine eigene Behandlung in den §§ 19 und 26 sowie 30.

Es gibt transaktionsbezogene oder unternehmensbezogene Verhaltenspflichten. Die transaktionsbezogenen Verhaltenspflichten sind in den §§ 31 und 32 geregelt, die unternehmensbezogenen in den §§ 33 ff.

Zusammenfassend lassen sich die Begrifflichkeiten folgendermaßen voneinander abgrenzen:

- *Zulassungspflichten*: Das sind die Pflichten, einen ordnungsgemäßen Zustand der Institute herzustellen (Regelung des Marktzutritts) und zu unterhalten. Sie unterliegen der institutionellen Aufsicht des BAKred. Der Schwerpunkt liegt dabei auf dem Schutz der den Instituten anvertrauten Vermögenswerte durch eine ausreichende Eigenkapitalausstattung und Liquidität.[93]
- *Verhaltenspflichten*: Das sind die Pflichten, sich bei der Betätigung auf dem Markt ordnungsgemäß und redlich zu verhalten. Sie unterliegen der Marktaufsicht der BAWe.
- *Unternehmensbezogene Verhaltenspflichten*: Das ist die Pflicht, für eine ordnungsgemäße Organisation der sächlichen und personellen Mittel für die Betätigung auf dem Markt zu sorgen. Die Abgrenzung zu der institutionellen Aufsicht des BAKred über die Zustandspflichten ist schwer und dogmatisch nicht überzeugend möglich.
- *Transaktionsbezogene Verhaltenspflichten*: Das ist die Pflicht, die Dienstleistungen für Kunden ordnungsgemäß durchzuführen.

Mit diesen Begriffen lässt sich folgendes Schema für die Pflichten, die ein Unternehmen einzuhalten hat, darstellen:[94]

---

[93] Vgl. die §§ 10 und 11 KWG.

[94] Das Schema ist bewusst vereinfacht. Viele Pflichten, die für die Abgrenzungsproblematik in diesem Zusammenhang nicht relevant sind, wurden weggelassen, also insbesondere die Meldepflichten, Insiderverbote, Veröffentlichungspflichten usw.

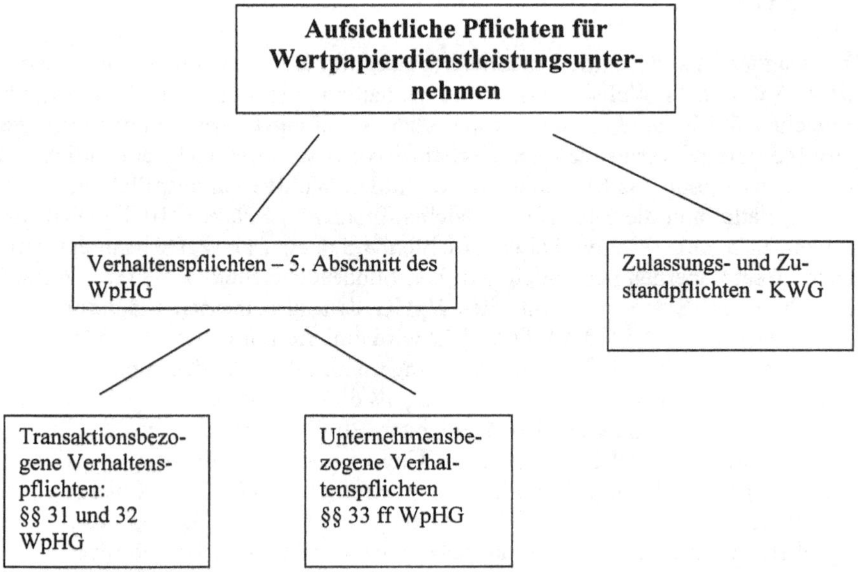

2. *Die Abgrenzung der „Wohl“verhaltenspflichten i.S.d. Art. 11 WpDRiL und deren Bedeutung*

Der Wortteil „Wohl“ in den Wohlverhaltenspflichten ist eine deutsche Eigenheit der amtlichen Version der WpDRiL. Weder die englische amtliche Übersetzung spricht etwa von *„good“ conduct of business rules* noch die französische von *règles de „bonne“ conduite.* Dabei wurde der Begriff *règles de bonne conduite* im nationalen französischen Umsetzungsgesetz durchaus verwendet.[95] Die deutsche Version der WpDRiL ist insoweit missglückt, als man annehmen könnte, die Wohlverhaltenspflichten seien ein Sonderfall der Verhaltenspflichten. Dabei kann man dem Wortteil „Wohl“ außer einer gewissen Charakterisierung in Richtung auf ein „gutes“ oder positiv gewünschtes Verhalten keine genauere dogmatische Erkenntnis abgewinnen. Die Begriffswahl lässt sich nur mit dem Bedürf-

[95] Vgl. Art. 16 des décret no 96-880 vom 8 octobre 1996, J.O. Numero 236 du 9 Octobre 1996, page 14804, der dem deutschen § 36a Abs. 1 WpHG entspricht und Art. 17 Abs. 4 und Art. 18 Abs. 2 Satz 2 der WpDRiL umsetzen soll.

nis zu einer klaren Abgrenzung zu den sonstigen Rechts- und Verwaltungsvorschriften erklären.[96]

Ob es angesichts der amtlichen Entsprechung des Begriffs *conduct of business rules* i.S.d. Art. 11 WpDRiL als „Wohl"verhaltenspflicht eine gute Idee war, im deutschen WpHG eine von der europäischen Regelungskonzeption unabhängige Terminologie zu verwenden, ist fraglich.[97] Auch wenn es nicht ersichtlich ist, welche Bedeutung das Merkmal „Wohl" in den Wohlverhaltenspflichten haben könnte, hätte man die Begriffe „Aufsichtspflichten" i.S.d. Art. 10 WpDRiL im Gegensatz zu den „Wohlverhaltenspflichten" i.S.d. Art. 11 WpDRiL in das nationale Gesetz übernehmen sollen. Mit den bundesdeutschen Begriffen „Verhaltenspflichten" i.S.d. 5. Abschnitts des WpHG, den „allgemeinen und besonderen Verhaltenspflichten" i.S.d. §§ 31 und 32 wird eine richtlinienkonforme Interpretation erschwert. Es sei aber immerhin eingeräumt, dass die deutsche Konzeption dogmatisch insoweit überzeugender ist, als die transaktionsbezogenen Pflichten besser von den unternehmensbezogenen Pflichten getrennt werden. Angesichts der in der WpDRiL bestehenden Überlappungen ist dies für eine richtlinienkonforme Auslegung allerdings von zweifelhaftem Wert. Die Regelkataloge der Aufsichtspflichten des Art. 10 und der Wohlverhaltenspflichten des Art. 11 WpDRiL stehen zwar selbstständig nebeneinander. Bei Art. 10 steht der Schutz der Intermediäre im Vordergrund, bei Art. 11 der Kunden- und Anlegerschutz.[98] In der Sache ist die Abgrenzung hinsichtlich der inhaltlichen Typisierung der Pflichten aber konzeptionell nicht gelungen und nicht in sich stimmig.[99] Während die Aufsichtsregeln des Art. 10 WpDRiL keine einzige transaktionsbezogene Pflicht enthalten, sondern ausschließlich unternehmensbezogene Pflichten, sind die Wohlverhaltenspflichten bis auf eine[100] transaktionsbezogene Pflichten. Wegen dieser Ausnahme ist eine Abgrenzung dieses besonderen Pflichtenkreises insoweit dogmatisch nicht überzeugend möglich und letztlich nur enumerativ durchzuführen. Sie ist allerdings von enormer Bedeutung, weil diese Wohlverhaltensregeln die wichtigste Einschränkung des Herkunftslandprinzips ist.

[96] *Schulte-Frohlinde,* Art. 11 Wertpapierdienstleistungsrichtlinie (1999), 56.
[97] Österreich dagegen hat den europarechtlichen Begriff der „Wohlverhaltenspflichten" in seinen Art. 11 WAG übernommen, vermengt diese Pflichten dann allerdings leider auch mit den „Aufsichtspflichten" des Art. 10 WpDRiL.
[98] *Bliesener*, Verhaltenspflichten (1998), 90.
[99] *Andenas/Hadjiemmanuil,* EBLR 1998, 149, 159, die dies auf die Notwendigkeit politischer Kompromisse zurückführen.
[100] Abs. 1 Satz 3. Spiegelstrich.

3. Der Begriffswirrwarr bei den Verhaltenpflichten

Die Aufteilung der Bankenaufsicht in Bereiche ist nur schwerpunktmäßig sinnvoll. In ihren Randbereichen überschneiden sich die Pflichtenkreise. Vorsicht ist vor allem geboten bei der Verwendung des Begriffs der „Verhaltenspflichten". Europarechtlich sind die Wohlverhaltensregeln des Art. 11 WpDRiL als *conduct of business rules* nicht eine Teilmenge aus den Aufsichtsregeln (*prudential rules)* des Art. 10 WpDRiL, auch wenn in beiden Fällen in der deutschen Literatur[101] und vom WpHG[102] von Verhaltenspflichten gesprochen wird. Zudem ist die Abgrenzung der unternehmensbezogenen Verhaltenspflichten von den Zulassungs- und Zustandspflichten mitunter schwierig bis unmöglich. Letzteres gilt sowohl für die europarechtliche Regelungskonzeption als auch für die verschiedenen nationalen Konzeptionen sowie dem, was international terminologisch üblich ist. Häufig werden die §§ 31 und 32 auch wie selbstverständlich mit „Wohlverhaltenspflichten" bezeichnet,[103] obwohl der amtliche Wortlaut lediglich von „Allgemeinen und besonderen Verhaltenspflichten" spricht und die Begrifflichkeiten nicht völlig deckungsgleich sind.

Speziell für die deutsche Sprache kommt erschwerend hinzu, dass es weder eine exakte Übersetzung für „Verhaltenspflicht"[104] im Englischen, noch eine solche für *prudential regulation* oder *–rules* im Deutschen[105] gibt. Das hängt damit zusammen, dass die Rechtsentwicklungen in den verschiedenen Ländern ganz unterschiedliche Wege gegangen ist. Dies alles führt zu Definitionsüberlappungen und nicht nachvollziehbaren dogmatischen Abgrenzungen, die sich in der Litera-

[101] Z.B. *Bliesener,* Verhaltenspflichten (1998), 11.

[102] Vgl. die Betitelung des 5. Abschnittes des WpHG als „Verhaltensregeln für Wertpapierdienstleistungsunternehmen", die sich auch auf die §§ 33 ff. bezieht.

[103] Z.B. *Schlüter,* Wertpapierhandelsrecht (2000), 111; *Wieneke,* Rechtsfragen des Discount-Brokings (1999), 74 ff.

[104] Am ehesten kämen die Begriffe *„conduct rules"* bzw. *„conduct of business rules"* in Frage. Der Anwendungsbereich dieser Begriffe ist jedoch leider nicht identisch mit dem deutschen Begriff der Verhaltensregeln. Der Übersetzer *Nottage*, der den Aufsatz „German Banks' Duties to Inform and Give Advice" von *Horn* übersetzt hat, hat sich für *Rules of Conduct* entschieden und verwendet speziell für die §§ 31 und 32 des WpHG den neutralen Ausdruck *„typical and general duties of care"*, vgl. EBLR 1998, 367, 375.

[105] Dieser Begriff umfasst sowohl Zulassungs- und Zustandspflichten als auch unternehmensbezogene Verhaltenspflichten. Auf die Möglichkeit einer erweiterten Auslegung des Begriffs „prudential supervision" weist auch *Andenas/Hadjiemmanuil,* EBLR 1998, 149, 158 hin.

tur[106] und den verschiedenen nationalen Gesetzestexten widerspiegeln und überlagern.

Angesichts der Überlagerung der rein deutschen Begrifflichkeiten mit der europäischen Regelungskonzeption ist es schwierig, eine richtlinienkonforme Auslegung durchzuführen. Daher ist es angebracht, beide Systeme mit ihren Rechtsbegriffen gegenüberzustellen:

Zugangsbedingungen[107] nach Art. 3-6 WpDRiL	Zulassungs- und Zustandspflichten nach KWG
Ausübungsbedingungen[108] nach Art. 10 WpDRiL: „Aufsichtsregeln“ – *prudential rules*	Die unternehmensbezogenen Verhaltenspflichten der §§ 33 ff
Verhaltensregeln nach Art. 11 WpDRiL: „Wohlverhaltensregeln“ – *conduct of business rules*	Vor allem die „allgemeinen und besonderen Verhaltenspflichten“ der §§ 31 und 32, aber auch die organisatorische Vorhaltepflicht des § 33 Abs. 1 Nr. 1[109]

[106] *Bliesener,* Verhaltenspflichten (1998), 96, ordnet die *prudential rules* in der WpDRiL den Art. 3 – 6 zu, die Bedingungen für den Zugang festlegen, nicht jedoch Regeln für das Verhalten der Akteure auf dem Markt. Ganz offensichtlich unterläuft ihm ein Übersetzungsfehler, wenn er davon spricht, dass der Bereich der *conduct of business rules* von den Art. 10 und 11 WpDRiL gestaltet werde. Denn die amtlichen Übersetzungen sprechen nur bei Art. 11 von *conduct of business rules* (Französisch: „règles de conduite“), bei Art. 10 jedoch von *prudential rules* (Französisch: „règles prudentielles“). Im Übrigen spricht entgegen der Darstellung *Blieseners* die WpDRiL beim Titel II („Bedingungen für den Zugang der Tätigkeit“, Art. 3 – 6 WpDRiL) der WpDRiL in seinen amtlichen Übersetzungen gerade nicht von *prudential rules*, im Gegensatz zu Art. 10 im Titel IV („Bedingungen für die Ausübung“), sondern von *Conditions for taking up business* (Französisch: Conditions d'accès à l'activité).

[107] Conditions for taking up business, Conditions d'accès à l'activité. Man kann diese Pflichten im Englischen auch als authorisation regulation bezeichnen, vgl. hierzu *Dalhuisen,* EBLR 1999, 158.

[108] Operating conditions, Conditions d'exercice

[109] Hierzu E. III.1. d) (1).

C. Völkerrechtliche Rahmenbedingungen

Um die Sicherstellung der Wohlverhaltensregeln auch beim grenzüberschreitenden Bezug zu gewährleisten, müssen entsprechende Maßnahmen auf internationalen Sachverhalte anwendbar sein. Das staatliche aufsichtliche Handeln wird selbst grenzüberschreitend. Dabei zeigt sich, dass viele schwierige und zum Teil noch keinesfalls ausdiskutierte völkerrechtliche Fragen aufgeworfen werden. Die Problematik der Sicherstellung der Wohlverhaltensregeln beim grenzüberschreitenden Bezug muss also in einen konkreten völkerrechtlichen Zusammenhang gebracht werden. Es geht nicht nur um die Frage, auf welche grenzüberschreitenden Sachverhalte ein Staat seine Gesetze anwenden kann.[110] Die völkerrechtliche Zulässigkeit eines gesamten Vorgehens ist zu untersuchen, mit dem Deutschland ausländische Unternehmen dazu bringen will, die der Sicherstellung der Wohlverhaltensregeln dienenden Gesetze einzuhalten.

Vorneweg ist zu bemerken, dass das WpHG und sonstige Normen diese Fragen nur sehr bruchstückhaft regeln. Lediglich die §§ 31 Abs. 3 und 32 Abs. 3 ordnen für einen bestimmten Fall ausdrücklich die Geltung deutschen materiellen Rechts, der § 35 Abs. 2 die Geltung deutschen Verfahrensrechts an. Wie die Durchsetzung des Rechts gegenüber ausländischen Unternehmen aussehen kann, bleibt völlig offen. Überhaupt hat die Frage nach der internationalen Reichweite und extraterritorialen Anwendbarkeit nationaler Bestimmungen bislang nur wenig wissenschaftliche und praktische Aufmerksamkeit unter Juristen erfahren.[111]

Nur für europarechtliche Sachverhalte finden sich mitunter konkrete Regelungen vor allem in den europarechtlichen Richtlinien, die das Herkunftslandprinzip begründen. Dies wurde bereits oben ausführlich dargestellt. Die allgemeinen völkerrechtlichen Prinzipien werden insoweit durch den EGV verdrängt, der eine spezielle Quelle des Völkerrechts darstellt.[112] Das primäre Europarecht wird vom sekundären Europarecht konkretisiert.

---

[110] Vgl. *Bauer*, Internationale Bankenaufsicht (1985), 61 ff.

[111] So auch *Assmann,* in: Assmann/Schütze, Ergänzungsband zur 2. Auflage des Handbuchs für Kapitalanlagerecht (1999), RNr. 48 zu § 1.

[112] *Groß,* JZ 1994, 596, 600; *Schwarze,* EuR 1983, 1; a.A. *Arnold,* in: Gedächnisschrift Küchenhoff (1987), 165, 184: Das allgemeine Völkerrecht wird rezipiert, gilt weiter und seine fundamentalen Regeln können sogar übergeordnet sein.

I. Die grenzüberschreitende Anwendung der Wohlverhaltensregeln und der sie sicherstellenden Normen

1. Extraterritoriale Anwendbarkeit des WpHG weder generell zu verneinen noch generell zu bejahen

Nationale Gesetzgeber definieren häufig den Anwendungsbereich oder Geltungsbereich[113] der einschlägigen Normen nicht. Auch das WpHG schweigt sich hierüber aus. Weder dem § 1 „Anwendungsbereich“, noch den §§ 2 ff „Begriffsbestimmungen“, § 4 „Aufgaben“ oder § 7 „Zusammenarbeit mit zuständigen Stellen im Ausland“ lässt sich ein Hinweis auf die internationale Anwendbarkeit des WpHG entnehmen. Daran ändert auch eine gelegentliche Regelung der territorialen Anwendung wie in den §§ 31 Abs. 3 und 32 Absatz 3 nichts.

Nun könnte man zunächst annehmen, dass WpHG gelte grundsätzlich nur für Unternehmen mit Sitz im Inland, und nur ausnahmsweise auf Grund einer ausdrücklichen Ausdehnung der Anwendbarkeit wie z.B. in den §§ 31 Abs. 3, 32 Abs. 3 und 35 Abs. 2, auch für Unternehmen mit Sitz im Ausland. So spricht die Tatsache, dass die meisten deutschen Gesetze sich, ohne dies ausdrücklich festzulegen, auf das Hoheitsgebiet des deutschen Staates beschränken und das Prinzip der territorialen Souveränität dafür, dass sich die Anwendbarkeit des WpHG grundsätzlich auf Wertpapierdienstleistungsunternehmen mit Sitz in Deutschland beschränkt. Dem entspricht auch die ältere These von der grundsätzlichen Übereinstimmung von Staatsgebiet und Geltungsbereich der staatlichen Rechtsordnung.[114] Die umstrittene US-amerikanische Doktrin geht ebenfalls von einer Vermutung gegen die extraterritoriale Anwendung amerikanischer Gesetze aus, die allerdings widerlegt werden kann.[115] Auch wird beim KWG teilweise ange-

---

[113] Zur Unterscheidung zwischen Geltungsbereich und Anwendungsbereich vgl. *Meessen*, Völkerrechtliche Grundsätze (1975), 17.

[114] Nachweise bei *Vogel*, Räumlicher Anwendungsbereich (1965), 60 ff.; siehe auch *Rudolf*, Berichte der DGVR 11 (1973), 7, 9; *Bleckmann*, Die völkerrechtlichen Grundlagen des internationalen Kollisionsrechts (1992), 50; *Burmester*, Grundlagen (1993), 48; genau entgegengesetzt allerdings *Matscher*, ÖZöffRVR 1977, 131, 141, der auf die Universalität der staatlichen Rechts- und Vollziehungsordnung hinweist, die nur beschränkt durch Völkerrecht sei; ähnlich *Mülbert*, AG 1986, 1, 4.

[115] Sog. „Foley-Doktrin“ nach der Entscheidung *Foley Bros., Inc. V. Filardo*, 336 U.281, 285 (1949). Nach dieser Doktrin kann der extraterritoriale Anwendungswillen sich aus (1) dem Wortlaut, (2) der Entstehungsgeschichte oder (3) aus Verwaltungsbestimmungen und Auslegungsmaterialien ergeben. Kritisch zu deren Begründung *Hay*, RabelsZ 60 (1996), 303, 307.

nommen, dass sich dessen Anwendbarkeit auf Unternehmen mit Sitz in Deutschland beschränkt.[116] Und § 2 Abs. 4 WpHG verweist bei der Definition des Begriffs des Wertpapierdienstleistungsunternehmens auf das KWG. Richtig ist, dass das KWG – ebenso wenig wie das WpHG – weder in seiner Definition des Kreditinstituts nach § 1 Abs. 1 noch bei der Regelungen der Erlaubnispflicht nach § 32 Abs. 1 zwischen inländischen Unternehmen und Unternehmen mit Sitz in einem anderen Staat unterscheidet. Den Vorschriften des KWG unterliegen grundsätzlich auch Unternehmen mit Sitz im Ausland, die im Geltungsbereich des KWG Bankgeschäfte im Sinne des § 1 Abs. 1 KWG betreiben.[117] Es zeigt sich gerade im Bankenaufsichtsrecht, dass die These von der grundsätzliche Übereinstimmung von Staatsgebiet und Geltungsbereich der staatlichen Rechtsordnung in dieser Strenge heutzutage nicht mehr gilt.[118] Die Formulierung des § 33 Abs. 1 Satz 1 Nr. 6 KWG ist in diesem Zusammenhang missglückt.[119]

Vgl. auch *Ostrove,* 33 The International Lawyer (1999), 418. Diese Rechtsmeinung ist jedoch auf den amerikanischen Rechtskreis beschränkt und kann nicht auf Deutschland übertragen werden. Sie ist auch in den USA umstritten. Viele gehen auch dort von einer Vermutung zugunsten einer extraterritorialen Anwendung aus. Vgl. den Überblick über Lehre und Rechtsprechung bei *Hay,* a.a.O.

[116] Die Begründung der Bundesregierung zum Regierungsentwurf des Umsetzungsgesetzes, BTag-Drucks. 13/7142, geht wie selbstverständlich auf Seite 102 davon aus, dass Kreditinstitute im Sinne des KWG „ohnehin" nur bei Sitz im Inland in Frage kommen. Diese Rechtsansicht wird von *Assmann,* in: Assmann/Schneider, WpHG (1999), RNr. 83 zu § 2 kritiklos übernommen. Es fehlt jedoch jegliche Begründung dieser Rechtsansicht.

[117] So auch *Kiel,* Internationales Kapitalanlegerschutzrecht (1994), 226: „Die Bestimmungen über die Bankenaufsicht stellen also insoweit lediglich auf den Ort der Tätigkeit, nicht auf den Sitz des betroffenen Unternehmens ab. Damit sind auch ausländische Banken erfasst". Vgl. auch *Bähre,* KWG (1986), § 53 Nr. 1.

[118] *Groß,* JZ 1994, 596, 601.

[119] Diese Vorschrift ist wohl auf die Hektik im Gesetzgebungsverfahren zurückzuführen. Auch offenbart sie ein grundsätzliches Problem: während die europarechtlichen Richtlinien regelmäßig von einer Zulassung des Unternehmens ausgehen (objektbezogen), knüpfte das KWG die Erlaubnis schon immer an das Betreiben eines Bankgeschäftes (verhaltensbezogen). Dieser gravierende dogmatische Unterschied ist der Grund für viele Ungereimtheiten. Auch § 33 Abs. 1 Nr. 6 KWG bricht mit dem System der Regelung von grenzüberschreitenden Sachverhalten auf europarechtlicher Ebene. Denn es ist ja gerade Sinn der Anerkennung eines europäischen Pass, dass ein Unternehmen in einem anderen Mitgliedstaaten keiner deutschen „Zulassung" (oder nach deutscher Terminologie: „Erlaubnis") bedarf – dann ist jedoch auch eine Vorschrift verfehlt, die von einem „Versagen der Erlaubnis" spricht. Die Begründung des Regierungsentwurfs für § 33 Abs. 1 Nr. 6 KWG gibt an, dass die Regelung dem Artikel 3 Abs. 2 Anstrich 2 der WpDRiL sowie Art. 3 Abs. 2 der BCCI-Folgerichtlinie entspreche, vgl.

Sie lässt aber immerhin den Schluss zu, dass der freie Dienstleistungsverkehr (selbstverständlich) nur innerhalb der EU gilt. Eine geografische Beschränkung des Anwendungsbereiches lässt sich also weder beim KWG noch beim WpHG generell feststellen. Man kann die Regelung in den §§ 31 Abs. 3 und 32 Absatz 3 also nur damit erklären, dass es dem Gesetzgeber hier besonders wichtig war, die Anwendbarkeit klarzustellen und genau zu regeln.

Andererseits kann auch nicht gesagt werden, dass das WpHG mit seinen dort geregelten Pflichten (also auch die im fünften Abschnitt erwähnten Pflichten nach den §§ 33, 34, 34a, 36 und 36b) generell auf Unternehmen mit Sitz im Ausland anwendbar ist. Für EU-Sachverhalte würde dies eklatant gegen die WpDRiL und das Herkunftslandprinzip verstoßen. Nach der klaren Kompetenzaufteilung gemäß der Art. 10 und 11 WpDRiL sind z.B. die §§ 33 Abs. 1 Nr. 2 und 3 sowie § 34 auf Unternehmen mit Sitz in einem anderen Mitglieds- oder Vertragsstaat sicherlich nicht anwendbar. Selbst bei Drittstaaten würde sich, unterstellt man diese These als richtig, die Frage stellen, warum dann überhaupt die konkrete Regelung des internationales Anwendungsbereichs in den § 35 Abs. 1 oder § 35 Abs. 2 notwendig wurde. Wäre das WpHG ausnahmslos auch für Unternehmen im Ausland verbindlich, hätte man sich diese Vorschriften sparen können.

Aus seinem Schweigen lässt sich also weder auf die grundsätzliche Anwendbarkeit, noch auf die grundsätzliche Unanwendbarkeit des WpHG auf Unternehmen mit Sitz im Ausland schließen.[120] Es ist auch nicht ungewöhnlich, dass sich aus den materiell-rechtlichen Regelungen gerade im Bereich des Bankenaufsichtsrechts keine eindeutigen Hinweise darauf entnehmen lassen, in welchen Fällen der Gesetzgeber sie auf Auslandssachverhalte angewandt wissen will.[121] Dabei ist von einer bewussten Regelungslücke auszugehen, bei welcher der Gesetzgeber die Frage offen gelassen hat, um sie der Entscheidung durch Rechtssprechung und Lehre zu überlassen.

BTag-Drucks. 13/7172, 89. Das ist jedoch nicht ganz richtig: Die europarechtliche Formulierung, auf die Bezug genommen wird, lautet: *(2) Die Mitgliedstaaten verlangen, dass*
- sich bei Wertpapierfirmen, bei denen es sich um juristische Personen handelt, und die gemäß dem für sie geltenden einzelstaatlichen Recht einen satzungsmäßigen Sitz haben, die Hauptverwaltung im gleichen Mitgliedstaaten befindet wie der Sitz;
- sich bei anderen Wertpapierfirmen die Hauptverwaltung in dem Mitgliedstaat befindet, der die Zulassung erteilt hat und in dem sie effektiv tätig sind.

[120] So auch allgemein *Rudolf* Berichte der DGVR 11 (1973), 7, 43.

[121] *Schuster*, Internationale Anwendung (1996), 4.

2. *Lösungsansätze zur Frage der Zulässigkeit und Grenzen der extraterritorialen Jurisdiktion*

a) Der Begriff der extraterritorialen Jurisdiktion

Jurisdiktion ist die Befugnis zur Ausübung von Hoheitsgewalt durch Setzung und Durchsetzung von Recht.[122] Sie ist ein wichtiger und essentieller Bestandteil der staatlichen Souveränität mit seinem alleinigen Machtanspruch über Personen, Sachen und sonstige Umstände.[123] Jedenfalls seiner lateinischen Herkunft nach bezieht sich dieser Begriff vor allem auf die Rechtsfindung und Durchsetzung von Recht durch die Gerichte.[124] Er hat inzwischen allerdings einen wesentlich vielschichtigeren Inhalt erfahren und ist von großer Bedeutung für den Normenerlass.[125]

Gesetze wirken dann extraterritorial, wenn ihre Anwendung sich zumindest auch außerhalb des Staatsgebiets des Urheberstaates abspielt.[126] Dabei können Staaten Auslandssachverhalte zum Tatbestand von Rechtsfolgen - im Inland - machen (Auslandsanknüpfung) oder Rechtsfolgen für das Ausland statuieren (Auslandsregelung).[127] Ihre Anwendung im Ausland kann durch staatliche Stellen vermittelt sein oder sie können dort direkt wirken. Der letztere Fall ist völkerrechtlich problematischer, weil der ausländische Staat auf die Wirkungskraft der Norm keinen Einfluss hat, da seine Organe nicht zwischengeschaltet sind.

Die extraterritoriale Rechtsanwendung im öffentlichen Recht ist durch das internationale öffentliche Recht geregelt. Es liefert eine Antwort auf die Frage, wann eigenes oder fremdes öffentliches Recht anzuwenden ist.[128] Ein Teilbereich hier-

---

[122] *Meng*, Extraterritoriale Jurisdiktion (1994), 1.

[123] *Zekos,* JILT (3), 1999.

[124] *Meng*, Extraterritoriale Jurisdiktion (1994), 1, mit weiteren Nachweisen über die Genese dieses Begriffs.

[125] Zur anglo-amerikanischen Konzeption des Begriffs siehe *Hay,* RabelsZ 60 (1996), 303, 304 ff.

[126] *Stern,* Annuaire Francais du Droit International 32 (1986), 7-52, 9.

[127] *Meng,* ZaöVR 54 (1997), 269, 290.

[128] Dabei trifft nach Ansicht mancher das internationale Verwaltungsrecht nur Aussagen über den Anwendungsbereich des eigenen Rechts, bestimmt allerdings grundsätzlich nicht, wann ausländisches Recht anwendbar sein soll (Prinzip der einseitigen Kollisionsnorm), vgl. *Ellger,* Datenschutz (1990), 654. Diese Aussage ist in dieser Allgemeinheit nicht richtig. Das internationale Verwaltungsrecht wendet jedenfalls häufig ausländische öffentlichrechtliche Entscheidungen an, z.B. Anerkennung eines ausländischen Führerscheins, eines bestimmten diploma-

aus ist das internationale Verwaltungsrecht. Jedenfalls dieses internationale Verwaltungsrecht wurde traditionell in seiner Funktion als Rechtsanwendungsrecht in enger Verwandtschaft zum internationalem Privatrecht gesehen.[129] Immer wichtiger wird in neuerer Zeit aber die Bedeutung des internationalen Verwaltungsrechts als das Recht der internationalen Organisationen und des Rechts der internationalen Zusammenarbeit der nationalen Verwaltungen.[130]

b) Verhältnis des internationalen Privat- oder Verwaltungsrechts zum Völkerrecht

Das ganze Problem der internationalen Anwendbarkeit der wertpapierhandelsrechtlichen Normen könnte man, so hat es auf den ersten Blick vielleicht den Anschein, mit Hilfe des Rechts lösen, dass bei internationalen Sachverhalten auf das eine oder andere Sachrecht verweist. Dieses Rechtsanwendungsrecht findet sich herkömmlich im internationalen Privatrecht.

Im 5. Abschnitt des WpHG befindet sich nur für die §§ 31 und 32 im jeweiligen Absatz 3 eine Regelung. § 35 Abs. 2 hat zwar auch grenzüberschreitenden Bezug, ist jedoch keine Kollisionsnorm, weil er nicht Sachnormen für bestimmte Fälle mit Auslandsbezug für anwendbar erklärt, sondern eine für internationale Sachverhalte spezielle Verfahrensnorm darstellt. Im EGBGB finden sich ebenfalls keinerlei spezielle Kollisionsnormen zum Wertpapierhandelsrecht. Durchaus in Erwägung ziehen könnte man also die Anwendung des allgemein geltenden Art. 28 EGBGB oder angesichts der lückenhaften Regelung eine Analogie der §§ 31 Abs. 3 und 32 Abs. 3.[131] Bejaht man die analoge Anwendung, wären alle im fünften Abschnitt des WpHG erwähnten Pflichten, also zusätzlich die §§ 33 ff., nach Maßgabe des § 31 Abs. 3 für Unternehmen mit Sitz im Ausland anwendbar.

Die Frage der extraterritorialen Verbindlichkeit von öffentlich-rechtlichen Vorschriften verweist allerdings typischerweise auf die völkerrechtliche, nicht auf die privatrechtliche Ebene des Kollisionsrechts. Auch gilt, dass das Völkerrecht

---

tischen Status etc. Doch auch die Anwendung ausländischen öffentlichen Rechts ist denkbar, muss aber an dieser Stelle nicht diskutiert werden.

129 *Meng*, Extraterritoriale Jurisdiktion (1994), 187.

130 *Meng*, a.a.O.

131 Diese Vorschriften können als zum Internationalen Privatrecht gehörende Normen angesehen werden, vgl. oben D. III.1. c) .

im Verhältnis zum Internationalen Privatrecht vorrangig ist.[132] So dürfte heute unbestritten sein, dass das Völkerrecht den Rahmen bildet, innerhalb dessen sich die Regelungen des Kollisionsrechts bewegen dürfen.[133] Außerdem ist es zugleich Auslegungsmaßstab für mehrdeutige Kollisionsregeln.[134] Dies gilt gleichermaßen für das internationale Verwaltungsrecht. Indem das Völkerrecht dem Internationalen Privat- oder Verwaltungsrecht Schranken aufstellt, muss es also streng genommen immer vorneweg mit berücksichtigt werden. Denn nach Art. 25 GG sind Gerichte und Behörden an die allgemeinen Regeln des Völkerrechts gebunden. Eine einfachgesetzliche privatrechtliche oder öffentlichrechtliche Kollisionsregel, die gegen das Völkerrecht verstieße, wäre nach Art. 25 Satz 2 GG verfassungswidrig und damit nichtig.[135]

c) *Lösungsansätze nach Maßgabe des Völkerrechts allgemein*

Es bleibt also nichts anderes übrig, als die Antwort auf die Frage der extraterritorialen Anwendbarkeit des Wertpapierhandelsaufsichtsrechts im Völkerrecht zu suchen. So gilt, im Gegensatz zur vollziehenden Gewalt, die sich streng auf das

---

[132] H.M., vgl. Art. 25 Satz 2 GG. A.A. aber möglicherweise *Bleckmann*, Völkerrechtliche Grundlagen (1992), 59 ff., wenn er verfehlt formuliert, dass das IPR materiell gesehen nicht rein nationales Recht, innerstaatliches Recht sei, sondern selbst Völkerrecht im weiteren Sinne darstelle. Hierzu auch *Meng*, Extraterritoriale Jurisdiktion (1994), 653 ff., 739, der das Internationale Privatrecht daraufhin überprüft, ob es als Modell für die kollisionsrechtliche Behandlung von Staatenkonflikten bei der extraterritorialen Jurisdiktion dienen kann und zu dem Schluss kommt, dass im internationalen öffentlichen Recht keine echten kollisionsrechtliche Fragestellungen in dem Sinne auftauchen, dass auf das Recht des einen oder anderen Staates verwiesen wird – typisch für das internationale Privatrecht.

[133] Zum Verhältnis des Internationalen Privatrechts zum Völkerrechts *Ziegenhain*, Extraterritoriale Rechtsanwendung (1992), 103 und *Bleckmann*, Völkerrechtliche Grundlagen (1992), 41 ff. (allerdings ohne konkrete Ergebnisse), mit einem Überblick über den Streitstand ab 1 ff.

[134] Ähnlich *Bleckmann*, Völkerrechtliche Grundlagen (1992), 41 ff., 44, 45.

[135] Ein weiteres Problem bei der analogen Anwendung der §§ 31 Abs. 3 und 32 Abs. 3 ist die klassische Unsicherheit bei der Beurteilung der ratio legis, die häufig ebenso gut zu einem Umkehrschluss führen kann. So kann einerseits argumentiert werden, dass die markt- und kundenschützende Funktion der in den §§ 33 ff. normierten Verhaltenregeln deren Verbindlichkeit auch für ausländische Unternehmen in den von § 31 Abs. 3 beschriebenen Fällen rechtfertigt, weil es sich immer um Verhaltenspflichten handelt. Andererseits kann man anführen, dass viele der in den §§ 33 ff. geregelten Pflichten eher unternehmens- als transaktionsbezogen sind und insoweit eben doch nicht „vergleichbar“. Eine Analogie sollte also vielleicht gerade ausgeschlossen sein. Denn die Unternehmensbezogenheit stellt insoweit einen wesentlichen Unterschied dar, als Deutschland in Hinblick auf die Souveränität der anderen Staaten die innere Organisation der dort ansässigen Unternehmen nicht regeln will oder sogar – unter völkerrechtlichen Aspekten – kann beziehungsweise darf.

Staatsgebiet beschränkt, dass ein Staat bei Gesetzen in einem gewissen Rahmen auch eine normative Wirkungskraft im Ausland vorsehen kann.[136]

Zwar regelt das Völkerrecht in erster Linie nur die völkerrechtlichen Beziehungen zwischen Völkerrechtssubjekten.[137] Und weder die Unternehmen mit Sitz im Ausland noch die Kunden im Inland sind jedenfalls nach herkömmlicher Völkerrechtsdogmatik anerkannte Völkerrechtssubjekte.[138] Die Verwaltung muss jedoch die völkerrechtlichen Grenzen der Jurisdiktionshoheit beachten.[139] Insofern bietet das Völkerrecht gewisse Lösungsansätze für die Frage, inwieweit Staatenverwaltungen nationale Regelungen extraterritorial anwenden können. Speziell betroffen ist das internationale Bankenaufsichtsrecht[140], das sich im Völkerrecht der internationalen Wirtschaftsbeziehungen wiederfindet. Letzteres hat die Funktion, die sich aus den verschiedenen Innen- und Außenwirtschaftsinteressen ergebenden Beziehungen rechtlich zu regeln.[141] Außerdem hat es die Aufgabe, einen rechtlichen Rahmen für die transnationale Wirtschaftstätigkeit überhaupt zu schaffen.[142]

Völkerrechtliche Verträge, welche die Zuständigkeit zum Erlass börsenrechtlicher Hoheitsakte oder das dabei anzuwendende Recht regeln, gibt es außerhalb der EU kaum.[143] Zwar werden eine Reihe von Abmachungen zwischen den jeweiligen Aufsichtsstellen geschlossen, so genannte „Memoranda of Understanding".[144] Diese regeln allerdings nur den technischen Ablauf der Amtshilfe und

---

136 *Stern,* Annuaire Francais du Droit International 32 (1986), 7-52, 12.

137 *Ipsen*, Völkerrecht (1999), 6.

138 Natürliche Menschen oder Menschengruppen werden in der Völkerrechtsdogmatik neben den traditionell anerkannten wie Staaten, internationale Organisationen sowie sonstigen (Heilige Stuhl u.s.w.) erst in jüngerer Zeit immer mehr als Völkerrechtssubjekte anerkannt. Dabei ist die völkerrechtliche Rechts- und Handlungsfähigkeit allerdings nach wie vor umstritten, vgl. *Ipsen*, Völkerrecht (1999), 4 und 6.

139 *Bauer*, Internationale Bankenaufsicht (1985), 62 ff.; *Meng*, Extraterritoriale Jurisdiktion (1994), 217.

140 Vgl. zu diesem Begriff *Bauer*, Internationale Bankenaufsicht (1985), 57 ff.

141 *Ipsen*, Völkerrecht (1999), 591.

142 *Ipsen*, Völkerrecht (1999), a.a.O. Das internationale Wirtschaftsrecht muss also mehr sein als eine völkerrechtliche Rechtsordnung, die lediglich die Ordnungsprinzipien der innerstaatlichen Rechtsordnung übernimmt und die Wirtschaftstätigkeit transnationaler Unternehmen regelt.

143 Nur vereinzelt gibt es völkerrechtlich verbindliche Abmachungen wie in Fußnote 146 erwähnt.

144 Hierzu im einzelnen die Ausführungen zu § 36c.

nicht Fragen der territorialen Anwendung des Rechts. Zudem sind die zuständigen Stellen keine völkerrechtlichen Rechtssubjekte.[145] Deren Vereinbarungen haben also keine volle völkerrechtliche Verbindlichkeit.[146] Sie sind am ehesten mit den zwischen Organwaltern verschiedener Staaten international üblichen „*Gentlemen's Agreements*" vergleichbar, denen keine Bindungswirkung gegenüber den Staaten zukommen, sondern allenfalls eine auf guten Sitten beruhende Bindungswirkung.[147] Das „General Agreement on Trade in Services" vom April 1994[148] mit seinen Annexen und Verlautbarungen enthält keine direkt auf die Hoheitsrechte der Vertragsstaaten einwirkende Regelungen. Es enthält lediglich Programmsätze, nach denen die Staaten dem Meistbegünstigungsgrundsatz folgen sollen sowie sonstige Sollvorschriften, die zu einer Öffnung der Grenzen für den grenzüberschreitenden Dienstleistungsverkehr führen sollen. In seinem „Annex on Financial Services" # 2 erlaubt es ausdrücklich handelsbeschränkende Regelungen *(measures for prudential reasons)*, die zum Beispiel dem Schutz der Verbraucher oder der Integrität des Marktes dienen. Das kann sich in Zukunft durchaus ändern. Bewährt sich das europäische Konzept, könnte es sich als Modell für den GATS anbieten.[149] Bereits heute gilt nach dem Basler Konkordat der *BIS*[150], dass die Staaten ausländische Zweigstellen zulassen müssen und Aufnahmeländer die Aufsicht den Herkunftsländern überlassen sollen, wenn diese als gleichwertig angesehen wird. Auch das Basler Konkordat ist aber kein bindendes Dokument. Es hat lediglich eine wichtige Vorbildfunktion und wird in der Regel von den Staaten so umgesetzt.[151]

---

[145] Zu den Voraussetzungen der (vollen) Völkerrechtsubjektivität vgl. *Ipsen*, Völkerrecht (1999), 3 ff., 53 ff. Jedenfalls können die Aufsichtsbehörden keine für die jeweiligen Staaten verbindliche Abmachungen über anzuwendendes Recht eingehen, weil sie beim Abschluss der Memoranda of Understandings nur für sich selbst, nicht allerdings für den Staat, dem sie angehören, handeln können. Sie sind keine Organe, die gemäß Art. 6 ff. der Wiener Vertragsrechtskonvention für ihren Staat zum Abschluss völkerrechtlicher Verträge befugt sind.

[146] Nach *Schuster*, Internationale Anwendung (1996), 646, sind Erklärungen über beabsichtigte Verhaltensweisen völkerrechtlich aber auch nicht völlig unerheblich. Vereinzelt gibt es auch völkerrechtlich verbindliche Vereinbarungen, wie z. B. zwischen den USA und den Niederlanden vom 11.12.1989 und zwischen der französischen Börsenaufsicht (COB) und der SEC in den USA.

[147] Vgl. zu diesen „Gentlemen's Agreements" *Ipsen*, Völkerrecht (1999), 101.

[148] Allgemein zum „GATS" *Weiss*, CMLRev, 32 (1995), 1177.

[149] So *Dalhuisen*, EBLR 1999, 158, 161.

[150] Abkürzung für *Bank for of International Settlements*, also der „Bank für internationalen Zahlungsausgleich".

[151] Zur Umsetzung in der EU und den USA siehe *Dalhuisen*, EBLR 1999, 158, 192, Fußnote 6.

Es gab manche Stimmen, die eine Begrenzung der Geltungserstreckung des staatlichen Rechts allein vom Grundsatz des Missbrauchsverbots bestimmen wollten.[152] Das Missbrauchsverbot ist jedoch zum einen hinsichtlich seiner völkerrechtlichen Geltung nicht unumstritten und zum anderen inhaltlich zu verschieden ausgeprägt. Es entstammt den nationalen Rechtsordnungen und findet seine innere Rechtfertigung häufig in der Ausnutzung einer übergeordneten Stellung. Im Völkerrecht jedoch sind alle Subjekte gleichberechtigt. Außerdem erfasst es konzeptionell nur Extremfälle und kann daher nur subsidiär Lösungsprinzip mit nur schmalem Anwendungsbereich sein.[153] Deswegen ist es ungeeignet, die Grenzen extraterritorialer Anwendung nationalen Rechts aufzuzeigen.[154] Es wird von vielen Autoren daher in diesem Zusammenhang gar nicht erst diskutiert.

Der Comity[155]- Gedanke ist auf den angloamerikanischen Rechtskreis beschränkt und ist völkerrechtlich unbestritten völlig unverbindlich.[156] Soweit aus Comity Erwägungen völkerrechtliche Verpflichtung irgendwelcher Art abgeleitet werden, wird auf das Gebot der Abwägung innerstaatlicher Interessen mit den Interessen anderer Länder angespielt.[157] Mit anderen Worten, es wird ein Abwägungsgebot begründet. Dieses wird später unter dem Problem der Jurisdiktionskonflikte behandelt.[158] Eine nähere Beschäftigung mit dem Comity Prinzip erübrigt sich daher an dieser Stelle.

---

[152] *Bär,* Kartellrecht und Internationales Privatrecht (1965), 328 ff.; *Rehbinder,* Extraterritoriale Wirkungen (1965), 55 ff.

[153] So *Beck,* Extraterritoriale Anwendung (1986), 131.

[154] *Rudolf* Berichte der DGVR 11 (1973), 7, 21.

[155] Vgl. hierzu ohne Anspruch auf Vollständigkeit z.B. *Waller,* Bringing Meaning to Interest Balancing in Transnational Litigfation, 23 Vanderbild Journal of Transnational Law 925 (1991) m.w.N.

[156] *Beck,* Extraterritoriale Anwendung (1986), 134. Manchmal wird es von einer sich auf die deutsche Sichtweise beschränkenden Literatur auch gar nicht thematisiert wie bei *Burmester,* Grundlagen (1993), die es systematisch auf den Seiten 179-186 hätte ansprechen müssen. Auf den Seiten 285 ff. diskutiert sie die Interessenabwägung nach „Volkssitte oder moralischer Selbstbindung", ohne sich mit internationaler Literatur oder Termini zu beschäftigen, verneint aber jedenfalls jegliche staatengemeinschaftliche Rechtspflicht.

[157] Vgl. etwa *Diwan,* 31 The International Lawyer (1997), 331, 332.

[158] Siehe unten C. I.3. c) (1)

Allein das Völkergewohnheitsrecht ist aus deutscher Sicht ein tauglicher Beurteilungsmaßstab. Das ist der Teil des Völkerrechts, der nicht offiziell schriftlich fest gehalten wurde. Es erfordert eine gemeinsame Übung der Völkerrechtssubjekte und eine dahinter stehende gemeinsame Rechtsmeinung.[159] Eine eingehendere Darstellung von Funktion, Entstehungsgrund und Wirkung muss an dieser Stelle nicht erfolgen.[160]

d) Lösungsansätze nach Maßgabe des Völkergewohnheitsrechts im Besonderen

(1) Uneinheitliche Rechtspraxis und unpräzise Rechtsmeinung

Leider führt die fehlende Kodifizierung des Völkergewohnheitsrechts zu einer großen Rechtsunsicherheit. Die Staatenpraxis einzelner Länder zur extraterritorialen Rechtsanwendung hatte in vielen Fällen lautstarke Staatenproteste und internationale Diskussionen in der Wissenschaft zur Folge. Daher ist es sehr schwierig, eine gemeinsame Übung oder gar eine gemeinsame dahinter stehende Rechtsmeinung zu finden. Neben der Ablehnung einzelner Gerichtsentscheidungen ergab die Analyse mancher Autoren eine vermeintliche Neuentdeckung von Völkergewohnheitsrecht.[161] Nicht immer wurde deutlich gemacht, dass es sich in Wahrheit nur um Lösungsansätze handelte, die sich nach Ansicht der Autoren

---

[159] Zu den Elementen und Entstehung von Völkergewohnheitsrecht vgl. *Ipsen,* Völkerrecht (1999), 183. Grundlegend etwa *Guggenheim*, Les deux éléments de la coutume en droit international, in: Etudes en l'Honneur de Georges Scelle, Bd. 1 (1950), 275; *Bernhardt,* ZaöRV 36 (1976), 50, 62 ff; *Verdross/Simma*, Universelles Völkerrecht (1984), 345 ff.

[160] Welche Organe eines Staates eine Praxis begründen können, ob das Völkergewohnheitsrecht rechtsfreien Raum ausfüllt oder umgekehrt nur das formuliert, was durch die Staaten rechtsverbindlich geschaffen wurde, welche Anforderungen an die Uniformität zu stellen sind u.s.w. sind Fragen, die z.B. in der einschlägigen Literatur a.a.O. behandelt werden.

[161] Kritisch auch *Bertele,* Souveränität und Verfahrensrecht (1998), 144, der ausschließlich die bisherige Staatenpraxis als Grundlage für die Bestimmung von Völkerrechtssätzen anerkennt. Zu dem geltenden Völkerrecht gibt es verschiedene wissenschaftliche Lehren zur Staatenpraxis. *Meessen* versucht völkerrechtliche Grundsätze durch das Ergebnis eines hypothetischen Gerichtsverfahrens im konkreten Streitfall zu erlangen, *Meessen,* Völkerrechtliche Grundsätze (1975), 65 ff., 73. Damit könne man sich von der Heterogenität der Staatenpraxis lösen und unter Berücksichtigung der völkerrechtlichen Wissenschaft rechtschöpfend tätig werden. Vgl. auch *Ziegenhain* mit weiteren Nachweisen zu den verschiedenen Methoden: *Ziegenhain,* Extraterritoriale Rechtsanwendung (1992), 8 ff.; *Rehbinder*, in: Immenga/Mestmäcker, GWB (1992), § 98, RNr. 22, 23.

als Völkergewohnheitsrecht in Zukunft eignen könnten.[162] Dabei ist das Problem des Erlasses von Regelungen mit Bezug auf ausländische Sachverhalte keineswegs neu. Das internationale Verwaltungsrecht kennt derartige Rechtsfragen insbesondere im Kartell- und Steuerrecht schon seit mehreren Jahrzehnten. Dennoch blieb dieser Bereich sehr vage[163] und bislang wurden keine präziseren Lösungen gefunden als

- die Forderung nach einem *sachlich gerechtfertigten Anknüpfungspunkt*[164] für eine auslandsbezogene Regelung mit der innerstaatlichen Rechtsordnung und das
- *Gebot zur Interessenabwägung*[165] bei Vorliegen eines derartigen Anknüpfungspunktes zu mehreren Staaten.

Ausgangspunkt ist die Erkenntnis, dass jeder Staat im Wirtschaftsvölkerrecht[166] zumindest seine eigenen nationalen Märkte regeln können muss.[167] Das folgt aus der territorialen Souveränität.[168] Dabei herrscht Einigkeit, dass die Staaten, die

---

[162] *Bertele,* Souveränität und Verfahrensrecht (1998), 142 schreibt: „Das, was eigentlich ein Vorschlag für die Rechtsentwicklung sein müsste, wird als tatsächlich bestehendes Völkerrecht dargestellt. Eine Technik, die uns schon bei Bodin begegnet ist."

[163] Vgl. zu der h.M. zu dieser Beurteilung als unbefriedigenden Zustand etwa *Groß*, JZ 1994, 599; auch *Bertele* stellt die Vielfältigkeit und Unübersichtlichkeit der Lösungsansätze fest: *Bertele,* Souveränität und Verfahrensrecht (1998), 141; ebenso *Waller,* Bringing Meaning to Interest Balancing in Transnational Litigfation, 23 Vanderbild Journal of Transnational Law 925 (1991), 927.

[164] Hierzu ausführlich die nachfolgenden Ausführungen.

[165] Hierzu insbesondere *Beck,* Extraterritoriale Anwendung (1986), 139 ff. *Schuster*, Internationale Anwendung (1996), 661 ff. und *Bertele,* Souveränität und Verfahrensrecht (1998), 189 ff. Weitere Nachweise unten bei C. I.3. c) (1).

[166] Das Völkerrecht begrenzt die Souveränität, und damit die Ausübung staatlicher Hoheitsgewalt, zu der auch die Rechtsetzung gehört, auf das jeweilige Staatsgebiet, vgl. *Streinz* in: Sachs (1996), RNr. 51 zu Art. 25 GG.

[167] *Ipsen,* Völkerrecht (1999), 592; *Meessen*, Völkerrechtliche Grundsätze (1975), 93; *Schuster,* Internationale Anwendung (1996), 12. Dies ist als Ausfluss der so genannten Gebietshoheit anzusehen, die als umfassende Verfassung- und Gesetzgebungskompetenz des Staates auf seinem Territorium definiert wird. Sie ist ein zentraler Bestandteil der Souveränität der Staaten. Vgl. *Ipsen*, Völkerrecht (1999), 249.

[168] Souveränität bedeutet völkerrechtlich, dass es keine Unterordnung der Staaten unter einer überstaatlichen Macht gibt, sondern dass sie lediglich der internationalen Rechtsordnung unterworfen sind. Vgl. *Verdross/Simma*, Universelles Völkerrecht (1984), 29 ff. Zum formellen und materiellen Gehalt der äußeren Souveränität vgl. *Ziegenhain,* Extraterritoriale Rechtsanwendung 23 ff.

den grenzüberschreitenden Wirtschaftsverkehr zulassen, über eine nur beschränkte wirtschaftliche Souveränität verfügen.[169] An dieser Stelle soll nur kurz auf den völkerrechtlich-dogmatischen Hintergrund in diesem Zusammenhang eingegangen werden.[170] Es sei lediglich erwähnt, dass früher die Befugnis der Staaten zur Regelung von auslandsverknüpften Sachverhalten eher als Übergriff auf Souveränitätsinteressen anderer Staaten gesehen wurde,[171] der nur ausnahmsweise zulässig sein sollte. Heute wird sie immer mehr als Ausfluss des originären aktiven Selbstbestimmungsrechts jedes Staates gesehen, das jedoch durch das völkerrechtliche Einmischungs- und Interventionsverbot[172] anderer Staaten begrenzt wird.[173]

Diese Wandelung des Verständnisses für die extraterritoriale Hoheitsausübung ist nicht ohne Bedeutung. Suchte man früher und zum Teil sogar bis heute im-

---

[169] *Kühnhardt*, Stufen der Souveränität, (1992), 293 ff., 328; *Meessen*, Völkerrechtliche Grundsätze (1975), 17, 91 ff.; *Schuster*, Internationale Anwendung (1996), 11. Einzige Voraussetzung für die beschränkte Wirtschaftssouveränität ist die Teilhabe am internationalen Wirtschaftsverkehr. Staaten, die in keiner Beziehung am internationalen Wirtschaftsverkehr teilnehmen, behalten ihre uneingeschränkte wirtschaftsrechtliche Souveränität; ihre wirtschaftliche Betätigung jedoch bleibt dann auf den nationalen Bereich beschränkt.

[170] Während Grundlage des Wirtschaftsvölkerrecht früher das historisch überlieferte neoliberale Prinzip der völligen Freiheit des internationalen Handels war, werden heute vorrangig die Aspekte der Begrenzung und Sicherung dieser Freiheit gesehen. Vgl. *Ipsen*, Völkerrecht (1999), 593.

[171] Ausgehend von *Hugo Grotius* (1583-1642), De Jure Belli ac Pacis Libri Tres (1625), Lib. III Cap. IV Ziff. 2, setzte sich die Lehre des strengen Territorialitätsprinzips durch, dass den räumlichen Bereich staatlicher Jurisdiktion mit den Begriff des Territoriums (geografisches Stadtgebiet) gleichsetzte. Vgl. etwa auch die *American-Banana* Entscheidung, 213 U.347, 356 (1909). Die Lehre wurde ab dem 19. Jahrhundert mehr und mehr abgelehnt, vgl. schon *Binding*, Handbuch des Strafrechts (1885), 372, 384. Sie wird heute ganz überwiegend nicht mehr vertreten, vgl. *Heise*, Im Ausland belegene Geschäftsunterlagen (1975), 85 und *Veelken*, Interessenabwägung (1988), 36 m.w.N. In neuerer Zeit hat etwa noch *Forsthoff* dezidiert vertreten, dass das nationale Verwaltungsrecht an der Staatsgrenze eine absolute Schranke finden und nationale Rechtssätze nur für solche Rechtsverhältnisse Geltung haben, die auf dem Stadtgebiet ein verdinglichtes Objekt haben: *Forsthoff*, Lehrbuch des Verwaltungsrecht, Band 1 (1973), 156.

[172] Zu diesem Begriff vgl. grundlegend *Vattel*, Droit des Gens (1758), Buch 2, § 54; ihm zum Beispiel folgend, wenn auch mit ungenauer Bezugnahme *Oppermann*, 14 ArchVR (1969/70) 321, 324.

[173] *Waller*, Bringing Meaning to Interest Balancing in Transnational Litigfation, 23 Vanderbild Journal of Transnational Law 925 (1991), 927; *Ziegenhain*, Extraterritoriale Rechtsanwendung (1992), 30.

mer nach Fallgruppen, welche die extraterritoriale Hoheitsausübung mit Hilfe von völkergewohnheitsrechtlich anerkannten Anknüpfungsprinzipien ausnahmsweise rechtfertigen konnten, geht man heute vermehrt von der grundsätzlichen Zulässigkeit der Regelung auslandsverknüpfter Sachverhalte aus. In der Tat, schon die begrenzte Anerkennung von Anknüpfungsprinzipien erscheint dogmatisch fragwürdig und lässt sich nur damit erklären, dass nur das, was einer ständigen Übung und internationalen Anerkennung unterlag, Völkergewohnheitsrecht werden konnte. So gab es wiederholt Versuche, das System der Anknüpfungsprinzipien aufzuweichen. Dies geschah entweder durch die Anwendung traditioneller Anknüpfungsprinzipien auf ganz andere Sachverhalte, wobei mehr oder weniger eine Modifizierung und Anpassung der Anknüpfungsprinzipien auf die neuen Sachverhalte erfolgte. Oder man erfand ganz einfach neue Anknüpfungsprinzipien, die jedoch nach wie vor umstritten sind, was die Frage aufwirft, ob sie völkergewohnheitsrechtlich überhaupt schon anerkannt sind.

Richtig ist die heute modernere Ansicht, dass die extraterritoriale Rechtsanwendung grundsätzlich völkerrechtlich nicht zu beanstanden ist, weil sich in der Regel auch sachlich gerechtfertigte Anknüpfungspunkte finden lassen. Dahinter liegt die zu diesem Regel-Ausnahmeverhältnis führende Vermutung, dass sich ein Staat gar nicht erst um Sachverhalte kümmern wird, wenn er an ihrer Regelung nicht ein gewisses Interesse hat.

(2) Sachlich gerechtfertigter Anknüpfungspunkt und Interessenabwägung

Mag es auch bei der Herleitung und dogmatischen Begründung viele verschiedene Versionen geben, so kann man doch auf einem gewissen gemeinsamen Nenner einen Konsens feststellen, der sich mit dem *hinreichenden sachlich gerechtfertigten Anknüpfungspunkt* für den Jurisdiktionsanspruchs eines Staates umschreiben lässt. So ist es heute durchaus gerechtfertigt zu sagen, dass nach der ganz h.M. das Prinzip des notwendigen Bezugs eines Sachverhalts mit der nationalen Rechtsordnung zur Begrenzung der staatlichen Regelungshoheit, wie es auch immer im Detail auszusehen hat, Völkergewohnheitsrecht geworden ist. Es entspricht allgemeiner Übung und wurde als Recht anerkannt.[174] Manche Au-

---

[174] Das „reasenable link" Erfordernis wurde international vom International Court of Justice, *Nottebohm* Case (Liechtenstein v. Guatemala), Second Phase, Judgement of April 6th, 1955, ICJ Reports 1955, 4, 25 ff. anerkannt. In Deutschland vgl. BSGE 17 (1962), 173, 177 („Ausstrahlungstheorie" als sinnvolle Erweiterung des Territorialitätsprinzips); 20 (1964), 69, 70; BGHSt 27 (1978), 30, 32 (Weltrechtsprinzip zulässig). Ähnliches gilt für die Erstreckung der

toren bauen ihre Jurisdiktionstheorien terminologisch auch auf dem so genannten „reasonable link“ oder „genuine link“[175] auf. Dieser Begriff ist nach der Auffassung vieler Autoren nicht vollständig synonym mit dem Begriff des sachlichen Anknüpfungspunktes.[176] Es würde hier aber den Rahmen sprengen, alle Jurisdiktionstheorien zu erläutern und in ihren Strukturen voneinander abzugrenzen.[177]

Das Völkergewohnheitsrecht lässt es also zu, dass Regelungen auch extraterritorial angewandt werden, wenn die Voraussetzungen eines ausreichenden sachlichen Anknüpfungspunktes vorliegen, der Willkür ausschließt.[178] Eine Vielfalt von verschiedenen Kriterien eines Geschäfts können dabei zu einer Bejahung oder Ablehnung der extraterritorialen Anwendbarkeit von Normen führen, die sich auch noch auf alle möglichen Arten verknüpfen lassen. Immerhin kann ge-

---

inländischen Gerichtsbarkeit auf Sachverhalte mit Auslandsbezug, vgl. BVerfGE 63 (1983), 343, 369; BGH NJW 1969, 1428 (wird hier als selbstverständlich vorausgesetzt). Vgl. hierzu auch *Streinz* in: Sachs (1996), RNr. 54 zu Art. 25 GG; *Sonnenberger*, in: Münchener Kommentar, Bürgerliches Gesetzbuch, Internationales Privatrecht (1998), Einleitung, RNr. 379 ff.; *Jennings/Watts*, Oppenheim's International Law (1996), 468.

175 *Mann*, Receuil des Cours 1964 I, 9, 126, spricht von „close connection“. Gebräuchlich sind auch Begriffe wie „völkerrechtlich anerkannte Anknüpfung“, vgl. *Hector*, Das völkerrechtliche Abwägungsgebot (1992), 21; „reale Beziehung“, vgl. *Meng*, ZaöV 41 (1981), 502; „sinnvolle Anknüpfung“, vgl. *Verdross/Simma*, Universelles Völkerrecht (1984), 778 und *Meessen*, Völkerrechtliche Grundsätze (1975), 101; „substantial, bona fide connection“, vgl. *Brownlie*, Principles of Public International Law (1998), 313; „direct and substantial connection“, vgl. *Jennings/Watts*, Oppenheim's International Law (1996), 468; „Binnen- oder Inlandsbeziehung“, vgl. *Heise*, Im Ausland belegene Geschäftsunterlagen (1975), 89 ff. oder „genuine link“, vgl. *Ziegenhain*, Extraterritoriale Rechtsanwendung (1992), 1.

176 Er lässt sich am ehesten umschreiben mit einer spezifischen Nähebeziehung zwischen Staat und Sachverhalt, vgl. *Bertele*, Souveränität und Verfahrensrecht (1998), 117.

177 Siehe hierzu und zur kritischen Auseinandersetzung mit der Vagheit und fehlenden Präzision der Grundlagen der vielen verschiedenen Jurisdiktionslehren *Bertele*, Souveränität und Verfahrensrecht (1998), 112 ff.

178 Damit könne es nach *Schuster* sogar als grobe Kollisionsnormen wirken, wenn nationale Kollisionsnormen fehlen, vgl. *Schuster*, Internationale Anwendung (1996), 5. Das ist nur insofern richtig, als es Anhaltspunkte dafür bietet, wann Staaten ihr eigenes Recht extraterritorial entgegen dem nationalem Recht eines „territorial betroffenen“ Staates anwenden und nach seinen Möglichkeiten auch durchsetzen dürfen. Nach h.M. sind dem allgemeinen Völkerrecht nämlich keine Regeln zu entnehmen, aus denen sich für die Staaten Kriterien der Anwendung von ausländischen öffentlichrechtlichen Normen ergeben, vgl. *Sonnenberger*, in: Münchener Kommentar, Bürgerliches Gesetzbuch, Internationales Privatrecht (1998), Einleitung, RNr. 367 m.w.N.

sagt werden, dass die folgenden beiden extremen Fallgestaltungen mit Sicherheit keine kollisionsrechtlichen Fragen aufwerfen:

- Geschäfte über deutsche Wertpapiere zwischen Deutschen in Deutschland auf der einen Seite und
- Geschäfte über ausländischer Wertpapiere zwischen Ausländern im Ausland auf der anderen Seite

Alles jedoch, was zwischen diesen beiden, einen unsicheren Zwischenbereich bildenden Eckpunkten anzusiedeln ist, bedarf einer völkerrechtlichen Untersuchung. Zu einer Internationalisierung des Sachverhalts und damit auch zu kollisionsrechtlichen Problemen können insbesondere folgende Aspekte führen:[179]

- die Art der Kapitalanlage,
- (Wohn-)Sitz oder Staatsangehörigkeit der Beteiligten,
- der Markt, auf dem ein Geschäft abgeschlossen oder ausgeführt wird, oder
- der Ort der Vornahme weiterer Handlungen.

Kollidiert die extraterritoriale Anwendung mit legitimen Interessen eines anderen Staates und fehlt ein rechtfertigender sachliche Anknüpfungspunkt oder ist dieser zu schwach, so kann die extraterritoriale Anwendung das völkerrechtliche Einmischungs- und Interventionsverbot verletzen.[180] Dann wird gleichzeitig auch der Souveränitätsanspruch des anderen Staates verletzt. Der deutsche Rechtsanwender muss sich also gegebenenfalls fragen, ob durch Art. 25 Satz 2 GG nicht der extraterritorialen Anwendung des deutsche Wertpapierhandelsrechts Grenzen gesetzt werden.[181]

Liegt nun ein sachlicher Anknüpfungspunkt zu mehreren Staaten vor, ohne dass die verschiedenen nationalen Interessen in Einklang gebracht werden könnten, findet das Gebot der Interessenabwägung bei Jurisdiktionskonflikten Anwendung, das wohl ebenfalls bereits zu Völkergewohnheitsrecht erstarkt ist.

---

[179] *Kiel,* Internationales Kapitalanlageschutzrecht (1994), 187.

[180] *Ziegenhain,* Extraterritoriale Rechtsanwendung (1992), 31 ff., 51. Letztlich ist das Einmischungsverbot normative Grundlage für die Begrenzung der extraterritorialen Jurisdiktion und kann zu einem Abwägungsgebot führen, vgl. *Ulbricht,* CR 1990, 608.

[181] Allgemeine Regeln des Völkerrechts i.S.d. Art. 25 GG liegen bei universell geltenden Völkergewohnheitsrecht vor, vgl. *Jarass* in: Jarass/Pieroth (1997), Grundgesetz, RNr. 2 zu Art. 25.

Fraglich ist, ob eine Zurückhaltung bei der extraterritorialen Ausdehnung der Jurisdiktion völkerrechtlich geboten ist. Aus dem völkerrechtlichen Einmischungsverbot kann man ableiten, dass es politisch wünschenswert ist, wenn sich Staaten möglichst wenig in die Interessen anderer einmischen. Es wird zum Teil befürwortet, dass diese Programmatik völkerrechtlich notwendig ist und eine Pflicht darstellt.[182] Richtig ist allerdings, dass diese Zurückhaltung sich normativ nur schwer definieren lässt und jedenfalls noch nicht zu Gewohnheitsrecht erstarkt ist. Aus einer politischen Notwendigkeit folgt noch lange nicht eine echte völkerrechtliche Pflicht. Nur in ganz offensichtlichen Fällen, die dem Missbrauch gleichkommen, kann ein Verstoß gegen das völkerrechtliche Einmischungsverbot in Betracht kommen.

3. *Die völkergewohnheitsrechtliche Prüfung extraterritorialer Jurisdiktion*

Ein sachlicher Anknüpfungspunkt kann vorliegen, wenn der Sachverhalt einen Zusammenhang mit der eigenen Rechtsordnung aufweist, der zu einem hoheitlichen Rechtsanwendungsinteresse führt, das völkerrechtlich anerkannt ist.

a) Das hoheitliche Rechtsanwendungsinteresse

Der Sachverhalt muss zunächst wirtschaftlich oder rechtlich mit der eigenen Rechtsordnung im Zusammenhang stehen. Bei der Erbringung von Dienstleistungen für Kunden im Inland kann dieser Zusammenhang zum Beispiel regelmäßig bejaht werden, wenn die Dienstleistung zumindest zum Teil auf dem deutschen Hoheitsgebiet ausgeführt wird. Ein Zusammenhang kann auch bejaht werden, wenn entweder das Unternehmen oder der Kunde deutscher Nationalität sind. Schließlich kann er auch allein deshalb schon vorliegen, weil er sich auf Wertpapiere bezieht, die deutschen Ursprungs sind oder auch nur auf einem deutschen Markt gehandelt werden.

Dieser Zusammenhang führt im allgemeinen zu einem hoheitlichen Regelungsinteresse. Bei öffentlich-rechtlichen Verhaltenspflichten im Kapitalmarktrecht dürfte die Ermittlung dieses Interesses vergleichsweise leicht zu bewerkstelligen sein,[183] weil sie in erster Linie der Integrität und Reputation des Marktes (Funk-

---

[182] Z.B. von *Lange,* Extraterritorial Application (1987), 38 ff.

[183] *Meng,* Extraterritoriale Jurisdiktion (1994), 459, weist darauf hin, dass Anknüpfung und Ziel regelmäßig zusammenfallen, wenn an die Auswirkungen eines Auslandsverhaltens angeknüpft wird.

tionsschutz)[184], aber auch dem Schutz der Anleger[185] (Anlegerschutzfunktion) dienen.[186] Damit sind Allgemeinschutzinteressen angesprochen. Manchmal verfolgt der Staat das Ziel eines Schutzes der Anleger nicht nur als allgemeinen Gläubigerschutz, wenn auch unter Berücksichtigung der spezifischen Schutzbedürfnisse der jeweiligen Anlage, sondern auch als Schutz der individuellen (Klein-) Aktionäre.[187] Dann sind außerdem Individualschutzinteressen angesprochen.

Sowohl die Anlegerschutzfunktion als auch die Integrität des Marktes sind zur Begründung eines inländischen Regelungsinteresses nicht unproblematisch. Zum einen ist nämlich fraglich, ob das wirtschaftliche Interesse einzelner Anleger ausreicht oder ob der Staat nicht Interessen der Allgemeinheit anführen können muss, damit diese Interessen völkerrechtlich erheblich sind.[188] Zum anderen ist fraglich, ob die Integrität des Marktes, zu dem die Erhöhung der Liquidität der Märkte, die Verbesserung und Verbilligung der Eigenkapitalbildung der Unternehmen und die Verwirklichung einer bestimmten Vermögensbildungspolitik gehören, als solches überhaupt ein hinreichend starkes hoheitliches Interesse darstellen kann, damit es völkerrechtlich relevant wird.[189] Dennoch ist davon

---

[184] Zum Funktionsschutz *Kümpel,* in: Kümpel/Ott, Kapitalmarktrecht (Lfg. 1996), 065, 16; *Kümpel*, Bank- und Kapitalmarktrecht (1995); *Köstlin,* Anlegerschutz und Auslandsbeziehungen (1985), 19, zählt zum „Funktionenschutz" das Ziel, den Kapitalmarkt als Medium zur unverzerrten Allokation des Kapitals aufzubauen. Auch *Deckert/von Rüden,* EWS 1998, 46, 48 m.w.N. verwenden den Begriff „Funktionsschutz" und weisen darauf hin, dass Funktionsschutz und Individualschutz nicht immer klar voneinander getrennt werden können.

[185] Zur Anlegerschutzfunktion ausführlich *Hopt,* Der Kapitalanlegerschutz (1975), 333 ff. und *Schwark*, Anlegerschutz durch Wirtschaftsrecht (1979), insbesondere 72 ff. Anleger sollen vor einer Übervorteilung bei Anlagegeschäften geschützt werden, wobei die Anlegerinteressen in Bezug auf eine sachgerechte Anlageentscheidung, die Erhaltung der Vermögensanlage, den Ertrag und die Liquidation im Vordergrund stehen.

[186] *Dalhuisen,* EBLR 1999, 158, 180.

[187] Dies wird z.B. von *Köstlin,* Anlegerschutz und Auslandsbeziehungen (1985), 183 befürwortet. Nach *Kümpel,* in: Kümpel/Ott, Kapitalmarktrecht (Lfg. 1996), 065, 18, dient nur ein kleiner Teil der kapitalmarktrechtlichen Normen dem Schutz der Individualinteressen der Anleger. Diese Normen sind dann regelmäßig auch Schutzgesetze i.S.d. § 823 Abs. 2 BGB.

[188] Dieser Frage im Ergebnis bejahend *Ziegenhain,* Extraterritoriale Rechtsanwendung (1992), 248.

[189] *Georgieff,* Kollisionen (1989), 24, verlangt ein „achtbares Interesse", das über die Bagatellgrenze reicht, weil ansonsten die extraterritoriale Rechtsanwendung sich als Rechtsmissbrauch darstellt. Außerdem hierzu *Schuster*, Internationale Anwendung (1996), 656, der, *Hopt,* Der Kapitalanlegerschutz (1975), 333 ff. folgend, diese allgemeinen Schutzfunktionen mittelbar auch dem Anlegerschutz zuordnet und im Ergebnis als mögliches hoheitliches Re-

auszugehen, dass der Schutz der Anleger und die Integrität des Marktes im Konfliktfalle als völkerrechtliche Schutzinteressen tauglich sind und jedenfalls nicht auszuschließen ist, dass damit ein staatliches Regelungsinteresse begründet werden kann.[190]

Unter den allgemein formulierten individual- und funktionsschützenden Interessen können folgende konkrete Interessen ohne Anspruch auf Vollständigkeit herausgearbeitet werden[191]:

- das Interesse am Schutz der eigenen Staatsbürger im In- und Ausland,
- das Interesse, die im Inland ansässigen Anleger – welcher Staatsangehörigkeit auch immer – zu schützen,
- das Interesse, die internationale Reputation des inländischen Kapitalmarktes zu schützen,
- das Interesse an der Stärkung der inländischen Aufsichtsbehörden,
- das Interesse, ausländische Emittenten und Investoren den Marktzugang zu erleichtern, und
- das Interesse am freien Kapitalverkehr.

b) Die völkerrechtlichen Anknüpfungsprinzipien

Schließlich muss noch eine normative Verbindung zwischen dem ausländischen Sachverhalt und dem inländischen Regelungsinteresse vorliegen. Die Anwendung des eigenen Rechts auf den Auslandssachverhalt muss auf ein grundsätzlich völkerrechtlich anerkanntes Band gestützt werden können. Das ist mehr als nur ein beachtliches Regelungsinteresse und die schwierigste Voraussetzung.

Staaten tendieren dazu, das von ihnen zu Grunde gelegte und für richtig gehaltene Ordnungssystem so weit wie möglich durchzusetzen. Da ein „better law approach“ jedoch abzulehnen ist,[192] muss der internationale Rechtsanwendungsanspruch eines Staates auch objektiv auf einer normativen Ebene begründet werden. Das Völkergewohnheitsrecht erkennt dabei eine begrenzte Zahl von legiti-

---

gelungsinteresse anerkennt, dessen Gewicht allerdings unterschiedlich bewertet werden könne.

[190] Im Ergebnis ebenso *Schuster,* Internationale Anwendung (1996) a.a.O.

[191] Vgl. *Kiel,* Internationales Kapitalanlageschutzrecht (1994), 194, der noch weitere Beispiele nennt, die aber meines Erachtens zu wenig praktische Relevanz aufweisen.

[192] *Kiel*, Internationales Kapitalanlegerschutzrecht (1994), 195.

men Regelungszielen an, die „Anknüpfungsprinzipien"[193] genannt werden[194] – ein schillernder Begriff. Damit sind Fallgruppen gemeint, welche die zahllosen staatlichen Regelungsinteressen zu vereinheitlichen und normativ zu begrenzen versuchen. Letztlich wird versucht, die vielfältigen, zum Teil vorgeschobenen Regelungsinteressen auf gewisse elementare, das Wesen eines Staates ausmachenden Grundlagen zurückzuführen. Zu Recht wird das hohe Maß an Unbestimmtheit beklagt, das die Annahme einer normativen Wirkung von allgemein anerkannten Völkerrechtsgrundsätzen verhindere.[195] Diese Kritik konnte aber nicht die zahllosen Versuche in Rechtsprechung und Literatur verhindern, derartige Regeln zu konkretisieren. Man kommt also nicht umhin, sich mit diesen „angeblichen"[196] Anknüpfungsprinzipien zu beschäftigen, zumal sie wegen der hohen Akzeptanz in der internationalen Rechtsprechung inzwischen eine tagtägliche Rechtswirklichkeit geworden sind.

Die traditionellen Anknüpfungsprinzipien wurden aus dem völkerrechtlich anerkannten Interesse an der Erhaltung der inneren Autorität der Staaten entwickelt. Zur Sicherung des staatlichen Gewaltmonopols hatten sie praktische Bedeutung vor allem im Strafrecht. So sind heute völkergewohnheitsrechtlich anerkannt das Territorialitätsprinzip, das Personalitätsprinzip, das Schutzprinzip und das Universalitätsprinzip. Für den internationalen Kapitalmarkt sind insbesondere das Territorial- und Personalitätsprinzip bedeutsam. Da sich die traditionellen Anknüpfungsprinzipien als unzureichend oder ungeeignet für das Wirtschaftsvölkerrecht erwiesen, wurde das nach wie vor umstrittene Auswirkungsprinzip entwickelt.

(1) Das Territorialitätsprinzip

Das Territorialitätsprinzip ist immer dann betroffen, wenn sich Vorgänge im Inland abspielen. Es ermöglicht dem Staat, in dem Handlungen begangen werden, sich auf diese Handlungen beziehende Regelungen zu erlassen, ohne Rücksicht auf die Nationalität der Beteiligten.[197] Dabei wird bisweilen zwischen dem subjektiven und objektiven Territorialitätsprinzip unterschieden. Bei dem subjekti-

---

[193] Sehr kritisch zu dem Sinn und wohl auch zu dem Begriff der „Anknüpfungspunkte" *Matscher,* ÖZöffRVR 1977, 131, 140 ff.

[194] Dass zwischen Anknüpfung und Regelungsziel unterschieden werden muss, betont auch *Meng,* Extraterritoriale Jurisdiktion (1994), 459.

[195] *Matscher,* a.a.O.

[196] Vgl. *Matscher,* a.a.O.

[197] *Higgins,* Legal Bases (1984), 5.

ven wird die Tatbestandsverwirklichung im Inland begonnen, mag sie auch im Ausland vollendet werden. Bei dem objektiven Territorialitätsprinzip genügt es, wenn ein konstitutives Tatbestandsmerkmal im Inland verwirklicht wird, auch wenn ansonsten die Tat im Ausland begonnen und begangen wird.[198] Besteht im letzteren Fall die Verwirklichung einer im Ausland begonnenen Tat in einer bloßen Auswirkung im Inland, ist die Grenze zu dem noch unten zu behandelnden Auswirkungsprinzip fließend.

Das Territorialitätsprinzip ist das ebenso häufigste wie umstrittenste Anknüpfungskriterium.[199] Es findet sich z.B. wieder in den § 31 Abs. 3, Art. 28 EGBGB, aber auch in § 1 VerkProspG. Probleme bereitet insbesondere die Frage, wann sich Vorgänge im Inland abspielen.[200] In einem vom 9. Circuit Court in den USA im Jahre 1983 entschiedenen Fall reichte es für die Bejahung der Jurisdiktion aus, dass als einzige Inlandshandlung die Fehlrepräsentation, die ursprünglich im Ausland erfolgte, auf US-Territorium von ausländischen Beklagten ein weiteres Mal in irreführende Weise wiederholt wurde, wobei im weiteren Verlauf auch offensichtlich auch noch Instrumente des interstaatlichen Handels benutzt wurden und der Vertrag auf US-amerikanischen Boden vollzogen wurde.[201] Ob-

---

[198] *Bownlie,* Principles of Public International Law (1979), 300 ff. und *Stern,* Annuaire Francais du Droit International 32 (1986), 7, 24 ff.

[199] Harsche Kritik äußert z.B. *Sonnenberger*, in: Münchener Kommentar, Bürgerliches Gesetzbuch, Internationales Privatrecht (1998), Einleitung, RNr. 374 ff. m.w.N., der es für entweder überflüssig oder untauglich hält. Diese Kritik ist übertrieben. Gerne mag man daran zweifeln, ob das Territorialitätsprinzip geeignet ist, für die Probleme der extraterritorialen Anwendung staatlicher Normen Lösungsansätze zu bieten, gerade weil ja die Extraterritorialität der Normanwendung jedenfalls auf den ersten Blick in einem gewissen begrifflichen Widerspruch mit der Annahme steht, der Vorgang habe etwas mit dem eigenen Territorium zu tun. Dennoch ist das Territorialitätsprinzip viel zu wichtig, um ihm von vornherein jegliche Bedeutung abzusprechen. Es hat nach wie vor überragende Bedeutung insbesondere bei der Frage der räumlichen Begrenzung der Ausübung staatlicher Macht und staatlichen Zwangs, was in einem engen Zusammenhang mit der Geltung und Anwendung von Normen steht.

[200] Exemplarisch ist dafür die US-amerikanische Rechtsprechung zur extraterritorialen Anwendung des „Securities Fraud"-Verbots. So sahen sich die amerikanischen Circuit Courts gravierenden Auslegungsschwierigkeiten bei der Beurteilung gegenüber, ob bloße, der Haupttat dienende Vorbereitungs- oder Beihilfehandlungen, die im Inland stattfinden, für eine Verantwortlichkeit und einen US-amerikanischen Jurisdiktionsanspruch nach dem Securities Exchange Act von 1934 ausreichen oder nicht. Vgl. die Darstellung bei *Ziegenhain,* Extraterritoriale Rechtsanwendung (1992), 170 ff.

[201] *Grunenthal GmbH v. Holtz*, 712 F. 2d 421 (9th Cir. 1983); Besprechung bei *Stürmer*, RIW 1984, 239.

wohl keine der Parteien Inländer war, keine US-amerikanischen Wertpapiere betroffen waren und sich auch keine inländischen Auswirkungen feststellen ließen, wendete das amerikanische Gericht die „Securities Fraud"-Verbotsnorm an. Die Vorinstanz noch sah die auf amerikanischen Boden verwirklichten Handlungen als zu unbedeutend an, um von einer verbotenen "Inlands"-handlung zu sprechen. Zu wenig Handlung auf US-amerikanischen Boden sahen die amerikanischen Richter im Fall *Europe & Overseas Commodity Traders, S.A. v. Banque Paribas London*, bei dem eine Anzahl Telefongespräche zwischen London und Florida, mit dem der Tatbestand der Fehlrepräsentation angeblich verwirklicht worden war, geführt wurden. Weder die betroffenen Firmen, noch die betroffenen natürlichen Personen waren US-amerikanischer Herkunft beziehungsweise Staatsangehörigkeit. Auch wurden die Transaktionen nicht auf einem US-amerikanischen Markt vollzogen.[202]

(2) Das Personalitätsprinzip

Das Personalitätsprinzip knüpft an die Staatsangehörigkeit der handelnden (aktives Personalitätsprinzip) oder betroffenen (passives Personalitätsprinzip) Personen zu dem regelnden Staat an.[203] Manchmal wird es auch auf Personen ausgedehnt, die im Staat ein dauerndes Aufenthaltsrecht haben, dort ansässig sind oder ihre Geschäfts betreiben.[204]

Die Nationalität beteiligter Personen ist für wirtschaftliche Vorgänge i.d.R. ohne große Bedeutung. Europarechtlich verbietet sich sogar eine unterschiedliche rechtliche Behandlung von aus einem anderen EU- Mitgliedsstaat stammenden Angehörigen. Auch der Begriff des Verbrauchers richtet sich nicht nach der Nationalität. Die amerikanische Rechtsprechung hat in der Entscheidung *Bersch v. Drexel Firestone, Inc.* die Frage zwar einmal bejaht, ob allein die Staatsangehö-

---

[202] 147 F. 3d 118 (1998). Besprechung bei *Rendell,* 33 The International Lawyer (1999), 243, 255, der die kritische Frage stellt, ab wie viel Telefongesprächen wohl die amerikanischen Richter ihre Zuständigkeit als gegeben ansehen werden.

[203] *Higgins,* Legal Bases (1984), 12.

[204] *Meng*, Extraterritoriale Jurisdiktion (1994), 508 m.w.N.

rigkeit zu einem Jurisdiktionsanspruch führen könne.[205] Diese Entscheidung wurde jedoch zu Recht stark kritisiert.[206]

Nach dem Prinzip der personellen Unabhängigkeit einer Kapitalgesellschaft von ihren Gesellschaftern ist die Nationalität der Gesellschafter irrelevant.[207] Die Zuordnung von Gesellschaften zu Staaten wird statt dessen entweder nach der Gründungstheorie oder nach der Sitztheorie vorgenommen. Amerikanische Gerichte haben es bei Kapitalgesellschaften dennoch ausreichen lassen, dass das Kapital aus des USA stammt, was freilich unter Hinweis auf den in Europa üblichen Prinzip der Trennung der Personenidentität zwischen Gesellschafter und Gesellschaft heftig kritisiert wird.[208] Auch Versuche der amerikanischen Praxis, eine Kontrolle auf ausländische Tochtergesellschaften über ihre amerikanischen Tochtergesellschaften auszuüben, wurde angegriffen.[209] Das gleiche gilt für Versuche der EG,[210] Muttergesellschaften über ihre Töchter auf dem Gebiet der EG zu kontrollieren.[211]

(3) Das Schutzprinzip

Das Schutzprinzip rechtfertigt einen Jurisdiktionsanspruch in Fällen, in denen die Sicherheit, die territoriale Integrität oder die politische Unabhängigkeit des

---

[205] 519 F. 2d 974 (2d Cir. 1975), in der das Gericht einen Jurisdiktionsanspruch wegen der US-amerikanischen Staatsangehörigkeit des Käufers jedenfalls dann bejahte, wenn sich der US-Amerikaner auch in den USA aufhält. Sonst wird auch von diesem Gericht eine substanzielle Handlung auf US-amerikanischen Gebiet verlangt.

[206] *Note*, American Adjudication of Transnational Securities Fraud, 89 Harvard Law Review 553 (1976), 563, 568 f.; *Note,* The Extraterritorial Application of the Antifraud Provisions of the Securities Acts, 11 Cornell International Law Journal 137 (1978), 146, m.w.N. in Fußnote 67, in der auch verfassungsrechtliche Bedenken aufgeworfen werden. Es sei unfair, US-amerikanischen Staatsbürgern ein Klagerecht einzuräumen, Ausländern in ansonsten derselben rechtlichen Situation aber nicht; *Norton,* 28 International and Comparative Law Quarterly (1979), 575, 591. Ebenso: *Kiel*, Internationales Kapitalanlegerschutzrecht (1994), 202 ff., der für das Geschäft der Anlageberatung und -vermittlung auf die Direktgeschäfte verweist, vgl. 203.

[207] *Stern,* Annuaire Francais du Droit International 32 (1986), 7, 33.

[208] *Georgieff,* Kollisionen (1989), 31 ff.

[209] Vgl. *Stern,* Annuaire Francais du Droit International 32 (1986), 7, 33.

[210] *Imperial Chemical Inc. Ltd ./. Kommission der EG*, EuGH Slg. 1972, 619, 621 (Leitsatz Nr. 11), 665, hinsichtlich der Zurechnung einer wettbewerbswidrigen Handlung der Tochtergesellschaft wegen der Weisungsgebundenheit gegenüber der Muttergesellschaft in England, als das Vereinigte Königreich noch nicht zur EG gehörte.

[211] *Stern,* Annuaire Francais du Droit International 32 (1986), 7, 33.

jeweiligen Staates betroffen ist. Man spricht auch vom Bestand des Staates.[212] Für die Lösung von Jurisdiktionsproblemen im Zusammenhang mit den Wohlverhaltensregeln ist es eher ungeeignet, weil durch die Wertpapierdienstleistung die nationale Sicherheit, die territoriale Integrität oder die politische Unabhängigkeit Deutschlands nicht berührt wird. Der Schutz nationaler Märkte und der eigenen Wirtschaft reicht nicht aus.[213] Die Herbeiführung einer wirtschaftlich instabilen Katastrophensituation ist allenfalls theoretisch denkbar. Ansonsten ist ein derartiges Szenario bislang real kaum vorstellbar.[214]

(4) Das Universalitätsprinzip

Das Universalitätsprinzip knüpft an international geschützte Rechtsgüter an und rechtfertigt insbesondere im Strafrecht rechtliche Verfahren gegenüber Personen am Ort ihrer Ergreifung, ohne dass ein weiterer Bezug zum Ergreifungsstaat vorhanden sein muss.[215] Es ist nur praktisch relevant, wenn eine Person ergriffen wird, die strafrechtlich oder in ähnlicher Weise sanktioniert werden soll. Das ist nur bei einem Verstoß gegen § 34 Abs. 3 Satz 1[216] oder gegen eine Anordnung nach § 36b Abs. 1[217] möglich. Die Übrigen von den §§ 33 ff. geregelten Pflichten sind anders als bei manchen Insiderverstößen nicht strafrechtlich sanktioniert.

Das Universalitätsprinzip kann für das Wertpapierhandelsaufsichtsrecht außer Betracht bleiben, weil es kaum praktisch bedeutsam ist. Schließlich liegt der Schwerpunkt der Wertpapierhandelsaufsicht auf dem Schutz nationaler Rechtsgüter. Im Falle der deutschen Aufsicht ist daher zwingend gleichzeitig der deutsche Kapitalmarkt betroffen. Es kann also auch dahingestellt bleiben, ob auch mal ein internationales Rechtsgut betroffen sein kann, weil die nationalen Kapitalmärkte heutzutage fast alle international zugänglich sind und sich gegenseitig sehr stark beeinflussen, so dass die Verlässlichkeit, Seriosität und Kontinuität der nationalen Kapitalmärkte von starkem internationalen Interesse sind.

---

212 *Higgins,* Legal Bases (1984), 5.
213 *Stern,* Annuaire Francais du Droit International 32 (1986), 7, 34.
214 Ebenso *Meng*, Extraterritoriale Jurisdiktion (1994), 479.
215 *Estey,* 21 Hastings International and Comparitive Law Journal (1997/98), 177, 181.
216 Bußgeldtatbestand in § 39 Abs. 1 Nr. 8.
217 Bußgeldtatbestand in § 39 Abs. 2 Nr. 3.

(5) Das Auswirkungsprinzip

Da die traditionellen Anknüpfungsprinzipien für ganz anderer Probleme im Strafrecht entwickelt wurden und nicht so recht auf die Eigenheiten des Wirtschaftsvölkerrechts passen, suchte man nach Lösungen. Zumindest, so eine Meinung, müsse man spezifische völkerrechtliche Standards für die extraterritoriale Anknüpfung im Wertpapierhandelsrecht berücksichtigen. Das erscheint plausibel, weil sonst die Anwendung der Anknüpfungsprinzipien zu willkürlich ist. Daraus wurde das Gebot der fachbereichsspezifischen Handhabung der Anknüpfungsprinzipien entwickelt.[218] Speziell für Wertpapierhandelsrecht bedeutet das eine Verschiebung der Gewichtung von Kriterien, die ausschließlich und abstrakt i.d.R. an die geografischen Grenzen oder an die Staatsangehörigkeit anknüpfen hin zu den Kriterien der Verwirklichung wirtschaftlicher Interessen der Staaten an einem funktionierenden Wertpapierhandelsmarkt mit seinen Auswirkungen auf die nationalen Volkswirtschaften. Gerechtfertigt wird das mit der Aufweichung der sicheren Grenzen staatlicher Souveränität kraft Teilnahme am internationalen Wirtschaftsverkehr.[219]

Außerdem stellt sich natürlich die Frage, ob man nicht besser gleich eigene Prinzipien entwickelt. Dabei kann man sich völlig von den traditionellen Anknüpfungsprinzipien lösen.[220] Das birgt jedoch das Problem in sich, dass das Völkergewohnheitsrecht eine allgemeine Übung und Anerkennung als Recht voraussetzt, wovon selbst heute noch nur bei den traditionellen Anknüpfungsprinzipien mit völliger Sicherheit ausgegangen werden kann. Oder man entwickelt aus den traditionellen Anknüpfungsprinzipien für das Wirtschaftsvölkerrecht geeignete Unterarten, obwohl es eher fraglich ist, ob das Wirtschaftsvölkerrecht nicht vielleicht überhaupt eine ganz eigene Beurteilung erforderlich macht.[221] Vieles ist nach wie vor umstritten. Die allgemeine Internationalisierung des Handelsverkehrs, die Entstehung multinationaler Unternehmen und die zunehmende gegenseitige Abhängigkeit der Volkswirtschaften hat, so ernüchternd diese Erkenntnis ist, offensichtlich noch nicht zu einem für diesen speziellen Bereich in allen Einzelheiten gefestigten Völkergewohnheitsrecht geführt.

---

218 *Schuster,* Internationale Anwendung (1996), 6 ff. und 656.
219 *Meessen,* Völkerrechtliche Grundsätze (1975), 17.
220 So *Mann,* Receuil des Cours 1964 I, 9, 43 ff.
221 Deshalb ablehnend etwa *Kaffanke,* Nationales Wirtschaftsrecht (1990), 78 ff. und tendenziell ablehnend auch *Schuster,* Internationale Anwendung (1996), 67 ff. Eher bejahend *Georgieff,* Kollisionen (1989), 24 ff.

(a) Die Formulierung des Auswirkungsprinzips

Am meisten Beachtung als geeignetes Anknüpfungsprinzip im Wirtschaftsvölkerrecht hat das im internationalen Kartellrecht entwickelte so genannte „Auswirkungsprinzip“[222] gefunden. Es erkennt an, dass die Inlandswirkungen ausländischen Verhaltens erhebliche Folgen für inländische Unternehmen oder Verbraucher haben kann, die der nationalen Jurisdiktionshoheit zu unterstellen sind.[223] Verlangt wird meist eine substantielle, unmittelbare[224] und vorhersehbare[225] Auswirkung.[226] In den USA, wo sich besonders früh ein moderner Kapitalmarkt herausbildete, entwickelte sich eine Rechtspraxis heraus, die immer wieder auf Kriterien des Auswirkungsprinzip zurückgriff. Begründet wurde diese Rechtsprechung mit der kartellrechtlichen Entscheidung "*Alcoa*", die allerdings noch recht deutliche Inlandsauswirkungen aufwies. Es ging um ein US-amerikanisches Unternehmen, das mit ausländischen Unternehmen Kartelle bil-

[222] Auch „Wirkungsprinzip“ genannt, vgl. *Georgieff,* Kollisionen (1989), 29 ff.

[223] *Meessen*, Völkerrechtliche Grundsätze (1975), 156; *Rehbinder,* Extraterritoriale Wirkungen (1965), 91; *Ziegenhain,* Extraterritoriale Rechtsanwendung (1992), 67 ff., 131 ff.; *Stürmer,* Extraterritoriale Anwendung (1978), 25 ff., überprüft das Wirkungsprinzip als völkerrechtlichen Mindeststandard anhand des staatlichen Regelungsinteresses, das sich aus der Theorie der sinnvollen Anknüpfung und dem Gegenseitigkeitsprinzip ergebe. *Meng,* ZaöRV 44 (1984), 730 ff. gibt einen Überblick über die Staats- und Vertragspraxis. *Georgieff,* Kollisionen (1989), 29, verlangt, dass die Wirkungen vorhersehbar und unmittelbar sind. Eine dezidiert andere Ansicht vertrat noch die *Committee on the Extraterritorial Application of Restrictive Trade Legislation* der *International Law Association* in ihrem Report of the 55th Conference, 1974, 172 ff. und wies das Auswirkungsprinzip in Art. 6 der Draft Resolution ausdrücklich zurück. Die *International Law Association* folgte dem Vorschlag dann aber nicht und erließ in ihrer Resolution einen Art. 5, der das Auswirkungsprinzip ausdrücklich anerkannte, vgl. *International Law Association* in ihrem Report of the 55th Conference, 1974, XX.

[224] *Akehurst* unterscheidet dagegen zwischen primären und sekundären territorialen Auswirkungen einer extraterritorialen Handlung, vgl. *Akehurst,* XLVI BYIL (1972/1973), 145, 154.

[225] Statt der Vorhersehbarkeit wird von manchen auch Absicht gefordert, vgl. *International Law Association*, Report of the 55th Conference, 1974, XX Art. 5. Fraglich ist auch, ob eine beabsichtigte, mögliche oder wahrscheinliche Auswirkung genügt oder ob eine Wirkung tatsächlich eingetreten sein muss, so *Rehbinder, in:* Immenga/Mestmäcker, GWB (1992), § 98 Abs. 2, RNr. 43 ff. und *Schwartz*, Deutsches Internationalen Kartellrecht (1968), 100, 102.

[226] *Beck,* Extraterritoriale Anwendung (1986), 96 ff.; *Rehbinder*, Extraterritoriale Wirkungen (1965), 89 f.; *Jennings/Watts*, Oppenheim's International Law (1996), 475; *Darmon,* Schlussantrag des Generalanwalts im Zellstoff Verfahren, EuGH Slg. 1988, 5227, Ziff. 57, 58; *Wildhaber,* Schweizerisches Jahrbuch für Internationales Recht XLI (1985), 99, 104.

dete, die den Import beschränken sollten.[227] Erwähnenswert ist die Position des *Restatement of Foreign Relations Law, 3d,*[228] die in § 416 (1) zur Bestimmung der extraterritorialen Reichweite der Securities Regulation eine ganze Reihe verschiedener Anknüpfungspunkte gibt. Neben dem strikten Territorialitätsprinzip wird vor allem auf den Schutz des Individuums davor abgestellt, einer ausländische Rechtsordnung unvorhersehbar unterworfen zu werden. Dafür werden als Kriterien die so genannten *effect-*[229] und *conduct tests* eingeführt.[230] Anerkannt ist das Auswirkungsprinzip auch noch vom EuGH[231] und in der Bundesrepublik Deutschland und wurde sogar in § 98 Abs. 2 Satz 1 GWB für den Bereich des Kartellrechts kodifiziert.[232]

Speziell für den Bereich des Internet greifen moderne Gesetze gerne auf das Auswirkungsprinzip zurück, weil sonst menschliche Handlungen im weltweiten Internet für die Jurisdiktion schlechterdings keinen anderen Anknüpfungspunkt bieten.[233] Die spezielle Problematik hängt hier mit der Tatsache zusammen, dass

---

227 U.S. v. Aluminium Co of America, 148 F. 2nd 416 (2nd Cir 1945), insbesondere 443. Eine empfehlenswerte Systematisierung und Analyse der US-amerikanischen Rechtsprechung findet sich bei *Kiel*, Internationales Kapitalanlageschutzrecht (1994), 94 ff.

228 Die *Restatement of Foreign Relations Law* wurden von der American Law Institute 1985 als jüngster Entwurf einer Überarbeitung veröffentlicht. Vgl. hierzu die Darstellung bei *Ziegenhain,* Extraterritoriale Rechtsanwendung (1992), 181. Zur Funktion und rechtlichen Qualifikation der *Restatements* siehe *Georgieff,* Kollisionen (1989), 98 ff. und *Ziegenhain,* a.a.O., 11.

229 Daher die deutsche Übersetzung „Wirkungsprinzip".

230 Einen Überblick über die Entwicklungen in Gesetzgebung und Rechtsprechung in den USA gibt auch *Georgieff,* Kollisionen (1989), 49 ff.

231 *Imperial Chemical Inc. Ltd ./. Kommission der EG,* EuGH Slg. 1972, 619. Statt „effect" verwendet der EuGH allerdings den Begriff „implementation". Das soll nach *Griffin,* ECLR 1998, 64, 67 zu geringen, aber bedeutsamen Unterschieden führen.

232 Zur Gesetzeshistorie und Auslegungsproblemen siehe insbesondere *Georgieff,* Kollisionen (1989), 54. Nach der recht abgelegenen Mindermeinung von *Huber,* ZGR 1981, 510, 522 ff., 525 gilt für das deutsche Recht nicht das Auswirkungsprinzip. § 98 Abs. 2 Satz 1 sei nur verfehlt formuliert.

233 Vgl. z.B. zur Problematik der Hackerkriminalität im Vereinigten Königreich den Computer Misuse Act 1990, der in seiner subsection (4) (1) und (4) (3) ausdrücklich die Frage, ob sich der Angeschuldigte im Heimatland befindet für irrelevant erklärt und lediglich einen „significant link with domestic juristdiction" fordert. Subsection (5) lässt es für diese Verbindung ausreichen, dass eine unautorisierte Veränderung an einem Computer „within the home country" bewirkt wurde oder beabsichtigt war. Zu nennen wäre auch der Uniform Commercial Code der USA. Er soll die Jurisdiktion über den Urheber von Websites von dem Grad der Interaktivität abhängig machen. Hat die Website rein informativen Charakter, soll für diesen

die weltweite Zugänglichkeit staatliche Grenzen und deren territoriale Souveränität ineffektiv macht und die geografische Zuordnung der Inhalte schwierig ist und technisch sehr leicht verwischt werden kann. Deswegen kann man aber natürlich nicht von einem rechtsfreien Raum völlig ohne Grenzen zu sprechen.[234] Das Internet ist keine unfassbare virtuelle Welt. Es ist immer irgendwie auf eine irdische Ebene zurückzuführen und auch kontrollierbar, wenn auch mit hohem Aufwand.[235] Das gleiche gilt im Prinzip beim Online-Banking. Das BAWe geht von einem deutschen Jurisdiktionsanspruch aus, wenn Anleger in Deutschland angesprochen werden.[236] Auch die französische COB nimmt einen französischen Jurisdiktionsanspruch an, wenn sich eine Internetseite an Verbraucher in Frankreich richtet, was sie ebenso wie das BAWe aus verschiedenen Kriterien wie Sprache, Aufbau sowie Art und Weise der Auftragsannahme ableitet.[237] Die US-amerikanischen Gerichte prägten für die Spürbarkeit der Auswirkung für einen Jurisdiktionsanspruch den Begriff der „rein passiven Web-Seite"[238], die ansonsten keine weiteren Wirkungen im Ausland erzeugt und deswegen auch keinen Jurisdiktionsanspruch dort rechtfertigt.[239] Internetangebote lösen die US-

---

wohl im Gegensatz zum Strafrecht zu sehenden Fall der handelsrechtlichen Verantwortlichkeit der Veröffentlichende wahrscheinlich nicht ausländischer Jurisdiktion unterstehen. Sind allerdings auch Kaufverträge Online möglich, kommt die Jurisdiktion in allen Ländern in Frage, in denen der Kauf zu Stande kommt. Ähnliches scheint bei dem Modellgesetz für die Regelung des elektronischen Handels von UNCITRAL (1996, Resolution 51/162) der Fall zu sein, vgl. zum ganzen Komplex *Swindills/Henderson*, JILT (3), 1998.

234 So aber *Westermeier,* JILT (3) 1998. Die Notwendigkeit eines „lex internet" und einer internationalen Zusammenarbeit ist aber unverkennbar.

235 *Zekos,* JILT (3), 1999.

236 Bekanntmachung des BAWe zum Wertpapier-Verkaufsprospektgesetz (Verkaufsprospektgesetz) in der Fassung der Bekanntmachung vom 09. September 1998 (BGBl. I S. 2701 ff.) und zur Verordnung über Wertpapier-Verkaufsprospekte (Verkaufsprospekt-Verordnung) in der Fassung der Bekanntmachung vom 09. September 1998 (BGBl. I S. 2853 ff.) vom 06. September 1999, Bundesanzeiger Nr. 177 vom 21. September 1999, Seite 16180.

237 „Recommandation n° 99-02 de la COB relative à la promotion ou la vente de produit de placement collectif ou de service de gestion sous mandat via internet", abrufbar im Internet unter http://www.cob.fr (besucht am 15.07.2000).

238 Englisch: „mere operation of a passive Web Site or just posting information on a Web Site, including general advertisements unless there is something more". Vgl. *Zippo Mfg. Co. v. Zippo,* 952 F. Supp. 1119, 1123 (W.D.Pa 1996).

239 *Cybersell, Inc. V. Cybersell, Inc.*, 130 F 3d 414 (9th Cir. 1997). Vgl. *Westermeier,* JILT (3) 1998 mit weiteren Rechtsprechungsnachweisen. Demgegenüber wurde der Jurisdiktionsanspruch der USA bejaht bei einer Internet Seite mit der Adresse „*http://* www.playmen.it", obwohl die Seite erkennbar aus Italien stammte und dort der Name „PLAYMEN" nicht geschützt ist. Die Seite zeigte die Coverseite des italienischen Magazins PLAYMEN und bot

amerikanischen Registrierpflichten nach dem Securities Act von 1933 aus, wenn nicht deutlich gemacht wird, dass sich das Angebot nicht an „US-Personen“ wendet und darüber hinaus durch geeignete Maßnahme sichergestellt wird, dass Verträge nicht gegenüber Amerikanern erfüllt werden können.[240]

(b) Kritik am Auswirkungsprinzip

Gegen das Auswirkungsprinzip wird zum Teil eingewandt, dass es bislang z.B. von Großbritannien[241] und Japan[242] nicht anerkannt sei.[243] Daher sei seine völkergewohnheitsrechtliche Geltung diskutabel. Teilweise wird die „persistent objection“ von einem einzelnen Staat wie Großbritannien gegen die Anerkennung des Auswirkungsprinzips allein noch nicht für ausreichend erachtet, die Entstehung von Völkergewohnheitsrecht zu verhindern.[244] Es lässt aber auch eine überzeugende konkretisierend-beschränkende Funktion vermissen. So ist nach wie vor nicht geklärt, ob diese Auswirkungen bereits bestehen müssen, unmittelbar bevorstehen können oder ob potenzielle Auswirkungen ausreichen. Schließlich ist man sich auch uneins bei der Frage, wie direkt diese Auswirkungen sein müssen. Fraglich ist zum Beispiel, ob sekundäre Effekte oder indirekte Auswirkungen ausreichen, oder ob lediglich beabsichtigte Auswirkungen zu einer Jurisdiktion führen.[245] Außerdem ist nicht klar, welche Intensität diese Aus-

---

ausdrücklich Fotobilder zum Download an: *Playboy Enterprises, Inc. v. Chuckleberry Publishing, Inc.*, 939 F. Supp. 1032 (S.D.N.Y. 1996).

240 Interpretive Release vom 23. März 1998 der Securities and Exchange Commission (SEC), zitiert bei *Assmann,* in: FS Schütze (1999), 15, 25. Nach *Assmann* dürfte auch die Anwendbarkeit der Fraud and Manipulations Vorschriften des SEA ausgeschlossen sein, wenn eine Registrierpflicht nicht vorliegt.

241 Aide-Memoire to the Commission of the European Communities, 20 October 1969, in the Dyestuffs Case, *ICI v. Commission*, 1972 [*Imperial Chemical Industries,* EuGH Slg. 1972, 619], in: *Lowe,* Extraterritorial jurisdiction, an annotated collection of legal materials (1983), 144 ff.

242 *Meng*, ZaöV 41 (1981), 730 ff.

243 Auch Kanada, die Niederlande und die Republik Südafrika haben vereinzelt auf diplomatischem Wege gegen die Anwendung des Wirkungsprinzips durch ausländische Staaten zu ihren Lasten Protest eingelegt. Nach Ansicht von *Georgieff,* Kollisionen (1989), 57, fehlt es in diesen Fällen hingegen an der gleichmäßigen Übung, die für die Verhinderung des Entstehens von Völkergewohnheitsrecht erforderlich wäre. Die genannten Staaten haben jedenfalls sich nicht prinzipiell gegen die Zulässigkeit der Anknüpfung staatlicher Regelungszuständigkeit an Inlandswirkungen gewandt.

244 *Meng,* ZaöV 44 (1984), 740; *ders.*, Extraterritoriale Jurisdiktion (1994), 481; und *Georgieff,* Kollisionen (1989), 58.

245 So wird z.B. im Hinblick auf eine erforderliche Vorhersehbarkeit der Auswirkung versucht, die Anknüpfung auf direkte und ohne Zutun unbeteiligter Dritter aus dem Auslands-

wirkungen haben müssen („Spürbarkeit“ wie in Deutschland und in der EWG, oder „some effect“ bis hin zu „substantial“ wie in den USA), geschweige denn wie diese Intensität zu messen wäre.[246] Die Rechtsprechung und ihre extensive Anwendung des Auswirkungsprinzips in den USA wurde zum Teil heftig kritisiert[247] – zu Recht, weil sie zum einen dogmatisch nicht mehr nachvollziehbar und damit auch nicht mehr vorhersehbar war und zum anderen zu einer zum Teil uferlosen Bejahung des extraterritorialen Jurisdiktionsanspruchs der USA führte.[248] So erließen sogar viele wichtige Nationen wie Frankreich, das vereinigte Königreich, Australien und Neuseeland eigene Gesetze, um die extraterritoriale Anwendung des US-amerikanischen Verordnungen ausdrücklich für gesetzeswidrig erklärten, so genannte blocking statutes.[249] Gerade diese Erfahrungen zei-

---

verhalten folgende Wirkungen zu beschränken, vgl. *Schwartz,* Deutsches internationales Kartellrecht (1962), 36; *Rehbinder,* Extraterritoriale Wirkungen (1965), 127; *Huber,* ZGR 1981, 520; *Loewenheim/Belke,* Gesetz gegen Wettbewerbsbeschränkungen (1993), § 98 Abs. 2, RNr. 31 ff.; *Georgieff,* Kollisionen, 47. Siehe zu den Unsicherheiten bei der Anwendung des Auswirkungsprinzips die verschiedene Ansichten der oben bei Fußnote 224 und die in den darauf folgenden Fußnoten zitierten Autoren.

246 Immerhin wird versucht, nicht jedwede Auswirkung auf das Inland ausreichen zu lassen. *Meessen,* Völkerrechtliche Grundsätze (1975), 217 ff., versucht, in jedem Fall eine Pflicht zur Interessenabwägung durch Gegenüberstellung der Interessen des handelnden mit dem des betroffenen Staates völkerrechtlich zu begründen. Diese Grundsätze hat er vor allen Dingen anhand des Kartellrechts entwickelt. Sie lassen sich nicht ohne weiteres auf das Kapitalmarktrecht übertragen, weil hier Jurisdiktionskonflikte nicht automatisch vorliegen. Nach der hier vertretenen Dogmatik muss eine Abwägung erst dann erfolgen, wenn es durch die extraterritoriale Anwendung zu einem Interessenkonflikt mit einem anderen Staat kommt, vgl. unten C. I.3. c) (1). Auch *Meessens* Lehre führt nicht zu einer dogmatisch überzeugenden Einschränkung des Auswirkungsprinzips.

247 *Griffin,* ECLR 1998, 64; *Diwan,* 31 The International Lawyer (1997), 331, 332; *Wildhaber,* Schweizerisches Jahrbuch für Internationales Recht XLI (1985), 99, 108; weitere Nachweise insbesondere bei *Kiel,* Internationales Kapitalanlageschutzrecht (1994), 141. Auch die *International Law Association* hatte noch 1964 in einer Resolution das Auswirkungsprinzip abgelehnt. Neben der Regelanknüpfung an das Territorialitätsprinzip dürfe nur an ein völkerrechtlich ausdrücklich zugelassenes Prinzip angeknüpft werden, wobei die vorrangige Jurisdiktion eines anderen Staates nicht angetastet werden dürfe, vgl. *International Law Association,* Report of the 51st Conference, Tokio (1965), XXVIII ff.

248 Die in den USA manchmal praktizierte Anknüpfung an jedwede Art von Auswirkung, also die extensive Interpretation des Auswirkungsprinzips, wird allgemein in der Lehre als zu weit abgelehnt, vgl. hierzu auch *Wildhaber,* Schweizerisches Jahrbuch für Internationales Recht XLI (1985), 99, 106.

249 *Nicholson,* New England International & Comparative Law Annual 2 (1996).

gen die schlechte Eignung dieses Prinzips für eine völkerrechtlich akzeptable Begründung der extraterritorialen Anwendung nationaler Vorschriften.[250]

Schließlich ist auch weit verbreitet die Ansicht, dass das Auswirkungsprinzip letztlich nur ein unselbständiger Unterfall des objektiven Territorialitätsprinzips ist. Verlangt das Auswirkungsprinzip eine wie auch immer geartete Auswirkung eines auslandsverbundenen Sachverhaltes auf das Inland, ist letztlich nichts anderes damit gemeint, als dass die inländische Territorialhoheit betroffen sein muss.[251] Dann jedoch stellt sich die Frage nach der Notwendigkeit, eigene Anknüpfungsprinzipien zu entwickeln, wenn sie nur auf einem kleinsten gemeinsamen Nenner zu Gewohnheitsrecht erstarken können. Deren praktisches Bedürfnis entfällt, wenn man mit den traditionellen, etwas modifizierten Prinzipien

---

250 Restriktiv auch *Wildhaber,* Schweizerisches Jahrbuch für Internationales Recht XLI (1985), 99, 106, der sogar das reine Auswirkungsprinzip ohne Interessenabwägung für völkerrechtlich unhaltbar hält.

251 Das Auswirkungsprinzip in seiner Verwandtschaft zum objektiven Territorialitätsprinzip diesem zuzuordnen, darin also nur eine wirtschaftsrechtliche Variante des Territorialitätsprinzips zu sehen, wird vertreten von: *Vagts,* WuR 35 (1983), 72, 74; *Morrison,* GYIL 29 (1986), 417, 419, der es allerdings nicht nur dem Territorialitätsprinzip zuordnet; wohl auch *Verzijl,* NTIR 8 (1961), 3, 29, der das Auswirkungsprinzip zwar nicht diskutiert, aber in der Sache dem Territorialitätsprinzip zuordnen will; *Jennings,* BYIL 33 (1957), 147, 159 ff., für direkte Auswirkungen; *Jennings/Watts*, Oppenheim's International Law (1996), 475. Dass dem Territorialitätsprinzip nur eine neue Komponente hinzugefügt werde, vertritt *Seidl-Hohenveldern,* AWD 17 (1971), 53, 55, der diese Anknüpfung deswegen auch „extensives Territorialitätsprinzip“ nennt. *Zitelmann* sieht die Jurisdiktion über Auswirkungen eines Verhalten in einem fremden Staat auf das Inland als Frage der Jurisdiktion über das Staatsgebiet an, nicht als Einwirkung auf die inländische Rechtsordnung, vgl. *Zitelmann,* Internationales Privatrecht, Bd. 1 (1897), 95 ff. Auch das Restatement (Second) hat das Auswirkungsprinzip als einen Unterfall des Territorialitätsprinzips angesehen, vgl. § 18. Kritisch hierzu *Metzger,* New York University Law Review 41 (1966), 7, 12 ff. Nach *Meng,* in: Groeben/Thiesing/Ehlermann, Kommentar zum EU-/EGV (1997), 5. Band, 1226, Fußnote 62, ist die Unterscheidung zwischen dem Auswirkungsprinzip und objektivem Territorialitätsprinzip „wenig aussagekräftig“. Im Imperial Chemical Industries Fall trug *Jennings* als Gutachter vor, dass die US-amerikanische Rechtsprechung im *Alcoa* Fall das Auswirkungsprinzip mit dem objektiven Territorialitätsprinzip vermengt habe, vgl. EuGH Slg. 1972, 619, 625. Schwierigkeiten mit der Unterscheidung hatte auch der EuGH im Farbstoff und Zellstoff-Fall, EuGH Slg. 1972, 625; 1988, 5243 ff., als er die Durchführung eines Kartells innerhalb der europäischen Gemeinschaft dem Territorialitätsprinzip zuordnete. Dies ist jedoch ein typischer Fall der Auswirkung eines extraterritorial getroffenen Kartells. *Stern,* Annuaire Francais du Droit International 32 (1986), 7, 30, nennt das Wirkungsprinzip schlicht eine extensive Interpretation des Territorialitätsprinzips.

befriedigend zurecht kommen kann. Die aus dem Strafrecht entwickelten traditionellen Prinzipien sind für die Lösung der mit den Wohlverhaltenspflichten zusammenhängenden Jurisdiktionsproblemen auch deswegen besonders interessant, weil die Verhaltenspflichten mit den strafrechtlichen verhaltenssteuernden Verbotsnormen bei genauer Betrachtung eine relativ große Wesensähnlichkeit aufweisen. Beide legen bestimmte Verhaltensweisen fest, deren Missachtung zu Sanktionen führen können, im Falle des Strafrechts zu strafrechtlichen, und im Falle der Verhaltenspflichten des Kapitalmarktrechts zu behördlichen Sanktionen.[252]

Alle diese Kritiken konnten aber das Auswirkungsprinzip aus dem Bewusstsein der völkerrechtlichen Literatur und Rechtsprechung nicht verdrängen. In einem Punkt haben auch die Meinungen, die vereinzelte Staatenproteste nicht genügen lassen wollen, um die Entstehung von Gewohnheitsrecht blockieren zu können, völlig Recht. Eine genauere Analyse der Staatenproteste zeigt nämlich, dass diese die Anerkennung des Auswirkungsprinzips als völkerrechtlich zulässige Anknüpfung nicht unbedingt grundsätzlich ablehnen, sondern eher deren uferlose Anwendung, vor allem durch die Gerichte in den USA. Das bedeutet aber, dass zumindest auf einem kleinsten gemeinsamen Nenner Völkergewohnheitsrecht bereits entstanden ist.[253]

c) Folgerungen

(1) Sachverhaltsbezogene Folgerungen

Die dargestellten Grundsätze und Ansätze für die kollisionsrechtliche Behandlung führen – zugegebenermaßen – zu wenig konkreten Ergebnissen. Letztlich können die völkergewohnheitsrechtlichen Grundsätze nur einen vagen Rahmen für die Reichweite der extraterritorialen Anwendung nationaler Vorschriften geben. Ganz entscheidend wird es immer auf den konkreten Sachverhalt ankommen. Allgemeine Aussagen lassen sich nur sehr vorsichtig machen.

Sachverhalte, wie sie von § 31 Abs. 3 beschrieben werden, werden immer zu einem deutschen Jurisdiktionsanspruch führen, sofern nicht ein möglicherweise vorhandener Jurisdiktionskonflikt zu einer anderen Beurteilung zwingt. Da die

[252] Vgl. zum Vergleich mit dem Strafrecht bei § 88 BörsG auch *Ziegenhain,* Extraterritoriale Rechtsanwendung (1989), 166.

[253] *Bertele,* Souveränität und Verfahrensrecht (1998), 182 schreibt beiläufig, dass sich das Auswirkungsprinzip „weitgehend etabliert" habe.

Dienstleistung gegenüber in Deutschland ansässigen Kunden erbracht wird und zumindest zum Teil auch auf deutschem Territorium, ist ein sachlicher Anknüpfungspunkt nach dem Territorialitätsprinzip oder Auswirkungsprinzip gegeben.

Erbringt ein ausländisches Unternehmen gegenüber deutschen Kunden Wertpapierdienstleistungen vollständig im Ausland, lässt sich die völkerrechtliche Relevanz eines sachlichen Anknüpfungspunktes wohl nur aus dem Personalitätsprinzip herleiten. Da das Personalitätsprinzip für das Wirtschaftsvölkerrecht grundsätzlich ungeeignet ist, kann ein deutscher Jurisdiktionsanspruch in einem solchen Fall für den Bereich des Wertpapierhandelsrechts in aller Regel nicht begründet werden. Jedenfalls wird ein kollidierender ausländischer Jurisdiktionsanspruch höher zu bewerten sein. Wenn permanent im Ausland lebende Deutsche dort vertriebene ausländische Anlagen erwerben, ist ein deutscher Jurisdiktionsanspruch noch weniger gegeben.[254]

Auch Fälle, in denen ein ausländisches Unternehmen gegenüber einem ausländischen Kunden eine Transaktion auf einem deutschen Wertpapierhandelsmarkt empfiehlt oder durchführt, kann zu einem deutschen Jurisdiktionsanspruch führen. Nachdem bei dieser Fallhypothese die Dienstleistung gegenüber einem ausländischen Kunden erbracht wird, kann nur die Integrität des deutschen Wertpapierhandelsmarktes zu einem hoheitlichen Rechtsanwendungsinteresse führen. Nach dem Auswirkungsprinzip ist ein deutscher Jurisdiktionsanspruch zu bejahen, wenn die Transaktion sich auf einen deutschen Markt wesentlich auswirkt. Allein die Eigenschaft des Wertpapiers, eine Beteiligung an einem deutschen Unternehmen darzustellen, kann noch nicht dazu führen, im Falle einer Transaktion von einem deutschen Markt zu sprechen.[255] Wird eine Dienstleistung eines

---

[254] Ebenso im Ergebnis, wenn auch mit lückenhaftem Verweis auf die amerikanische *Bersch v. Drexel Firestone* Entscheidung *Köstlin,* Anlegerschutz und Auslandsbeziehungen (1985), 184.

[255] Zum Prinzip der Trennung der personellen Identität zwischen Gesellschafter und Gesellschaft, siehe *Georgieff,* Kollisionen (1989), 31. Im Ergebnis ebenso *Kiel*, Internationales Kapitalanlegerschutzrecht (1994), 202, der für das Geschäft der Anlageberatung und -vermittlung auf die Direktgeschäfte verweist, vgl. Seite 203: „*Die Herkunft der jeweils behandelten Kapitalanlagen ist für das Geschehen auf dem Markt zunächst irrelevant. Sie erhält erst Bedeutung, wenn es um die Geltendmachung und Durchsetzung der etwa in einem Wertpapier verbrieften Mitgliedschaftsrechte geht. Inhalt und Umfang dieser Rechte betreffen das Verhältnis zwischen Anleger und emittierender Gesellschaft, nicht primär den Kapitalmarkt. Insoweit ist daher auch nach ganz allgemeiner Auffassung das Gesellschaftsstatut berufen.*“ Ungeeignet für die Konkretisierung des Anknüpfungsmerkmals Markt sind nach seiner richti-

ausländischen Unternehmen gegenüber ausländischem Kunden über deutsche Wertpapiere auf einem ausländischem Markt erbracht, kommt ein deutscher Jurisdiktionsanspruch daher nicht in Betracht.[256] Dagegen muss es ausreichen, wenn die Transaktion an einer deutschen Börse durchgeführt wird, weil die Börsenzulassung und die Modalitäten der Transaktion sich dann nach dem deutschen Recht richten. Dann handelt es sich um einen deutschen Markt.[257] Der Wettbewerb verschiedener Marktaufsichts- und Regelungssysteme ist integrierter Bestandteil der internationalen Wirtschaft und ausdrücklich gewollt.[258] Die Staaten legen Wert darauf, möglichst gute rechtliche Rahmenbedingungen und logistische Strukturen im eigenen Land zu schaffen. Ein Anleger, der beabsichtigt Wertpapiere zu kaufen, hat neben der Wahl des Wertpapierdienstleistungsunternehmens auch die Wahl dies an einer nationalen Hauptbörse, einer regionalen Börse oder gleich an einer Börse im Ausland zu tun. Seine Entscheidung richtet sich auch danach, ob das Papier, das er gerne erwerben möchte, an dieser Börse überhaupt gehandelt wird und wie transaktionsfreundlich sich das Börsengeschehen in der Praxis erweist. Dabei können die Öffnungszeiten der Börse, die Möglichkeit des Computerhandels und ähnliche Dinge eine große Rolle spielen. Alle diese Aspekte tragen auch zu der Integrität des Marktes bei.[259] Da völ-

---

gen Ansicht die nachfragebezogenen Kriterien wie Wohnsitz oder Aufenthaltsort des Anlegers oder Ort der Abgabe von Willenserklärungen für das internationale Kapitalanlegerschutzrecht. In erster Linie sei auf eine inländische Vertriebstätigkeit (öffentliche Werbung, Entgegennahme von Aufträgen) abzustellen. Diese Vertriebstätigkeit muss sich auf das fragliche Kapitalanlagegeschäft ausgewirkt haben. Der inländische Kapitalmarkt wird dabei auch dann in Anspruch genommen, wenn auf Grund der inländischen Vertriebstätigkeit Aufträge vom Ausland ins Inland gerichtet werden (postalisch, telefonisch oder auf sonstige Weise), vgl. Seite 311.

256 Ebenso urteilt die amerikanische Securities and Exchange Commission hinsichtlich der Frage nach der Registrationspflicht von ausländischen Wertpapierhändlern, die mit US-Wertpapieren handeln und ausschließlich außerhalb der USA an Nicht-US-Staatsbürger verkaufen, Securities Act Release No. 4708, 29 Fed. Reg. 9828 (1964). Die Registrierung sei allerdings erforderlich, sobald die Angebote sich auch an US-Amerikaner richten, auch wenn sie sich nicht in den USA aufhalten. Vgl. hierzu *Lange,* Extraterritorial Application (1987), 15.

257 Im Ergebnis ebenso *Kiel,* Internationales Kapitalanlegerschutzrecht (1994), 311: für Börsengeschäfte ist stets das Recht des Börsenortes heranzuziehen.

258 *Behrens,* MJ 1999, 271, 283. Zum innerhalb der EU heute angestrebten Wettbewerb zwischen den Rechtsordnungen auch *Reich,* CMLRev 29 (1992), 861; und allgemein *Schneider,* FS Heinsius (1991), 733, 742.

259 Diese Aspekte tragen jedenfalls zu der Integrität des Marktes im weiteren Sinne bei, wobei hierzu nicht nur die Seriosität und Verlässlichkeit, sondern auch die Flexibilität, Professionalität und Geschwindigkeit des Handels zählen. Vgl. *Kiel,* Internationales Kapitalanleger-

kerrechtlich anerkannt ist, dass jedes Land seine eigenen nationalen Märkte selbst regeln darf,[260] muss das hoheitliche Regelungsinteresse zur Steuerung der nationalen Wertpapierhandelsmärkte nach dem Territorialitätsprinzip völkerrechtlich anerkannt werden.

Erbringt ein inländisches Unternehmen gegenüber Kunden im Ausland eine Dienstleistung, ist ebenfalls ein deutscher Jurisdiktionsanspruch zu bejahen, auch wenn sie vollständig im Ausland durchgeführt wird. Das Unternehmen unterliegt nach der Gründungs- oder Inkorporationstheorie der deutschen Rechtsordnung.

(2) Normenbezogene Folgerungen

Alle im 5. Abschnitt des WpHG enthaltenden Vorschriften kommen für eine extraterritoriale Anwendung in Betracht. Der konkrete Sachverhalt ist ausschlaggebend. Für die allgemeinen und besonderen Verhaltenspflichten nach §§ 31 und 32 kann jedenfalls im Rahmen des vom § 31 Abs. 3 und § 32 Abs. 3 abstrakt generell umschriebenen Tatbestands ein deutscher extraterritorialer Jurisdiktionsanspruch bejaht werden, wenn nicht sogar noch in weiteren, vom Gesetz ausgeklammerten Fällen. Doch auch die Organisationspflichten nach § 33, die Aufzeichnungs- und Aufbewahrungspflichten nach § 34, die Pflicht zur getrennten Vermögensverwaltung nach § 34a, die Pflicht zur Duldung einer Prüfung der Meldepflichten und Verhaltensregeln nach § 36 und schließlich die Möglichkeit der Untersagung bestimmter Arten von Werbung nach § 36b kommen für eine extraterritoriale Anwendung in Betracht.

Eher verwaltungstechnische, „formale" oder „bürokratische" Pflichten genießen einen engeren extraterritorialen Anwendungsbereich.[261] Sie haben nur eine indi-

---

schutzrecht (1994), 8; *Schwark,* in: FS Stimpel (1985), 1087, 1091 und *Hopt,* WuR 1986, 101, 126, die im wesentlichen drei Funktionen des Kapitalmarktes als schutzwürdig erachten: zum einen geht es um die effektive Allokation des verfügbaren Anlagekapitals; zum zweiten ist ein reibungsloser Marktzugang von Kapitalnachfragern und -anbietern zu gewährleisten; schließlich ist die Marktteilnahme in einer Weise zu ermöglichen, dass Transaktionskosten und -hindernisse minimiert werden.

[260] *Ipsen,* Völkerrecht (1999), 592; *Meessen,* Völkerrechtliche Grundsätze (1975), 93; *Schuster,* Internationale Anwendung (1996), 12.

[261] Vor allem in der amerikanischen Rechtsprechung ist unumstritten, dass der extraterritoriale Anwendungsbereich gewisser administrativer Vorschriften enger ist als der von strafrechtlichen Verboten. Die Vereinigten Staaten hätten an einer Durchsetzung ihrer Anti Fraud Provisions ein erheblich größeres und gewichtigeres Interesse als dies bei Regeln mit „primär ver-

rekte und damit eine wesentlich geringere Schutzwirkung als echte Verhaltenspflichten. Lediglich die §§ 35 und 36 sind von primär administrativen Charakter. Bei § 35 ist der extraterritoriale Anwendungsbereich eigens im Abs. 2 geregelt. Bei § 36 ist das beschränkte Regelungsinteresse bei der Ermittlung des extraterritorialen Anwendungsbereichs allerdings zu berücksichtigen. Auch § 34 tendiert eher zu einer administrativen Pflicht. Auch hier mag der territoriale Anwendungsbereich also etwas enger sein.

4. *Exkurs: Die Lösung von Jurisdiktionskonflikten*

a) Allgemeines

Sind die nationalen Rechtsordnungen mehrerer beteiligter Staaten auf denselben wirtschaftlichen Sachverhalt gegebenenfalls extraterritorial anwendbar, so sind Jurisdiktionskonflikte denkbar. Sie entstehen ad hoc und können in vielfältigster Weise zu Tage treten.[262] Allgemein häufen sich im öffentlichen Wirtschaftsrecht Jurisdiktionskonflikte, weil der internationale Wirtschaftsverkehr enorm zugenommen hat, gleichzeitig sich die Parameter der Wirtschaftsordnungen manchmal immer noch stark unterscheiden. Diese Unterschiede werden wohl angesichts der Vielfalt kultureller Anschauungen, in die Wirtschaftsordnungen immer irgendwie verwurzelt bleiben, in Zukunft bestehen bleiben. Das Kartellrecht

---

waltungsrechtlichen" Charakter der Fall sei, vgl. *Plessey Company PLC v. General Electric Company PLC*, 628 F. Supp. 477, 494 (D.Del. 1986). Zur Sprache kamen diese Fragen insbesondere bezüglich möglicher Registrierpflichten bei der Securities And Exchange Commission von tender offers und vom Handel mit Wertpapieren.

[262] *Meng*, Extraterritoriale Jurisdiktion (1994), 650 ff., unterscheidet fünf typische Konfliktlagen: Erstens könne eine extraterritoriale Anordnung mit einer gegenteiligen territorialen Anordnung eines anderen Staates kollidieren. Im zweiten Fall will ein Staat eine extraterritoriale Anordnung durchsetzen, die mit einer Freiheit im Aufenthaltsstaat des Adressaten kollidiert. In der dritten Fallgestaltungen kollidieren zwei Anordnungen auf Grund der Personalhoheit, wie sie etwa bei Doppelstaaten vorkommen kann oder bei Personen, die als Ausländer in einem anderen Staat ein dauerndes und formalisiertes Aufenthalts- und Niederlassungsrecht haben. Die vierte Fallgestaltung kennzeichnet er als die Kollision zweier Territorialhoheiten bei einem grenzüberschreitenden Sachverhalt, also wenn der Adressat der Anordnung sich auf dem Territorium des einen Staates befindet, der die Anordnung, etwa die Beschaffung von Dokumenten, nur auf dem Territorium eines anderen Staates erfüllen kann. In der fünften und letzten Fallgestaltung gehe es schließlich um reine Auslandsanknüpfungen, das heißt um Regelungen, die an Sachverhalte mit Auslandsberührung anknüpfen, sich aber rein innerstaatlich auswirken. Der Begriff „reine Auslandsanknüpfungen" ist daher irreführend. Besser wäre Auslandsanknüpfung mit reinem Inlandsbezug.

war bisher der Bereich, in dem derartige Konflikte eskalierten und sogar zu sogenannten „blocking statutes“ (Abwehrgesetzen) führten.[263]

Jurisdiktionskonflikte sind für den Bereich des EU- Wertpapierhandelsrechts sicherlich weniger wahrscheinlich.[264] Auch über die Grenzen Europas hinaus hat die fortschreitende Internationalisierung des Kapitalmarktrechts inzwischen zu einem starken Vereinheitlichungsgrad geführt. Das haben insbesondere die jahrelangen Bemühungen durch internationale Organisationen wie die IOSCO[265], seit kurzem die FESCO[266] oder des Baseler Ausschusses für Bankenaufsicht[267] erreicht.[268] Alle diese Bemühungen versuchen eine Vermeidung von Jurisdiktionskonflikten durch Sachrechtsharmonisierung,[269] wobei aber weniger „good

---

263 Hierzu ausführlich *Georgieff,* Kollisionen (1989), 59 ff.

264 Siehe hierzu die Ausführungen zu § 36a Abs. 2, unten E. III.1. .

265 *International Organisation of Securities Commissions*

266 *Forum of European Securities Commissions.* Unter der FESCO wurde beispielsweise im März 2000 eine Vereinbarung über die Einteilung des Investors in einheitliche Kategorien getroffen. Wird diese Vereinbarung in die verschiedenen nationalen Rechte umgesetzt, wie es die Vereinbarung vorsieht, können ebenfalls Jurisdiktionskonflikte vermieden werden. Außerdem wurde bereits im April 1999 die „European Standards to Provide Investment Services“ und im Dezember die „Market Conduct Standards for Participants in an Offering“ verabschiedet. Alle diese Dokumente sind unter http://www.europefesco.org (besucht am 10.07.2000) abrufbar.

267 Der Baseler Ausschuss für Bankenaufsicht besteht aus den Ländern der so genannten „Zehnergruppe“, also Belgien, Deutschland, Frankreich, Vereinigtes Königreich, Italien, Japan, Kanada, Niederlande, Schweden, Schweiz, USA und Luxemburg. Er tagt bei der Bank für Internationalen Zahlungsausgleich. Vgl. die „Grundsätze für Beaufsichtigung der ausländischen Niederlassungen von Banken“, die im Bundesanzeiger vom 15. Juni 1983, 5606 veröffentlicht wurde. Diesem Konkordat folgten Ergänzungen: „Sicherstellung eines ausreichenden Informationsaustausches zwischen den Bankenaufsichtsstellen“ vom April 1990, „Mindestanforderungen für die Beaufsichtigung internationaler Bankkonzerne und ihrer grenzüberschreitenden Niederlassungen“ vom Juni 1992, „Grenzüberschreitende Bankenaufsicht“ vom Oktober 1996.

268 Einen Überblick über die internationale Zusammenarbeit bei der Globalisation der institutionellen Aufsicht gibt *Behrens,* MJ 1999, 271.

269 *Schuster,* Internationale Anwendung (1996), 599 ff. Daneben gibt es die Fédération internationale des bourses des valeurs (FIBV), die International Securities Market Association (ISMA), die International Society of Securities Administrators (ISSA) und der International Council of Securities Associations (ICSA). Einen detaillierten Überblick der verschiedenen Institutionen aus europäischer Sicht kann man einem kürzlich von der Europäischen Kommission veröffentlichtem Papier über die „Institutional Arrangements for the Regulation and Supervision of the Financial Sector“, Januar 2000, entnehmen. Außerhalb Europas ist als regionaler Lösungsansatz der Vollständigkeit halber noch das Multijurisdictional Disclosure Sys-

conduct of business" Regeln im Vordergrund stehen als „authorisation" und „prudential supervision". Trotzdem werden die verschiedenen nationalen Verhaltensanforderungen an die Wertpapierdienstleistungsunternehmen zumindest in einen Teilbereich deckungsgleich sein, wenngleich sie auch unterschiedlich weit gehen dürften.

Von einem „echten Jurisdiktionskonflikt" sprechen manche erst, wenn mehrere Staaten nicht nur eine kapitalmarktrechtlich begründete Regelungsgewalt beanspruchen, sondern sich zudem die Anforderungen an den Betroffenen in einer Weise widersprechen, dass er nicht der einen Rechtsordnung gerecht werden kann ohne die Regelungsinteressen einer anderen Rechtsordnung zu beeinträchtigen.[270] Diese Fälle echter Jurisdiktionskonflikte im engeren Sinne sollen nach Ansicht dieser Autoren praktisch selten sein.[271] Ein in einem Staat verbindlicher Rechtssatz, der zu einem Rechtsbefehl führt, kann in einen Rechtsbereich eines nach völkerrechtlichen Grundsätzen anwendbaren Rechtssystem eines anderen Staates treffen, der diese Frage aber bewusst nicht geregelt hat oder sogar ausdrücklich den Normadressaten diesbezüglich Freiheit gewährt. Drückt sich in dieser Freiheit ein Desinteresse des betreffenden Staates am Regelungsgegenstand aus, wird es nicht zu einem echten Konflikt kommen. Schon wenn der Staat jedoch die Freiheit bewusst und gerade deswegen gewähren wollte, damit sie

---

tem (MJDS) zwischen Kanada und den Vereinigten Staaten, die Offshore Group of Banking Supervisors, the Commission of Supervisory Authorities of Latin America and the Carribean, the SEANZA Forum of Bankng Supervisors (Südostasien), the Gulf Cooperation Council for the Arab States (GCC) Committee of Banking Supervisors sowie die Federación Iberoamericana de Bolsas de Valores (FIABV) zu nennen. Vgl. zu der Harmonisierung auch *Schneider,* in: FS Heinsius (1991), 733, 734 ff.

[270] *Beck,* Extraterritoriale Anwendung (1986), 167 ff.; *Schuster,* Internationale Anwendung (1996), 590, 657. Ähnlich *Hector,* Das völkerrechtliche Abwägungsgebot (1992), 200 ff.

[271] *Meng*, Extraterritoriale Jurisdiktion (1994), 645. Auch das *Restatement of Foreign Relations Law, 3d*, hielt zwischenstaatliche Konflikte, die auf souveränitätsrechtlichen Erwägungen beruhen, im Bereich der *Securities Regulations* für unwahrscheinlich, da kein Staat Interesse an betrügerischem Verhalten auf den internationalen Börsenmarkt haben könne, so expressis verbis Reporters Notes 3 zu § 416. Die tatsächlichen Entwicklungen in der Folgezeit hingegen ließen diese Position zunehmend als fragwürdig erscheinen. Die Verfolgung des *insider trading* durch die *Securities and Exchange Commissions* wurde auch extraterritorial so nachhaltig betrieben, dass immer wieder an das Souveränitätsempfinden der übrigen Staatenwelt angeeckt wurde. Insbesondere die europäischen Staaten wollten im Hinblick auf das Ausmaß der Strafbarkeit sich gerade nicht der amerikanischen Werteordnung unterwerfen. Einen Überblick über die Entwicklung der Streitereien gibt *Georgieff,* Kollisionen (1989), 4 ff. Vgl. hierzu auch *Ziegenhain,* Extraterritoriale Rechtsanwendung (1992), 181.

aktiv zur Förderung des Gemeinwohls dient oder zur Gewährleistung individueller Rechtspositionen führt, ist ein gewisser Jurisdiktionskonflikt denkbar.[272] Er wird dennoch selten offen zu Tage treten, weil ein betroffenes Unternehmen als Normadressat eben nicht diesen Konflikt auszuhalten hat, sondern lediglich zwei Rechtssysteme miteinander in Konflikt treten. Das Unternehmen selbst kann im Zweifel für bestimmte geschäftliche Akte auf die im eigenen Land herrschende Freiheit freiwillig verzichten, um die Regelungen eines anderen Staates einhalten zu können.[273] Ob auch diese Fälle zu den „echten" Jurisdiktionskonflikten gehören, obwohl das Unternehmen nicht den Rechtsbefehl eines Staates missachten muss, um den eines anderen Staates befolgen zu können, ist nicht immer leicht zu beantworten.[274] Berücksichtigt man allerdings, dass manche Staaten ganz bewusst einen deregulierten und damit attraktiveren Markt aufbauen, um Marktteilnehmer anzuziehen,[275] kann man diese Regelungsinteressen des anderen Staaten nicht ignorieren. Und die Entwicklungen in den USA seit 1975 und in England seit 1986 zeigten bereits eine deutliche Tendenz zur Deregulierung,[276] so dass es sogar berechtigt ist, weniger von einem Regulierungswettbewerb als von einem Deregulierungswettbewerb zu sprechen. Der Begriff des „echten Jurisdiktionskonflikts" ist neben Abgrenzungsproblemen also vor allem deshalb kritisch zu sehen, weil man glauben könnte, in allen Fällen „unechter

---

[272] *Meng*, Extraterritoriale Jurisdiktion (1994), 645; *Schuster,* Internationale Anwendung (1996), 657. Vgl. hierzu auch *Beck*, Extraterritoriale Anwendung (1986), 167 ff und *Hector,* Das völkerrechtliche Abwägungsgebot (1992), 200 ff.

[273] Ein anderes Problem ist, ob die extraterritoriale Jurisdiktion, die durch freiwillige Befolgung Privater, die selbst nicht auf Hoheitsrechte verzichten können, das völkerrechtliche Einmischungsverbot verletzt. Das ist zu verneinen, wenn ein sachlicher Zusammenhang und damit ein Jurisdiktionsanspruch gegeben ist und auch die bei einem Konflikt vorzunehmende Abwägung nicht zu einem Zurücktreten dieses Jurisdiktionsanspruchs führt. Die praktischen Folgen einer Verletzung dieses Einmischungsverbots werden aber anderer Art sein. Da der Private freiwillig darauf verzichtet, sind keine Gerichtsverfahren mehr denkbar und die Konsequenzen werden sich i.d.R. auf Staatenproteste beschränken.

[274] Schwierigkeiten hatten auch die US-amerikanischen Richter in der Entscheidung *In re Maxwell Communication Corp. Plc by Homan,* 93 F. 3d 1036 (1996), bei der es um ein internationales Verteilungsverfahren von dem zu liquidierenden Medienunternehmen Maxwell Communications ging. Die Frage, ob eine weitgehende Sachrechtsharmonisierung und eine intensive internationale Kooperation das Vorliegen eines Jurisdiktionskonfliktes ausschließen müsse, verneinten die Richter, nahmen dennoch einen Konflikt an und wendeten Comity Überlegungen an.

[275] Darauf weist auch *Dalhuisen,* EBLR 1999, 158, 180, hin.

[276] Siehe näher *Schlüter,* Wertpapierhandelsrecht (2000), 25 ff.

Jurisdiktionskonflikte" die Regelungsinteressen anderer Staaten überhaupt nicht berücksichtigen zu müssen.[277]

Der Rechtsanwender geht bei der Lösung von Jurisdiktionskonflikten nach folgender Prüfungsreihenfolge vor:

- Zunächst wird untersucht, ob sachlich gerechtfertigte Anknüpfungspunkte zu mehreren Staaten vorliegen, vgl. hierzu bereits oben C. I.2.
- Dann muss versucht werden, die miteinander konkurrierenden Rechtsordnungen zu vereinbaren: Verfolgen zwei Normen des Wertpapierhandelsrechts unterschiedliche Regelungszwecke, die einander nicht im Wege stehen, sind beide zu erfüllen. Sind die Normen eines Staates als Minimalstandard gedacht, kann ein anderer betroffener Staat in Bezug auf dieselbe Transaktionen höhere Anforderungen stellen. Es kann allerdings sein, dass Verhaltensregeln bewusste Kompromissentscheidungen sind, die bewusst die „compliance costs" so niedrig wie möglich halten und dadurch bestimmte volkswirtschaftliche Ziele fördern sollen. In diesem Fall können höhere ausländische Anforderungen diese Ziele beeinträchtigen. Nationale Stellen und Gerichte sind zwar an das eigene Recht gebunden. Denkbar sind jedoch die Anwendung von Ermessens- oder Ausnahmevorschriften.[278]
- In letzter Konsequenz sind die Regelungsinteressen des einen Staates gegen die des anderen Staates abzuwägen. Dem überwiegenden Regelungsinteresse ist dann zur Geltung zu verhelfen.[279] Selbst bei den so genannten „blocking

---

[277] Kritisch zum „clear conflict test" auch *Diwan,* 31 The Internationale Lawyer (1996), 331, 332.

[278] *Lange,* Extraterritorial Application (1987), 47; *Schuster,* Internationale Anwendung (1996), 658 ff, befürwortet die Anwendung von Ermessens- und Ausnahmevorschriften für die zwischenstaatlichen Rücksichtnahme als völkerrechtliche Pflicht noch vor der Pflicht zur Abwägung. Er spricht sich dafür aus, dass bereits heute eine entsprechende unverbindliche völkerrechtliche Übung entstanden sei. Ob sich diese Pflicht allerdings auch an nationale Behörden oder Gerichte wendet, ist äußerst fraglich und muss wohl verneint werden, vgl. *Meng,* Extraterritoriale Jurisdiktion (1994), 647.

[279] *Hector,* Das völkerrechtliche Abwägungsgebot (1992), 214 ff., stellt den „topischen" Charakter dieser Abwägung in den Vordergrund, also eine auf dialektischer Beweisführung beruhenden Methode, die nicht auf der analytisch-deduktiven Wissenschaft aufbaut, sondern Überzeugungskraft aufgrund Rücksprache und Disputation erhält. Sie ist letztlich auf die aristotelische Unterscheidung zwischen analytischer und dialektischer Beweisführung zurückzuführen, vgl. *Hector*, Das Völkerrechtliche Abwägungsgebot (1992), 179; *Kaffanke,* Nationales Wirtschaftsrecht (1990), 287 ff.; *Kuhlmann,* Drittstaatsbezogene Unternehmenszusammenschlüsse im EWG-Kartellrecht (1990), 88 ff., 93 ff.; *Meessen,* Völkerrechtliche Grundsätze

statutes“[280] kommt es nicht zu einer absoluten Sperre bei der Interessenabwägung.[281]

b) *Einzelheiten zur Abwägung*

Das Abwägungsgebot an sich wird im Zusammenhang mit dem völkerrechtlichen Einmischungsverbot wohl überwiegend als echte völkerrechtliche Pflicht angesehen.[282] Nur vereinzelt bezweifeln Kritiker, ob angesichts der unsicheren dogmatischen Herleitung überhaupt eine Minimalpflicht in substanzieller Weise gefunden werden kann.[283] Jedenfalls herrscht Einigkeit, dass es keine Pflicht zur Einhaltung eines bestimmten Verfahrens zur Ermittlung der ausländischen Inte-

---

(1975), 227 ff.; *Mozet,* Internationale Zusammenarbeit von Kartellbehörden (1991), 93; *Schuster,* Internationale Anwendung (1996), 661 ff.; *Stürmer,* Extraterritoriale Anwendung (1978), 29 ff.; *Ziegenhain,* Extraterritoriale Rechtsanwendung (1992), 36 ff; Tendenziell auch *Schlosser,* Der Justizkonflikt (1985), 25. *Torremans,* European Law Review 1996, 280, 292, spricht von der Notwendigkeit des „comity principle“, die wegen ihrer begrifflichen Unschärfe im kontinentaleuopäischen Rechtsraum allerdings abgelehnt wird.

[280] Hierzu bereits oben zu Fußnote 263.

[281] *Rehbinder*, in: Immenga/Mestmäcker, GWB (1992), RNr. 305 zu § 98 Abs. 2

[282] *Morrison,* Conflicts of Jurisdiction, GYIL 29 (1986), 417, 434; *Stürmer,* Extraterritoriale Anwendung (1978), 29 ff.; *Hector,* Das völkerrechtliche Abwägungsgebot (1992), 167, der es als Korrelat des Souveränitätsprinzips ansieht und letztlich aus der gegenseitigen Beschränkung der Souveränitäten ableitet; *Schuster*, Internationale Anwendung (1996), folgert es aus dem völkerrechtlichem Nichteinmischungsgebot, das zum Zurücktreten des eigenen Jurisdiktionsanspruchs führen würde. Ebenso *Loewenheim/Belke,* Gesetz gegen Wettbewerbsbeschränkungen (1993), § 89 Abs. 2, RNr. 27. Auch *Kaffanke*, Nationales Wirtschaftsrecht (1990), 342, vermeidet den Begriff des „völkerrechtlich bestehenden Abwägungsgebots“ und zieht das völkerrechtliche Einmischungsverbot heran. *Köstlin,* Anlegerschutz und Auslandsbeziehungen (1985), 197 legt sich nicht hundertprozentig fest und sieht in dem Respekt der ausländischen Interessen nicht nur ein aus dem völkerrechtlichem Missbrauchsverbot ableitbares Gebot, sondern auch einen „Akt kapitalmarktpolitischer Klugheit“. Auch Autoren, die Jurisdiktionskonflikte mit Hilfe des „Comity“ Prinzips (hierzu C. I.2. c)) lösen wollen, sehen die Abwägung im Ergebnis als echte Pflicht an, vgl. etwa *Diwan,* 31 The International Lawyer (1997), 331, 332, der die Nichtbeachtung fremdstaatlicher Interessen als Verletzung des internationalen öffentlichen Rechts und des Territorialsouveränitätsprinzips ansieht. Zur dogmatischen Einordnung vgl. *Beck,* Extraterritoriale Anwendung (1986), 139 ff. a.A. aus neuerer Zeit aber *Burmester,* Grundlagen (1993), 182: Das Abwägungsprinzip sei ein erst ansatzweise von den Staaten akzeptiertes Konzept. *Burmester* lässt aber im Gegensatz zu vielen anderen oben zitierten Meinungen eine rechtstatsächliche Prüfung an Hand der völkerrechtlichen Praxis vermissen. Ebenso auf Seite 186: Das Abwägungsgebot sei keine staatsgemeinschaftliche Rechtspflicht, sondern rücksichtnehmende Selbstbeschränkung.

[283] Z.B. *Veelken,* Interessenabwägung (1988), 119 ff., 151.

ressen gibt.[284] In der Praxis ermitteln und bewerten die Gerichte zum Teil die ausländischen Regelungsinteressen sehr genau und gehen dabei sehr planmäßig vor. Dennoch sind Verfahrensregeln noch nicht völkergewohnheitsrechtlich anerkannt. Sie sind daher über Art. 25 Satz 2 GG weder für Gerichte noch für das BAWe bindend. Im übrigen könnte sich eine völkerrechtliche Pflicht, soweit sie überhaupt bestehen soll, jedenfalls nicht an nationale Behörden oder Gerichte wenden.[285] Hier wäre der Gesetzgeber aufgerufen, entsprechende Verfahrensregelungen zu erlassen.[286]

Natürlich ist es nicht unproblematisch, wenn die Abwägung im Streitfalle von nationalen Behörden (z. B. vom BAWe in Deutschland) oder Gerichten vorgenommen wird, anstatt von internationalen und damit objektiveren Stellen. Die Gefahr einer einseitigen Beurteilung aus der Sicht des Staates, dem die entscheidende Stelle angehört, besteht.[287] Zwar gibt es vereinzelt durchaus Fälle, in denen Gerichte nicht nur vordergründig gegen die Interessen des eigenen Landes entschieden haben.[288] Vor allem die Praxis der amerikanischen Gesetzgebung und Verwaltung jedoch rief immer wieder starke Kritik hervor.[289] Manche leh-

---

[284] *Schuster*, Internationale Anwendung (1996), 676, *Veelken*, a.a.O.

[285] Vgl. *Meng*, Extraterritoriale Jurisdiktion (1994), 647.

[286] Zum Verhältnis der völkerrechtlichen Pflichten zum Gewaltenteilungsgrundsatz vgl. auch *Meng*, Extraterritoriale Jurisdiktion (1994), 705 ff.

[287] Kritik an der US-amerikanischen Praxis äußerten z.B. *Maier,* 31 American Journal of Comparative Law (1983), 579 ff.; *Juenger,* 32 American Journal of Comparative Law (1984), 1, 48 ff.

[288] Z.B. die deswegen berühmt gewordene Bayer/Firestone-Entscheidung des Berliner Kammergerichts –Synthetischer Kautschuk in Jahre 1980, WuW/E OLG (1981) 2411, 2419. Oder jüngst *In re Maxwell Communication Corp. Plc by Homan,* 93, F. 3d 1036 (1996).

[289] Vgl. die von *Rosendahl/Knighton,* National Laws and International Commerce, 83, Chatham House Papers, No. 17 (1982), behandelten Streitereien, bei dem es insbesondere um die Frage der zulässigen Reichweite der amerikanischen Antitrust-Gesetze ging, die nach dem Willen der US Regierung im Juni 1982 bezüglich des Verbots des Exports von Waren und Technologie zur Verwendung beim Bau der von Sibirien nach Westeuropa führenden Erdgaspipeline auf europäische Lizenznehmer und Tochtergesellschaften US-amerikanischer Unternehmen ausgedehnt werden sollte. Dagegen wehrten sich in Europa vor allem Großbritannien und Frankreich, die prompt die vom amerikanischen Präsidenten erlassenen Verordnungen dadurch konterkarierten, dass sie die an dem Pipelineprojekt beteiligten britischen und französischen Unternehmen verpflichteten, ihre Verträge mit der Sowjetunion ordnungsgemäß zu erfüllen. Vgl. *Griffin,* ECLR 1998, 64; *Diwan,* 31 The International Lawyer (1997), 331, 332; *Wildhaber,* Schweizerisches Jahrbuch für Internationales Recht XLI (1985), 99-109, 108; weitere Nachweise insbesondere bei *Kiel*, Internationales Kapitalanlageschutzrecht (1994),

nen die Eignung der Gerichte zu einer derartigen Entscheidung daher grundsätzlich ab, z.T. aus Kompetenzmangel,[290] z.T. eher aus der Schwierigkeit der Bewertung staatlicher Interessen.[291] Richtig ist, dass Gesetzgeber mögliche Jurisdiktionskonflikte vorhersehen und noch vor Normerlass eine diplomatische Verständigung herbeiführen sollten.[292] Nicht alle Konflikte lassen sich allerdings so klar vorhersehen. Und es liegt in der Natur der Sache, dass dann nationale Stellen zu entscheiden haben. Die Frage der staatlichen Jurisdiktion ist häufig nur eine Vorfrage, welche die nationalen Stellen nicht im Rahmen eines Vorabentscheidungsverfahrens einer internationalen Stelle zur Klärung vorlegen könnten, anders als es EU-rechtlich für gewisse Fälle vorgesehen ist. Möglicherweise erst hinterher können internationale Gerichte oder die internationale Diplomatie einmal gefällte Entscheidungen überprüfen. Die Bedenken gegen die einseitige Interessenabwägung bei der Beurteilung des extraterritorialen Jurisdiktionsanspruchs, so berechtigt sie auch sein mögen, können allerdings eine grundsätzliche Ablehnung der völkerrechtlich geforderten Interessenabwägung nicht begründen, solange es schlicht keine bessere Lösung gibt. Im Gegenteil ist davon auszugehen, dass diese Kritik umso mehr die Notwendigkeit zur Berücksichtigung fremdnationaler Interessen bei Jurisdiktionskonflikten nach gewissen international üblichen Standards und deren empirische sowie dogmatisch-wissenschaftlichen Aufbereitung unterstreicht.[293] Auch ohne völkerrechtliche

---

141. Siehe auch den Überblick über die Entwicklung der Auseinandersetzungen bei *Georgieff,* Kollisionen (1989), 5,

[290] Z.B. erklärte der Richter im *re Uranium Antitrust Litigation* Fall es für grundsätzlich unmöglich, eine Abwägung vorzunehmen, 480 F. Supp. 1138, 1148 (1979); kritisch auch *Mestmäcker,* RabelsZ 52 (1988), 205, 251. Zum ganzen vgl. *Meng,* Extraterritoriale Jurisdiktion (1994), 707 ff.

[291] So *Veelken,* Interessenabwägung (1988), 152; Ähnlich *Peter Durack,* Q.C., Attorney General of Australia, „Extraterritorial Application of U.S. Law and Foreign Policy", Remarks Before the ABA Section of International Law (August 12, 1981), zitiert bei *Griffin,* ECLR 1998, 64, 72.

[292] *Willem M. Knighton,* „Extraterritorial Application of U.Law and Foreign Policy", Remarks Before the International Law Institute of the Georgetown University Law Center (August 13, 1981), zitiert bei *Griffin,* ECLR 1998, 72, dort Fußnote 70 m.w.N. Um die Interessen anderer Staaten zu berücksichtigen, wenn extraterritorial wirkende Normen erlassen werden sollen, empfiehlt sich eine Anforderung von Stellungnahmen betroffener Staaten, vgl. *Lange,* Extraterritorial Application (1987), 48.

[293] Im Ergebnis ebenso *Ziegenhain,* Extraterritoriale Rechtsanwendung (1992), 44. Auch *Kaffanke,* Nationales Wirtschaftsrecht (1990), 341, spricht bei der richterlichen Abwägung von der besten aller angebotenen Lösungsvorschläge. Ebenso *Morrison,* GYIL 29 (1986), 417, 419, 434.

Pflicht, aber im eigenen Interesse, empfiehlt es sich gerade für auf internationale Kooperation angewiesene Behörden wie das BAWe, gewisse Maßnahmen zu ergreifen, um einer allzu starke Gewichtung eigener Interessen entgegenwirken. So können bei der Ermittlung des Interesses fremder Staaten Stellungnahmen der betroffenen Staaten eingeholt werden,[294] was in der Praxis jedenfalls bei den amerikanischen Gerichten häufig auch geschieht.[295] Die extraterritoriale Jurisdiktion im Bankrecht resultiert aus dem gemeinsamen Interesse an der allgemein anerkannten Notwendigkeit zu einer international wirkenden Aufsicht. Dieses gemeinsame Interesse führt ganz zwanglos zu einer intensiven Kooperation der Aufsichtsstellen bei grenzüberschreitenden Konzernstrukturen. Bei dieser Gelegenheit lassen sich die Jurisdiktionsansprüche anderer Staaten ausloten und die verschiedenen Interessen relativ leicht ermitteln.

Ob bei der Abwägung auch Interessen Privater, etwa die von den Regelungen Betroffenen und Gesichtspunkte des internationalen Rechts- und Geschäftsverkehrs berücksichtigt werden sollen, ist fraglich. Dass auch private Interessen berücksichtigt werden sollten, wird zum Teil befürwortet.[296] Was Interessen des internationalen Rechts- und Geschäftsverkehrs anbelangt, so ist zu bemerken, dass derartige Universalitätsinteressen völkerrechtlich im Strafrecht bereits als Universalitätsprinzip anerkannt sind. Es spricht also vieles dafür, derartige Interessen auch im internationalen öffentlichen Wirtschaftsrecht zu berücksichtigen.[297]

Pauschale Vorgaben für die Gewichtung der Interessen oder gar Ranglisten für die verschiedenen Prinzipien im Rahmen dieser Abwägung kann man nur schwer machen. Es wird immer auf den konkreten Einzelfall ankommen und auf die Vorschrift, die extraterritorial angewendet werden soll. Die Meinungen gehen hier stark auseinander. Gewisse Prioritäten lassen sich aber durchaus vor-

---

[294] Vgl. *Meng*, Extraterritoriale Jurisdiktion (1994), 725 folgende. *Lange,* Extraterritorial Application (1987), 44; *Rehbinder,* in: Immenga/Mestmäcker, GWB (1992), RNr. 289 zu § 98 Abs. 2 zu einem ähnlichen Problem im Kartellrecht; *Kevekordes*, Auslandszusammenschlüsse im internationalen und materiellen Kartellrecht (1986), 199 ff.

[295] Z.B. *United States v. Vecto*, 644 F. 2d 1324, 1331 (9th Circ. 1981), cert.den., 454 U.1098 (1981); *United States v. First National City Bank*, 396 F. 2d 897, 902 ff. (2d Cir. 1968).

[296] *Lange,* Extraterritorial Application (1987), 47.

[297] Ebenso *Lange,* Extraterritorial Application (1987), 47.

sichtig formulieren.[298] So kann man zum Beispiel dem Anlegerschutzprinzip gegenüber dem Interesse an einem integren Markt in der Regel den Vorzug gewähren.[299] Beide Interessen lassen ich auf das Auswirkungsprinzip zurückführen. Der Anlegerschutz ist ein nicht unbeachtlicher Bestandteil eines seriösen und integren Marktes selbst. Ein Markt, bei dem die Anleger nur unzureichend geschützt sind, wird von diesen als unseriös gemieden werden. So wird man schwerlich den einen Staat mit dem Hinweis auf die Integrität seines Marktes bevorzugen, wenn dabei der Anlegerschutz und damit auch indirekt die Integrität des Marktes des anderen Staates in Mitleidenschaft gezogen werden sollte. Wird beispielsweise ein Unternehmen mit Sitz im Ausland eine Dienstleistung gegenüber einem Kunden im Inland auf einem heimatlichen Markt erbringen, und kann es dabei unmöglich die Verhaltensregeln im Heimatstaat sowie diejenigen im Inland gleichzeitig einhalten, weil sie im Widerspruch zueinander stehen, so ist der Jurisdiktionsanspruch im Staat des Kunden stärker und muss sich bei der Abwägung durchsetzen.

Zum Teil wird diskutiert, dem Territorialitätsprinzip gegenüber dem Personalitätsprinzip eine Vorrangstellung einzuräumen.[300] Eine derartige Priorität lässt sich allerdings pauschal nicht für alle Fälle vorhersagen, weswegen diese Theorie zu Recht auch stark umstritten ist[301] und sich bislang nicht durchsetzen konn-

---

[298] Vgl. hierzu den Versuch, gewisse Regeln zu finden bei *Ziegenhain,* Extraterritoriale Rechtsanwendung (1992), 244 ff. *Meessen,* Völkerrechtliche Grundsätze (1975), 183 lehnt zwar allgemeine Vorgaben ab, bejaht aber rechtsgebietspezifische pauschale Prioritäten.

[299] Vgl. hierzu auch die Diskussion zur Abwägung des Privatinteresses versus Staatsinteresses bei *Ziegenhain,* Extraterritoriale Rechtsanwendung (1992), 248, der allerdings nicht zu einem pauschalen Ergebnis kommt.

[300] *Willem M. Knighton,* „Extraterritorial Application of U.Law and Foreign Policy", Remarks Before the International Law Institute of the Georgetown University Law Center (August 13, 1981), zitiert bei *Griffin,* ECLR 1998, 64, 69 m.w.N.; *Hermanns,* Völkerrechtliche Grenzen für die Anwendung kartellrechtliche Verbotsnormen (1969), 74: etwas schwächerer Vorrang des Territorialitätsprinzips bei der Anforderung von Dokumenten oder anderen Beweismitteln im Ausland, 76: deutlicher Vorrang bei der Regelung von Verhalten; *Jennings*, 33 BYIL (1957), 146, 151; im Ergebnis auch *Mann,* Receuil des Cours 1964 I, 9, 97 ff., der jedenfalls im Kartellrecht das Personalitätsprinzip grundsätzlich für ungeeignet erachtet; tendenziell auch *Wengler,* Völkerrecht (1964), 945 (Band II).

[301] *Meng,* ZaöRV 44 (1984), 675, 763; *Georgieff,* Kollisionen, 81. Diskussion und Nachweise bei *Meessen,* Völkerrechtliche Grundsätze (1975), 183; ebenfalls kritisch in Bezug auf extraterritoriale Jurisdiktion im Strafrecht *Akehurst,* XLVI BYIL (1972/73), 145, 168;

te.[302] Zum Teil wird die Eignung des Gesichtspunkts der Verbindung einer Handlung mit dem Territorium bei kollisionsrechtlichen Erwägungen im öffentlichen Wirtschaftsrecht als generell unangebracht erachtet, weil er als zu formal gehalten wird.[303] Auch die Staatsangehörigkeit eines Adressaten sei kein tauglicher kollisionsrechtlicher Gesichtspunkt, wenn es um den Konflikt mit einer Regel geht, die auf die Ordnungshoheit gestützt wird.[304]

Andere wiederum wollen Fälle, in denen eine extraterritoriale Anordnung mit einer gegenteiligen territorialen Anordnung kollidiert, zu Gunsten der Letzteren lösen.[305] Der Aufenthaltsstaat des Adressaten könne allenfalls freiwillig eine Ausnahme von der gegenteiligen Anordnung machen oder sich entscheiden, im Einzelfall keine solche Anordnung zu erlassen.[306] Meines Erachtens sind auch solche pauschale Vorgaben mit Vorsicht zu genießen.[307]

5. Folgen einer völkerrechtswidrig extraterritorialen Jurisdiktion beim Normerlass und bei der Normanwendung

Art. 25 Satz 2 GG richtet sich nicht nur an den Gesetzgeber und die Gerichte, sondern auch an die Verwaltung. Der vom Völkerrecht geforderte sachliche Anknüpfungspunkt mit der eigenen Rechtsordnung und das Gebot der Interessenabwägung sind also beim Normerlass ebenso wie bei der Rechtsanwendung zu beachten. Das führt zu zwei völlig verschiedenen Rechtsfolgen, deren Unterscheidung von großer Bedeutung ist.

---

302 So *Bertele,* Souveränität und Verfahrensrecht (1998), 190; *Rehbinder,* in: Immenga/Mestmäcker, GWB (1992), § 98 Abs. 2, RNr. 36.

303 So *Meng*, Extraterritoriale Jurisdiktion (1994), 733, der darauf hinweist, dass es nur um die Teilnahme an der Wirtschaftsordnung ginge. Kollisionsrecht müsse jedoch die Bedeutung der unterschiedlichen Regelungen für die jeweilige Wirtschaftsordnung feststellen und sie gegeneinander abwägen. Nur in diesem Sinne könne auch eine Feststellung des Schwerpunkts der Auswirkungen sinnvoll sein.

304 So *Meng*, Extraterritoriale Jurisdiktion (1994), 733, der der Ansicht ist, dass die Personalhoheit allein noch kein Recht auf die Verteidigung eigener Staatsangehöriger gegen völkerrechtliche Jurisdiktion ihrer Aufenthaltsstaaten gibt und auch keinen Anspruch auf eine Tolerierung der Verletzung fremden Ordnungsrechts.

305 So wohl – wenn auch nicht ganz klar – *Lange,* Extraterritorial Application (1987), 48 und *Meng*, Extraterritoriale Jurisdiktion (1994), 650.

306 *Meng*, Extraterritoriale Jurisdiktion (1994), a.a.O.

307 Ablehnend auch *Stern,* Annuaire Francais du Droit International 32 (1986), 7, 44.

Jede vom Gesetzgeber erlassene Norm hat einen Regelungsbereich, der entweder ausdrücklich genannt oder durch Auslegung zu ermitteln ist. Erlässt der Gesetzgeber eine Norm, die in der Vielzahl ihrer Anwendungsfälle auch denkbare Konstellationen erfasst, die nicht durch einen sachlichen Anknüpfungspunkt völkerrechtlich gerechtfertigt werden können, ist diese Norm potenziell völkerrechtswidrig. Das gleiche gilt im Prinzip für eine fehlerhafte Interessenabwägung, die jedoch mangels hinreichender Regelungsdichte grundsätzlich nur in einer mehr oder weniger pauschalisierenden Weise erfolgen kann. Eine potenzielle Völkerrechtwidrigkeit führt allerdings noch nicht zu einer Nichtigkeit wegen Verstoßes gegen höherrangiges Recht, wie es die direkte Folge von Art. 25 Satz 2 GG wäre.[308] Lediglich eine rein extraterritorial wirkende Norm, die schlechterdings in keinem denkbaren Anwendungsfall einen ausreichenden sachlichen Anknüpfungspunkt hätte, wäre wegen Verstoß gegen höherrangiges Recht nichtig.

Die große Mehrzahl der potenziell völkerrechtwidrigen Normen ist also an sich wirksam, darf allerdings von staatlichen Stellen nicht völkerrechtswidrig angewandt werden. Vor allem Gerichte, aber natürlich insbesondere das BAWe bei der Aufsicht über die Wohlverhaltenspflichten, sind gemäß Art. 25 Satz 2 GG an die allgemeinen völkerrechtlichen Grundsätze gebunden. Probleme mit einer mangelnden Bestimmtheit der Kollisionsregeln und der damit verbundene Konflikt mit dem Rechtsstaatsprinzip wurden an andere Stelle aufgezeigt.[309] Sie können aber nicht zu einer Unanwendbarkeit des völkergewohnheitsrechtlich geforderten sachlichen Anknüpfungspunktes sowie des Abwägungsgebots führen und Art. 25 Satz 2 GG aushebeln. Das BAWe darf einem Unternehmen mit Sitz im Ausland also keine Pflichten extraterritorial auferlegen bzw. die Einhaltung von nationalen Pflichten für einen bestimmten Sachverhalt mit Inlandsbezug nicht fordern, wenn ein sachlicher Anknüpfungspunkt nicht gefunden werden kann. Ist zusätzlich auch das Rechtsanwendungsinteresse eines anderen Staates gegeben, dessen Normen im Konflikt mit den entsprechenden deutschen stehen, muss das BAWe den ausländischen Interessen den Vorzug geben, wenn die völkergewohnheitsrechtlich anerkannten fremden Rechtsanwendungsinteres-

308 Vgl. schon *Binding,* Handbuch des Strafrechts (1885), 376 ; *Verzijl,* NTIR 8 (1961), 3, 12 ff., der zu Recht den Sonderfall ausnimmt, dass das Gesetz schon durch seinen Erlass und nicht erst durch seine Anwendung Jurisdiktionsansprüche anderer Staaten verletzt.

309 *Veelken,* Interessenabwägung (1988), 88, geht daher von einer Nichtigkeit zu vager Ermächtigungsnormen zur kollisionsrechtlichen Interessenabwägung aus. A.A. *Meng,* Extraterritoriale Jurisdiktion (1994), 715.

sen überwiegen. Verwaltungsakte, die diese völkerrechtlichen Grenzen der extraterritorialen Anwendung nationaler Vorschriften überschreiten, sind rechtswidrig und mindestens anfechtbar. Im Übrigen wäre der Verwaltungsakt allerdings nach nationalem deutschen Recht wirksam, vgl. § 43 Abs. 2 VwVfG.[310] Wird einem Widerspruch gegen einen entsprechenden Verwaltungsakt des BAWe nicht abgeholfen, so muss das Gericht im Rahmen der gerichtlichen Nachprüfung durch Anfechtungs- oder Verpflichtungsklage die völkerrechtlichen Grenzen der extraterritorialen Anwendung nationalen Rechts beachten. Nur wenn ein nichtiger Verwaltungsakt gemäß § 44 VwVfG vorliegt, ist er von vornherein nichtig, vgl. § 43 Abs. 3 VwVfG. Dies wäre zumindest dann denkbar, wenn ein sachlicher Inlandsbezug schlechterdings unter keinen Umständen denkbar ist. Diese Nichtigkeit kann nach § 43 Abs. 2 Satz 2 VwGO als Ausnahme vom Subsidiaritätsprinzip gerichtlich festgestellt werden.

Im Verhältnis zu dem Staat, in dessen Interessen sich ein deutscher Verwaltungsakt völkerrechtswidrig einmischt, also auf internationaler Ebene, muss von vorn herein von einer Unbeachtlichkeit und nicht nur von einer Anfechtbarkeit ausgegangen werden.[311] Das betroffene Unternehmen hat aber meiner Ansicht nach nicht die Möglichkeit, die Unbeachtlichkeit auf internationaler Ebene eines wegen Völkerrechtswidrigkeit auf nationaler Ebene nur anfechtbaren Verwaltungsakt gerichtlich feststellen zu lassen. Die bloße völkerrechtliche Dimension des Verwaltungsakts kann das im § 43 Abs. 2 VwGO aufgestellte Subsidiaritätsprinzip nicht so leicht außer Funktion setzen. Für seine rein nationalen Beziehungen kann das Unternehmen auch nicht besser als ein inländischen Unternehmen gestellt werden und muss den Weg des § 68 VwGO einhalten.

Für den ausländischen Staat, dessen Souveränitätssphäre durch die extraterritoriale Anwendung nationalen Rechts verletzt wurde, hat die Kompetenzüberschreitung wenig Folgen. Zunächst bedeutet sie lediglich eine völkerrechtswidrige und unbeachtliche Handlung. Sie kann sicherlich diplomatische Konsequenzen nach sich ziehen. Rechtlich sind die Staaten im Außenverhältnis allerdings nur deliktsrechtlich haftbar.[312] Fälle, in denen ein Staat deliktsrechtlich

---

310 A.A. *Stern,* Annuaire Francais du Droit International 32 (1986), 7, 37, die generell von einer automatischen Unwirksamkeit ausgeht. Sie räumt aber ein, dass in vielen Staaten – wie auch in Frankreich selbst – die Geltendmachung der Völkerrechtswidrigkeit nicht oder nur eingeschränkt möglich ist.

311 *Stern,* Annuaire Francais du Droit International 32 (1986), 7, 36.

312 *Stern,* Annuaire Francais du Droit International 32 (1986), 7, 36.

gegen einen anderen wegen unberechtigter extraterritoriale Anwendung nationaler Vorschriften vorgegangen wäre, sind selten. Für die Geltendmachung eines derartigen Anspruchs gilt, dass nach Ausschöpfung der diplomatischen Möglichkeiten nur der Gang zu einem internationalen Gericht möglich ist.[313] Dessen Entscheidung könnte aber nicht mit Zwangsmitteln durchgesetzt werden.

II. Die grenzüberschreitende Durchsetzung der Wohlverhaltensregeln und der sie sicherstellenden Normen

1. Anordnungen des BAWe

Die deutsche Marktaufsicht kann konkret mit Hilfe von Anordnungen durchgesetzt werden. Bestehen Anhaltspunkte, dass ein Unternehmen mit Sitz im Ausland die Regeln der §§ 31 und 32 verletzt und liegt § 31 Abs. 3 vor, kann das BAWe gemäß § 4 Abs. 1 Satz 3 Anordnungen treffen, die geeignet und erforderlich sind, Missstände zu beseitigen oder zu verhindern. Zur Informationsgewinnung und Durchsetzung von § 35 Abs. 2 kann das BAWe zunächst eine Verfügung erlassen, wonach das Unternehmen ganz bestimmte Auskünfte zu erteilen hat oder genau bezeichnete Unterlagen vorzulegen hat. Es hat dabei den Bestimmtheitsgrundsatz zu beachten. Es kann das Unternehmen dann dazu auffordern, weitere Pflichtverletzungen in Zukunft zu unterlassen und/oder Gegenmaßnahmen zu ergreifen, um einen rechtmäßigen Zustand herzustellen. Bei einem einmaligen Pflichtverstoß, der sich bereits erledigt hat, wird sich das BAWe mit einer Verwarnung begnügen. Bei einer sich wiederholenden fortgesetzten Pflichtwidrigkeit wird das BAWe das Unternehmen auffordern, den Verstoß in Zukunft zu unterlassen. Ist ein bleibender Nachteil entstanden, kann es das Unternehmen dazu verpflichten, eine Gegenmaßnahme zu ergreifen. So kann es z.B. bei einer irreführenden Werbung, die in einer Tageszeitung erschienen ist, das Unternehmen dazu verpflichten, Fehlvorstellungen beim Verbraucher durch eine Richtigstellung zu beseitigen. Im Falle einer andauernden Pflichtwidrigkeit, die durch eine Handlung verursacht wurde und fortwirkt, muss das BAWe das Unternehmen dazu auffordern, den pflichtwidrigen Zustand aktiv zu beseitigen. Beispielsweise muss eine Internetseite, die gegen Verhaltenspflichten verstoßende Inhalte enthält, aktiv entfernt oder verändert werden.

[313] Das Beispiel eines internationalen Schiedsverfahrens wird von *Stern,* Annuaire Francais du Droit International 32 (1986), 7, auf den Seiten 36 ff. beschrieben.

Besondere Formvorschriften für den Erlass dieser Anordnungen gibt es nicht, vgl. § 10 VwVfG. Die Anordnung kann auch mündlich erfolgen, vgl. § 37 Abs. 2 VwVfG. Nach allgemeinen Grundsätzen muss der Betroffene vorher angehört werden, vgl. § 28 VwVfG. Eine nicht erfolgte Anhörung ist allerdings heilbar, vgl. § 45 Abs. 1 Nr. 3 VwVfG, und zwar durch einfache Nachholung der Anhörung. Beabsichtigt das BAWe die Anwendung von Zwangsmitteln nach § 10 Wertpapierhandelsgesetz, empfiehlt es sich, die nach § 13 Abs. 2 Abs. 1 VwVG erforderliche Androhung bereits mit der Bekanntgabe des Verwaltungsaktes zu verbinden, vgl. § 13 Abs. 2 VwVG. Die Androhung ist nach § 13 Abs. 7 zuzustellen, auch wenn sie mit dem zugrundeliegenden Verwaltungsakt verbunden ist und für diesen keine Zustellung vorgeschrieben ist.

Neben diesen traditionellen Handlungsmöglichkeiten des Verwaltungsakts und Verwaltungszwangs kommt im Bankenaufsichtsrecht dem so genannten informellen Verfahren besondere Bedeutung zu. In der Praxis vollzieht sich sogar die Masse der laufenden Aufsichtsmaßnahmen in informellen Informationsanforderungen, Auffassungsmitteilungen und mehr oder weniger deutlichen Missbilligungen oder gar Mahnungen.[314] Für das BAKred ist übrigens die vordergründig eher harmlos klingende Ankündigung, die Ordnungsmäßigkeit der Geschäftsführung und die Qualifikation der Geschäftsleiter zu überprüfen, eine der schärfsten Waffen.[315]

a) Betätigungsuntersagung als Anordnung i.S.d. § 4 Abs. 1 Satz 3?

Fraglich ist, ob das BAWe als schärfste und letzte Maßnahme, wenn also keine anderen Maßnahmen mehr geeignet sind, den Missstand zu beheben, dem Unternehmen mit Sitz im Ausland zum Beispiel die weitere Erbringung von Wertpapierdienstleistungen oder Wertpapiernebendienstleistungen gegenüber in Deutschland ansässigen Kunden untersagen kann.

Im Falle von Unternehmen aus einem anderen EU-Mitglieds- oder Vertragsstaat ist diese Frage wohl zu verneinen, weil das BAWe nach § 36a Abs. 2 vorgehen

---

[314] So z.B. ein Schreiben des BAWe vom 24.02.2000 an eine Reihe von Direktbanken und Discountbrokern um festzustellen, wie diese Unternehmen auf das stark gestiegene Interesse der Anleger an Wertpapieren vorbereitet sind, vgl. oben Fußnote 3.

[315] *Fischer*, in: *Schimansky/Bunte/Lwowski*, Bankrechts-Handbuch (1997), 3729. Die damit unausgesprochene Drohung der Abberufung von Geschäftsleitern wäre dem BAWe allerdings nicht möglich, weil das eine den Status des Beaufsichtigten treffende Maßnahme wäre. Es kann allerdings eine Überprüfung beim BAKred anregen.

muss. Dort ist allerdings keine Betätigungsuntersagung vorgesehen. Diese soll nur das BAKred nach entsprechender Unterrichtung durch das BAWe aussprechen.[316]

Ähnlich sieht dies bei Unternehmen aus Drittstaaten aus, auch wenn für sie § 36a Abs. 2 nicht gilt. Hier wäre dem BAWe zwar ein außerordentlich wirksames Aufsichtsinstrument an die Hand gegeben. Obwohl wünschenswert, muss man dem BAWe allerdings die Möglichkeit zum Erlass einer Betätigungsuntersagungsverfügung absprechen, wenn man in der Kompetenzverteilung zwischen dem BAWe und dem BAKred eine klare Trennlinie sehen will. Eine Betätigungsuntersagungsverfügung kommt dem Entzug der Erlaubnis gleich. Für letztere ist allerdings typischerweise das BAKred zuständig, das im Gegensatz zum BAWe über diese weitreichenden, den Status betreffenden Aufsichtskompetenzen verfügt.[317] Angesichts der Tatsache, dass zwischen dem BAWe und dem BAKred aber ohnehin viele Kompetenzüberlappungen bestehen,[318] erscheint mir dieser funktionale Ansatz nicht richtig. Das Ergebnis kann auch rechtspolitisch nicht überzeugen. In der Regel dürfte die Frage zwar keine großen Probleme bereiten. Das BAWe und das BAKred arbeiten eng und vertrauensvoll zusammen. Die zeitliche Verzögerung durch eine entsprechende Mitteilung des BAWe an das BAKred wird nicht ins Gewicht fallen. Dennoch ist ein zusätzlicher bürokratischer Aufwand erforderlich, auf den der Gesetzgeber hätte verzichten können. Sicherlich kann man die Frage, ob eine Betätigungsuntersagung erfolgen muss, der Zuständigkeit halber der Stelle überantworten, die sowieso für die Erlaubnis zum Betreiben der Bankgeschäfte verantwortlich ist. Ein solcher Blickwinkel wäre aber jedenfalls kurzsichtig, auch wenn es reine Spekulation ist, ob das tatsächlich der Beweggrund für den restriktiven Gesetzeswortlaut gewesen ist. Die sachnähere Lösung wäre gewesen, dem BAWe diese Kompetenz zu überlassen. Schließlich sollten bei Meinungsverschiedenheiten zwischen dem BAWe und dem BAKred dieses nicht Fakten schaffen können, und ein Amtshilfegesuch einfach nicht ausführen und sich auf eine gerichtliche Auseinandersetzung einlassen können. Überhaupt ist die in anderen Ländern nicht üb-

---

[316] Siehe unten E. IV.2. b)

[317] *Dreyling,* in: Assmann/Schneider, WpHG (1999), RNr. 9 zu § 4, der dem BAWe keine den Status der Beaufsichtigten betreffenden Aufsichtskompetenzen wie etwa Erlaubniserteilung oder die Abberufung von Geschäftsleitern zuerkennt, leider allerdings ohne nähere Begründung.

[318] Hierzu *Bliesener,* Verhaltenspflichten (1998), 100 ff., der zu Recht viele Überlappungen aufzählt.

liche Aufspaltung der Aufsicht zwischen dem BAWe und dem BAKred fragwürdig und wird zu Recht kritisiert.[319] Dieses Ergebnis mit einer Kompetenzüberlappung bei statusbezogenen Anordnungen wäre auch europarechtlich richtlinienkonform, weil eine Betätigungsuntersagungsverfügung i.S.d. Art. 19 Abs. 5 Satz 1, 2. Halbsatz und Abs. 6 Satz 2 WpDRiL als aufsichtliche Maßnahme ausdrücklich erwähnt wird. Sollte es wirklich einmal zu Abstimmungsproblemen zwischen dem BAWe und BAKred kommen, steht meines Erachtens nach der Wortlaut des § 36a Abs. 2 ebenso wie eine systematische Auslegung einer eigenen Betätigungsuntersagungsverfügung des BAWe nicht entgegen.

Die praktische Bedeutung dieses Problems dürfte im Übrigen eher gering sein. Eine Betätigungsuntersagungsverfügung könnte in vielen Fällen des grenzüberschreitenden Dienstleistungsverkehrs, ohne jede physische Präsenz des Dienstleistungserbringers in Deutschland und ohne die Hilfe der zuständigen Stellen im Ausland, sowieso nicht durchgesetzt werden.

b) Bekanntgabe der Anordnung

Die Anordnung wird nach § 41 VwVfG bekannt gegeben, was bei schriftlichen Anordnungen hinsichtlich des Zugangs im Ausland Probleme bereiten kann. Einerseits kann die Vornahme von Hoheitsakten auf fremdem Staatsgebiet die Souveränitätsinteressen dieses Staates verletzen, andererseits muss auch sichergestellt sein, dass dem Adressaten die Kenntnisnahme der Anordnung möglich ist. Letzteres folgt auch aus dem Anspruch des ausländischen Unternehmens auf rechtliches Gehör[320] und auf ein faires Verfahren[321].

(1) Die postalische Übermittlung

Das BAWe wird in aller Regel zunächst an die normale postalische Übermittlung seiner Anordnung denken.

Sind an den Zugang hoheitliche Folgen geknüpft, kann das mit dem grundsätzlichen Verbot der eigenmächtigen Vornahme von Hoheitsakten im Ausland konfligieren. Dieses Verbot soll die territoriale Hoheit des betreffenden Staates schützen.[322] Die Zustimmung zu einem derartigen Hoheitsakt liegt in seinem

---

[319] *Bliesener,* a.a.O., weist auf die Nachteile vor allem für kleinere Unternehmen hin, die es unnötigerweise gleich mit zwei Behörden zu tun haben.
[320] Hierzu ausführlich *Schmitz*, Fiktive Auslandszustellung (1980), 43 ff.
[321] Hierzu *Schlosser*, in: FS Matscher (1993), 387 ff.
[322] *Obresek,* ÖZöffRVR 1985, 325, 343; *Meng*, Extraterritoriale Jurisdiktion (1994), 128 ff.

freien Ermessen. Der Zugang kann hoheitliche Folgen auslösen, weil er eine verbindliche Pflicht zu einem Tun oder Unterlassen begründet oder auch nur Fristen zu laufen beginnen.[323] Ob auch die bloße Gewährung rechtlichen Gehörs eine hoheitliche Folge darstellt, weil sie innerstaatlich eine Voraussetzung der formellen Rechtmäßigkeit ist, erscheint zweifelhaft. Dies wird jedoch in der Literatur zum Teil bejaht.[324] Insbesondere die Bekanntgabe durch Übermittlung durch ein eigenes Staatsorgan im Ausland ist ein Hoheitsakt, der ohne Zustimmung des betreffenden Staates völkerrechtswidrig ist.[325] Schließlich ist die Bekanntgabe durch ausländische Post*beamte* (nicht -bedienstete) im Staat des Empfängers schon deshalb unzulässig, weil sich der Entsendestaat sonst fremder

---

[323] *Schack*, Internationales Zivilverfahrensrecht (1981), 233; *Meng*, Extraterritoriale Jurisdiktion (1994), 128 ff.

[324] *Schmitz*, Fiktive Auslandszustellung (1980), 168 ff., weist darauf hin, dass die formlose Mitteilung untrennbar mit einem Zwangsakt in Verbindung stehe. Auch bei der öffentlichen Zustellung sieht er die formlose Bekanntgabe zwar aus verfassungsrechtlichen Gründen als notwendig an, verneint aber die völkerrechtliche Zulässigkeit. Ähnlich *Meng*, Extraterritoriale Jurisdiktion (1994), 128 ff. Etwas abgeschwächt *Haymann*, Extraterritoriale Wirkungen (1974), 342 ff. A.A. *Wengler*, Völkerrecht (1964), 962 (Band II); *Mann*, Receuil des Cours, 111 (1964 I), 9, 133 ff.; *Rehbinder*, Extraterritoriale Wirkungen (1965), 354, der jedoch nach Analyse der Staatenpraxis die Zustellung durch die Post in diesen Fällen für möglich hält, wenn die Zustellung bereits mit der Aufgabe zur Post als bewirkt gilt; *Blenk* RIW 80, 237; *Geimer*, Internationales Zivilprozessrecht (1993), 34, der die Androhung von Zwangsmitteln auf Grund der Personalhoheit jedenfalls gegenüber eigenen Staatsangehörigen im Ausland auch ohne Rechtshilfe für zulässig erachtet, anders allerdings gegenüber Ausländern im Ausland. *Rehbinder*, in: Immenga/Mestmäcker, GWB (1992), § 98 Abs. 2, RNr. 282 betont, dass die Konsequenzen der Meinung, die die Zulässigkeit verneinen, wenig befriedigend sei: dann nämlich sei die öffentliche Zustallung zulässig ohne Benachrichtigung.

[325] Nach umstrittener Ansicht soll nicht jede Vornahme hoheitliche Handlungen im Ausland unter das grundsätzliche völkerrechtliche Verbot fallen. Manche hoheitliche Handlungen ohne Zwangscharakter sollen auch ohne Zustimmung des betroffenen Staates zulässig sein. Das wird zum Beispiel befürwortet für die Beschaffung von Informationen durch Bedienstete ausländischer Behörden, solange kein Zwang ausgeübt wird. Vgl. *Schlochauer*, Die extraterritoriale Wirkung von Hoheitsakten nach dem öffentlichen Recht der Bundesrepublik Deutschland und nach internationalem Recht (1962), 68; *Schwartz*, Deutsches Internationales Kartellrecht (1968), 249; Ebenso *Stockmann*, WuW 1975, 243 f., 253, soweit sich der Bevollmächtigte des Entsendestaats voll der fremden Rechtsordnung unterwirft. Nach anderer Ansicht soll schon die bloße Präsenz von Angehörigen ausländischer staatlicher Organe in amtlicher Eigenschaft bei der Rechtshilfe ein grundsätzlich nicht zulässiger Hoheitsakt sein, vgl. *Obresek*, ÖZöffRVR 1985, 325, 335; *Siegrist*, Hoheitsakte auf fremdem Staatsgebiet (1987), 158 mit einer Darstellung zur Staatspraxis ab 144; *Geck*, in: Strupp/Schlochauer, erster Band, (1960), 795. *Matscher*, ÖZoffRVR, 1977, 131 f., 138 f. will bestimmte Handlungen staatlicher Organe im Ausland als privatrechtlich einordnen. Dagegen *Groß*, JZ 1994, 596 f., 599.

Hoheitsorgane bedient.[326] Das Gleiche wird von Teilen der Literatur für eine Bekanntgabe und Übermittlung von Schriftstücken durch Privatpersonen angenommen. Ein Staat könne sich nämlich dadurch, dass er ansonsten öffentlich wahrzunehmende Aufgaben Privaten anvertraut, von seinen Verpflichtungen zur Achtung fremder Territorialhoheit nicht lösen.[327]

Sind an den Zugang keinerlei hoheitliche Rechtfolgen geknüpft, ist die Übermittlung eines Schriftstücks durch die private Post völkerrechtlich unbedenklich, wie z.B. bei bloßen Mitteilungen.[328] Umstritten ist die Beurteilung, wenn der Hoheitsakt bereits auf dem Territorium der Bundesrepublik Deutschlands gesetzt wird, und die Übersendung ins Ausland dann lediglich der Benachrichtigung dient. Während die international herrschende Meinung und die deutsche Literatur in diesen Fällen mehrheitlich eine postalische Übersendung als völkergewohnheitsrechtlich zulässig ansieht,[329] steht die wohl offizielle deutsche Meinung auf dem Standpunkt, dass dies regelmäßig gegen Prinzipien der internationalen Rechtshilfe verstoße.[330] Diese angeblichen Prinzipien stehen meines Er-

---

[326] *Obresek*, ÖZöffRVR 35 (1985), 325, 336.

[327] Vgl. *Rudolf* Berichte der DGVR 11 (1973), 7, 35, nach dem ein Staat hoheitliche Akte im Ausland nicht im privatrechtlichem Gewande vollziehen darf. Es gibt aber Stimmen, die argumentieren, dass es bei nichthoheitlichen Ermittlungen, worunter Handlungen verstanden werden, die auch jede Private vornehmen könnte, schon an eine indirekten Berührung der fremden Staatshoheit fehle, wenn sie zwar im Ausland vorgenommen werden, aber mit dem Erlass oder der Vorbereitung eines ausschließlich gegen Inländer gerichteten Hoheitsaktes zusammenhängen, vgl. *Stockmann* WuW 1975, 243, 246, 252.

[328] Weitere Fälle, in denen die österreichische Praxis keinerlei unmittelbare Rechtsfolgen für den Zustellungsempfänger sieht, werden von *Obresek*, ÖZöffRVR 1985, 325, 336 dargestellt.

[329] Für Zulässigkeit *Rehbinder*, in: Immenga/Mestmäcker, GWB (1992), RNr. 283 zu § 98 Abs. 2; *Geimer*, Internationales Zivilprozessrecht (1993), 130 m.w.N. Aber auch OLG Köln FamRZ 1985, 1279.

[330] Dies kann man der von der Bundesregierung vertretenen Begründung zum Einspruch gegen eine gerichtliche Postzustellung entnehmen, bei der das zuzustellende Schriftstück durch einen Gerichtsbeamten der Post übergeben wird, zitiert bei *Vollkommer*, ZZP 80 (1967), 248, 258. Danach verstoße die postalische Zustellung von hoheitlichen Schriftstücken gegen Rechtshilfegrundsätze, weil das Prüfungs- und Ablehnungsrecht des Zugangsstaates umgangen würde. Dementsprechend hat die Bundesrepublik Deutschland beim Europäisches Übereinkommen über die Zustellung von Schriftsstücken in Verwaltungssachen im Ausland vom 24.11.1977, für Deutschland durch Ausführungsgesetz vom 20.7.1981, BGBl. I 665, in Kraft seit dem 1.1.1983, BGBl. 1982 II, 1052 sowie beim Haager Abkommens über die Zustellung gerichtlicher und außergerichtlicher Schriftstücke im Ausland in Zivil- und Handelssachen vom 15. November, BGBl. 1977, 1453, die vereinfachte Form der Zustellung unmittelbar

achtens unter dem Rang des allgemein gültigen Völkerrechts und können daher eine Völkerrechtswidrigkeit nicht begründen.[331]

(2) Der mündliche Erlass

So manche Probleme einer Bekanntgabe im Ausland könnte das BAWe umgehen, wenn es den Verwaltungsakt lediglich mündlich am Telefon erließe und hinterher schriftlich bestätigte, was nach § 10 VwVfG – Nichtförmlichkeit eines Verwaltungsverfahrens – durchaus möglich wäre.[332] Der mündliche Erlass über das Telefon selbst wäre nur dann problematisch, wenn man hierin wiederum die Vornahme eines Hoheitsaktes auf fremdem Staatsgebiet sehen würde.[333] Fak-

---

durch die Post nach Art. 11 (Verwaltungssachen) bzw. Art. 10 (Zivil- und Handelssachen) für ihr eigenes Hoheitsgebiet widersprochen.

331 Ablehnend BGHZ 58, 179; unentschieden BVerfGE 63, 372. Kritisch auch *Kondring* RIW 1996, 722, 726. Ebenso jüngst OLG Hamm, RIW 1996, 156, das die formlose Zustellung nach dem Haager Übereinkommen über die Zustellung gerichtlicher und außergerichtlicher Schriftstücke im Ausland in Zivil und Handelssachen, soweit sie ohne Zwang erfolgt, als zulässig erachtet. Nur die Ersatzzustellung sei nicht möglich, weil ihre Wirkung der Fiktion der Zustellung einer zwangsweisen Zustellung gleichzusetzen ist. *Schlosser,* in: FS Matscher (1993), 386, 391, sieht es als eine funktionswidrige Ausübung der völkerrechtlicher Souveränitätsansprüche an, wenn der ausländische Staat einer Bekanntgabe widerspricht, die mit Einverständnis des Adressaten erfolgt. Unentschieden *Meng*, Extraterritoriale Jurisdiktion (1994), 128 ff., der den Streit in der Wissenschaft auf die modernen Kommunikationstechnologien zurückführt. Er übersieht, dass viele Probleme wegen der mangelnden Abgrenzung zwischen Zustellung und Bekanntgabe sowie des unterschiedlichen Inhalts der beamten- oder privatrechtlichen Stellung der Post auf internationaler Ebene zusammenhängen.

332 Diese Art der Bekanntmachung wurde bislang, soweit ersichtlich, in der Literatur nicht diskutiert. Bei der schriftlichen Bestätigung eines mündlich erlassenen Verwaltungsaktes nach § 37 Abs. 2 Satz 2 VwVfG erscheint es mir nicht mehr vertretbar, von einem hoheitlichen Akt zu sprechen. A.A. wird aber wohl *Schmitz*, Fiktive Auslandszustellung (1980), 177 ff., sein, der die formlose Benachrichtigung bei der öffentlichen Zustellung wegen ihrer „Folgewirkung" in jedem Fall als völkerrechtswidrig ansieht. Seine Grundsätze würden sich wohl mit gleichem Ergebnis auf die formlose schriftliche Bestätigung einer Bekanntmachung übertragen lassen.

333 Soweit ersichtlich, gibt es hierzu keinerlei Stellungnahmen in der Literatur, weil keine staatliche Macht angewandt wird. Der Gesprächsteilnehmer am anderen Ende der Leitung kann jederzeit auflegen, so dass man im gewissen Sinne von seinem Einverständnis zur Entgegennahme einer derartigen Erklärung ausgehen kann. *Nordmann,* Beschaffung von Beweismitteln (1973), 67 bis 117, diskutiert diese Fallhypothese ausschließlich unter dem Gesichtspunkt der Notwendigkeit einer Jurisdiktionsanspruchs für die Extraterritorialität, der vorliegend regelmäßig gegeben ist. Nach *Schlosser*, der es als eine funktionswidrige Ausübung der völkerrechtlicher Souveränitätsansprüche ansieht, wenn der ausländische Staat ei-

tisch sind die Kontrollmöglichkeiten des fremden Staates in einen derartigen Fall stark eingeschränkt (insbesondere bei Kommunikationsmitteln über Funkverkehr),[334] sodass die Erhebung eines Staatenprotestes als etwas weit hergeholt erscheint und bislang auch noch kein Fall bekannt geworden ist.

(3) Die öffentliche Bekanntgabe

Eine öffentliche Bekanntgabe nach § 41 Abs. 3 VwVfG wäre nur möglich, wenn sie durch eine Rechtsvorschrift zugelassen wäre. Das WpHG sieht derartiges nicht vor. Nur wenn es sich um eine Allgemeinverfügung handelt, ist eine öffentliche Bekanntgabe durch ortsübliche Bekanntmachung gemäß § 41 Abs. 3 Satz 2 VwVfG zulässig, wenn eine Bekanntgabe an die Beteiligten untunlich ist. Im Falle von einem großen Beteiligtenkreis, der sich zum Teil im Ausland befindet, kann dies angenommen werden. So hat das BAWe beispielsweise am 27. Juli 1999 eine Allgemeinverfügung gemäß § 36 b Abs. 1 und Abs. 2 WpHG bezüglich der Werbung in Form des „cold calling" an alle Wertpapierdienstleistungsunternehmen im Sinne des § 2 Abs. 4 WpHG erlassen.[335] Eine Regelung, inwieweit sie sich auch an Unternehmen im Ausland richtet, enthält diese Allgemeinverfügung nicht. Sie nimmt jedoch ausdrücklich Bezug auf die Verhaltensregeln nach §§ 31 ff. und begründet das Verbot letztlich mit dem Verstoß gegen § 31 Abs. 1 Nr. 1. Letztere Norm ist auch auf Unternehmen mit Sitz im Ausland nach Maßgabe des § 31 Abs. 3 anwendbar. Es ist daher davon auszugehen, dass sich diese Untersagungsverfügung auch an Unternehmen mit Sitz im Ausland richtet.

(4) Bekanntgabe durch Zustellung

Dem BAWe steht es jedoch frei, seine Anordnung mittels Zustellung nach dem Verwaltungszustellungsgesetz bekannt zu geben. Dies liegt in seinem Ermessen, vgl. § 41 Abs. 5 VwVfG sowie § 1 Abs. 3 Verwaltungszustellungsgesetz.[336] Die Zustellung kann im Inland oder Ausland erfolgen.

---

ner Bekanntgabe widerspricht, die mit Einverständnis des Adressaten erfolgt, wäre ein Staatenprotest missbräuchlich, vgl. *Schlosser,* in: FS Matscher (1993), 386, 391.

[334] Es müsste schon eine umfassende geheimdienstliche Überwachung stattfinden, wie sie wegen ihrer hohen Kosten früher nur im Rahmen des kalten Krieges durchgeführt wurde und heute wohl nur bei der Wirtschaftsspionage stattfindet.

[335] Bundesanzeiger Nummer 149 vom 12. August 1999, Seite 13 518.

[336] Nach der allgemeinen Verwaltungsvorschrift kann die Zustellung unter anderem bei belastenden Verwaltungsakten und bei der Übersendung wichtiger Urkunden in Betracht kommen, vgl. Nr. 3 Abs. 2 a) und d) der AVV zu § 1 VwZG.

(a) Zustellung im Inland

Bei der Zustellung im Inland kann das BAWe als besonderer Art der Zustellung die öffentliche Bekanntmachung nach § 15 Abs. 1 Buchstabe c Verwaltungszustellungsgesetz wählen, wenn die Zustellung außerhalb des Geltungsbereich des Grundgesetzes erfolgen müsste, aber unausführbar ist oder keinen Erfolg verspricht. Letzteres ist auch dann anzunehmen, wenn die ansonsten erforderliche Zustimmung zur Bekanntgabe im Ausland von dem betreffenden Staat verweigert wird.[337] Bedenken völkerrechtliche Art gibt es nicht.[338] Es handelt sich in diesen Fällen um Inlandsakte, die von der Territorialhoheit gedeckt sind und auch keine Umgehung völkerrechtlicher Verbote darstellen.[339] Allerdings gebietet das Gebot der Fairness des Verfahrens, dass von dieser Form der Zustellung zurückhaltend Gebrauch gemacht wird.[340] Letztlich handelt es sich um ein „Abwesenheitsverfahren" und soll nur als ultima ratio erfolgen[341], wenn die Zustellung nach § 14 mangels deutscher Interessenvertretung in dem betreffenden Land unmöglich ist,[342] es dort an geordneten staatlichen Einrichtungen fehlt, bei Krieg oder bei der Verweigerung der Rechtshilfe.[343] Wenn die Verweigerung der Amtshilfe nicht amtsbekannt ist, kann sie nur durch einen misslungenen Zustellungsversuch festgestellt werden.[344] Schließlich ist dem Empfänger zusätzlich der Inhalt des Schriftstücks formlos mitzuteilen, wenn die Anschrift des Empfängers bekannt ist und eine Postverbindung besteht.[345]

---

337 *Rehbinder,* in: Immenga/Mestmäcker, GWB (1992), RNr. 295 zu § 98 Abs. 2 im Kartellrecht.

338 Nur *Schmitz*, Fiktive Auslandszustellung (1980), 177 ff. sieht gewisse Probleme im Zusammenhang mit dem Anspruch auf rechtliches Gehör. Seine Ansicht ist aber eine deutliche Mindermeinung. Da sich bei der öffentlichen Zustellung kein Sachverhalt im Ausland abspielt, findet auch keine hoheitliche Maßnahme im Ausland statt.

339 *Meng*, Extraterritoriale Jurisdiktion (1994), 471.

340 So auch *Blenk,* RIW 1980, 233 ff., der sogar von einer „ultima ratio" spricht; ähnlich *Rehbinder,* in: Immenga/Mestmäcker, GWB (1992), RNr. 295 zu § 98 Abs. 2, der allerdings eine Einschränkung für den Fall macht, dass das Unternehmen eine „nähere persönlich-örtliche Inlandsbeziehung" besitzt.

341 Vgl. die allgemeine Verwaltungsvorschrift (AVV) Nr. 19 Abs. 1 zu § 15 VwZG. BFGE 109, 213. Sonst liegt nach BVerfG NJW 1986, 2361 und BGH NJW 1992, 2280 ein Verstoß gegen Art. 103 Abs. 1 GG vor. Wegen der Einzelheiten vgl. *Engelhardt/App*, VwZG (1996), Nr. 1 zu § 15.

342 *Engelhardt/App*, VwZG (1996), § 14 Nr. 4e.

343 Allgemeine Verwaltungsvorschrift (AVV) Nr. 19 Abs. 2 c) zu § 15 VwZG.

344 AVV a.a.O.

345 AVV Nr. 19 Abs. V zu § 15 VwZG. Bedenken völkerrechtlicher Art erhebt *Schmitz*, Fiktive Auslandszustellung (1980), 178. Meines Erachtens verwechselt er allerdings die Völker-

Eine andere Möglichkeit ergibt sich unter Umständen, wenn das betreffende Unternehmen im Inland eine Zweigstelle oder Filiale[346] hat. In diesem Fall könnten § 7 Abs. 2 und §§ 173, 183 ZPO i. V. m. § 3 Abs. 3 Verwaltungszustellungsgesetz die Übergabe des Schriftstücks an einen anwesenden Bediensteten oder Gehilfen ausreichen lassen, wenn kein Geschäftsführer des betreffenden Unternehmens dort angetroffen wird. Dies wird im Kartellrecht zum Teil befürwortet.[347]

Inwieweit eine Bekanntmachung an ein ausländisches Unternehmen über ein verbundenes, im Inland ansässiges Unternehmen[348] möglich ist, ist nicht ausdiskutiert. Die Europäische Kommission versucht bisweilen die Zustellung an eine Muttergesellschaft über eine an einer Wettbewerbsbeschränkung beteiligte, im Bereich des EU-Rechts beheimatete Tochtergesellschaft durchzuführen. Der EuGH hat diese Praxis zugelassen, wenn die Muttergesellschaft tatsächlich, etwa durch einfachen Brief, vom Verfahren Kenntnis erlangt.[349] Die Praxis der Kommission wurde allerdings von der Literatur mehrheitlich abgelehnt.[350] In

---

rechtswidrigkeit wegen der Vornahme hoheitlicher Handlungen im Ausland und die Notwendigkeit eines Jurisdiktionsanspruchs für inländische Hoheitsakte mit extraterritorialer Wirkung, die hier immer gegeben ist.

[346] Nach der Rechtssprechung des EuGH kann bei Art. 5 Nr. 5 des EuGVÜ sogar eine Tochtergesellschaft im Inland als Filiale oder Zweigniederlassung der Muttergesellschaft gelten, auch wenn diese Tochtergesellschaft mit einer eigenen Rechtspersönlichkeit versehen ist. Es käme mehr auf die Erscheinung nach außen an als auf die zu Grunde liegende rechtliche Situation, vgl. EuGH Slg. 1987, 4905 („Schotte ./. Parfum Rothschild"). Es ist eher fraglich, ob sich diese Rechtsprechung auf Probleme der Zustellung übertragen lässt. Rehbinder, in: Immenga/Mestmäcker, GWB (1992), RNr. 293 zu § 98 Abs. 2, verweist auf die strenge Förmlichkeit im deutschen Zustellungsrecht und begründet die Praxis in der EU damit, dass das Gemeinschaftsrecht keine detaillierten Regelungen über die Zustellung im Ausland, insbesondere die öffentliche Zustellung, enthält.

[347] Ähnlich *Rehbinder,* in: Immenga/Mestmäcker, GWB (1992), RNr. 292 zu § 98 Abs. 2, der allerdings verlangt, dass das Verwaltungsverfahren im Zusammenhang mit der Tätigkeit des inländischen Stützpunktes steht.

[348] Der Begriff des verbundenen Unternehmens und seiner Arten wird in Deutschland von den §§ 15 ff. AktG definiert.

[349] *Imperial Chemical Industries ./ Kommission*, EuGH Slg. 1972, 619, 656, sowie *Geigy ./. Kommission*, EuGH Slg. 1972, 787, 828: Einfluss nur auf den Lauf der Klagefrist.

[350] *Haymann,* Extraterritoriale Wirkungen (1974), 347; *Blenk,* RIW 1980, 233 ff.; *Mann*, Receuil des Cours 1984 III, 9, 65; *Rehbinder,* in: Immenga/Mestmäcker, GWB (1992), RNr. 293 verweist darauf, dass diese Praxis dadurch bedingt sei, dass das Gemeinschaftsrecht keine detaillierten Regelungen über die Zustellung im Ausland, insb. die öffentliche Zustellung,

Deutschland sind Fälle, in denen eine Ersatzzustellung an ein ausländisches Konzernunternehmen über ein inländisches verbundenes Tochterunternehmen durchgeführt wurde, bislang nicht bekannt geworden. Das heißt aber nicht, dass diese Möglichkeit völlig ausgeschlossen wäre. Im Kartellrecht wird die Zulässigkeit bejaht, wenn eine inländische Tochtergesellschaft sich auf Weisung der ausländischen Muttergesellschaft an deren Kartellverstoß beteiligt hat.[351] Ansonsten allerdings ist man damit äußerst zurückhaltend, weil es sich bei den Regeln über die Zustellung um formale Vorschriften handele und als Alternative die öffentliche Zustellung möglich wäre.[352] Dieses Argument kann aus der Sicht des betroffenen Unternehmens nicht überzeugen. Denn ein Mutterunternehmen im Ausland hat in aller Regel eine bessere Chance, von einem Verwaltungsakt über ein Tochterunternehmen Kenntnis zu erlangen als im Wege der öffentlichen Zustellung, also im Rahmen eines so genannten „Abwesenheitsverfahrens".[353] Bei einer nur mehrheitlichen Beteiligung an der Tochter ist jedenfalls eine gleichzeitige direkte formlose Bekanntgabe an die Mutter zu fordern, sollte man diesen Weg wählen.

Sowohl bei der Bekanntgabe über eine Zweigstelle oder Filiale im Inland als auch über ein verbundenes Unternehmen bleibt letztendlich allerdings das Verhältnis zu § 14 Verwaltungszustellungsgesetz fragwürdig.

(b) Zustellung im Ausland

Im Verwaltungsverfahren gilt für die Zustellung im Ausland bei Bundesbehörden der § 14 Verwaltungszustellungsgesetz. Danach wird mittels Ersuchens der zuständigen Behörde oder der in Ausland befindlichen konsularischen oder diplomatischen Vertretungen des Bundes zugestellt. Das BAWe ist auf die Rechtshilfe durch die zuständigen Stellen im Ausland angewiesen. Nach Art. 19 Abs. 5 Satz 2 WpDRiL sorgen die Herkunftsstaaten dafür, dass die für die Sicherstel-

---

enthält. Kritisch auch *Steindorff,* CMLRev IX (1972), 502, 504, der allerdings die Rechtsprechung des EuGH im Ergebnis befürwortet, indem dieser der Kommission nicht voll gefolgt ist, die der Meinung war, dass eine Zustellung an die Tochtergesellschaft einer Zustellung an die Muttergesellschaft gleichwertig sei.

351 *Rehbinder,* in: Immenga/Mestmäcker, GWB (1992), RNr. 293, der diesen „Durchgriff" ausnahmsweise zulässt. A.A. *Meng,* Extraterritoriale Jurisdiktion (1994), 293.

352 *Blenk,* RIW 1980, 233, 234; *Kersten,* WuW 1979, 719, 730; *Rehbinder,* in: Immenga/Mestmäcker, GWB (1992), RNr. 293.

353 *Rehbinder,* in: Immenga/Mestmäcker, GWB (1992), RNr. 295, ableitet aus dem Gesichtspunkt der Fairness des Verfahrens die Pflicht ab, von der öffentlichen Zustellung „sparsam" Gebrauch zu machen.

lung der im Aufnahmeland geltenden Rechts- und Verwaltungsvorschriften notwendigen Zustellungen von Schriftstücken in ihrem Hoheitsgebiet zugestellt werden können.

Manchmal richtet sich das konkrete Zustellungsverfahren nach völkerrechtlichen Vereinbarungen mit dem betreffenden Staat, in dem zugestellt werden soll.[354] Eine Zustellung nach dem Haager Zustellungsübereinkommen[355] oder nach dem Europäischen Zustellungsübereinkommen[356] kommt nicht in Betracht, weil derartige Zustellungsersuchen nicht als Zivil- oder Handelssachen eingeordnet werden können. Als multilaterales Übereinkommen ist jedoch 1977 das Europäische Übereinkommen über die Zustellung von Schriftstücken in Verwaltungssachen[357] geschlossen worden. Da dieses Abkommen zumeist nicht anwendbar ist oder keine wesentlichen Erleichterungen bringt, ist i.d.R. das Zustellungsersuchen gemäß § 14 VwZG auf dem Dienstwege über das auswärtige Amt der konsularischen oder diplomatischen Vertretung des Bundes zuzuleiten, die es der ausländischen Behörde übermittelt, oder, soweit sie vom Empfängerstaat dazu ermächtigt ist, die Zustellung selbst vornimmt.[358] Wenn die Zustellung durch eine ausländische Behörde bewirkt wird, liegt eine wirksame Zustellung nach deutschem Recht nur dann vor, wenn nach den Prinzipien des deutschen Rechts von einer Zustellung gesprochen werden kann.[359] Im übrigen gilt auch bei Auslandszustellungen der § 9 VwZG, nach dem ein Schriftstück als in dem Zeitpunkt zugestellt gilt, in dem es der Empfangsberechtigte nachweislich erhal-

---

[354] Zweiseitige Abkommen gibt es lediglich in Abgabensachen und bei der Arbeitslosenversicherung, vgl. *Engelhardt/App,* VwZG (1996), Nr. 4b zu § 14.

[355] Haager Übereinkommen über die Zustellung gerichtlicher und außergerichtliche Schriftstücke im Ausland in Zivil- und Handelssachen vom 15.11.1964, BGBl 1977 II, 1453.

[356] Europäische Übereinkommen über die Zustellung gerichtlicher und außergerichtliche Schriftstücke in Zivil- und Handelssachen vom 26.5.1997, Amtsblatt EG C-261 vom 27.8.1997. Vgl. hierzu *Gottwald,* in: FS Schütze (1999), 225.

[357] BGBl 1981 II 553. Hierzu Ausführungsgesetz vom 20.7.1981, BGBl I 665. Das Übereinkommen ist seit 1.1.1983 für die Bundesrepublik verbindlich. Vgl. hierzu auch Fußnoten 710 bis 713 zu dem gleichzeitig in Kraft getretenen Europäischen Übereinkommens vom 15.03.1978 über die Erlangung von Auskünften und Beweisen in Verwaltungssachen im Ausland.

[358] *Engelhardt/App*, VwZG (1996), § 14 Nr. 4c. Bestehen zu einem Land keine diplomatischen oder konsularischen Beziehungen, werden die deutschen Interessen aber durch so genannte Schutzmachtvertretungen wahrgenommen, so kann das Zustellungsersuchen über das auswärtige Amt der zuständigen Schutzmachtvertretung zugeleitet werden, vgl. *Engelhardt/App*, VwZG (1996), § 14 Nr. 4d.

[359] FG Düsseldorf, EFG 1961, 86.

ten hat, wenn sich die formgerechte Zustellung eines Schriftstücks nicht nachweisen lässt oder das Schriftstück unter Verletzung zwingender Zustellungsvorschriften zugegangen ist.[360] *Kondring* vertritt sogar die Ansicht, dass die Völkerrechtswidrigkeit eines Zustellungsaktes nicht auf die Heilung durchschlägt, sodass die Heilung eines Zustellungsfehlers nicht die fremde staatliche Souveränität verletze. Diese Ansicht ist abzulehnen.[361] Sie liefe darauf hinaus, dass die völkerrechtlich erforderliche Zustimmung immer umgangen werden könnte. Jedenfalls für die Fälle, bei denen der Fehler gerade auf der fehlenden oder fehlerhaft erlangten Zustimmung des ausländischen Staates beruht, kommt eine Heilung also nicht in Betracht.[362]

Dies alles kann sich als sehr umständlich und zeitaufwändig herausstellen.[363] Das BAWe kann nach herrschender Meinung andere Arten der Zustellung wegen des Charakters von § 14 als Sondervorschrift trotz § 2 Verwaltungszustellungsgesetz nicht wählen.[364] Unzulässig ist die Zustellung mittels eingeschriebe-

---

[360] *Kondring,* RIW 1996, 722, 725.

[361] In seiner Zusammenfassung – und erst dort mit dieser Deutlichkeit – beschränkt *Kondring* seine Ansicht dann aber auf die Fälle, in denen Art. 15 Abs. 2 des Haager Zustellungsübereinkommen gegeben sind, vgl. RIW 1996, 722, 726.

[362] Im Ergebnis ebenso OLG Hamm RIW 1996, 156. Außerdem BGHZ 58, 177; BGHZ 98, 263, 270 (obiter dictum); BGH WM 1989, 238, 240 (obiter dictum). Kritisch *Schlosser*, in: FS Matscher (1993), 387, 396, der auch beim Haager Zustellungsübereinkommen, das eine Heilung nicht regelt, mit überzeugenden Argumenten Heilungsmöglichkeiten weitgehend in Betracht zieht.

[363] Sie dauert in Europa etwa 4-6 Monate. Nach Spanien sogar 2 Jahre. Vgl. hierzu *Gottwald,* in: FS Schütze (1999), 225, 226.

[364] *Engelhardt/App*, VwZG (1996), § 14 Nr. 1; *Schmidt,* in: Eyermann (1998), VwGO, RNr. 9 zu § 56; BSG NJW 1973, 1064. Diese Ansicht widerspricht aber meines Erachtens dem Wortlaut des § 2 Abs. 2 Verwaltungszustellungsgesetz, der ein „nur" nicht enthält. § 14 lässt sich keine absolute Pflicht zur Einhaltung des Dienstweges entnehmen. In der Entscheidung des BSG hatte man sich insbesondere mit dem Problem auseinandergesetzt, ob die früheren Ostgebiete innerhalb der Reichsgrenzen v. 31.12.1937 „Ausland" im Sinne des § 14 VwZG ist (!). Im übrigen wurde dann ohne weitere Begründung angenommen, dass § 14 VwZG gegenüber § 2 Abs. 2 VwZG „zwingend" sei. Im Ergebnis wirkt sich das Problem aber nicht aus, weil völkerrechtlich eine Zustellung nach den §§ 2 ff. VwZG ohne Zustimmung der zustimmungsbefugten Stellen des ausländischen Staates nicht möglich ist. Und eine völkerrechtlich wirksame Zustimmung lässt sich nur durch ein Verfahren bekommen, das den zustimmungsfähigen Stellen die Möglichkeit einer vorherigen tatsächlichen Kenntnisnahme und Verweigerung einräumt. Dies läuft letzten Endes wieder auf ein dem § 14 Verwaltungszustellungsgesetz entsprechenden Verfahren hinaus.

nen Briefes.[365] Lediglich § 15 Abs. 1c ermöglicht eine Zustellung ohne Zustimmung des betreffenden Staates durch öffentliche Bekanntmachung, wenn die Zustellung außerhalb des Geltungsbereich des Grundgesetzes erfolgen müsste, aber unausführbar ist oder keinen Erfolg verspricht.[366]

2. Anwendung von Zwangsmitteln

Seine Anordnungen kann das BAWe nach § 10 mit den Zwangsmitteln des VwVG durchsetzen.

Speziell für die Einhaltung der im Abschnitt 5 WpHG geregelten Pflichten, also auch der §§ 31 und 32, durch ein Unternehmen aus einem anderen EU-Mitglieds- oder Vertragsstaat muss das Aufsichtsamt nach § 36a Abs. 2 vorgehen. Diese lex specialis begrenzt den Ermessensspielraum für die Beurteilung der Geeignetheit und Erforderlichkeit der Anordnungen nach § 4 Abs. 1 Satz 3. Auch völkerrechtliche Aspekte bleiben in diesem Fall außer Betracht. Denn das Gemeinschaftsrecht verdrängt in seinem Anwendungsbereich das Völkerrecht.[367] Wegen Einzelheiten kann auf die Ausführungen zu § 36a Abs. 2 verwiesen werden.

In aller Regel wird es um die Erzwingung von Handlungen oder Unterlassungen gemäß 2. Abschnitt des VwVG gehen. Insbesondere die Auskunft oder Vorlage von Urkunden gemäß § 35 Abs. 2 sind unvertretbare Handlungen, für welche die Durchsetzung mittels Zwangsgeld nach § 11 in Betracht kommt. Dieses beträgt nach § 10 Satz 2 bis zu 100.000 DM. Die Anwendung von unmittelbarem Zwang nach §§ 9 Abs. 1 c), 12 VwVG dürfte in den allermeisten Fällen ungeeignet sein. Die Regelmaßnahme zur Durchsetzung der Verfügungen des BAWe wird dagegen das Zwangsgeld nach §§ 9 Abs. 1 b), 11 VwVG sein. Diese kann sich als stumpfes Schwert herausstellen, wenn das Unternehmen darauf spekuliert, dass es im Ausland sowieso nicht beigetrieben werden kann und es auf einen Versuch ankommen lässt. Das BAWe könnte auch eine Ersatzvornahme nach §§ 9 Abs. 1 a), 10 VwVG in Erwägung ziehen, wenn zum Beispiel ein Unternehmen eine nach §§ 31 oder 32 notwendige Aufklärungen gegenüber Kunden im Inland versäumt hat. Diese trifft auf keine Probleme, die mit der territo-

---

[365] BSG NJW 1973, 1064.

[366] Siehe hierzu bereits oben C. II.1. b) (4)(a).

[367] *Groß,* JZ 1994, 596, 600; *Schwarze,* EuR 1983, 1; A.A. *Arnold,* in: Gedächnisschrift Küchenhoff (1987), 165, 184: Das allgemeine Völkerrecht wird rezipiert, gilt weiter und seine fundamentalen Regeln können sogar übergeordnet sein.

rialen Begrenztheit des staatlichen Machtanspruchs verbunden sind. Allerdings kann die von § 10 VwVG vorgesehene Kostenerstattung im Ausland scheitern. Das BAWe muss dann das Interesse am Schutz der Kunden mit den möglicherweise verlorenen Kosten aus der Ersatzvornahme gegeneinander abwägen.

Gegen die Androhung, Festsetzung und Anwendung der Zwangsmittel sind die Rechtsmittel gegeben, die gegen den Verwaltungsakt zulässig sind, dessen Durchsetzung erzwungen werden soll, vgl. § 18 VwVG, also Widerspruch und Anfechtungsklage.

a) Beschränkte Zugriffsmöglichkeit im Ausland

Das VwVG selbst sagt nichts über seine internationale Anwendbarkeit aus. Spezielle Regeln für die Zwangsvollstreckung im Ausland fehlen. Nach völkerrechtlichen Grundsätzen kann die Durchsetzung insofern am Territorialitätsprinzip scheitern, als bei Unternehmen mit Sitz im Ausland die Anwendung von staatlicher Macht durch deutsche Behörden dort ohne deren Zustimmung nicht möglich ist und Souveränitätsinteressen des betreffenden Landes verletzen würde.[368] Erklären sich die zuständigen Stellen des ausländischen Staates nicht zu einer Kooperation bereit, sind dem BAWe die Hände gebunden. Die Art und Weise der Kooperation ist dabei häufig in so genannten „Memoranda of Understandings“[369] allgemein festgelegt, die jedoch eine Rechtshilfe bei der Zwangsvollstreckung regelmäßig nicht vorsehen.[370] Auch ad hoc wird die ausländische Stelle im Rahmen der Amtshilfe nur sehr selten Zwangsmittel anwenden, weil dies im internationalen Verwaltungsrecht unüblich ist.[371] Sie wird aber möglicherweise in eigener Zuständigkeit als Sitzlandbehörde gegen das Unternehmen vorgehen.

Häufig wird es wohl nicht so weit kommen. Denn selbst wenn Hoheitsbefugnisse nur im Inland ausgeübt werden können, entsteht ein Druck auf das Unternehmen, sich kooperativ zu zeigen. Beabsichtigt das Unternehmen eine von der Bürokratie und sonstigen staatlichen Maßnahmen möglichst ungehinderte weitere geschäftliche Betätigung im Inland, wird es in aller Regel dem BAWe keinen Anlass geben, eine Notwendigkeit zu einer verstärkten Überwachungstätigkeit anzunehmen. Dennoch ist denkbar, dass das Mutterunternehmen mit Sitz im

---

[368] Vgl. *Engelhardt/App*, VwVG (1996), Nr. 2 zu § 8.
[369] Eine Aufzählung wichtiger Memoranda of Understandings findet sich in Fußnote 808.
[370] Hierzu siehe unten G. I.1.
[371] *Groß*, JZ 1994, 596, 600.

Ausland Wertpapierdienstleistungen über das Internet anbietet, um sich dem Zugriffsbereich deutscher Behörden zu entziehen. Dann könnten Kunden im Inland direkt auf diese Internetseite zugreifen und eine Vertragsbeziehungen zum Tochterunternehmen im Inland würde nicht aufgebaut werden. Angesichts der insgesamt doch relativ schwierigen rechtlichen und tatsächlichen Situation bei der Sicherstellung der Wohlverhaltensregeln gegenüber Unternehmen im Ausland stellt sich also die Frage, ob die deutsche Aufsicht nicht vielleicht mehr Möglichkeiten im Inland hat.

b) Zugriff auf verbundene Unternehmen in Deutschland?

Hat das betreffende Unternehmen ein verbundenes Unternehmen in Deutschland, auf welche das BAWe zugreifen könnte, kommt die Anwendung der Zwangsmittel gegenüber diesem Unternehmen in Frage. Dabei ist die Durchsetzung einer Anordnung mit Hilfe von Zwangsmaßnahmen im Inland völkerrechtlich auch ohne Zustimmung ausländischer Staaten zulässig, [372] wenn die Jurisdiktionshoheit über das ausländische Unternehmen ansonsten zu bejahen ist, was bei Vorliegen der Voraussetzungen von §§ 31 Abs. 3, 32 Abs. 3 und 35 Abs. 2 immer der Fall sein wird.[373] Hierdurch könnte man die Problematik der Ausübung hoheitlichen Zwangs im Ausland umgehen. So hat die amerikanische Securities and Exchange Commission bereits mehrmals die Zwangsvollstreckung gegen US-amerikanische Tochterunternehmen durchgeführt, wenn sie im Ausland belegene Informationen erlangen wollte, selbst wenn es sich bei dem Mutterunternehmen um ein ausländisches Unternehmen handelte, das nicht in den USA Geschäfte machte.[374] Auch der EuGH behandelt Tochter- und Mutterunternehmen, von denen sich eines der beiden im Ausland befindet, häufig als „wirtschaftliche Einheit".[375] Eine entsprechende deutsche Praxis hat sich allerdings nicht herausgebildet. Immerhin wurde für den Bereich des § 46 GWB bereits 1974 vom Kammergericht in einem Beschluss als obiter dictum erwähnt, dass

---

[372] *Heise*, Im Ausland belegene Geschäftsunterlagen (1975), 88, lässt es ausdrücklich zu, dass damit das Verbot der Vornahme von Hoheitsakten auf dem Gebiet eines fremden Staates umgangen wird; Vgl. im Ergebnis ebenso *Meng*, Extraterritoriale Jurisdiktion (1994), 771.

[373] Siehe hierzu grundlegend die Ausführungen zu C. I.3. c) . Der seltene Fall eines Jurisdiktionskonfliktes mit einem Zurücktreten des deutschen Jurisdiktionsanspruchs kann wegen der geringen Praxisrelevanz außer Betracht bleiben.

[374] *United Staes v. Vetco*, 644 F. 2d 1324 (9 th Cir. 1981), cert. denied, 454 US 1089 (1981). Hierzu m.w.N. *Lange*, Extraterritorial Application (1987), 16.

[375] EuGH Slg. 1972, 619 („Imperial Chemical Industries ./. Kommission"), 665, bei der statt an die Muttergesellschaft an die Tochtergesellschaft zugestellt wurde; EuGH Slg. 1974, 223 („Commercial Solvents ./. Kommission"), 255.

die Kartellbehörde von ausländischen Unternehmen auch über ein inländisches Tochterunternehmen Auskunft verlangen kann, wobei auch die Anwendung von Zwangsmaßnahmen in Betracht käme.[376] Eine ähnliche Vorgehensweise könnte auch das BAWe versuchen einzuschlagen.

Die verwaltungsrechtliche Zwangsvollstreckung ist jedoch stark formalisiert und lässt die Inanspruchnahme eines „unschuldigen“ Dritten nur in engen, nicht verallgemeinerungsfähigen Ausnahmen zu. Voraussetzung wäre, dass das verbundene Unternehmen für die Leistung des ausländischen Unternehmens „persönlich“ haftet, was nur bei Vorliegen der Kriterien für einen Durchgriff im Konzern[377] möglicherweise angenommen werden kann. Dabei kann es nicht nur als „Duldungsschuldner“[378], sondern auch als „Haftungsschuldner“[379] im Gegensatz zum so genannten „Selbstschuldner“ haften.[380] Die haftungsausschließende Trennung der rechtlichen Selbständigkeit der Rechtspersonen wird bei der Durchgriffshaftung mit der Begründung aufgehoben, dass sie zu unlauteren Zwecken missbraucht werde.[381] Wickelt ein Unternehmen gewisse Geschäfte nur deshalb über ein mit ihm verbundenes Unternehmen im Ausland ab, um dem

---

376 Beschluss des Kammergerichts vom 14. Mai 1974 – Kart 24/74 ("BP"), WUW/E OLG 1467 [1469]: „Da die ... einen derartigen, auf den deutschen Inlandsmarkt einwirkenden Mißbrauch gegebenenfalls mitverursacht hätte, kann die Kartellbehörde gemäß § 46 in Verbindung mit § 98 Abs. 2 GWB die erforderlichen Auskünfte auch von dem ausländischen Konzerunternehmen – eventuell über die Beschwerdef. – verlangen. Die unter 1. dieses Beschlusses angeführten erheblichen Gefahren, welche mißbräuchlich überhöhte Preise wegen ihrer Sogwirkung mit sich bringen, erfordern eine schnelle und vollständige Ausschöpfung der gesetzlich vorgesehenen Möglichkeiten, also umfassende präzise Fragen unter kurzer Fristsetzung, deren Beantwortung nicht verzögert werden darf, da sonst Zwangsmaßnahmen in Betracht kämen.“

377 Allgemein zum Durchgriff *Schmidt,* Gesellschaftsrecht (1997), 224 ff m.w.N. *Schmidt* lehnt die Durchgriffsmethode als juristische Technik ab, billigt deren Ergebnisse aber zumeist.

378 *Engelhardt/App,* VwVG (1996), Nr. 1 c zu § 2. Eine wohl außergesetzliche Duldungshaftung nahm BVerwG, JZ 1990, 969 m.w.N. an, was vom BVerfG BB 1991, 1322 nicht beanstandet wurde.

379 *Engelhard/App*, VwVG, Nr. 1 b zu § 2.

380 Vgl. die gesetzliche Situation bei der Vollstreckung wegen Geldforderungen nach § 2 VwVG.

381 *Serick,* Rechtsform und Realität juristischer Personen (1955), 203. Bejaht wurde der Durchgriff z.B. von BGHZ 20, 4, 13, der dort auf die subjektive Komponente sogar verzichtete.

Zugriff deutscher Behörden zu entgehen, könnte man hierin ein zum Durchgriff führendes missbräuchlichen Verhalten sehen.

c) Sonstige Zugriffsmöglichkeiten im Inland

Daneben könnte sich Vermögen des Unternehmens im Inland auch in anderer Form als in Tochtergesellschaften befinden, auf welche das BAWe bei seinen Zwangsvollstreckungsmaßnahmen zugreifen könnte.[382] Denn Zwang gegenüber ein im Inland gelegenes Zugriffsobjekt ist völkerrechtlich unbedenklich, wenn der Jurisdiktionsanspruch ansonsten gegenüber dem Unternehmen im Ausland zu bejahen ist.[383]

Ebenfalls in Betracht kommt die Inanspruchnahme von an rechtswidrigen oder gar strafbaren Handlungen beteiligten Personen. Für die strafrechtliche Verfolgung kann dann Rechtshilfe nach besonderen bi- oder multilateralen Abkommen in Anspruch genommen werden. Besonders interessant für das Internet-Banking ist der Zugriff auf die Internet Provider. Die Mitverantwortlichkeit der Internetdienstleister für strafbare Inhalte im Internet ist durch das Teledienstegesetz (TDG) geregelt.[384]

3. Durchsetzung deutscher Regeln durch zuständige Stellen im Ausland?

a) Zuständige Stellen aus einem EU-Mitglied- oder Vertragsstaat

(1) Überwachung

Fraglich ist, ob zuständige Stellen im Sitzland die Einhaltung der im europäischen Ausland jeweils geltenden Regeln, "in die hinein" die von ihnen überwachten Unternehmen ihre Dienstleistungen anbieten, für diese Geschäfte mit überwachen dürfen oder gar müssen. Im Geltungsbereich des EU-Vertragsgebiets müsste dies heute eine logische Konsequenz des Herkunftslandprinzips sein. Das erwähnt die WpDRiL zwar nicht ausdrücklich. Sie formuliert die Überwachungskompetenzen der Herkunftslandbehörden aber umfassend.[385]

---

[382] Darauf weist insbesondere *Georgieff*, Kollisionen, 21, hin, der deswegen von einem dadurch bestehenden faktischen Befolgungsdruck der Normadressaten ausgeht.

[383] *Engelhardt/App*, VwVG (1996), Nr. 2 zu § 2.

[384] Siehe hierzu und zur Mitverantwortlichkeit von Internet-Providern *Gounalakis/Rhode*, NJW 2000, 2168; *Jaeger*, c't 2000, 242.

[385] Vgl. Erwägungsgrund Nr. 26 und 38.

Keiner hat je behauptet, dass die Aufsichtskompetenzen des Herkunftslands durch diejenigen der Aufnahmeländer beschnitten werden sollten. Sie werden lediglich ergänzt.[386] Anders kann man die im Grunde genommen eigenartige Formulierung in Art. 8 Abs. 3 WpDRiL nicht deuten: „*Die Aufsicht ... obliegt den zuständigen Behörden des Herkunftsmitgliedstaats ...; die Bestimmungen dieser Richtlinie, die eine Zuständigkeit der Behörden des Aufnahmemitgliedstaats vorsehen, bleiben hiervon unberührt.*“ Die WpDRiL hätte dort oder noch treffender im Titel IV, der mit „Für die Zulassung und Aufsicht zuständigen Behörden“ betitelt ist, eine eindeutige Trennung der Zuständigkeiten formulieren können, was sprachlich einfach gewesen wäre und doch nicht geschehen ist.[387] Dafür spricht auch die Tatsache, dass die zuständigen Stellen der Herkunftsmitgliedstaaten zwar nicht bei der Aufsicht, aber jedenfalls bei der Durchsetzung der im Aufnahmeland geltenden Vorschriften nach Art. 19 Abs. 3 bis 5 WpDRiL vorrangig handeln sollen, was aber zugegebenermaßen im Widerspruch zu Abs. 6 dieses Artikels steht.

Die Frage wurde bislang im Wertpapierhandelsrecht, soweit ersichtlich, nicht diskutiert. Es gibt allerdings Probleme im Versicherungsaufsichtsrecht, deren Parallelitäten auf der Hand liegen. Dort ist ebenfalls als Ausnahme vom Herkunftslandprinzip bei der Ausgestaltung der angebotenen Produkte sowie bei der Formulierung der Versicherungsverträge das Recht des Landes zu beachten, in dem die Versicherungsunternehmen ihre Produkte anbieten. Die bislang unbestrittene Meinung in Deutschland schließt daraus, dass das Bundesaufsichtsamt für das Versicherungswesen bei der Beaufsichtigung des Auslandgeschäfts der von ihr beaufsichtigten Versicherungsunternehmen auch auf die Beachtung der im Tätigkeitsland geltenden Normen zu achten hat.[388]

---

386 So formuliert es auch eindeutig das Weißbuch der Kommission aus dem Jahre 1985, vgl. *Tornberg*, EBLR 1999, 24, 25.

387 Eine juristisch saubere Formulierung wäre ganz einfach gewesen, z.B.: „Die Aufsicht obliegt den zuständigen Behörden der Herkunftsmitgliedstaaten mit Ausnahme der Aufsicht über die im Aufnahmemitgliedstaat geltenden Wohlverhaltensregeln nach Art. 11 und aus Gründen des Gemeinwohls erlassener Rechts- und Verwaltungsvorschriften, die der Aufsicht den zuständigen Behörden der Aufnahmemitgliedstaaten vorbehalten ist.“

388 *Groß*, JZ 1994, 596, 601, im Anschluss an *Hohlfeld*, VersR 1993, 145. *Hohlfeld* war Präsident des Bundesaufsichtsamts für das Versicherungswesen.

Dies wird offensichtlich vom BAWe für seine Aufsicht so nicht gesehen.[389] Missachtet jedoch ein Unternehmen bei seinen Wertpapierdienstleistungsgeschäften in ein bestimmtes Ausland konsequent die dafür anwendbaren ausländischen Regeln, verhält es sich insoweit ebenso konsequent rechtswidrig. Daraus sollten Rückschlüsse auf die Seriosität des Unternehmens insgesamt gezogen werden. Auch die Sitzländer sollten daher die im Aufnahmeland anwendbaren Regeln überwachen. Jedenfalls solange es keine einheitliche Aufsicht in Europa gibt, kommt es dann zu einer doppelten Aufsicht über die Wertpapierdienstleistungsunternehmen. Nimmt man das Herkunftslandprinzip ernst, sollte die ständige Aufsicht durch zuständige Stellen des Herkunftslands über die Einhaltung der im Aufnahmeland geltenden Regeln sogar die Regel sein. Zu der Aufsicht durch das Herkunftsland gehören dann nicht nur die Einhaltung der Wohlverhaltensregeln, wie sie in den §§ 31 und 32 normiert sind, sondern grundsätzlich alle im Aufnahmeland anwendbaren Regeln, also auch die Einhaltung der aus § 35 Abs. 2 folgenden Pflicht zur Auskunft und Dokumentenvorlage sowie sonstiger noch im Aufnahmeland anwendbarer Vorschriften.

Dies ist im internationalen öffentlichen Recht eine durchaus überraschende Tatsache. Denn früher galt allgemein die ältere These von der grundsätzlichen Übereinstimmung von Staatsgebiet und Geltungsbereich der staatlichen Rechtsordnung[390] sowie der allgemeine Grundsatz der Einseitigkeit des Internationalen

---

[389] Kritisch sind z.B. die Erläuterungen des BAWe zu § 1 (Anwendungsbereich) der Wertpapierdienstleistungs-Prüfungsverordnung vom 6. Januar 1999 zu sehen (abrufbar im Internet unter http://www.bawe.de). Dort steht: *„Bei Zweigstellen deutscher Wertpapierdienstleistungsunternehmen in anderen EU-Mitgliedstaaten oder EWR-Vertragsstaaten beschränkt sich die Prüfung nach § 36 WpHG auf die Organisationspflichten gemäß § 33 Abs. 1 Nr. 2 und 3, Abs. 2, § 34a WpHG und die Aufzeichnungs- und Aufbewahrungspflichten gemäß § 34 WpHG. Diese Pflichten unterliegen nach Art. 10 der Wertpapierdienstleistungsrichtlinie der Herkunftslandkontrolle.*" Ich bezweifle, ob diese Erläuterung wirklich durchdacht ist. Erstens: Woher lässt sich entnehmen, dass die übrigen deutschen Verhaltensregeln für diese Unternehmen nicht gelten? Weder das WpHG noch die WpDRiL sagen dies an irgendeiner Stelle. Es gelten vielmehr die völkergewohnheitsrechtlichen Grundsätze, nach denen nationale Normen grundsätzlich auch extraterritorial angewandt werden können. Zweitens: Muss nicht das BAWe auch die Beachtung der jeweils im Ausland geltenden Wohlverhaltenspflichten überwachen?

[390] Nachweise bei *Vogel*, Räumlicher Anwendungsbereich (1965), 60 ff.; siehe auch *Rudolf*. Berichte der DGVR 11 (1973), 7, 9; *Ellger*, Datenschutz (1990), 654 ff.; *Bleckmann*. Die völkerrechtlichen Grundlagen des internationalen Kollisionsrechts (1992), 50; *Burmester*, Grundlagen (1993), 48; genau entgegengesetzt allerdings *Matscher*, ÖZöffRVR 1977, 131, 141, der

Verwaltungsrechts, der die Anwendung ausländischen öffentlichen Rechts nicht vorsieht[391]. Ein Interesse des einen Staates, sich um Angelegenheiten in einem anderen Staat zu kümmern, war im Hinblick auf die These, dass alles staatliche Handeln der Förderung der Wohlfahrt nur im eigenen Land dienen müsse, nicht anzuerkennen. Außerdem schien es regelmäßig die Souveränitätsinteressen des anderen Staates zumindest unnötigerweise zu berühren, wenn nicht sogar zu verletzen. Jedem Staat sollte die Herrschaft über die Anwendung und Durchsetzung „seines" öffentliches Rechts allein zustehen.[392] Die zunehmende Internationalisierung der Wirtschaftstätigkeit sowie die Erkenntnis, dass die verschiedenen nationalen Volkswirtschaften stark voneinander abhängen und das Börsengeschehen in einem Land sich sogar unausweichlich auf andere Länder auswirkt, zeigen jedoch die Notwendigkeit einer internationalen Zusammenarbeit. Nicht nur innerhalb Europas erfährt diese Sichtweise also eine Relativierung.

Genau genommen kann es zu einer Aufsicht in *dreifacher* Hinsicht kommen. Wie oben festgestellt wurde, werden durch die im Aufnahmeland anwendbaren Wohlverhaltensregeln die entsprechenden Wohlverhaltensregeln im Herkunftsland nicht verdrängt.[393] Nehmen die Gesetze des Herkunftsland die Bindung des Unternehmens an diese Wohlverhaltensregeln für Geschäfte in das Ausland nicht aus, gelten dieselben grundsätzlich auch extraterritorial. Häufig wird das Herkunftsland das Unternehmen daher nicht einmal verpflichten müssen, die im Ausland anwendbaren Regeln zu beachten. Das Unternehmen wird mit großer Wahrscheinlichkeit mit der Missachtung der im Ausland geltenden Regeln

---

auf die Universalität der staatlichen Rechts- und Vollziehungsordnung hinweist, die nur beschränkt durch Völkerrecht sei; ähnlich *Mülbert,* AG 1986, 1, 4.

[391] Begründet wird dieser Grundsatz mit dem Gedanken, dass jeder Staat nur seine eigenen öffentlichen Zwecke fördern will, sich aber nicht in die Förderung solche Zwecke des Ausland einschaltet, weil hieran kein Interesse bestehe, vgl. *Steindorff,* in: Strupp/Schlochauer, dritter Band (1962), 581, 582; *Mestmäcker,* RabelsZ 52 (1988), 205, 233; *Meng*, Extraterritoriale Jurisdiktion (1994), 201 ff. m.w.N. Dazu ausführlich *Ellger,* Datenschutz (1990), 654 ff.. Nach *v. Bar,* Internationales Privatrecht, Bd. 1 (1987), 216 ff., 218, ist die Anwendung ausländischen Rechts allein dem IPR vorbehalten und kein Vorgang des internationalen öffentlichen Rechts. Kritisch schon *Bär,* Kartellrecht und Internationales Privatrecht (1965), 290 ff. Zur englischen und US-amerikanischen Sichtweise *Jennings/Watts*, Oppenheim's International Law (1996), 488.

[392] *Rudolf,* Berichte der DGVR 11 (1973), 38, oben Fußnote 402.

[393] Das gleiche vermutet auch *Dalhuisen,* EBLR 1999, 158, 357 unter Hinweis auf das berechtigte Interesse des Herkunftstaats an einer guten Reputation seiner Finanzmärkte. Wohl ebenso *Tornberg,* EBLR 1999, 24, 25, wenn sie von einer nur „ergänzenden" Aufnahmelandkompetenz spricht. Siehe hierzu oben B. I.3.

gleichzeitig die im Heimatland anwendbaren Vorschriften verletzen. Diese werden dann die zuständigen Stellen im Hinblick auf ihr Interesse an einer guten Reputation ihrer Finanzmärkte auch durchsetzen. Für das Unternehmen stellt sich die Situation aber so dar, dass es für seine Geschäfte ins Ausland sowohl die Wohlverhaltensregeln des Sitzlandes als auch die entsprechenden Wohlverhaltensregeln des Aufnahmelandes beachten wird, wobei es bei den letzteren doppelt überwacht wird. Diese weitreichenden Folgen des Herkunftslandprinzips werden selten so klar formuliert. Das liegt zum einen daran, dass die WpDRiL auf der Suche nach kompromissfähigen Formulierungen in diesem Bereich trennscharfe Kompetenzabgrenzungen vermieden hat[394] und zum anderen an den heute wissenschaftlich noch wenig behandelten Problemen der extraterritorialen Geltung bankenaufsichtsrechtlicher Normen.[395] Eine konsequente Umsetzung des Herkunftslandprinzips und die staatliche Praxis im Völkerrecht führen meiner Ansicht nach aber ganz zwangsläufig zu der Erkenntnis dieser Aufsicht über die Wohlverhaltensregeln in dreifacher Hinsicht.

(2) Durchsetzung

Eine Aufsicht wäre wirkungslos, ließe sie sich nicht durchsetzen. In Fortführung des europäischen Herkunftslandprinzips wird die zuständige Stelle im Herkunftsland also das betreffende Unternehmen nicht nur zu einer Einhaltung der im Ausland geltenden Vorschriften auffordern, sondern seine Verfügung auch durchsetzen. Die Durchsetzung geschieht dann mit den dort jeweils geltenden Regeln des Verwaltungszwangs, notfalls mit Hilfe der Gerichte. Wenn sich das Unternehmen dagegen vor den heimischen Gerichten wehrt, müssen sich diese Gerichte im Ausland mit dem deutschen Recht beschäftigen. Aus ihrer Sicht müssen sie also ausländisches Aufsichtsrecht, also ausländisches öffentliches Recht, anwenden. Für Deutschland war die Anwendung ausländischen öffentlichen Rechts durch die Gerichte bislang keineswegs ein unumstrittenes Thema.[396]

---

[394] *Dalhuisen,* EBLR 1999, 158, 163 und *Tornberg,* EBLR 1999, 24, 27.

[395] Auch nach *Assmann,* in: Assmann/Schütze, Ergänzungsband zur 2. Auflage des Handbuchs für Kapitalanlagerecht (1999), RNr. 48 zu § 1, hat die Frage nach der internationalen Reichweite und extraterritorialen Anwendbarkeit nationaler Bestimmungen bislang nur wenig wissenschaftliche und praktische Aufmerksamkeit unter Juristen erfahren.

[396] Grundsätzlich ablehnend, mit engen Ausnahmen: *Kegel/Seidl-Hohenveldern,* FS Ferid (1978), 233, 239 ff. Ob diese aus dem Jahre 1978 stammende Ansicht auch heute noch uneingeschränkt Geltung beanspruchen kann, wage ich angesichts der europarechtlichen Entwicklungen zu bezweifeln. Aus etwas jüngerer Zeit ähnlich ablehnend noch *Vogel,* EPIL 9 (1986), 2, 4 ff., für das öffentliche Recht, das die Beziehung zwischen dem Staat und den Bürgern

Sie hinterlässt auch ein gewisses Unbehagen.[397] Gerade in Fällen, in denen oberste Gerichte Grundsatzentscheidungen treffen, sollte das mit dem jeweiligen Recht am besten vertraute Gericht zuständig sein. Das ist natürlich nicht gerade ein ausländisches Gericht. Auch bleiben manche Zweifel hinsichtlich der Frage bestehen, ob möglicherweise das ausländische Gericht „inlandsfeindliche" Entscheidungen erlassen könnte, ohne die inländischen Interessen in einem ersten Schritt zunächst zu ermitteln,[398] um sie dann gebührend zu berücksichtigen und gegeneinander – auch im Hinblick auf eigene nationale Interessen – abzuwägen.

(3) Grenzen der Durchsetzung durch den Herkunftsstaat

Die Durchsetzung ausländischen öffentlichen Rechts findet seine Grenze in der straf- bzw. ordnungswidrigkeitsrechtlichen Sanktionierung der verwaltungsrechtlichen Pflichten. Hier gilt grundsätzlich der strenge Territorialitätsgrundsatz.[399] Ausnahmen müssen ausdrücklich vorgesehen sein, was auch durch das primäre EU-Recht und das konkretisierende sekundäre EU-Recht hier nicht der Fall ist. Deswegen können die von Unternehmen mit Sitz im Ausland in Deutschland begangenen Pflichtverstöße gegen die deutschen Wohlverhaltenspflichten verwaltungsrechtlich im Heimatland nicht als Straftaten oder Ordnungswidrigkeiten verfolgt werden.[400]

Dieser Zustand ist insoweit unbefriedigend, als das Unternehmen bei seiner Auslandstätigkeit privilegiert wird. So kann es sein, dass ein und dieselbe Handlung im Inland eine strenge Sanktion zur Folge haben kann, im Ausland aber ungeahndet bleibt. Die Privilegierung wird aber ausgeglichen durch die doppelte Aufsicht im Herkunft- und Aufnahmeland sowie durch die Möglichkeit des Aufnahmelands, einen Verstoß gegen seine Regeln seinerseits straf- oder verwaltungsrechtlich zu sanktionieren, auch wenn die Strafverfolgung schwierig werden kann. Schlupflöcher für die Auslandstätigkeit der Unternehmen müssen nicht entstehen. Die tatsächlichen Grenzen nationaler Strafverfolgung sind ein

---

regelt. Vgl. demgegenüber aber *Kopp* DVBl. 1967, 469, 472, der diese Möglichkeit sehr weitgehend bejaht.

397 *Hohlfeld,* VersR 1993, 145 nennt dieses Ergebnis „unbefriedigend".

398 *Hohlfeld,* VersR 1993, 145, weist darauf hin, dass das Gericht des Sitzlands auf die Hinweise und Mithilfe durch die Aufsichtsbehörden der übrigen EG-Mitgliedstaaten angewiesen sein wird.

399 Für das deutsche Recht ergibt sich dies aus § 5 OWiG.

400 Siehe hierzu ausführlich *di Amato,* Foro it. 1989, IV, 108 f. und ihm folgend *Groß*, JZ 1994, 596, 602.

Problem des gesamten Straf- und Ordnungswidrigkeitenrechts, mit dem es leben können muss.

Im deutschen Recht ist die Nichteinhaltung der deutschen Wohlverhaltensregeln allerdings nicht bußgeld- oder strafbewehrt, wie auch nach § 39 Abs. 2 der Verstoß gegen eine vollziehbare Anordnung nach § 35 Abs. 2 anders als bei Abs. 1 gerade nicht sanktioniert ist. Eine ordnungsrechtliche oder strafrechtliche Verfolgung durch das Herkunftsland kommt also nur in Betracht, wenn das Unternehmen gleichzeitig auch entsprechende Vorschriften im Herkunftsland verletzt. Zum Teil sind nämlich z.B. Auskunfts- und Vorlagepflichten im Ausland strafrechtlich oder ordnungswidrigkeitenrechtlich sanktioniert.[401]

b) Zuständige Stellen aus einem Drittstaat

Die Durchsetzung von Recht im Aufnahmeland durch das Herkunftsland ist heutzutage angesichts der zunehmenden Internationalisierung der Bankentätigkeit und der diesbezüglichen Aufsicht nicht nur innerhalb Europas, sondern durchaus auch in Bezug auf Drittstaaten denkbar. Völkerrechtliche Bedenken gibt es trotz Fehlens von Staatsverträgen nicht.[402] Die weitreichenden Durchsetzungsmöglichkeiten und -pflichten für die zuständigen Stellen des Herkunftsstaats gibt es im Verhältnis zu Drittstaaten zwar nicht als echte völkerrechtliche Pflicht, aber wohl immerhin als Obliegenheit im Interesse einer gleichberechtigten Teilnahme am internationalen Wirtschaftsverkehr. So sehen auch die „Core Principles for Effective Banking Supervision" des Baseler Ausschusses für Bankenaufsicht vom September 1997 bereits ausdrücklich vor, dass die zuständigen Aufsichtsstellen die internationale Tätigkeit der Banken in vollem Umfang überwachen sollen. Die Aufsicht soll sich auf alle Aspekte der weltweiten geschäftlichen Tätigkeit beziehen, insbesondere soweit sie durch ihre Zweigstellen, Tochtergesellschaften und Joint Ventures ausgeübt wird.[403] Nach der offi-

---

[401] Z.B. stellt in Großbritannien die vorsätzliche Behinderung von Prüfungen nach section 40 (3) des Banking Act 1987 eine *offence* dar.

[402] Immerhin will *Rudolf* Berichte der DGVR 11 (1973), 38 die Anwendbarkeit ausländischen Rechts verneinen, wenn der betreffende Staat Einspruch einlegt, weil er immer der Herr über die extraterritoriale Geltungserstreckung seines von ihm gesetzten Rechts bleibe. Diese Einschränkung ist meines Erachtens verfehlt. Im Gegenteil, sie verstößt gegen das Prinzip der Souveränität der Staaten. Kein Staat kann einem anderen vorschreiben, welche Gesetze er auf seinem Staatsgebiet anzuwenden hat oder nicht.

[403] Vgl. Section VI: Cross-Border Banking, A. Obligations of Home Country Supervisors, Principle 23.

ziellen Begründung dieser Prinzipien[404] sollen die zuständigen Stellen der Herkunftsländer gegebenenfalls Untersuchungen vor Ort tätigen, zusätzliche Informationen einfordern und, sollte sich dies alles als unzureichend erweisen, möglicherweise als letztes Mittel die Schließung der Niederlassungen im Ausland verfügen. Die zuständigen Stellen der Aufnahmeländer sollen die Herkunftsländer bei ihrer Aufsicht unterstützen und sogar Untersuchungen der Niederlassungen auf ihrem Territorium zulassen.

III. Rechtsschutz für ausländische Unternehmen

Das Unternehmen im Ausland genießt Rechtsschutz vor den deutschen Gerichten.[405] Ausländische Unternehmen können trotz Art. 19 Abs. 3 GG, der eine Grundrechtsfähigkeit nur für inländische juristische Personen anerkennt, gegen Maßnahmen der öffentlichen Gewalt in Deutschland rechtlich vorgehen, vgl. Art. 19 Abs. 4 GG.[406] EU-rechtlich gilt das sogar ausdrücklich. Nach Art. 19 Abs. 7 WpDRiL müssen nämlich gegen Maßnahmen der zuständigen Stellen die Gerichte des Mitgliedstaats angerufen werden können, von dem sie ergriffen wurden. Unternehmen aus anderen Mitglied- oder Vertragsstaaten können auch nicht nur den Verstoß gegen deutsche Rechtsnormen, sondern auch den Verstoß gegen höherrangiges EU-Recht rügen. Vor allem wird die Behauptung der Verletzung des freien Dienstleistungsverkehrs oder der Niederlassungsfreiheit in Betracht kommen. Der Richter wird dann auch prüfen, ob das Unternehmen in seiner Freiheit, seine Dienstleistungen europaweit anzubieten, unzulässig behindert wird. Gegebenenfalls wird der Europäische Gerichtshof mit der Sache im Rahmen eines Vorabentscheidungsverfahrens nach Art. 177 EGV befasst. Dem Unternehmen bleibt es unbenommen, die Kommission zu informieren, die dann bei stichhaltigen Argumenten ein Vertragsverletzungsverfahren nach Art. 169 EGV gegen Deutschland einleiten kann und höchstwahrscheinlich auch einleiten wird.[407]

Gegen die Verfügungen des BAWe kann ein betroffenes Unternehmen also Widerspruch einlegen, der wiederum Sachurteilsvoraussetzung für eine Anfechtungsklage nach § 42 VwGO ist. Das BAWe ist keine oberste Bundesbehörde

---

[404] Im Internet http://www.bis.org/publ/index.htm (besucht am 19.06.2000).
[405] *Groß*, JZ 1996, 596, 602 ff.
[406] *Schmidt-Aßmann*, in: Maunz/Dürig, Grundgesetz (1999), Art. 19 Abs. 4, RNr. 40.
[407] Mitteilung der Kommission zu Auslegungsfragen über den freien Dienstleistungsverkehrs und das Allgemeininteresse in der Zweiten Bankenrichtlinie, Amtsblatt der EG Nr. C 209/6, 20.

im Sinne des § 68 Abs. 1 Satz 2 Nr. 1 erste Alternative VwGO.[408] Das Vorverfahren ist also nicht entbehrlich. Widerspruchsbehörde ist das BAWe selbst, § 73 Abs. 1 Satz 2 Nr. 2 VwGO.[409] Falls dem Widerspruch nicht abgeholfen wird, ergeht ein mit schriftlicher Begründung und Rechtsmittelbelehrung versehener Widerspruchsbescheid. Bleibt der Widerspruch erfolglos, kann das Unternehmen Anfechtungsklage nach § 42 VwGO zum Verwaltungsgericht Frankfurt am Main erheben, vgl. § 52 Nr. 2 und Nr. 5 VwGO.[410] Die Klage ist gegen die Bundesrepublik Deutschland, vertreten durch das BAWe, zu richten. In zweiter Instanz ist der Hessische Verwaltungsgerichtshof in Kassel zuständig. Auch gegenüber den häufigen informellen Maßnahmen steht der Rechtsweg unter Umständen offen. Haben Mahnungen, Ankündigungen und dergleichen einen beschwerenden Charakter und wird dennoch die Qualifizierung als Verwaltungsakt verneint, ist jedenfalls eine Feststellungsklage nach § 43 Abs. 1 VwGO oder eine allgemeine Leistungsklage zulässig.[411]

Kommt es durch den Rechtsverstoß *einer zuständigen Stelle im Ausland* zu einer rechtswidrigen Benachteiligung eines Unternehmens, so muss dieses Unternehmen sich an die betreffende Stelle halten und gegebenenfalls Rechtsschutz bei den Gerichten des betreffenden Landes suchen. Vor deutschen Gerichten kann das Unternehmen nur gegen deutsche Maßnahmen und hoheitliche Akte vorgehen.[412] Umgekehrt gilt entsprechend, dass das Unternehmen nicht die Gerichte im Heimatland anrufen kann, um sich gegen deutsche Hoheitsakte zu wehren. Über Rechtmäßigkeit von Hoheitsakten eines anderen Staats kann ein Gericht nicht urteilen. Hintergrund ist hierfür der Grundsatz der Staatenimmunität, der ein Mittel zur Wahrung der Souveränität[413] und Gleichheit sowie gegenseitigen Respekts der Staaten ist und insofern zu den grundlegenden Normen des allge-

---

408 Nach *Kopp,* VwGO (1994), RNr. 19 zu § 68, fallen Bundesoberstellen nach Art. 87 Abs. 3 Grundgesetz nicht unter § 68 Abs. 1 Satz 2 Nr. 1 erste Alternative VwGO. Das BAWe ist eine solche Bundesoberstelle nach § 3 Abs. 1.

409 Zwar ist das Bundesminister der Finanzen Fachaufsichtsbehörde, vgl. *Dreyling,* in: Assmann/Schneider (1999), RNr. 4 zu § 3. Das BAWe entscheidet über den Widerspruch als Bundesoberbehörde aber eigenständig, vgl. *Bliesener,* Verhaltenspflichten (1998), 134.

410 Ebenso *Dreyling,* in: Assmann/Schneider (1999), RNr. 7 zu § 3.

411 Vgl. *Fischer,* in: *Schimansky/Bunte/Lwowski,* Bankrechts-Handbuch (1997), 3730 mit Hinweis auf VG Berlin WM 1992, 1060, 1062, bei dem es um den Fall einer Verwarnung eines Geschäftsleiters durch das BAKred ging.

412 *Schmidt-Aßmann*, in: Maunz/Dürig, Grundgesetz (1999), Art. 19 Abs. 4, RNr. 46.

413 Ob die Immunität ein „Ausfluss" der Souveränität ist, ist nicht ganz unumstritten, vgl. zu diesem Begriff in diesem Zusammenhang *Schaumann*, Berichte der DGVR 8 (1968), 5, 56 ff.

meinen Völkerrechts zählt.[414] Kein Staat darf die Tätigkeit eines anderen Staates seiner Rechtsprechung unterwerfen.[415] Während in Bezug auf nichthoheitliche Maßnahmen, die acta jure gestionis, hier z.T. differenziert wird,[416] ist dieser Grundsatz jedenfalls für hoheitliches Handeln wie hier, die so genannten acta jure imperii, unbestritten.[417] Dieses Prinzip gilt auch im Anwendungsbereich der EG-Verträge,[418] unabhängig davon, dass Art. 19 Abs. 6 WpDRiL die Anrufung der Gerichte in einem EU-Herkunftsstaat nicht ausschließt.

Immerhin kann das Unternehmen bei Inanspruchnahme eines ausländischen Gerichts das BAWe auf Akteneinsicht nach § 29 VwVfG (analog) zur Durchsetzung seiner Rechte gegen die ausländische Stelle in Anspruch nehmen.[419]

---

[414] *Schaumann,* a.a.O., 8 ff.

[415] *Verdross/Simma*, Universelles Völkerrecht (1984), 763; *Schulze*, Das öffentliche Recht im internationalen Privatrecht (1972), 160.

[416] *Steinberger* EPIL 10 (1987), 428, 438. Die Unterscheidung wurde in Art. 24 Abs. 1 2 des Europäischen Übereinkommens über Staatenimmunität, BGBl. 1990 II, 34, offiziell übernommen. Die Abgrenzung wird nach der Natur der staatlichen Handlung vorgenommen, vgl. BVerfGE 16, 27, 62 = JZ 1964,171.

[417] *Ress* ZaöRV 40 (1980), 217 ff., 270; *Damian*, Staatenimmunität und Gerichtszwang (1985), 70 ff.; *Steinberger,* EPIL 10 (1987), 428 ff., 438.; *Zuleeg,* in: Alternativkommentar zum Grundgesetz (1989), Art. 24 Abs. 3/25, RNr. 37; *Vogel*, Räumlicher Anwendungsbereich (1965), 348 m.w.N.; nach Ansicht von *Badr*, State Immunity (1984), 92, stellt sich dieses Problem gar nicht, da Handlungen iure imperii nach seiner so genannten „objektiven Definition" sich gar nicht extraterritorial auswirken können. Diese Auffassung ist heute jedenfalls EU-rechtlich überholt.

[418] *Schmidt-Aßmann*, in: Maunz/Dürig, Grundgesetz (1999), Art. 19 Abs. 4, RNr. 46; ihm folgend *Groß*, JZ 1994, 603, der argumentiert, dass ein Verzicht auf die Staatenimmunität, der zwar an sich möglich ist, klar und deutlich zum Ausdruck kommen müsse, was bei den EG-Verträgen wohl verneint werden müsse. Vgl. auch die Rechtslage bei Art. 21 Abs. 6 2 der 2. Bankrechtskoordinierungsrichtlinie. Hier wurde die Möglichkeit die Gerichte des Aufnahmenlands anzurufen auf die Maßnahmen des Aufnahmemitgliedstaats beschränkt, die er im Rahmen seiner verbleibenden Residualkompetenz trifft.

[419] Zum einen käme die Qualifizierung des Unternehmens als Beteiligte i.S.d. § 13 VwVfG in Betracht. So ist das Unternehmen nach § 13 Abs. 1 Nr. 2 2. Alternative VwVfG Beteiligte, weil das BAWe mit der Aufforderung, den Missstand abzustellen, bereits einen Verwaltungsakt ihm gegenüber erlassen hat. Damit hat es nach § 29 Abs. 1 VwVfG Akteneinsicht zu gewähren. Direkt ist § 29 VwVfG allerdings nur während und bis zum Abschluss des Verfahrens anwendbar, vgl. BVerwGE 67, 304. Zum anderen kann nach ganz h.M. auch eine Person, die nicht Beteiligte an einem (deutschen) Verwaltungsverfahren ist oder nach dessen Abschluss, Akteneinsicht nach § 29 VwVfG analog verlangen, wenn die Kenntnis des Akteninhalts für die Geltendmachung und Verteidigung seiner rechtlichen Interessen erforderlich ist. Vgl. Kopp, VwVfG (1996), RNr. 3 und 11 ff. zu § 29 mit vielen Rechtsprechungsnachweisen.

IV. Kein Rechtsschutz für zuständige Stellen

Die zuständigen Stellen sollen bei der Aufsicht über internationale Unternehmen oder über die grenzüberschreitende Tätigkeit zwar eng zusammenarbeiten und sich gegenseitig helfen. Umfangreiche gegenseitige Informationsansprüche belegen dies. Europarechtlich gibt es sogar echte Selbstbeschränkungen bei den Hoheitsrechten. Man kann also durchaus sagen, dass die zuständigen Stellen eine echte Pflicht zur Kooperation trifft. Diese Pflichten sind aber nicht einklagbar. Supranationale Gerichte gibt es nicht. Nur im EU-Recht kann der EuGH im Rahmen eines Vertragsverletzungsverfahrens angerufen werden.[420] Das ist aber kein Rechtschutz für die jeweils zuständige Stelle, die nicht Partei sein kann. Dagegen könnte die Beteiligteneigenschaft der zuständigen Stellen und Behörden für den Rechtschutz durch nationale Gerichte unter Umständen bejaht werden.[421] Nationale Gerichte sind für derartige Streitigkeiten aber dennoch unzu-

---

§ 29 VwVfG ist Ausdruck eines allgemeinen Rechtsgedankens (vgl. Kopp, a.a.O., RNr. 38) und muss zumindest sinngemäß-analog für sonstige Verwaltungsverfahren gelten, die nicht unter das VwVfG fallen. Ob die effektive Geltendmachung von rechtlichen Interessen im Ausland für die Akteinseinsicht ausreicht, kann daher ohne weiteres bejaht werden.

[420] Vgl. auch die Absichtsbekundungen z.B. in der Mitteilung der Kommission zu Auslegungsfragen über den freien Dienstleistungsverkehrs und das Allgemeininteresse in der Zweiten Bankenrichtlinie, Amtsblatt der EG Nr. C 209/6, 16. Seit dem Vertrag von Maastricht können Gerichtsurteile des EuGH sogar mit Zwangsgeldern vollstreckt werden. Erstes spektakuläres Beispiel ist die Verurteilung Griechenlands auf Zahlung von 20.000 Euro pro Tag wegen einer Mülldeponie auf Kreta, vgl. Rechtsache C-387/97, Frankfurter Allgemeine Zeitung vom 05.07.2000.

[421] Den Aufsichtsstellen im Ausland wird z. T. der Status einer juristischen Person zuerkannt. Beispielsweise hat das Wertpapieraufsichtsamt in Österreich eine eigene Rechtspersönlichkeit nach § 1 Abs. 1 Wertpapieraufsichtsgesetz. Die COB in Frankreich hat einen einer juristischen Person ähnlichen Status. Sie ist eine „autorité administrative indépendante", vgl. Art. 1er alinéa 1 der Ordonnance n° 67-833 du 28 septembre 1967, und hat gewisse Klagerechte nach Art. 12-2 dieses Gesetzes; vgl. hierzu auch eingehend *Gronstedt*, Zentrale staatliche Börsenaufsicht und Insiderrecht (1995), 24 ff. Und die Frage, ob eine juristische Person vorliegt, richtet sich nach dem Recht des Staates, in dem sie beheimatet ist, vgl. Art. 7 EGBGB; BGHZ 51, 27; *Kopp,* VwGO (1994), RNr. 6 zu § 61. Handelt sich um reine „Rechtsanwendungsnormen des Verfahrensrechts", wird jedenfalls für das *Zivil*verfahrensrecht einhellig vertreten, dass entsprechend Art. 7 EGBGB auch die Partei- und Prozessfähigkeit sich nach dem Heimatland richtet, vgl. *Pagenstecher,* ZZP 64 (1951), 249; Eingehend zu der Problematik *Furtak,* Die Parteifähigkeit in Zivilverfahren mit Auslandsberührung (1995), 115 ff. Nach *Furtak* ist ein Rechtsgebilde parteifähig, wenn es entweder nach dem Gesellschaftsstatut oder nach dem Prozessrecht des Gerichtsstaats Parteifähigkeit besitze, 173. Ähnlich *Szászy*, International Civil Procedure (1967), 234, 239. Ob das auch bei einer ausländischen Behörde zu gelten hat insbesondere im Hinblick auf eine fehlende Parität zum BAWe – im Ergebnis

ständig. Bislang gilt nämlich der Grundsatz, dass sich die Verwaltungsgerichtsbarkeit nur um Streitigkeiten aus eigenem öffentlichen Recht zu kümmern habe[422] und ausländische Hoheitsorgane nicht hoheitliche Ansprüche vor deutschen Gerichten durchsetzen können.[423] Generell gilt nach allgemeinem Völkergewohnheitsrecht, dass Staaten der Gerichtsbarkeit anderer Staaten insoweit nicht unterworfen sind, als der Gegenstand des Rechtsstreits ihre hoheitliche Tätigkeit betrifft.[424]

---

müsste die ausländische Behörde wegen § 61 Nr. 3 VwGO gegen die Bundesrepublik klagen – ist nicht geklärt und erscheint äußerst fraglich, vgl. hierzu auch *Groß,* JZ 1994, 596, 601 ff.; *Neßler,* NVwZ 1995, 863 zu einer ähnlichen Problematik bei transnationalen Verwaltungsakten.

422 *Mann,* RabelsZ 21 (1956), 1, 6; *Matthies,* Die deutsche internationale Zuständigkeit (1955), 47 ff. *Meng*, Extraterritoriale Jurisdiktion (1994), 286, zeigt allerdings bereits moderne Tendenzen auf und bezieht de lege ferenda eine andere Position.

423 BSGE 54 (1983), 250, 254; *Sonnenberger*, in: Münchener Kommentar, Bürgerliches Gesetzbuch, Internationales Privatrecht (1998), Einleitung, RNr. 360 ff. *Meng*, Extraterritoriale Jurisdiktion (1994), 286 m.w.N. verweist nicht besonders überzeugend auf ein angebliches mangelndes Interesse der Staaten, ihre Organe einseitig zur Feststellung und Durchsetzung fremder Interessen einzusetzen. Zum Teil A.A. *Frank,* RabelsZ 34 (1970), 56, 74, unter Hinweis auf BGHZ 34 (1961), 349, 353, nach dem nicht zugegeben werden könne, dass die Verwaltungsgerichtsbarkeit lediglich auf innerstaatliche Zwecke gerichtet sei und sich nur auf Streitigkeiten beziehe, die im Rahmen des ausschließlich durch deutsche Behörden kontrollierten, der deutschen Souveränität unterliegenden deutschen Recht entstünden. Für den Privatrechtsbereich gilt nach herrschender Meinung allerdings, dass die Souveränität ausländischer Staaten nicht verletzt ist, wenn sie in ihrer Eigenschaft als Träger von Privatrechten verklagt werden, vgl. BVerfGE 16 (1964), 27.

424 Zuletzt etwa ArbG Köln RIW 1999, 623 mit Anmerkung *Kollatz,* RIW 1999, 624. Ob eine hoheitliche Tätigkeit vorliegt, richtet sich nach der ausgeübten Funktion der handelnden Personen oder Behörden, vgl. ArbG Köln, a.a.O.

D. Die internationale Anwendung der Wohlverhaltenspflichten nach §§ 31 Abs. 3 und 32 Abs. 3 WpHG

Wortlaut:

§ 31
Allgemeine Verhaltensregeln

(3) Die Absätze 1 und 2 gelten auch für Unternehmen mit Sitz im Ausland, die Wertpapierdienstleistungen oder Wertpapiernebendienstleistungen gegenüber Kunden erbringen, die ihren gewöhnlichen Aufenthalt oder ihre Geschäftsleitung im Inland haben, sofern nicht die Wertpapierdienstleistung oder Wertpapiernebendienstleistung einschließlich der damit im Zusammenhang stehenden Nebenleistungen ausschließlich im Ausland erbracht wird.

§ 32
Besondere Verhaltensregeln

(3) Die Absätze 1 und 2 gelten unter den in § 31 Abs. 3 bestimmten Voraussetzungen auch für Unternehmen mit Sitz im Ausland.

I. Grundlagen

1. Regelungsgegenstand

Die jeweiligen Absätze 3 erklären die Regeln der §§ 31 und 32 für bestimmte Sachverhalte mit grenzüberschreitendem Bezug für anwendbar. Damit werden auch ausländische Unternehmen der deutschen Wertpapierhandelsaufsicht unterstellt. Es handelt sich um die Unterwerfung extraterritorialer Normadressaten[425] unter die deutsche öffentliche Verwaltung und Staatsaufsicht, also um eine Regelung des Internationalen Verwaltungsrechts beziehungsweise des Internationalen Öffentlichen Rechts. Soweit die §§ 31 und 32 zivilrechtliche Folgen haben, sind die §§ 31 Abs. 3 und 32 Abs. 3 außerdem dem Internationalen Privatrecht[426] zuzuordnen.[427] Insoweit handelt es sich um einseitige Kollisionsnormen.[428]

---

[425] *Kaffanke*, Nationales Wirtschaftsrecht (1990), 25, würde in kartellrechtlich ähnlich gelagerten Fällen von einer „intraterritorialen Rechtsanwendung mit extraterritorialen Auswirkungen“ sprechen.

[426] Zum Begriff „Internationales Privatrecht“ vgl. *Kropholler,* Internationales Privatrecht (1997), § 1 I.

[427] Hierzu unten D. III.1. c)

[428] *Assmann,* in: FS Schütze (1999), 15, 23. Es sei angemerkt, dass Internationales Privatrecht unter Umständen auch auf Vorschriften des öffentlichen Rechts verweisen kann, *Heldrich* in: Palandt (2000), RNr. 4 zu § 3 EGBGB.

Die extraterritoriale Wirkung der §§ 31 Abs. 3 und 32 Abs. 3 ist völkerrechtlich unbedenklich, weil der deutsche Jurisdiktionsanspruch im vom Gesetz umschriebenen Fall regelmäßig völkergewohnheitsrechtlich begründet werden kann. Es liegt ein anerkennenswertes Regelungsinteresse Deutschlands vor, das sich auf einen völkerrechtlich anerkannten, sachlichen Anknüpfungspunkt beziehen lässt.[429] Jurisdiktionskonflikte sind unwahrscheinlich,[430] weil die meisten Staaten ähnliche Verhaltenspflichten für Wertpapierdienstleistungsunternehmen kennen, und die Unterwerfung unter die strengen deutschen Regeln schließlich nur für die geschäftliche Betätigung gegenüber Kunden in Deutschland gilt. Geschäfte gegenüber allen anderen möglichen Kunden auf der Welt kann das Unternehmen freier gestalten, soweit es nicht wiederum die Regeln des Heimatstaates oder anderer Staaten, die einen Jurisdiktionsanspruch besitzen, verletzen würde. Sollte dennoch einmal ein Jurisdiktionskonflikt entstehen, ist das BAWe verpflichtet, die jeweiligen ausländischen Rechtsanwendungsinteressen zu berücksichtigen und gegebenenfalls mit den deutschen abzuwägen. Da ein derartiges Problem in der Praxis sehr selten auftauchen wird, soll es auch an dieser Stelle nicht genauer erörtert werden. Statt dessen wird auf die allgemeinen Ausführungen unter C. I.3. c) (1) verwiesen.

Eine mögliche marktbeschränkende Wirkung der §§ 31 und 32 ist schließlich auch europarechtlich unbedenklich. Sie ist vom EGV und den sie konkretisierenden Richtlinien gedeckt.[431]

2. *Gesetzesgeschichte*

a) *Europarechtlicher Hintergrund*

§ 31 Abs. 3 setzt Art. 11 Abs. 2 der Wertpapierdienstleistungsrichtlinie um. Danach fallen die Durchführung und die Überwachung der Einhaltung der Wohlverhaltensregeln weiterhin in die Zuständigkeit des Mitgliedstaats, in dem die Dienstleistung erbracht wird. Diese wichtige Ausnahme des Herkunftslandprinzips und die damit einhergehende Stärkung der zuständigen Stellen des Aufnahmestaats wird auf das Betreiben Großbritanniens zurückgeführt.[432] Zwar wird nicht expressis verbis festgelegt, dass jeweils die Wohlverhaltenspflichten *des Aufnahme*staates zu gelten haben. Es erschiene zumindest auf den ersten Blick

[429] Vgl. hierzu im speziellen unter F. II.1. b) .
[430] Vgl. hierzu bereits die Ausführungen zu C. I.3. c) (1)
[431] Siehe hierzu die nähere Begründung unten D. III.3.
[432] Vgl. *Dalhuisen,* EBLR 1999, 158, 362.

auch einigermaßen abwegig, wenn das BAWe die entsprechenden Wohlverhaltenspflichten des Herkunftsstaats überwachen müsste. Nach dem alten Grundsatz der „Einseitigkeit des Internationalen Verwaltungsrechts", wonach ein Staat grundsätzlich nur sein eigenes Verwaltungsrecht anwendet[433], werden Behörden nur ganz ausnahmsweise und lediglich aufgrund eines besonderen gesetzgeberischen Auftrags die Regeln eines anderen Staates überwachen und durchsetzen. Bislang hat daher kaum jemand bezweifelt, und die WpDRiL geht selbstverständlich davon aus, dass mangels ausdrücklicher Regelung in der WpDRiL jeweils die Wohlverhaltenspflichten des Aufnahmestaates zu gelten haben. Diese Selbstverständlichkeit kann man letztlich als Prinzip des nationalen Gleichlaufs der geltenden Regeln und der für deren Überwachung vorgesehenen Aufsichtsbehörden bezeichnen.[434] Das berücksichtigen auch die Art. 19 Abs. 6 und Art. 8 Abs. 3 2. Halbs. WpDRiL.

Inzwischen haben sich auch die Arbeiten der Kommission verdichtet, den Fernabsatz von Finanzdienstleistungen, der eine besonders wichtige Ausprägung des vollendeten Binnenmarkts darstellt, aber auch besondere Gefahren für den Verbraucher bereithält, einheitlich zu regeln. Der zuletzt vorgelegte zweite Entwurf für eine Richtlinie über den Fernabsatz von Finanzdienstleistungen an Verbraucher[435] konkretisiert unter anderem die Informationspflichten des Dienstleisters, führt ein Widerrufsrecht für den Verbraucher ein und schützt ihn vor besonders aggressiven Werbemaßnahmen. Gewisse Ausnahmen beim Wi-

---

433 Begründet wird dieser Grundsatz mit dem Gedanken, dass jeder Staat nur seine eigenen öffentlichen Zwecke fördern will, sich aber nicht in die Förderung solche Zwecke des Ausland einschaltet, weil hieran kein Interesse bestehe, vgl. *Steindorff*, in: Strupp/Schlochauer, dritter Band (1962), 581, 582; *Meng*, Extraterritoriale Jurisdiktion (1994), 201 ff. m. w. N. Nach *v. Bar*, Internationales Privatrecht, Bd. 1 (1987), 216 ff., 218, ist die Anwendung ausländischen Rechts allein dem IPR vorbehalten und kein Vorgang des internationalen öffentlichen Rechts. Kritisch schon *Bär*, Kartellrecht und Internationales Privatrecht (1965), 290 ff. Zur englischen und US-amerikanischen Sichtweise *Jennings/Watts*, Oppenheim's International Law (1996), 488.

434 Nach der so genannten „Gleichlauftheorie" im IPR und internationalem Zivilverfahrensrecht sind immer die Gerichte international zuständig, die ihr „eigenes Recht" (lex fori) anwenden können. Die Gleichlauftheorie ist im Ergebnis nicht immer richtig und deswegen auch umstritten. Kritisch z.B. *Sonnenberger*, in: Münchener Kommentar, Bürgerliches Gesetzbuch, Internationales Privatrecht (1998), Einleitung, RNr. 418 ff., m.w.N., der aber den Gleichlaufgedanken an sich begrüßt.

435 Geänderter Vorschlag für eine Richtlinie über den Fernabsatz von Finanzdienstleistungen an Verbraucher und zur Änderung der Richtlinien 97/7/EG und 98/27/EG vom 23.07.1999, KOM (1999) 385 endg.

derrufsrecht sind neben einigen besonderen Spekulationsgeschäften jedoch bei der Emission von Wertpapieren und für Verträge vorgesehen, die bereits voll erfüllt sind, bevor der Verbraucher von seinem Widerrufsrecht Gebrauch macht.[436]

b) Deutscher Hintergrund und Gang des Gesetzgebungsverfahrens

Die Wohlverhaltensregeln waren zunächst in einem ersten Diskussionsentwurf enthalten. Im ursprünglichen Gesetzesentwurf der Bundesregierung waren sie nicht mehr aufgeführt, wurden aber dann im Rahmen der Beratungen des Diskussionsentwurfes beim Finanzausschuss in das Wertpapierhandelsgesetz aufgenommen.[437] Die Aufnahme geht insbesondere auf das Drängen der Bundesbank zurück.[438] Der Finanzausschuss wies auf die große Bedeutung hin, die das Vertrauen der Anleger in das ordnungsgemäße Funktionieren der Märkte habe.

Die Begründung des Berichts des Finanzausschusses zur Geltung der Wohlverhaltensregeln auch beim grenzüberschreitenden Bezug merkt an, dass ein Schutzbedürfnis des inländischen Kunden auch im vom § 31 Abs. 3 dargestellten Umfang bestehe. Die Anwendung der Verhaltensregeln auf solche Geschäfte sei zudem aus Wettbewerbsgründen geboten.[439]

3. Abgrenzung und Vergleich zu anderen Normen

Die §§ 31 Abs. 3 und 32 Abs. 3 sind wirtschaftsaufsichtsrechtlicher Natur[440] und damit vorrangig öffentliches Recht. Gleichwohl liegen sie auf der Linie des Art. 28 Abs. 1 Satz 1 und Abs. 2 EGBGB, also einer Norm des Internationalen *Privat*rechts. Soweit es sich um Internationales Privatrecht handelt[441] sind die §§ 31 und 32 Abs. 3 lex specialis.

---

436 Vgl. Art. 4 Abs. 1a des Vorschlags.

437 *Assmann,* in: Assmann/Schneider, WpHG (1999), Einl. RNr. 17; Bericht des Finanzausschusses, BTag-Drucks. 12/7918, 28, 103 ff.

438 *Wieneke,* Rechtsfragen des Discount-Brokings (1999), 74 mit Verweis auf die stenografischen Protokolle der öffentlichen Sitzung des Finanzausschusses am 2. März 1994 – Aktenzeichen 2450, Seiten 70/13, 70/79.

439 BTag-Drucks. 12/7918, 104. Damit ist vermutlich die Gefahr der Diskriminierung inländischer Unternehmen gemeint, die durch Auferlegung strengerer Verhaltenspflichten einem Wettbewerbsnachteil ausgesetzt werden könnten. Durch die gleiche Behandlung der Unternehmen mit Sitz im Ausland wird diese Inländerdiskriminierung vermieden.

440 Vgl. unten D. III.1.

441 Vgl. hierzu unten D. III.1. c)

Eine ähnliche Norm findet sich in § 98 Abs. 2 GWB, bei der das maßgebliche Anknüpfungskriterium die Inlandsauswirkung der Wettbewerbsbeschränkung ist.[442] Dies ist durchaus vergleichbar mit den §§ 31 und 32 Abs. 3, deren Anknüpfung an die Erbringung von Dienstleistungen gegenüber Kunden im Inland eine konkrete Form der Inlandsauswirkung darstellt. Auch § 98 Abs. 2 GWB ist eine zwingende[443] Vorschrift mit internationalprivat-, internationalverwaltungs-, und internationalordnungsrechtlicher Bedeutung und geht dem allgemeinen Kollisionsrecht vor.[444]

4. Rechtsvergleichende Betrachtung

a) Österreich

Österreich enthält in seinem § 11 Abs. 3 Wertpapieraufsichtsgesetz (WAG)[445] eine Formulierung, die der deutschen ähnelt: „*Die Verpflichtung gemäß Abs. 1 gilt auch für Unternehmen mit Sitz im Ausland einschließlich der für sie im Inland tätigen natürlichen und juristischen Personen, die Dienstleistungen gegenüber Kunden im Inland erbringen, sofern nicht die Wertpapierdienstleistung einschließlich der damit im Zusammenhang stehenden Nebenleistungen ausschließlich im Ausland erbracht wird.*“

b) Frankreich

In Frankreich erklärt Art. 74 alinéa 2 loi n° 96-597 du 2 juillet 1996 unter anderem auch Art. 58 des betreffenden Gesetzes für Unternehmen aus einem anderen Mitglied- oder Vertragsstaat für anwendbar. Dieser Art. 58 aber enthält fast wortwörtlich die Wohlverhaltenspflichten („règles de bonne conduite“) des Art. 11 Abs. 1 Satz 4 WpDRiL. Eine Einschränkung hinsichtlich der Kunden, die ihren gewöhnlichen Aufenthalt oder ihre Geschäftsleitung im Inland haben müssen, und für den Fall, dass die Wertpapierdienstleistung oder Wertpapiernebendienstleistung einschließlich der damit im Zusammenhang stehenden Nebenleistungen ausschließlich im Ausland erbracht wird, enthält der französische Gesetzestext nicht.

---

[442] *Rehbinder,* in: Immenga/Mestmäcker, GWB (1992), RNr. 1 zu § 98 Abs. 2.
[443] *Rehbinder,* in: Immenga/Mestmäcker, GWB (1992), RNr. 7 zu § 98 Abs. 2.
[444] *Rehbinder,* a.a.O.
[445] BGBl. Nr. 753/1996 i.d.F. BGBl. I Nr. 126/1998.

Die entsprechende Aufsicht ist in Art. 79 paragraph III der loi n° 96-597 du 2 juillet 1996[446] geregelt. Sowohl der Conseil des marchés financiers, die Commission bancaire als auch die COB überwachen die Einhaltung der Pflichten, die für die Unternehmen aus einem Mitglied- oder Vertragsstaat in Frankreich gelten. Für die Frage, ob auch Unternehmen aus Drittstaaten Verhaltenspflichten zu beachten haben, ist eine Regelung nicht ersichtlich.[447]

c) England

Die Investment Services Regulation 1995[448], mit der England die WpDRiL umsetzte, erklärt die conduct of business Regeln, die auf der Grundlage des Financial Services Act gelten, ausdrücklich für anwendbar.[449] Was im Falle von Wertpapierdienstleistungsunternehmen aus Drittstaaten zu gelten hat, ist nicht geregelt. Die in England noch[450] geltenden „Principles and Core Conduct of Business Rules" der SIB[451] vom 15. März 1990[452] schweigen sich über die Frage der internationalen Anwendbarkeit aus.[453] Ohne Zweifel finden die englischen Verhaltensregeln Anwendung, wenn das ausländische Unternehmen im Bereich des Vereinigten Königreiches eine Filiale eröffnet.[454] Im Übrigen ist man der Ansicht, dass die englischen Verhaltenspflichten dann anwendbar sind, wenn Wertpapierdienstleistungen im Bereich des Vereinigten Königreiches erbracht werden, ohne dass allerdings klar wird, was mit dem „Erbringen"[455] der Dienstleistungen genau gemeint ist.[456] Betätigt sich das Unternehmen ausschließlich im

---

446 JO n° 154 du 4 juillet 1996, page 10063.

447 Abgesehen vom Sonderfall der geregelten Märkte („marché reglementé"): vgl. Art. 58 alinéa 1 in Verbindung mit Art. 44 I alinéa 1 der loi n° 96-597 du 2 juillet 1996.

448 SI 1995/3275.

449 Vgl. Schedule 7, Regulation 32, other amendments of Financial Services Act, #9, 10 und Schedule 11, Regulation 58, Part II, #4, 5.

450 Die FSA wird bald die „The FSA Principles for Business" erlassen, vgl. Consultation Paper 13, September 1998, deren Ermächtigung in clause 70 des noch zu beschließenden Gesetzes Financial Services and Markets Bill, vgl. Consultation Document, HM Treasury, July 1998, zu finden ist.

451 Securities and Investment Board

452 Hierzu *Blaire,* Financial Services: The new core rules (1991).

453 Zusätzlich haben die 3 der FSA heute unterstehenden SROs (Self Regulating Organisations) ihre eigenen Regeln (rules and guidances), die die (quasi-) gesetzlichen Vorgaben der SIB aber nur im Detail umsetzen.

454 *Blair*, Financial Services: The new core rules (1991), 31.

455 Engl.: „*if investment business is carried on* ."

456 *Blair*, Financial Services: The new core rules (1991), 32.

Ausland[457], so wird vorgeschlagen, dass die englischen Verhaltensregeln nur dann anwendbar sind, wenn die Wertpapierdienstleistung eine reelle und substanzielle Verbindung[458] mit dem Vereinigten Königreich aufweist.[459]

II. Zu den Tatbestandsmerkmalen

1. Normadressaten

a) Unternehmen, die Wertpapierdienstleistungen oder Wertpapiernebendienstleistungen erbringen

Nur Unternehmen, die Wertpapierdienstleistungen oder Wertpapiernebendienstleistungen erbringen, werden überhaupt als Normadressaten in § 31 Abs. 3 erfasst. Das Gesetz vermeidet dabei den Begriff des „Wertpapierdienstleistungsunternehmens" für den Normadressaten, wie er in § 2 Abs. 4 definiert ist und dessen Ausnahmen in § 2a aufgezählt werden. Das ist für ausländische Unternehmen, die ihre gegebenenfalls vorliegende Pflicht zur Einhaltung der deutschen Wohlverhaltenspflichten prüfen wollen, sehr hilfreich. Eine Begriffsbeschreibung, die sich an den rein deutschen Rechtsbegriffen „*Kreditinstitut, Finanzdienstleistungsinstitute und nach § 53 Abs. 1 Satz 1 des Gesetzes über das Kreditwesen tätigen Unternehmen*" orientiert, wäre für ausländische Unternehmen schwer zugänglich. Dagegen sind die deutschen Definitionen für Wertpapierdienstleistungen in § 2 Abs. 3 und Wertpapiernebendienstleistungen in Abs. 3a leicht zu verstehen und inhaltlich fast identisch mit den europäischen Begriffsdefinitionen der WpDRiL in Art. 1 Nr. 1 in Verbindung mit dem Anhang A und C.[460]

Der Begriff des Wertpapierdienstleistungsunternehmens ist mit dem des Unternehmens im Sinne des § 31 Abs. 3 weitgehend deckungsgleich, allerdings mit einem interessanten Unterschied: Für den Fall des § 31 Abs. 3 reicht es aus, dass das Unternehmen nur Wertpapier*neben*dienstleistungen erbringt, wozu vor allem die Beratung gehört,[461] nicht jedoch notwendigerweise zusammen mit Wertpa-

---

457 *Blair* a.a.O.: „*business done overseas*"
458 „*real and substantial connection*"
459 *Blair*, a.a.O.
460 Das gleiche gilt übrigens für die tätigkeitsbezogene Beschreibung der Unternehmen als Normadressaten in den §§ 36a und 35 Abs. 2.
461 Vgl. *Weber*, NJW 2000, 2074.

pier(*haupt*)dienstleistungen.[462] Der Normadressatenkreis ist in seiner Typisierung also größer als derjenige der §§ 31 und 32 Absätze 1 und 2 oder auch der § 35 Abs. 2 und § 36a. Das mag die besondere Bedeutung zeigen, die der Gesetzgeber der Einhaltung der Wohlverhaltensregeln beimisst, indem die Beschreibung der zu ihrer Einhaltung Verpflichteten möglichst umfassend formuliert ist. Möglicherweise ist das vom Gesetzgeber aber auch einfach nicht wirklich reflektiert worden und eher ein Zufall.

Europarechtliche Bedenken bestehen nicht. Die WpDRiL ist auf Unternehmen, die nur Wertpapiernebendienstleistungen erbringen, nicht anwendbar, vgl. Art. 2 Abs. 1 Satz 1 i.V.m. Art. 1 Nr. 2.[463] Diese Unternehmen fallen damit in einen nicht harmonisierten Rechtsbereich, weil es sekundärrechtliche Richtlinien oder Verordnungen nicht gibt. Beschränkungen des innergemeinschaftlichen Dienstleistungsverkehrs beziehungsweise Maßnahmen gleicher Wirkung können eurechtlich daher nur am primären Gemeinschaftsrecht (hier: EGV) gemessen werden. In diesem Fall sind also jeweils die Voraussetzungen des Art. 46 Abs. 1 EGV, für die Dienstleistungsfreiheit über den Verweis des Art. 55 EGV, zu prü-

[462] Es fällt auf, dass auch Österreich diese Ausweitung des Normadressatenkreises kennt: so steht in § 11 Abs. 3 WAG: „Die Verpflichtung gemäß Abs. 1 gilt auch für Unternehmen mit Sitz im Ausland einschließlich der für sie im Inland tätigen natürlichen und juristischen Personen, die Dienstleistungen gegenüber Kunden im Inland erbringen ...“. Dagegen spricht im Vereinigten Königreich die Investment Services Regulation 1995 (SI 1995/3275) von „European Investment Firms“, wobei in section 2, Interpretation general paragraph 2 der Begriff „investment firm“ als eine Person definiert wird, die (nur) die Hauptwertpapierdienstleistungen gemäß Annex A der Wertpapierdienstleistungsrichtlinie erbringt. Auch in Frankreich sind Normadressaten alle Unternehmen, die in ihrem Heimatland zugelassen sind, Wertpapierdienstleistungen („services d'investissements“) zu erbringen, wobei an dieser Stelle nicht zwischen Haupt- und Nebendienstleistungen unterschieden wird. Allerdings wird in Art. 4 der loi no 96-597 vom 2 juillet 1996 die „services d'investissements“ nur als die Wertpapier(*haupt*)dienstleistungen definiert, und in Art. 5 die Wertpapiernebendienstleistungen („services connexes aux services d'investissements“) eigens davon abgegrenzt. In Art. 6 schließlich wird erwähnt, dass die Erbringung von Wertpapiernebendienstleistungen nicht an eine Zulassung gebunden ist (und Unternehmen, die nur Wertpapiernebendienstleistungen erbringen sich auch nicht Wertpapierdienstleistungsunternehmen nennen können). Die Erbringung von Wertpapiernebendienstleistungen ist nichtsdestotrotz, obwohl frei, an die Einhaltung der für die jeweiligen Dienstleistungen anwendbaren gesetzlichen Vorschriften gebunden.

[463] Im übrigen hat der Begriff der Nebendienstleistungen in der Wertpapierdienstleistungsrichtlinie kaum eine Bedeutung. Außer in Art. 11 Abs. 1 Satz 3 findet man ihn lediglich in Art. 3 Abs. 1 Satz 4 und 5, Zulassung von Wertpapierfirmen, und Art. 14 Abs. 1 Satz 1 in Verbindung mit Abschnitt C des Anhangs wieder.

fen. Da es innergemeinschaftlich keinen harmonisierten Mindeststandard für den Schutz der öffentlichen Sicherheit und Ordnung in Bezug auf die Erbringung der Wertpapiernebendienstleistungen gibt, ist die Anwendung der Wohlverhaltenspflichten auf die ausländischen Unternehmen bei dieser Tätigkeit europarechtlich also regelmäßig als Handelsbeschränkung zum Zwecke des Verbraucherschutzes zulässig.

b) Geschäftsinhaber, Organe oder Angestellte, § 32 Abs. 2

Die Verbote des § 32 Abs. 2, die gemäß Abs. 3 anwendbar sind, richten sich nicht an Unternehmen als solche, sondern an die natürlichen Personen, die für das Unternehmen handeln. Das steht in einem gewissen Konflikt mit der Formulierung des § 32 Abs. 3, der anscheinend als Normadressaten nur die Unternehmen als solche meint: „... *auch für Unternehmen...*“. Der Gesetzgeber hätte schließlich ebenso gut formulieren können: „... *auch im Falle von Unternehmen...*“. Der Rechtsfolgenverweis des § 32 Abs. 3 auf § 32 Abs. 2 wäre allerdings sinnlos, wenn als Normadressaten nur Unternehmen, nicht jedoch auch die in Abs. 2 genannten natürlichen Personen gemeint sind.[464] Eine Norm sollte allerdings im Zweifel nicht so ausgelegt werden, dass sie funktionslos würde, weil der Gesetzgeber mit dem Normerlass immer ein Ziel verfolgt. Es muss daher angenommen werden, dass die Verbote des § 32 Abs. 2 extraterritorial gelten, wenn nur die Kriterien für den deutschen Jurisdiktionsanspruch gemäß § 32 Abs. 3 i.V.m. § 31 Abs. 3 vorliegen.

Nach *Koller*[465] sei die Ausdehnung des Verbotsadressatenkreises auf Geschäftsinhaber, Organe und Angestellte von Unternehmen mit Sitz im Ausland europarechtlich nichtig, weil sie gegen die WpDRiL verstoße. Art. 10 Abs. 1 WpDRiL zeige nämlich, dass grundsätzlich das Prinzip des Herkunftsstaates gelte. Der Überwachung durch die zuständigen Stellen des Herkunftslandes unterlägen mittelbar auch die Transaktionen der Angestellten der Wertpapierdienstleistungsunternehmen (Art. 10 Abs. 1. Spiegelstrich WpDRiL). Die Wohlverhaltensregeln im Sinne des Art. 11 Abs. 1 Satz 4 WpDRiL würden sich allerdings nach Art. 11 Abs. 1 Satz 1 WpDRiL ausschließlich an die Wertpapierdienstleistungsunternehmen richten. Eine Kompetenz in Richtung auf die Mitarbeiter ausländischer Wertpapierdienstleistungsunternehmen habe die WpDRiL in ihrem Art. 11 Abs. 2 daher nicht geschaffen. *Koller* mag zwar Recht haben, wenn er

---

[464] Übrigens erfasst der österreichische § 11 Abs. 3 WAG ohne weiteres auch natürliche Personen.
[465] *Koller*, in: Assmann/Schneider, WpHG (1999), RNr. 19 zu § 32.

die Kompetenzen für die Aufsicht über die Wohlverhaltensregeln restriktiv auslegt, weil damit immer auch eine gewisse Beschränkung der Vorteile, die der Europäische Pass eigentlich bringen sollte, verbunden ist. Seine Ansicht lässt sich jedoch nicht hinreichend in der WpDRiL verankern. Man kann ihr eben nicht entnehmen, dass Art. 10 generell auch Mitarbeiter der Wertpapierdienstleistungsunternehmen als Normadressaten erfasst, Art. 11 dagegen unter keinen Umständen. Beide Artikel schreiben bereits im ersten Satz ihres Abs. 1 fast wortgleich: „..., *die die Wertpapierfirma fortwährend einzuhalten hat*" beziehungsweise „..., *welche die Wertpapierfirmen fortwährend einzuhalten haben*". Manche Pflichten des Art. 10 können sich gar nicht an die Organe, Geschäftsinhaber und Angestellten der Wertpapierfirma richten, sondern lediglich an das Unternehmen „Wertpapierfirma", wie zum Beispiel die Pflichten des Art. 10 Abs. 1 Satz 2 1. Spiegelstrich. Der Erlass einer Regelung für persönliche Transaktionen der Angestellten der Firma ist nämlich ausschließlich eine Frage der Organisationsverantwortung, nicht der individuellen Handlungsverantwortung der Angestellten. Bezüglich der Aufsicht über natürliche Personen äußert sich die WpDRiL also überhaupt nicht darüber, ob das Herkunftslandprinzip gilt oder nicht. Sollte man aus der WpDRiL eine Aussage im Wege der Interpretation entnehmen können, so wäre die Kompetenz als Annexkompetenz nach Art. 11 eher dem Aufnahmeland zuzusprechen. Eine Wohlverhaltenspflicht kann sich auch an natürliche Personen richten. Nimmt man also an, dass die Aufsicht über natürliche Personen von der WpDRiL geregelt wird, so lässt sich ein Verstoß gegen die WpDRiL nicht feststellen. Nimmt man demgegenüber an, dass die WpDRiL die Aufsicht über natürliche Personen überhaupt nicht regelt, so ist dieser Bereich noch nicht harmonisiert. Auch in diesem Fall liegt kein Verstoß gegen EU-Recht vor, weil die von § 32 Abs. 2 aufgestellten Pflichten als aus Gründen des Gemeinwohls zwingende Rechtsvorschriften gerechtfertigt werden können, vgl. Art. 19 Abs. 6 WpDRiL. Als Normadressaten werden also auch die in § 32 Abs. 2 genannten natürlichen Personen sowohl bei Unternehmen aus Drittstaaten als auch bei Unternehmen aus einem EU Mitglieds- oder Vertragstaat erfasst.

c) Keine verbundenen Unternehmen, § 32 Abs. 1

§ 32 Abs. 1 ist gemäß Abs. 3 unter den in § 31 Abs. 3 bestimmten Voraussetzungen für Unternehmen mit Sitz im Ausland anwendbar. Und § 32 Abs. 1 betrifft als Normadressaten auch Unternehmen, die mit Wertpapierdienstleistungsunternehmen lediglich verbunden sind, ohne selbst ein solches sein zu müssen.

Koller[466] geht daher wie selbstverständlich davon aus, dass die Verpflichtung zur Einhaltung der besonderen Verhaltensregeln des § 32 Abs. 1 auch verbundene Unternehmen im Ausland trifft. Und ihre Erfassung von den beschriebenen Verboten sei „ähnlich" wie die der Mitarbeiter in § 32 Abs. 2 europarechtlich nichtig. In Bezug auf die Mitarbeiter argumentiert er, Art. 10 Abs. 1 WpDRiL zeige, dass grundsätzlich das Prinzip des Herkunftsstaates gelte.[467] Damit liege ein Verstoß gegen die WpDRiL vor.[468] Daraus lässt sich folgern, dass nach Ansicht *Kollers* die Erfassung verbundener Unternehmen aus anderen Mitglied- oder Vertragsstaaten europarechtlich unwirksam beziehungsweise unanwendbar ist. Ihm ist nur im Ergebnis zuzustimmen. Verbundene Unternehmen im Ausland fallen weder unter das Verbot des § 32 Abs. 2, noch unterliegen sie überhaupt den Pflichten der §§ 31 und 32. Dies folgt jedoch nicht erst aus einer europarechtskonformen Auslegung. Ohne diese „Notbremse" ziehen zu müssen, reicht meines Erachtens schon eine nationale Gesetzesinterpretation, unabhängig von der Frage, ob das Unternehmen im Ausland aus einem EU-Mitglieds- oder Vertragsstaat stammt oder nicht. Auch verbundene Unternehmen aus Drittstaaten sind nicht vom deutschen Jurisdiktionsanspruch erfasst. Anders lässt sich die unterschiedliche Beschreibung des Normadressatenkreises, nämlich „*Wertpapierdienstleistungs*unternehmen oder einem mit ihm verbundenen Unternehmen" in § 32 Abs. 1 einerseits und „*Unternehmen* mit Sitz im Ausland, die Wertpapierdienstleistungen oder Wertpapiernebendienstleistungen erbringen" in § 31 Abs. 3 andererseits, nicht erklären. Man kann die verbundenen Unternehmen nicht stillschweigend in den § 32 Abs. 3 oder § 31 Abs. 3 hineinlesen, wenn sie in § 32 Abs. 1, also zum Teil in demselben Paragrafen, ausdrücklich erwähnt werden. Der Gesetzgeber hätte sie ohne weiteres auch in § 31 Abs. 3 ausdrücklich erwähnen können und müssen. Deswegen kann § 31 Abs. 3 in Bezug auf den Normadressatenkreis keinen Rechtsgrundverweis darstellen. Das Gleiche gilt dann für § 32 Abs. 3. Auch dieser Verweis spricht lediglich von Unternehmen mit Sitz im Ausland. An Stelle von „Unternehmen" darf man an also nicht lesen: „*Wertpapierdienstleistungsunternehmen oder einem mit ihm verbundenen*

---

[466] *Koller,* in: Assmann/Schneider, WpHG (1999), RNr. 2 zu § 32.

[467] Diese Folgerung überzeugt nicht. Sowohl Art. 11 als auch Art. 10 beziehen sich gleichermaßen nur auf Wertpapierfirmen, wie sie in Art. 1 Nr. 2 definiert sind. Verbundene Unternehmen gehören nicht dazu, wenn sie nicht auch selbst im Rahmen ihrer üblichen beruflichen oder gewerblichen Tätigkeit gewerbsmäßig Wertpapierdienstleistungen für Dritte erbringt. Für diese Unternehmen trifft die Wertpapierdienstleistungsrichtlinie allerdings überhaupt keine Aussage darüber, ob das Herkunftsland- oder Aufnahmelandprinzip gilt.

[468] In: Assmann/Schneider, WpHG (1999), RNr. 19 zu § 32.

Unternehmen", sondern wie in § 31 Abs. 3 formuliert: „*Unternehmen, die Wertpapierdienstleistungen oder Wertpapiernebendienstleistungen erbringen*". Verbundene Unternehmen bleiben also ausgeklammert.

Damit lässt sich festhalten, dass verbundene Unternehmen nicht zu dem Normadressatenkreis gehören. Praktische Relevanz hat dieses Problem allerdings nur beim so genannten Vor-, Mit- und Gegenlaufen, verboten nach § 32 Abs. 1 Nr. 3, weil im Falle der Nrn. 1 und 2 das Unternehmen nicht als verbundenes Unternehmen, sondern schon als Unternehmen, das selbst Wertpapierdienstleistungen (oder Wertpapiernebendienstleistungen) erbringt, originär verpflichtet ist.

2. *„Sitz" des Unternehmens*

Das Unternehmen muss seinen Sitz im Ausland haben. Das WpHG definiert den Begriff des Unternehmenssitzes nicht. Nach Art. 1 Nr. 6 WpDRiL[469] kommt es bei Wertpapierdienstleistungsunternehmen, die von natürlichen Personen betrieben werden, auf den Ort der Hauptverwaltung an. Bei Wertpapierdienstleistungsunternehmen, die juristische Personen sind, ist primär der satzungsmäßigen Sitz und sekundär, wenn sie nach einzelstaatlichem Recht keinen satzungsmäßigen Sitz haben, der Ort der Hauptverwaltung maßgebend.[470] In Ermangelung einer deutschen Regelung im WpHG bietet sich die europarechtliche Definition nicht nur gegenüber EU-Mitglieds- oder Vertragsstaaten, sondern auch gegenüber Drittstaaten an.

Damit hat sich das EU-Recht nicht für die in Deutschland für den Bereich des internationalen Privatrechts vorherrschende Sitztheorie entschieden, wonach die Gesellschaft in dem Land, in dem sie ihren satzungsmäßigen Sitz hat, zusätzlich auch noch den tatsächlichen Sitz ihrer Hauptverwaltung haben muss,[471] sondern für die so genannte Gründungs- oder Inkorporationstheorie. Danach kann eine

---

[469] Demgegenüber findet sich keine Antwort in den Art. 53 Abs. 1 Satz 1 des Brüsseler und Luganer Abkommens über die gerichtliche Zuständigkeit und die Vollstreckung gerichtlicher Entscheidungen in Zivil- und Handelssachen. Beide Bestimmungen überlassen die Frage also dem IPR der Gerichtsstaats.

[470] Eine genau gegenteilige Regelung plant die EU-Kommission für die Art. 53 Abs. 1 Satz 1 des Brüsseler und Luganer Abkommens über die gerichtliche Zuständigkeit und die Vollstreckung gerichtlicher Entscheidungen in Zivil- und Handelssachen. Gemäß einem Vorschlag für einen Rechtsakt zur Revision des Brüsseler Übereinkommens vom 22. Dezember 1997, Amtsblatt EG C 33/20 vom 31.01.98 soll primär der verwaltungsmäßige und nur sekundär der statutorische Sitz maßgebend sein.

[471] *Kropholler,* Internationales Privatrecht (1997), 487.

Gesellschaft grundsätzlich nach dem Recht leben, nach dem sie gegründet wurde und in dessen Geltungsbereich sie regelmäßig ihren satzungsmäßigen Sitz hat.[472] Der Ort ihrer tatsächlichen Hauptverwaltung oder Oberleitung ist nicht maßgeblich und kann sich infolge einer Verlegung in einem anderen Land befinden.[473] Dementsprechend ist es auch unwichtig, ob eine Tochtergesellschaft von einer Muttergesellschaft in einem anderen Land verwaltet oder kontrolliert wird. Dieser Grundsatz ist übrigens auch im Internationalen Privatrecht der Konzerne anerkannt.[474]

Jedenfalls die richtlinienkonforme Auslegung bei Unternehmen aus EU-Vertrags- oder Mitgliedstaaten zwingt zur der Anwendung der europarechtlichen Definition.[475] Diese europarechtliche Definition ist auch im Verhältnis zu Drittstaaten vorzugswürdig. Ein deutscher Sonderweg bei der Ermittlung des Sitzes könnte zu unnötigen Jurisdiktionsproblemen führen.[476] Im Interesse einer international einheitlichen Behandlung bieten sich diese Kriterien auch bei Auslandsbezug mit Drittstaaten an, obwohl die deutsche Begriffsdefinition des Internationalen Privatrechts davon etwas abweichend ist. § 31 Abs. 3 ist in erster Linie keine Norm des internationalen Privatrechts, sondern eine Norm des Internationalen Verwaltungsrechts sowie eine Umsetzung europarechtlicher Richtlinien. Eine gegenüber Drittstaaten abweichende Definition würde voraussetzen, dass ein und derselbe Terminus in einem Gesetz in zwei unterschiedlichen Alternativen gleichzeitig ausgelegt werden könnte. Das wäre keine gelungene Lösung. Gründe der Wettbewerbsgleichheit sprechen gleichfalls dafür, Wertpa-

---

472 *Kropholler,* a.a.O., weitere Nachweise dort in Fußnote 2. Diese Ansicht wird von den Staaten des Common Law, der Schweiz und der Niederlande vertreten.

473 Die deutsche Sitzbestimmung will verhindern, dass sich diejenige Rechtsordnung durchsetzt, die den schwächsten Schutz dritter Interessen vorsieht, wenn das Recht des Gründungsstaates anwendbar bleibt und eine Gesellschaft sich so ein beliebiges Rechtssystem aussuchen kann.

474 *Kropholler*, Internationales Privatrecht (1997), 491.

475 Erst jüngst hat der BGH dem EuGH die Frage zur Vorabentscheidung vorgelegt, ob die deutsche Sitztheorie mit dem im EGV verankerten Recht auf Niederlassung vereinbar ist. In diesem Fall wurde einer Gesellschaft in Deutschland die Rechts- und damit die Parteifähigkeit versagt, weil sie ihren Verwaltungssitz nach ihrer wirksamen Gründung in die BRD verlegt hatte, dort aber nicht im Handelsregister eingetragen war. Vgl. Pressemitteilung des BGH Nr. 21/2000 vom 5.4.2000, zitiert in NJW 2000 Heft 17, XV.

476 Zur unbefriedigenden Rechtslage der kollisionsrechtlichen lex fori beim Anknüpfungspunkt des Sitzes in den Art. 53 Abs. 1 Satz 1 des Brüsseler und Luganer Abkommens über die gerichtliche Zuständigkeit und die Vollstreckung gerichtlicher Entscheidungen in Zivil- und Handelssachen vgl. *Schnyder,* in: FS Schütze (1999), 767, 768.

pierdienstleistungsunternehmen aus Drittstaaten genauso wie Unternehmen aus Mitgliedstaaten zu behandeln.[477]

3. *„Gegenüber Kunden, die ihren gewöhnlichen Aufenthalt oder Geschäftsleitung im Inland haben"*

a) Gewöhnlicher Aufenthalt

Der gewöhnliche Aufenthalt ist weder im WpHG, KWG, EGBGB noch in der WpDRiL definiert. Es bietet sich an, die inhaltliche Konkretisierung dieses Begriffes an Hand der im IPR entwickelten Kriterien vorzunehmen, weil dieses Rechtsgebiet mit seiner kollisionsrechtlichen Funktion mit den § 31 Abs. 3 und § 32 Abs. 3 am ehesten verwandt ist. Dabei ist die meiste Judikatur bislang zum Haager Sorgerechtsübereinkommen ergangen. Hier wird der gewöhnliche Aufenthalt als der Ort eines nicht nur vorübergehenden Verweilens definiert, an dem der Schwerpunkt einer Person, vor allem in familiärer oder beruflicher Hinsicht, d.h. ihr Daseinsmittelpunkt, liegt. Das ist in der Regel dort, wo sich jemand ständig oder für längere Zeit aufhält, wobei eine zeitweise Abwesenheit bei Vorliegen eines Rückkehrwillens nicht schadet.[478] Nach umstrittener Ansicht der Rechtsprechung können auch mehrfache gewöhnliche Aufenthalte vorliegen.[479] Als grobe Faustregel wird beim Haager Minderjährigenschutzabkommen eine Mindestverweildauer von 6 Monaten angesehen[480], und in der Abgabenordnung gilt nach § 9 Satz 2 a.E. AO ein zeitlich zusammenhängender Aufenthalt von mehr als 6 Monaten. Die praktische Relevanz dieser Einschränkung dürfte eher

---

[477] *Koller,* in: Assmann/Schneider, WpHG (1999), RNr. 144 zu § 31.

[478] BGH NJW 1975, 1068 beim Haager Unterhaltsübereinkommen; BGH NJW 1993, 2047, 2048 zu Art. 14 Abs. 1 Nr. 2 EGBGB; OLG Frankfurt NJW 1961, 1586 zu § 606 ZPO bei einem kasernenpflichtigen Berufssoldaten. Vgl. auch § 9 Satz 2 a.E. AO. Geschäftsreisende oder Schauspieler, die lediglich ein Gastspiel geben, begründen noch keinen gewöhnlichen Aufenthalt im Inland, vgl. *Thomas/Putzo/Reichold,* RNr. 1 zu § 20 ZPO.

[479] BayObLGE 80, 53; KG FamRZ 87, 603, 604 bei § 606a Nr. 2 a. F.; *Baetge,* Der gewöhnliche Aufenthalt im IPR (1994), 142, der allerdings in überzeugender Weise die Möglichkeit eines mehrfachen gewöhnlichen Aufenthalts auf die Fälle rechtlicher Zusammenhänge beschränkt, in denen ein geringes Maß an sozialer Integration ausreicht, also insbesondere im Falle konkurrierender internationaler Aufenthaltszuständigkeiten. Diese zusätzliche Voraussetzung dürfte im Falle der Wertpapierdienstleistungskunden gegeben sein; a.A. *Heldrich* in: Palandt (2000), RNr. 10 zu § 5 EGBGB m.w.N.

[480] LG Hamm NJW 74, 1053; OLG Hamm FamRZ 91, 1346, 1347 (Unterschreitung der 6 Monatsgrenze im Einzelfall möglich) ; OLG Hamm NJW 92, 638, 637; LG Stuttgart NJW 78, 1746; OLG München FamRZ 81, 389, 390; OLG Düsseldorf FamRZ 84, 194, 195; OLG Celle FamRZ 91, 1221, 1222.

gering sein. Einziger Anwendungsfall ist wohl, dass das Unternehmen einen Kunden betreut, der sich zwar ausnahmsweise gerade in Deutschland aufhält, aber dort eben nicht seinen gewöhnlichen Aufenthalt innehat. Dies wäre denkbar, wenn das Unternehmen seine Dienstleistung etwa gegenüber international tätigen (Handels-) Vertretern oder sonst reisenden Kunden erbringt.

b) Geschäftsleitung

Das Gesetz verwendet für den Inlandsbezug bei Unternehmen nicht das Kriterium des Sitzes wie bei der Beschreibung der Unternehmen im Ausland als Normadressaten[481]. Der Begriff der Geschäftsleitung wird von *Koller* mit dem „Ort der tatsächlichen Hauptverwaltung" umschrieben.[482] Diese Umschreibung sollte man nicht ganz unkritisch übernehmen. Der von § 31 Abs. 3 verwendete Begriff „Leitung" stellt, im Gegensatz zu dem Begriff „Verwaltung",[483] eher auf das Treffen von richtungsweisenden Grundsatzentscheidungen ab.[484] Das gilt auch bei dezentralisierter Verwaltung. Der Ort einer untergeordneten Verwaltungseinheit bleibt außer Betracht. Es kommt also auf die Haupt*leitung* an[485], die im Ausland liegen kann, während der Ort der Haupt*verwaltung* im Inland liegt. Ist das Unternehmen eine juristische Person, kann diese Präzisierung zu Problemen führen. So könnte man die Geschäftsleitung als effektive Hauptleitung bei internationalen Konzernen nicht an dem Ort vermuten, an dem die Geschäftsführungsorgane des Tochterunternehmens tätig sind, sondern an dem Ort, an dem im Mutterunternehmen im Ausland das letzte Wort gesprochen wird. Diese Folgerung ist jedoch nicht richtig. Es ist immer auf die Hauptleitung des die Wertpapierdienstleistung empfangenden Unternehmens abzustellen. Und das ist

---

481 Siehe oben D. II.2.

482 *Koller*, in: Assmann/Schneider, WpHG (1999), RNr. 145 zu § 31.

483 Vgl. hierzu den im internationalen Privatrecht üblichen Terminus „tatsächlicher Verwaltungssitz". Dieser befindet sich nicht unbedingt an dem Ort der inneren Willensbildung, sondern an dem nach außen erkennbaren Tätigkeitsort der Geschäftsführung und der für das Tagesgeschäft zuständigen Vertretungsorgane, also der Ort, wo die grundlegenden Entscheidungen der Unternehmensleitung, mögen diese auch woanders getroffen werden, in laufende Geschäftsführungsakte umgesetzt werden. Vgl. *Kropholler,* Internationales Privatrecht (1997), 489.

484 Leiten bedeutet das Treffen von Einzelfallentscheidungen.

485 Anders als der Begriff der deutschen geschäftlichen Oberleitung im Steuerrecht: Dort ist die Oberleitung die höchste Leitung in Deutschland, vgl. § 10 AO. Der Begriff der Oberleitung ist nicht zu verwechseln mit dem Begriff der Hauptverwaltung, der nicht zwangsläufig in Deutschland sein muss. Die Geschäftsleitung ist der Mittelpunkt der geschäftlichen Oberleitung.

auch bei einem Tochterunternehmen eine andere juristische Person als die des Mutterunternehmens. Wie im internationalen Konzernrecht[486] ist also der Ort maßgebend, an dem die Geschäftsführungsorgane der abhängigen Tochter tätig sind.

4. *„Sofern nicht die Wertpapierdienstleistung oder Wertpapiernebendienstleistung einschließlich der damit im Zusammenhang stehenden Nebenleistungen ausschließlich im Ausland erbracht wird"*

Erbringt das Unternehmen im Ausland alle Teilakte der Wertpapierdienstleistung oder Wertpapiernebendienstleistung[487] einschließlich der damit im Zusammenhang stehenden Nebenleistungen im Ausland, gelten die deutschen Wohlverhaltensregeln für seine Tätigkeiten nicht. Positiv ausgedrückt heißt das für deren Anwendbarkeit, dass es bei mehraktigen Dienstleistungen schon genügen würde, wenn nur ein Teil der Wertpapierdienstleistung oder Wertpapiernebendienstleistung im Inland erbracht wird. Nach der Begründung des Berichts des Finanzausschusses sei dies für die Anwendung der Regelungen ausreichend. Die im Ausland erbrachte Dienstleistung präge in diesen Fällen das Vertragsverhältnis.[488] Ein bloßes Angebot von Wertpapieren ohne abschluss- oder anlagevermittelnde Tätigkeit ist noch keine Wertpapierdienstleistung.[489] Problematisch kann dies jedoch bei der telefonischen Beratung eines Kunden in Deutschland sein, wobei beratende Tätigkeit und Auftragsannahme „aus dem" bzw. „im" Ausland erfolgt. Zwar reicht es, wenn

- Wertpapiere in das Inland geliefert werden, oder
- Anlagegelder in das Inland überwiesen werden.

Dabei gelten die Wohlverhaltensregeln dann auch für die übrigen Teilakte. Kommt es jedoch zu einer Aufbewahrung der Wertpapiere und Führung eines Effektenkontos im Ausland, kann die Beurteilung schwierig werden.

a) Meinungsstand

Zunächst ist der Meinungsstand zu diesem Problem darzustellen. Dabei kommt man zu dem Ergebnis, dass die wohl herrschende Meinung auf dem Standpunkt

---

486 Hierzu *Kropholler*, Internationales Privatrecht (1997), 491.
487 Vgl. Art. 11 Abs. 1 Satz 3 WpDRiL.
488 BTag-Drucks. 12/7918, 103 ff.: Eine entsprechende Regelung enthalte auch Art. 29 Abs. 4 EGBGB.
489 *Assmann*, in: FS Schütze (1999), 15, 35, für den Fall von Neuemmissionen.

steht, die deutschen Wohlverhaltensregeln seien nicht anwendbar, wenn der Vertragsschluss gegenüber den Kunden in Deutschland über Telekommunikationsmittel stattfindet und seine Durchführung sich im übrigen auf das Ausland beschränkt.

(1) Literatur

Nach einer Literaturmeinung gelten hier die deutschen Wohlverhaltensregeln nicht.[490] Schließt der Kunde durch grenzüberschreitende Kontaktaufnahme mit einem Unternehmen im Ausland einen Wertpapierdienstleistungsvertrag, dessen Durchführungsakte sich territorial auf das Ausland beschränken, und ist dies für ihn erkennbar, bestehe kein Grund, deutsches Recht anzuwenden.

Nach anderer Ansicht muss es sogar ausreichen, wenn vom Ausland her in das Inland beraten wird, Informationen ins Inland hinein erteilt werden, oder Angaben im Sinne des § 31 Abs. 2 Nr. 1 aus dem Inland angefordert werden[491]. Schon dann soll jedenfalls eine Nebenleistung im Inland i.S.d. § 31 Abs. 3 WpHG vorliegen.

(2) EuGH

Der EuGH hat sich mit der deutschen Reichweite der Anwendbarkeit der Wohlverhaltensregeln nach den §§ 31 Abs. 3 und 32 Abs. 3 noch nicht auseinandergesetzt. Es sind allerdings bereits manche Entscheidungen zu der Vorfrage ergangen, wann überhaupt ein grenzüberschreitender Sachverhalt vorliegt. Dabei wurde die Problematik unter dem besonderen Blickpunkt eines möglichen Verstoßes gegen EG Grundfreiheiten relevant. Denn nur wenn ein grenzüberschreitender Vorgang gegeben war, war europäisches Recht anwendbar. Ansonsten blieb es bei den nebeneinander geltenden nationalen Regelungen, und eine den europäischen Markt möglicherweise europarechtswidrige beschränkende Wirkung kam nicht in Betracht. Weder der EGV noch die Richtlinien sagen hierüber etwas genaueres aus. Im allgemeinen werden 3 verschiedene Situationen unterschieden:[492]

---

[490] *Bliesener*, Verhaltenspflichten (1998), § 2 II 2 (38), bildet den Beispielsfall, dass ein Londoner Broker ohne Zwischenschaltung einer Zweigstelle in Deutschland mit dem Kunden per Telefon oder Online-Verbindung verhandelt und sein Effektenkonto in London führt. Tendenziell ähnlich *Schulte-Frohlinde,* Art. 11 Wertpapierdienstleistungsrichtlinie (1999), 97.

[491] *Koller,* in: Assmann/Schneider (1999), RNr. 175 zu § 31.

[492] Statt vieler etwa *Dalhuisen,* EBLR 1999, 158, 287.

Im ersten Fall begibt sich der Leistungserbringer in ein anderes Land, um dort gegenüber einem Kunden seine Dienstleistungen zu erbringen. Dies kann durch Mitarbeiter des Unternehmens oder durch Bestimmung eines Vertreters, durch die Eröffnung einer Zweigstelle oder die Gründung einer Tochtergesellschaft geschehen. Hier liegt der grenzüberschreitende Sachverhalt recht deutlich vor. In der zweiten Alternative begibt sich der Kunde in das Land des Leistungserbringers, um dort Dienstleistungen in Anspruch zu nehmen, was grundsätzlich nicht als grenzüberschreitender Sachverhalt angesehen wird.[493] Dazwischen liegt der Fall, dass weder die eine noch die andere Partei sich geografisch verändert und nur die Dienstleistung die Grenze überschreitet. Diese Alternative bleibt manchmal nach wie vor zweifelhaft.

In der Entscheidung „GB-INNO-BM" hat nun der EuGH erklärt, dass auch Werberegeln, die sich auf Werbetafeln bezogen, die in einem Hoheitsgebiet aufgestellt wurden, unter Umständen an dem grundsätzlichen Verbot der marktbeschränkenden Maßnahmen zu messen sind. Das war durchaus überraschend, weil es hier doch eigentlich um rein nationale Regelungen ging. Er verneinte das Vorliegen von zwingenden Erfordernissen zur Gewährleistung des Verbraucherschutzes und erklärte dieselben für europarechtlich grenzüberschreitende Sachverhalte für unanwendbar.[494] Es ging in diesem Fall um bestimmte Werbeverbote, die ein belgischer Großmarkt im luxemburgischen Grenzgebiet missachtete, um in Belgien seinen Absatz zu fördern. Dass das luxemburgische Werberecht anwendbar war, stand außer Frage. Deswegen lässt sich aus diesem Urteil für das hier behandelte Problem auch nicht viel ableiten. In der Entscheidung „Alpine Investment" lag die Sachlage ähnlich, nur dass in diesem Fall das in den Niederlanden geltende Verbot von so genannten „cold calling"-Werbemethoden[495], das auf Anrufe von in den Niederlanden beheimateten Unternehmen ins europäische Nachbarland (also auf den Dienstleistungsexport!) angewandt wurde, als zwingend erforderlich angesehen wurde.[496] Aus diesen Urteilen lässt sich immerhin ablesen, dass sowohl die weite als auch die enge

---

[493] Mitteilung der Kommission zu Auslegungsfragen über den freien Dienstleistungsverkehr und das Allgemeininteresse in der Zweiten Bankenrichtlinie, Amtsblatt 97/C 209/04, vom 10 Juli 1997, 6; *Dalhuisen,* EBLR 1999, 158, 287

[494] EuGH Slg. 1990, I-667, 680.

[495] Darunter wird die telefonische Kontaktaufnahme mit dem Endkunden zum Zwecke der Förderung des eigenen Absatzes, ohne dass der Kunde diese Form der Kontaktaufnahme vorher gewünscht hatte, verstanden.

[496] EuGH Slg. 1995, I-1141.

Definition eines grenzüberschreitenden Sachverhalts europarechtskonform sein dürften, unabhängig von der Frage, ob als Folgeproblem eine Beschränkung des Marktes europarechtskonform ist oder nicht.[497] Die Entscheidung „Alpine Investment" enthält allerdings noch sehr interessante Bemerkungen im obiter dictum. So meinte der EuGH dort, dass der Mitgliedstaat, von dem aus die Telefongespräche geführt werden, am besten diese Form der Werbung kontrollieren könne. Dagegen sei der Staat, „in den hinein" telefoniert werde, kaum in der Lage, ohne die Kooperation der zuständigen Stellen des Herkunftsstaates derartige Anrufe zu verhindern oder zu kontrollieren. Demgemäß wären für das vorliegende Problem die deutschen Wohlverhaltensregeln unanwendbar.

(3) Kommission

Die Kommission hat sich ebenfalls bereits zu Problemen des grenzüberschreitenden Dienstleistungsverkehrs im Zusammenhang mit den Freiheiten des Europäischen Passes geäußert. Zu Anfang noch ließ sie erkennen, dass sie viele Fragen davon abhängig machen wollte, ob sich der Kunde an die Bank wendet, oder umgekehrt die Bank an den Kunden.[498] Diese Beurteilung richtete sich nach den Verbraucherinteressen. Ergreift der Kunde die Initiative und nimmt von sich aus den Kontakt mit der Bank im Ausland auf, so erscheint er weniger schutzbedürftig. In diesem Fall würden die Wohlverhaltensregeln des Landes gelten, in dem das Wertpapierdienstleistungsunternehmen seinen Sitz hat. Diese Position, die ursprünglich von Italien und Spanien eingenommen wurde,[499] wurde kontrovers beurteilt. Mit Recht wurde eingewandt, dass es in der Praxis kaum möglich ist zu bestimmen, wer die Initiative ergriffen hatte. Es hätte kaum nachgewiesen werden können, ob ein Kunde sich an ein Wertpapierdienstleistungsunternehmen etwa auf Grund entsprechender Werbungen in Zeitungen gewendet hatte oder im Gegenteil auf Grund der Empfehlung von einem guten Freund.[500]

---

[497] Zu dieser Folgefrage siehe unten D. III.3. wonach die Europarechtskonformität diesbezüglich ebenfalls zu bejahend ist.

[498] *Abrams*, EFSL 1995, 317. Eine ähnliche Position nahm sie in einem Mitteilungsentwurf zu dem Problem ein, wann eine Mitteilungspflicht nach Art. 20 Abs. 1 der Zweiten Bankenrichtlinie entsteht, vgl. Amtsblatt Nr. C-291/7 vom 4.11.95, insbesondere Seite 9. Zustimmend wohl *Dalhuisen,* EBLR 1999, 158, 161, der allerdings unentschlossen ist für den Fall, dass der Ort der Vertragsdurchführung ein anderer wird oder in einer bestimmten Art geworben wird.

[499] *Abrams*, EFSL 1997, 249.

[500] *Abrams*, EFSL 1997, 249.

1997 erschien im Amtsblatt dann eine „*Mitteilung der Kommission zu Auslegungsfragen über den freien Dienstleistungsverkehr und das Allgemeininteresse in der Zweiten Bankenrichtlinie*".[501] Es spricht vieles dafür, dass die dort dargelegten Grundsätze auch auf die WpDRiL anwendbar sein müssen, weil die Zweite Bankenrichtlinie[502] viele Wertpapierdienstleistungen betrifft, für welche die WpDRiL ebenfalls einen europäischen Pass für Wertpapierdienstleistungsunternehmen vorsieht, die keine Banken sind.[503] Das maßgebliche Kriterium für die Schlüsselfrage, ob eine Mitteilungspflicht besteht und wer die Hauptaufsicht über das Unternehmen ausüben soll, solle die Frage sein, wo die „charakteristische Leistung" erbracht wird.[504] Nach heutiger Ansicht der Kommission werden diese grenzüberschreitenden Dienstleistungen also normalerweise in dem Mitgliedstaat erbracht, in dem sich das Unternehmen bzw. die Filiale des Unternehmens, das die Dienste erbringt, befindet. Das läuft letzten Endes auf eine konsequente Betonung des Herkunftslandprinzips hinaus. Ausnahmen müssten allerdings dann gemacht werden, wenn die Bankangestellten den Kunden besuchen, um ihre Dienstleistungen anzubieten und zu erbringen.[505] Diese Abgrenzung entspricht dem Konzept des Römischen EWG-Übereinkommens über das auf vertragliche Schuldverhältnisse anzuwendende Recht.[506] Damit wurde das Kriterium, wer Initiative ergreift, ausdrücklich aufgegeben. Allerdings betont die Kommission, dass ihre Position ausschließlich die Mitteilungspflicht nach Art. 20 Abs. 1 der Zweiten Bankenrichtlinie betrifft und gerade nicht auf die Probleme, die bei der Erbringung der Bankdienstleistung entstehen, bezogen

---

501 Amtsblatt 97/C 209/04, vom 10 Juli 1997, 6. Zu einer ausführlichen Diskussion mit diesem Papier und seiner rechtlichen Qualifikation (nach Ansicht der Kommission entspricht es einer Literaturmeinung) vgl. *Tornberg,* EBLR 1999, 24.

502 Richtlinie 89/646/EWG: zweite Richtlinie des Rates vom 15. Dezember 1989 zur Koordinierung der Rechts- und Verwaltungsvorschriften über die Aufnahme und Ausübung der Tätigkeit der Kreditinstitute und zur Änderung der Richtlinie 77/780/EWG (Amtsblatt Nr. L 386 vom 30.12.1989, 1), geändert durch die Richtlinie 92/30/EWG (Amtsblatt Nr. L 110 vom 28.4.1992, 52).

503 *Abrams*, EFSL 1997, 248; *Dalhuisen,* EBLR 1999, 158, 192 (Fußnote 4).

504 Entwurf, Amtsblatt Nr. C 209/6 vom 10.07.1997, 7.

505 Es wurde sogar betont, dass es hierfür noch nicht ausreicht, wenn die Bank in dem Aufnahmestaat ihr Marketing betreibt, was bis zu persönlich adressierter Werbepost gehen kann. Das kann aber wohl ausschließlich für die Frage gelten, ob eine Mitteilungspflicht gegenüber den zuständigen Stellen des Aufnahmestaates besteht oder nicht. Es ginge zu weit, diese Ansicht auf das Problem zu beziehen, welche Wohlverhaltenspflichten welchen Staates anwendbar sind.

506 Vgl. Art. 4 Abs. 2 dieses Vertrags, BGBl. 1996 II, 810, in der Fassung des 2. Beitrittsübereinkommens von Funchal vom 12. Mai 1992, BGBl. 1995 II, 307.

werden kann.[507] Insbesondere könne gemäß dem Übereinkommen von Rom[508] die Existenz eines speziell unterbreiteten Angebots oder einer vorherigen Werbung bei Verträgen mit Verbrauchern Auswirkungen auf das Recht haben, das auf den später abgeschlossenen Vertrag anwendbar ist. Überträgt man diese Wertung entgegen dem ausdrücklichen Hinweis der Kommission[509] auch auf das Problem, welche Wohlverhaltenspflichten in welchem Staates anwendbar sein sollen, wären regelmäßig die Wohlverhaltenspflichten des Staates anwendbar, aus dem die Dienstleistung stammt.

Der Entwurf für eine Richtlinie über den Fernabsatz von Finanzdienstleistungen an Verbraucher[510] regelt die Frage des anwendbaren Rechts nicht.[511] Da er zu einer sehr detaillierten Harmonisierung führt, sollen die Mitgliedstaaten nach Ansicht der Kommission nicht die Möglichkeit haben, ein im Vergleich zur Richtlinie höheres Schutzniveau für die Verbraucher sicherzustellen.[512] Bei einer so vollständigen Harmonisierung wird es dann irrelevant werden, ob die Regelungen des einen oder anderen Staats anwendbar sind, weil sie im großen und ganzen identisch sein werden.

Die Kommission plant Mitteilungen zur Definition des „professionellen Anlegers" sowie über eine Politik für den elektronischen Geschäftsverkehr im Finanzdienstleistungsbereich, um das Ausmaß der Anwendung der Wohlverhaltensregeln des Gastlandes – welche die grundlegende Voraussetzung für die ISD bildet – im Hinblick auf die Bedürfnisse eines integrierten Wertpapiermarktes zu

[507] Nr. 9 der Mitteilung.
[508] Übereinkommen über das auf Schuldverhältnisse anzuwendende Recht, am 19. Juni 1980 in Rom zur Unterzeichnung geöffnet und am 1. April 1991 in Kraft getreten (Amtsblatt Nr. L 266 vom 9.10.1980, 1). Das Übereinkommen wurde von allen Mitgliedstaaten mit Ausnahme Schwedens, Österreichs und Finnlands ratifiziert, die das Übereinkommen am 29. November 1996 unterzeichnet haben, deren Ratifizierungsverfahren jedoch noch nicht abgeschlossen sind.
[509] Vgl. oben Fußnote 507.
[510] Siehe den geänderte Vorschlag für eine Richtlinie über den Fernabsatz von Finanzdienstleistungen an Verbraucher und zur Änderung der Richtlinien 97/7/EG und 98/27/EG vom 23.07.1999, KOM (1999) 385 endg. und auch oben D. I.2. a)
[511] Nach der Begründung für den ersten Vorschlag der Kommission für diese Richtlinie wird der bereits bestehende rechtliche Rahmen für Finanzdienstleistungen nicht berührt, vgl. Seite 3, KOM (1998) 468 endg., vom 14.10.1998.
[512] Vgl. Begründung zum geänderten Vorschlag, für eine Richtlinie über den Fernabsatz von Finanzdienstleistungen an Verbraucher und zur Änderung der Richtlinien 97/7/EG und 98/27/EG vom 23.07.1999, KOM (1999) 385 endg., Seite 3.

überdenken.[513] Vielleicht wird auch das für den Herbst erwartete Grünbuch[514] zu den als dringend erachteten Nachbesserungen der Wertpapierdienstleistungsrichtlinie weitere Hinweise geben, in welchen Fällen die Kommission die Wohlverhaltensregeln des Gastlands für anwendbar hält.

Eine Miteilung der Kommission zu Auslegungsfragen des freien Dienstleistungsverkehrs und dem Allgemeininteresse im Versicherungswesen ist zwar bereits erschienen.[515] Das Versicherungswesen ist jedoch zu wenig mit Wertpapierdienstleistungen vergleichbar, um hieraus Rückschlüsse ziehen zu können.

(4) Nationale Gerichte

Nationale Gerichte haben sich zu dem Problem noch nicht äußern können. Immerhin gibt es aber eine wichtige Entscheidung zum Börsengesetz, die richtungsweisend für die Tendenz ist, Rechtssysteme anderer Länder hinsichtlich ihres Verbraucherschutzes als gleichwertig anzusehen.[516] Es ging in diesem Fall um einen deutschen Investor, der in Österreich ein Differenzgeschäft abschloss. Während das deutsche Börsengesetz derartige Geschäfte nur dann als bindend ansieht, wenn der private Investor über die speziellen damit verbundenen Risiken schriftlich, soweit erforderlich mit mündlicher Erklärung, aufgeklärt wurde, gibt es eine derartige Verpflichtung nach dem hier anwendbaren österreichischen Recht nicht. Der deutsche Privatinvestor, der hohe Verluste erlitt, berief sich in einem Regressprozess auf den „ordre public"-Vorbehalt, drang damit aber beim Gericht nicht durch.[517] Der BGH maß der Tatsache, dass die mangelnde Termingeschäftsfähigkeit nach § 61 Börsengesetz seit der Börsengesetznovelle 1989 im Gegensatz zu § 61 alte Fassung des Börsengesetzes nicht mehr eingewendet werden kann, wenn der Anleger zur Abgabe der Willenserklärung ins Ausland fährt, entscheidungserhebliche Bedeutung zu. Deswegen führe der Ausschluss des Termineinwands nicht mehr zu einem nach deutschen Gerechtigkeitsvorstellungen untragbaren Ergebnis, wenn der Anleger sachkundig und

---

[513] Aktionsplan zur Umsetzung des Finanzmarktrahmens der Kommission, KOM (1999) 232, Seite 5
[514] Zweiter Bericht der Kommission zum aktuellen Stand auf dem Gebiet der Finanzdienstleistungen, KOM (2000) 336, Seite 16.
[515] KOM (1999) 5046, vom 02.02.2000.
[516] *Horn,* EBLR 1999, 150, 155; *ders.,* in: Horn, German Banking Law (1999), 82.
[517] BGH WM 1998, 1176.

damit nicht schutzbedürftig sei, auch wenn er seine Willenserklärung im Inland abgegeben hätte.[518]

b) Eigene Meinung

(1) Grundsatz

Eine weite Auslegung des § 31 Abs. 3 WpHG, wonach schon eine Beratung im Ausland gegenüber einem Kunden im Inland z.B. über das Telefon zu einer Anwendung der deutschen Regeln führt, ist abzulehnen. Eine Differenzierung danach, ob die Beratung „aus dem Ausland ins Inland" oder „im Ausland" mit gleichzeitiger oder anschließender Telekommunikation ins Inland stattfindet, ist zwar sprachlich, nicht aber praktisch möglich. Außerdem ist es dem Anbieter der Dienstleistung kaum zuzumuten, die Gesetze aller Länder, in denen sich mögliche Kunden befinden, genau zu kennen und alle – womöglich gleichzeitig – einzuhalten.[519] Er müsste also Anfragen von Kunden ablehnen, die in Staaten wohnen, deren Rechtslage er nicht genügend überblickt oder bei denen die Einhaltung spezieller gesetzlicher Pflichten sich im Hinblick auf eine kostengünstige Angebotspalette für die Dienstleistungen zu große Hürden aufstellt. Das wiederum widerspricht dem Sinn und Zweck des „e-commerce", der gerade die Vorteile des weltweiten Handelsverkehrs nutzen könnte.[520]

Auch die ursprünglich von der Kommission eingenommene Position, wonach maßgeblich sein soll, ob sich der Kunde an die Bank wendet und damit die Initiative ergreift oder anders herum die Bank an den Kunden, ist aus den schon oben erwähnten Gründen abzulehnen. Die Schwierigkeiten der Abgrenzung, welche Partei die Initiative ergreift, die Dienstleitung anzubieten oder anzufordern, liegen auf der Hand. Sie ließe sich praktisch kaum durchführen.

Der einzige praktisch vernünftige Weg besteht darin, die Dienstleistung grundsätzlich als in dem Land als erbracht anzusehen, in dem der Leistungserbringer ansässig ist. Anders sind die bereits jetzt existierenden und womöglich in Zukunft noch hinzukommenden technischen Möglichkeiten der Datenverarbeitung nicht in den Griff zu bekommen. Die zunehmende Entmaterialisierung von Bankdienstleistungen macht es schier unmöglich zu determinieren, in welchem

---

518 BGH WM 1998, 1176, 1178.

519 *Swindills/Henderson*, JILT (3), 1998.

520 *Assmann*, in: FS Schütze (1999), 15, 24; *Swindills/Henderson*, JILT (3), 1998 für das allgemeine Problemfeld des Internet Handels.

Staat welche Teilakte der Dienstleistung erbracht werden. Dafür spricht auch eine anzustrebende möglichst große Einheit der Rechtsordnung.

Der Verbraucher hat sich bei Benutzung dieser neuen technischen Kommunikationsmittel daran gewöhnt, ohne jegliche faktische Probleme mit einem im Ausland ansässigen Unternehmen in Kontakt zu treten und Dienstleistungen zu empfangen. Dabei akzeptiert er oder wird es akzeptieren müssen, auf seine in Deutschland existierenden verbraucherschützenden Regelungen zu verzichten und statt dessen möglicherweise die verbraucherschützenden Regelungen eines anderen Staates in Anspruch nehmen zu müssen. Das ist der Preis der Unsicherheit, den er für die weltweite Möglichkeit der Inanspruchnahme von Dienstleistungen zahlt, ähnlich wie ein Reisender, der in Kenntnis einer politisch unsicheren Lage in ein Land fliegt, gewisse Sicherheitseinbußen hinnimmt. Durch die fortschreitende Harmonisierung wird sich dieser Aspekt in Europa kaum bemerkbar machen.

Schließlich ist zu bedenken, dass die Aufsichtsbehörden schlichtweg überfordert wären, alle ausländischen Wertpapierdienstleistungsunternehmen zu überwachen, sobald auch nur der kleinste Teilakt einer Wertpapierdienstleistung oder Wertpapiernebendienstleistung grenzüberschreitend erbracht wird, ohne dass sich das im Ausland ansässige Unternehmen auch nur irgendwie physisch in Deutschland bemerkbar macht.

Dieses Ergebnis lässt sich auch am besten mit der Funktion des Europäischen Passes in Einklang bringen, der ein Unternehmen grundsätzlich der ausschließlichen Kontrolle durch die Herkunftsbehörden unterwirft, und verhilft dem Herkunftslandprinzip zu einer größeren Durchzugskraft. Es nimmt außerdem Rücksicht auf die Interessen der Wertpapierdienstleistungsunternehmen, die wohl eine einheitliche Aufsicht durch die Herkunftsbehörden gegenüber einer gespaltenen Aufsicht, bei der sie es gleich mit mehreren Aufsichtsbehörden zu tun haben, bevorzugen.[521] Eine restriktive Auslegung des Anwendungsbereichs der Wohlverhaltensregeln des Aufnahmenlands ist meiner Meinung nach also grundsätzlich die sachgerechtere Lösung, wenn man von manchen besonderen Konstellationen im Zusammenhang mit der Werbung und den neuen Informationstechnologien einmal absieht.

[521] *Abrams*, EFSL 1995, 318.

(2) Sonderproblem Werbung

Bei der Werbung kann die Sachlage anders liegen. Betreibt das Unternehmen in Medien, die vorrangig für den deutschen Markt bestimmt sind, an deutsche Verbraucher gerichtete Werbung, kann der Verbraucher berechtigterweise davon ausgehen, dass zumindest die Wohlverhaltenspflichten in Deutschland beachtet werden, unabhängig davon, auf welche Weise er dann mit dem im Ausland ansässigen Unternehmen Kontakt aufnimmt. In diesem Falle müssen die deutschen Wohlverhaltenspflichten gelten. Ein ähnlicher Rechtsgedanke liegt auch § 1 VerkProspG zu Grunde. Danach muss für Wertpapiere, die erstmals im Inland öffentlich angeboten werden und nicht zum Handel an einer inländischen Börse zugelassen sind, der Anbieter grundsätzlich einen Prospekt (Verkaufsprospekt) veröffentlichen. Das gilt auch für Unternehmen mit Sitz im Ausland.[522]

Ob eine Werbung an den deutschen Verbraucher gerichtet ist, muss anhand aller konkreten Umstände beurteilt werden. Maßgebliches Kriterium ist dabei die verwendete Sprache. Die tatsächliche (zum Beispiel bei Zeitungen) oder die technische Verbreitung (zum Beispiel beim Radio oder Fernsehen) kann häufig geografisch eingegrenzt werden. Der Verlagssitz bei Printmedien und der Sitz bei Fernsehgesellschaften oder Radiosendern können ebenfalls wichtige Hinweise geben. Bei der Werbung im Internet oder bei Zeitschriften, die erkennbar international ausgerichtet sind, wird sich ein in Deutschland ansässiger Verbraucher nur als „deutscher Kunde“ angesprochen fühlen, wenn er zielgerichtet angesprochen wird. Das Fehlen eines eindeutigen Ausschlusses deutscher Kunden reicht noch nicht.

(3) Sonderproblem der neuen Informationstechnologien

Differenziert betrachtet werden müssen auch die Sonderprobleme bei der Benutzung von Computern. Soweit ein Verbraucher in Deutschland sich mit einem Personalcomputer eine Internetverbindung verschafft, muss es bei dem oben er-

[522] Wann ein Angebot „im Inland“ abgegeben wurde, ist allerdings problematisch, *Schuster*, Internationale Anwendung (1996), 440. Die Prospektpflicht nach dem deutschen VerkProspG sieht das BAWe schon dann ausgelöst, „wenn Anleger in Deutschland mit dem Angebot im Internet zielgerichtet angesprochen werden *oder* [Hervorhebung durch den Verfasser] vom Angebot nicht ausdrücklich ausgeschlossen“ werden, Jahresbericht 1997 (1998), 15. Wenn man diese Formulierung wörtlich nimmt, geht sie in ihrer zweiten Alternative meiner Ansicht nach zu weit. Sie ist nicht durchdacht, weil Anleger in Deutschland logisch zwingend *immer* vom Angebot nicht ausdrücklich ausgenomen sind, wenn sie zielgerichtet angesprochen werden. Die erste Alternative ist daher tautologisch und überflüssig.

wähnten Grundsatz verbleiben. Wie bemerkt, kann auch die auf der Homepage eines im Ausland ansässigen Unternehmens platzierte Werbung grundsätzlich noch nicht dazu führen, dass die deutschen Wohlverhaltenspflichten anwendbar werden. Das Gleiche gilt im Falle von öffentlich zugänglichen Computern, wie sie häufig in so genannten Internet-Cafes zur Verfügung gestellt werden. Gehört ein derartiger Computer allerdings dem im Ausland ansässigen Unternehmen, wird er von ihm gepachtet oder bietet er auf irgendeine andere Weise einen erleichterten Zugang zu einem gerade diesem Unternehmen gehörenden Rechenzentrum (etwa durch bereits gespeicherte Link-Adressen), welches dem ausländischen Unternehmen zurechenbar ist, so sind die deutschen Verhaltensregeln nach den §§ 31 und 32 anwendbar.[523]

Auf ein Problem wurde bereits allgemein beim „e-commerce" in der Literatur hingewiesen, das aber nicht unlösbar erscheint. So wird es manchmal schwierig sein, die Herkunft einer Bank zu bestimmen, wenn sich der Server nicht geografisch einem Land zuordnen lässt. Der Server, der die elektronisch weltweit zugänglichen Daten für die Dienstleistung enthält, kann sich nämlich tatsächlich überall befinden.[524] Er muss und wird aber immer zusätzlich zumindest eine postalische Adresse der betreffenden Bank, wenn nicht sogar in aller Regel auch noch eine Telefonnummer enthalten, die auf den Verwaltungssitz hinweist.[525] Sind mehrere Adressen in mehreren Staaten aufgeführt, muss das Unternehmen eben die Gesetze aller dieser Staaten einhalten, wenn nicht erkennbar ist, welche Filiale für die Datenpflege des Servers verantwortlich ist.

III. Rechtsfolge, Sanktionen, Rechtsschutz

Die §§ 31 Abs. 3 und 32 Abs. 3 unterstellen ausländische Unternehmen, die in ihrem Heimatland schon die heimischen Vorschriften beachten müssen, den

---

[523] Nr. 12 der Mitteilung der Kommission zu Auslegungsfragen über den freien Dienstleistungsverkehr und das Allgemeininteresse in der Zweiten Bankenrichtlinie, Amtsblatt der EG Nr. C 209/6 vom 10.7.1997. Dort wird sogar diskutiert, ob eine derartige elektronische Einrichtung eine Niederlassung in dem Hoheitsgebiet des Mitgliedstaates darstellt.

[524] *Swindills/Henderson*, JILT (3), 1998. Bedenken hegt auch *Zekos*, JILT (3), 1999.

[525] Nach Art. 5 der Richtlinie 2000/31/EG des europäischen Rates vom 08.06.2000 über bestimmte Aspekte der Dienste der Informationsgesellschaft, insbesondere des elektronischen Geschäftsverkehrs, im Binnenmarkt, Amtsblatt EG Nr. L 178 vom 07.7.2000, Seite 1, soll sichergestellt sein, dass die Diensteanbieter ihren Namen, die geographische Anschrift sowie bestimmte weitere Angaben verfügbar machen.

deutschen Pflichten aus §§ 31 und 32 und unterwerfen sie damit teilweise der deutschen Wertpapierhandelsaufsicht.

Insoweit stellen sie Internationales Verwaltungsrecht für Fälle mit Auslandsberührung dar. Soweit den Absätzen eine privatrechtliche Funktion zukommt, liegt IPR vor.[526] Dass einseitig nur auf einen Teil der deutschen Rechtsordnung „verwiesen" wird,[527] und das ausländische Recht gleichzeitig anwendbar bleiben kann, soweit eine *Kollision* nicht vorliegt, ist unschädlich. Es ist immerhin denkbar und eine indirekte Folge, dass die ausländische Rechtsordnung „verdrängt" werden kann. Widersprechen sich die Rechtsordnungen in einer Weise, die es dem Unternehmen unmöglich machen, die Regelungen in beiden Staaten gleichzeitig einzuhalten, wirken die Absätze wie Kollisionsnormen.

Soweit es sich um Kollisionsrecht handelt, ist das Völkerrecht zu berücksichtigen.[528] Durch die Einschränkung des extraterritorialen Regelungsbereichs auf Fälle der Dienstleistungserbringung gegenüber Kunden in Deutschland zumindest teilweise auf deutschem Territorium ist der völkerrechtlich erforderliche sachliche Anknüpfungspunkt zur deutschen Rechtsordnung allerdings ohne weiteres gegeben. Dennoch sind bei der Anwendung dieser Absätze die Regelungsinteressen anderer Staaten zu berücksichtigen. Dies kann im Extremfall dazu führen, dass trotz Vorliegens der Voraussetzungen die Rechtsfolge nicht angewandt werden darf.[529]

1. § 30 Abs. 3 und § 32 Abs. 3 als Teil des öffentlichen Rechts

§ 30 Abs. 3 und § 32 Abs. 3 gehören nach § 4 Abs. 1 und § 35 zum öffentlichen Recht, weil sie Pflichten von Unternehmen betreffen, die insoweit gegenüber dem BAWe – also einer staatlichen Stelle – bestehen, als deren Nichteinhaltung zu direkten aufsichtlichen Maßnahmen führen kann. Man spricht von Verhal-

---

[526] Zu der Definition und Funktion des Internationalen Privatrechts: *Heldrich* in: Palandt (2000), RNr. 1 Einl. vor § 3 EGBGB.

[527] *Ellger,* Datenschutz (1990), 654 ff., umschreibt diese Eigenschaft mit dem „Prinzip der einseitigen Kollisionsnorm". Nach *Assmann,* in: FS Schütze (1999), 15, 23, sind Normen über die extraterritoriale Anwendung nationalen Rechts nichts anderes als einseitige Kollisionsnormen.

[528] Zum Verhältnis des Kollisionsrechts zum Völkerrecht siehe oben C. I.2. b) .

[529] Vgl. zu der Verfahrensweise und das Abwägungsgebot bei Jurisdiktionskonflikten oben C. I.3. c) (1).

ienssteuerung durch Wirtschaftsaufsichtsrecht.[530] Die Freiheit und Privatautonomie der Normadressaten wird durch aufsichtliche Ge- und Verbote beschränkt, die der Förderung von Interessen nach bestimmten Wertungen des Gesetzgebers dienen. Dass dieses Wirtschaftsaufsichtsrecht rechtstechnisch an das vertragliche und quasivertragliche Verhalten der privaten Wirtschaftssubjekte anknüpft, macht die §§ 31 und 32 noch nicht zum reinen Privatrecht.

a) Deutsche Marktaufsicht über das ausländische Unternehmen

Liegen die Voraussetzungen des § 31 Abs. 3 vor, unterliegt das ausländische Unternehmen mit seinen nach Deutschland reichenden vertraglichen und vorvertraglichen Beziehungen der deutschen Marktaufsicht durch das BAWe über die deutschen Wohlverhaltensregeln. Die Aufsicht des BAWe bleibt in zweierlei Hinsicht beschränkt:

- Zum einen bleibt das ausländische Unternehmen mit seinen Rechtsbeziehungen zu Kunden im eigenen Land ausschließlich der heimatlichen Marktaufsicht unterstellt. Die Kompetenz des BAWe ist nur gegeben, soweit sich die Betätigungen des ausländischen Unternehmens auch auf die Interessen deutscher Kunden auswirkt.
- Zum anderen wird die Kompetenz des BAWe nur für die Aufsicht über die Wohlverhaltensregeln nach § 31 und § 32 eröffnet. Über eine direkte Anwendung des § 31 Abs. 3 kommt man nicht zu einer Aufsicht über die übrigen Verhaltensregeln nach den §§ 33 ff. Möglicherweise kann sich die Aufsicht über die Verhaltensregeln nach den § 33 ff allerdings über eine analoge Anwendung des § 31 Abs. 3 oder auf Grund anderer rechtlicher Erwägungen erstrecken.[531]

Die Aufsicht bezieht sich sowohl auf die Wertpapierdienstleistungen als auch auf die Wertpapiernebendienstleistungen, die dem Kunden in Deutschland gegenüber erbracht werden. Europarechtlich nutzt Deutschland damit die von Art. 11 Abs. 1 Satz 3 WpDRiL gegebene Möglichkeit, auch Nebendienstleistungen den Wohlverhaltensregeln zu unterwerfen.

---

[530] *Koller*, in: Assmann/Schneider (1999), vor § 31, RNr. 16, und *Bliesener*, Verhaltenspflichten (1998), § 5 II und § 7.
[531] Hierzu unten D. III.3.

b) Durchsetzung der deutschen Marktaufsicht

Die Nichteinhaltung der deutschen Wohlverhaltensregeln ist nicht bußgeld- oder strafbewehrt, unabhängig davon, ob sie von inländischen oder ausländischen Unternehmen erfolgt. Im übrigen kann hinsichtlich ihrer Durchsetzung durch geeignete Maßnahmen und deren zwangsweise Sicherstellung auf die allgemeinen Ausführungen zu den völkerrechtlichen Rahmenbedingungen verwiesen werden.[532]

c) Rechtsschutz für das Unternehmen

Wegen des Rechtschutzes für das Unternehmen kann ebenfalls auf die Ausführungen zu den völkerrechtlichen Rahmenbedingungen verwiesen werden.[533]

2. § 30 Abs. 3 und § 32 Abs. 3 als IPR

Inwieweit die §§ 31 und 32 mit deren Absätzen 3 auch Bedeutung für die privatrechtliche Beziehung zwischen dem Wertpapierdienstleister und dessen Kunden haben, ist nicht endgültig geklärt.[534] Kommt man zu dem Ergebnis, dass die §§ 31 und 32 auch eine privatrechtliche Funktion haben, stellen die jeweiligen Absätze 3 diesbezüglich Regelungen des Internationalen Privatrechts dar,[535] weil sie bestimmen, in welchen Fällen mit Auslandsbezug deutsche Wohlverhaltensregeln als Teil der deutschen Rechtsordnung anwendbar sind oder nicht.[536] Dem synonym kann man sie auch als Kollisionsrecht" oder „Konfliktrecht" bezeichnen. Das ist aber insofern irreführend, als nicht jeder unter die Abs. 3 fallende

---

532 Vgl. oben C. II

533 Vgl. oben C. III

534 Nach *Bliesener,* Verhaltenspflichten (1998), 102 ff., haben die §§ 31 ff. allenfalls Ausstrahlungswirkung. Eine privatrechtliche Funktion befürwortend *Kümpel,* in: Kümpel/Ott, Kapitalmarktrecht (Lfg. 1996), 065, 104, der auf die enge sachliche Verzahnung mit den kommissions- und auftragsrechtlichen Bestimmungen des HGB und BGB hinweist. Siehe hierzu sogleich. Eine sehr ausführliche Diskussion mit weiteren Nachweisen findet sich bei *Wieneke,* Rechtsfragen des Discount-Brokings (1999), 74 ff.

535 Das schließt nicht aus, dass das Internationale Privatrecht auch auf Vorschriften des öffentlichen Rechts verweisen kann. Vgl. *Heldrich* in: Palandt (2000), RNr. 4 zu § 3 EGBGB. Internationales Privatrecht ist in erster Linie selbst Privatrecht, weil es private Beziehungen regelt, ohne den Staat als Hoheitsträger einzubeziehen, auch wenn es zugleich den Anwendungsbereich verschiedener Rechtsordnungen gegeneinander abgrenzt. Vgl. *Kropholler,* Internationales Privatrecht (1997), 8.

536 Das Internationale Privatrecht im engeren, technischen Sinne regelt Sachverhalte mit internationalem Einschlag nicht unmittelbar, sondern dadurch, dass es auf eine der berührten Rechtsordnungen verweist.

Sachverhalt eine Kollision oder einen Konflikt mit der Rechtsordnung eines anderen Staates verursachen wird. Gerade angesichts des hohen Harmonisierungsgrades im EU-Recht werden sich die „Wohlverhaltensregeln“ der verschiedenen Länder weitgehend gleichen. Dieses Problem ist allerdings kein spezifisch wertpapierhandelsrechtliches Terminologieproblem, sondern ein allgemeines Problem der meisten das Internationale Privatrecht umschreibenden Begriffe.[537]

a) Die Bedeutung der § 30 Abs. 3 und § 32 Abs. 3 im Privatrecht

Die Kunden/Verbraucher werden wohl die Existenz und privatrechtliche Bedeutung der §§ 31 und 32 solange ignorieren, solange sie durch deren Missachtung durch das Wertpapierdienstleistungsunternehmen keinen Schaden erleiden. Eine präventive Funktion im privatrechtlichen Bereich kann man den genannten Vorschriften also kaum zusprechen. Sie können nicht als vertragliche Primärpflichten eingeklagt werden.[538]

Durchaus praxisrelevant kann die Frage allerdings bezüglich einer möglichen Ausgleichsfunktion sowie einer möglichen Beschränkung der Privatautonomie über § 134 und § 138 BGB werden.[539] Während die Qualifizierung der §§ 31 und 32 als Verbotsgesetze im Sinne von § 134 BGB abgelehnt wird,[540] geht die herrschende Meinung davon aus, dass die Verhaltensregeln durchaus als Schutzgesetze im Sinne von § 823 Abs. 2 BGB fungieren können.[541] Außerdem müssen die Verhaltensregeln indirekt in den verschiedenen Generalklauseln des Privatrechts berücksichtigt werden und konkretisieren zugleich vertragliche und vorvertragliche Pflichten (Ausstrahlungswirkung).[542] Einhellig vertritt man die An-

---

[537] *Kropholler,* Internationales Privatrecht (1997), 9.

[538] *Schulte-Frohlinde,* Art. 11 Wertpapierdienstleistungsrichtlinie (1999), 83.

[539] Wegen der Eigenschaft als Wohlverhaltensregel gilt die privatrechtliche Funktion nach *Fischbach,* Organisationspflichten (2000), 215, 225, auch für § 33 Abs. 1 Nr. 1 in seiner Eigenschaft als tätigkeitsbezogene Pflicht. Als betriebliche Sekundäraufgabe allerdings handele es sich um eine rein öffentlich-rechtliche Norm.

[540] *Bliesener*, Verhaltenspflichten (1998), 147.

[541] *Schulte-Frohlinde,* Art. 11 Wertpapierdienstleistungsrichtlinie (1999), 83; *Weber,* NJW 2000, 2061, 2074; *Koller* in Assmann/Schneider, RNr. 17 vor § 31; *Bliesener*, Verhaltenspflichten (1998), 156; *Hopt*, ZHR 159 (1995), 135, 160 (für § 32 Abs. 1 Nr. 1 WpHG); *Kümpel,* in: Kümpel/Ott, Kapitalmarktrecht (Lfg. 1996), 065, 106; *Köndgen*, NJW 1996, 558, 569; *ders.*, ZBB 1996, 361; *Gaßner/Escher* WM 1997, 93, 96; *Horn*, ZBB 1997, 139, 149 ff., will sich nicht festlegen.

[542] *Weber,* NJW 2000, 2061, 2074, 2075, der sogar von einer Einstrahlungswirkung der noch vor Erlass des WpHG in Deutschland richterrechtlich begründeten Anlegerschutzpflichten

sicht, dass es hier keine Wertungsverschiebungen zwischen dem Privatrecht und öffentlichen Recht geben darf.[543] Daraus folgt, dass die §§ 31 Abs. 1 und 2 und 32 Abs. 1 und 2 bei Vorliegen der Voraussetzungen des § 31 Abs. 3 für die bürgerlich-rechtliche (vor-)vertragliche Beziehung zwischen Unternehmen und deutschen Kunden anwendbar sind. Sie stellen insoweit zwingendes Kollisionsrecht dar. Ähnlich wie bei § 98 Abs. 2 GWB[544] führt der Doppelcharakter als internationalprivat- und internationalverwaltungsrechtliche Norm dazu, dass die Vertragsparteien aufgrund der nach allgemeinem IPR grundsätzlich eingeräumten Privatautonomie ihre vertraglichen Beziehungen nicht dem deutschen Recht entziehen und entsprechenden ausländischen Wohlverhaltensregeln unterstellen können.

b) Ombudsmannverfahren bei Auslandsbezug?

Sind die deutschen Wohlverhaltensregeln einmal anwendbar, kann sich ein Kunde darauf berufen und seine Rechte möglicherweise nicht nur gerichtlich durchsetzen, was hinsichtlich der gerichtlichen Zuständigkeit sowie Anerkennung und Vollstreckung eines erstrittenen Urteils im Ausland kompliziert und langwierig sein kann. In den meisten EU-Mitglieds- und Vertragsstaaten ist auch ein Ombudsmannverfahren vorgesehen, das häufig zu einer schnelleren Einigung mit den Banken führen kann. Da das Ombudsmannverfahren freiwillig ist, ist es nur bei solchen Banken zulässig, die sich dem Schlichtungsverfahren unterworfen haben. Derartige außergerichtliche Verfahren zur Beilegung von Streitfällen soll es nach dem Willen der Kommission in Europa gerade auch im Fall eines grenzüberschreitenden Vertragsstreits geben,[545] was allerdings von den Mitgliedstaaten nach wie vor nicht vollständig umgesetzt wurde.

Dem wichtigsten deutschen Ombudsmannverfahren nach der Verfahrensordnung des Bundesverbands deutscher Banken können sich nur Privatbanken an-

---

spricht, weil die §§ 31 und 32 in weiten Teilen lediglich eine Kodifizierung von zuvor schon geltendem Recht sind.

[543] *Koller* in: Assmann/Schneider (1999), RNr. 19 vor § 31; *Bliesener*, Verhaltenspflichten (1998), 410,

[544] Hierzu *Rehbinder,* in: Immenga/Mestmäcker, GWB (1992), RNr. 7 und 222.

[545] Aktionsplan zur Umsetzung des Finanzmarktrahmens, KOM (1999) 232 vom 11.05.99, Seite 9; ausdrücklich vorgeschrieben für die Mitgliedstaaten ist die Ermutigung der für die außergerichtliche Streitbeilegung geschaffenen Einrichtungen zur Zusammenarbeit im Hinblick auf die Beilegung grenzüberschreitender Rechtstreitigkeiten in Art. 12a des zweiten Vorschlags der Kommission für eine Richtlinie über den Fernabsatz von Finanzdienstleistungen an Verbraucher, KOM (1999) 285 endg., vom 23.07.1999.

schließen.[546] Ausländische Wertpapierhandelsinstitute sind den jeweiligen deutschen Schlichtungsverfahren nicht unterworfen. Lediglich 63 Niederlassungen ausländischer Banken unterstehen dem deutschen Ombudsmannverfahren, aber wohl nur insoweit, als es um eine Streitigkeit mit der inländischen Niederlassung geht.

Beim britischen *Banking Ombudsman* sind Streitigkeiten mit Auslandsbezug in der Verfahrensordnung nicht vorgesehen.[547] Er ist örtlich auf das Territorium des Vereinigten Königreichs beschränkt. Kundenbeschwerden an den *Banking Ombudsman*, für die registrierte Selbstregulierungsorganisationen zuständig sind, sind auch unzulässig.[548] Daher müssen Beschwerden im Wertpapierhandelsgeschäft in England an die jeweils dafür zuständigen Ombudsleute oder Beschwerdestellen[549] gerichtet werden. Das insgesamt für einen Verbraucher doch sehr undurchsichtige System soll voraussichtlich bis Ende 2000 zu einem einheitlichen Beschwerdesystem zusammengeführt werden, dem so genannten „Financial Ombudsman Service".[550]

Frankreich kennt kein Ombudsmannverfahren im Wertpapierhandel. Hier ist jedoch die COB für Beschwerden zuständig[551] und kann auch eine außergerichtliche Einigung anregen.[552]

Auch Österreich kennt kein Ombudsmannverfahren bei Wertpapierdienstleistungen.

Ob im Schweizer Ombudsmannverfahren ausländische Kunden zugelassen sind, geht aus der „Verfahrensordnung für die Schlichtung von Kundenbeschwerden im Schweizerischen Kreditgewerbe" nicht hervor. Lediglich Beschwerden, die Geschäfte mit ausländischen Niederlassungen Schweizer Banken betreffen wie

---

[546] *Gude,* Der Ombudsmann (1998), 61. Sparkassen, genossenschaftliche Institute (Volks- und Reiffeisenbanken), Landesbanken und die Postbank haben zum Teil eigene Ombudsmänner.

[547] *Gude,* Der Ombudsmann (1998), 151.

[548] Vgl. paragraph 16, subsection f der *Terms of Reference of the British Ombudsman.*

[549] „Complaints Bureau"

[550] Vgl. Seite 13 einer Broschüre der Financial Services Authority mit dem Titel „FSA Guide to Making a Complaint" vom Mai 2000.

[551] Art. 4 der ordonnance n° 67-833 vom 28 September 1967.

[552] Vgl. die Verbraucherinformation der COB „Quand et comment déposer une plainte auprès de la COB", im Internet erhältlich: http://www.cob.fr (am 14.07.2000 besucht).

auch Streitigkeiten mit ausländischen Banken mit Sitz außerhalb der Schweiz können nicht zum Verfahrensgegenstand gemacht werden.[553]

Im Ergebnis sollte es zwar immer einen Versuch wert sein, sich an die entsprechenden ausländischen Ombudsmänner oder Beschwerdestellen zu wenden, in deren Land das ausländische Wertpapierhandelsunternehmen seinen Sitz hat. Nicht immer werden aber Beschwerden von in Deutschland ansässigen Kunden zulässig sein. Jedenfalls fehlt es häufig an ausdrücklichen Regelungen. Außerdem steht für deutsche Kunden leider auch nicht der Gang zu einem deutschen Ombudsmann offen. Da erscheint es sogar einfacher, sich an ein bei Verbraucherbeschwerden in der Regel immer international zuständiges deutsches Gericht[554] zu wenden, was der Idee einer außergerichtlichen Streitbeilegung nicht gerade förderlich ist. Die Entwicklung eines „unionsweiten Beschwerdenetzes", wie es die Kommission erwägt,[555] also eines international zuständigen Ombudsmannes beim grenzüberschreitenden Wertpapierhandel, erscheint also geboten. Zumindest sollte der Ombudsmann im Land des Verbrauchers Klagen gegen ausländische Unternehmen weiterleiten müssen, mit dem ausländischen Ombudsmann zusammenarbeiten und dem Verbraucher auch beim weiteren Verfahren unterstützend zur Seite stehen.[556]

3. *Keine europarechtswidrige marktbeschränkende Wirkung*

Die Anwendung der §§ 31 und 32 auf Wertpapierdienstleistungsunternehmen aus anderen Mitglieds- oder Vertragsstaaten der EU ist im Ergebnis europarechtskonform. Zwar ist es denkbar, dass die deutschen Verhaltensregeln im Vergleich zu den entsprechenden Regeln, die das Unternehmen in seinem Herkunftsland zu beachten hat, strenger sind oder auch nur strenger durchgesetzt werden. Insoweit kann sich dem betreffenden Unternehmen die Anwendung der deutschen Regeln auf ihre Wertpapierdienstleistungen gegenüber in Deutschland ansässigen Kunden als hinderlich für diese geschäftliche Betätigung darstellen.

---

[553] *Gude,* Der Ombudsmann (1998), 172.

[554] Art. 13 Abs. 1 Nr. 3 des Brüsseler EWG-Übereinkommens über die gerichtliche Zuständigkeit und Vollstreckung gerichtlicher Entscheidungen in Zivil- und Handelssachen vom 27. September 1968 (BGBl. 1972 II, 774 in der Fassung des 3. Beitrittsübereinkommens vom 26. Mai 1989 (BGBl. II, 519).

[555] Aktionsplan zur Umsetzung des Finanzmarktrahmens, KOM (1999) 232 vom 11.05.99, Seite 10.

[556] Die Kommission nennt dies wohl „Netzwerkverbindungen zwischen diesen Instanzen", vgl. Aktionsplan zur Umsetzung des Finanzmarktrahmens, KOM (1999) 232 vom 11.05.99, Seite 10.

Diese marktbeschränkende Wirkung ist jedoch von der WpDRiL, die den EGV konkretisiert, meines Erachtens gedeckt.

Weder liegt ein Verstoß gegen das Herkunftslandprinzip vor,[557] noch gehen die in den §§ 31 und 32 enthaltenen deutschen Pflichten über das hinaus, was in Art. 11 WpDRiL vorgesehen ist. Nach Art. 11 Satz 2 WpDRiL müssen die von den Mitgliedstaaten zu erlassenden Wohlverhaltensregeln *zumindest* die Beachtung der im Satz 4 aufgeführten Grundsätze gewährleisten. Die WpDRiL geht also nicht nur bei den vom Herkunftsstaat zu erlassenden Zulassungs- und Aufsichtsregeln vom Prinzip einer Minimalharmonisierung[558] aus. Auch der Aufnahmestaat kann strengere Wohlverhaltenspflichten als von der WpDRiL gefordert erlassen. Insoweit ist der Wortlaut der WpDRiL eindeutig. Unklar ist jedoch für manche, ob strengere Regeln, die den innergemeinschaftlichen Dienstleistungsverkehr beschränken, den Prüfungskriterien des EuGH zum rechtfertigenden Gemeinwohl standhalten müssen.[559] Da die Mitgliedstaaten wohl kaum nach Erlass der WpDRiL einen größeren Spielraum bei den beschränkenden Maßnahmen haben sollten als vorher, kann diese Frage nur bejaht werden. Im Falle der §§ 31 und 32 sind die Regeln aber nicht strenger oder sind jedenfalls durch zwingende Erfordernisse des Gemeinwohls gerechtfertigt.[560]

Die in § 31 Abs. 1 und 2 erwähnten Pflichten entsprechen zumeist fast wortwörtlich den in Art. 11 Abs. 1 Satz 4 WpDRiL erwähnten Pflichten sogar mit einer leichten Tendenz zu einer etwas geringeren Strenge.[561] Die besonderen Verhaltensregeln des § 32 konkretisieren einen Mindeststandard i.S.d. § 31 Abs. 1 und 2[562] und führen nur im Hinblick auf die verbundenen Unternehmen und

---

[557] Dies gilt jedenfalls nach der hier vertretenen Auffassung, dass § 31 Abs. 3 nicht erfüllt ist, wenn als einzige Inlandshandlung eine Beratung und Kommunikation aus dem Ausland mit Kunden im Inland stattfindet, vgl. oben D. II.4. b) . Wird hier eine weite Interpretation bevorzugt, wird zum Teil eine Richtlinienwidrigkeit angenommen, *Schulte-Frohlinde,* Art. 11 Wertpapierdienstleistungsrichtlinie (1999), 97.

[558] Vgl. 3. Erwägungsgrund der WpDRiL.

[559] *Tornberg,* EBLR 1999, 24, 27 m.w.N.

[560] Im Ergebnis wohl ebenso *Dalhuisen,* EBLR 1999, 158, 361. Zu den strengen Prüfungskriterien des EuGH siehe unten E. III.1. b)

[561] Statt „bestmögliches Interesse der Kunden“ wird lediglich „im Interesse des Kunden“ formuliert. Diese zu vage Formulierung ist jedoch richtlinienkonform auszulegen, vgl. *Koller,* in: Assmann/Schneider, WpHG (1999), RNr. 2 zu § 31 mit weiteren Beispielen.

[562] *Schulte-Frohlinde,* Art. 11 Wertpapierdienstleistungsrichtlinie (1999), 74; *Koller,* in: Assmann/Schneider, WpHG (1999), RNr. 1 zu § 32.

die Erfassung der Geschäftsinhaber, Organe und Mitarbeiter zu einer im Vergleich zu Art. 11 WpDRiL strengeren Regelung, wobei sie auf verbundene Unternehmen extraterritorial gar nicht anwendbar sind.[563] Soweit eine strengere Regelung vorliegt, ist sie aber aus Gründen des Gemeinwohls (hier: Verbraucherschutz) auch nach der Rechtsprechung des EuGH meiner Ansicht nach zwingend erforderlich. Sollte dies nicht der Fall sein, müsste das BAWe von einer Anwendung auf Unternehmen aus anderen EU-Mitglieds- oder Vertragsstaaten absehen, um eine letztlich gegen den EGV verstoßende marktbeschränkende Wirkung zu beseitigen.

4. Analoge Anwendung des § 31 Abs. 3 auf andere Verhaltensregeln?

Es springt ins Auge, dass die §§ 33 ff zumeist keine dem § 31 Abs. 3 entsprechende Regelung enthalten. Da allerdings die in den §§ 33 ff normierten Verhaltenspflichten zum Teil von ganz ähnlichem Charakter sind, drängt sich die Frage auf, ob eine analoge Anwendung des § 33 Abs. 3 angezeigt ist. Es kann dahingestellt bleiben, ob rechtstechnisch die analoge Anwendung des § 31 Abs. 3 vorzuziehen ist oder aber andere juristische Überlegungen richtiger sind. Jedenfalls sind im Rahmen des vom § 31 Abs. 3 umschriebenen Tatbestands bei Unternehmen aus Mitglied- oder Vertragsstaaten die §§ 31, 32, 33 Abs. 1 Nr. 1, 35 Abs. 2, 36 und 36b anwendbar. Nicht anwendbar sind dagegen die §§ 33 Abs. 1 Nr. 2 und Nr. 3, 33 Abs. 2, 34 und 34a.[564] Bei Unternehmen aus Drittstaaten kommt es auf den konkreten Einzelfall an. In der Regel wird man von einer Anwendbarkeit entsprechend § 31 Abs. 3 ausgehen müssen. Bei Vorliegen eines Jurisdiktionskonfliktes kann in letzter Konsequenz eine Abwägung dazu führen, dass die deutschen Verhaltenspflichten von entgegenstehendem ausländischen Recht verdrängt werden.[565]

---

[563] Vgl. oben D. II.1. c)

[564] Siehe hierzu unten E. III.1. d) (9).

[565] Siehe hierzu oben C. I.3. c)

E. Maßnahmen bei Unternehmen aus einem EU-Mitglieds- oder Vertragsstaat nach § 36a WpHG

Wortlaut:

§ 36a
Unternehmen mit Sitz in einem anderen Mitgliedstaat der Europäischen Union oder in einem anderen Vertragsstaat des Abkommens über den Europäischen Wirtschaftsraum

(1) Ein Unternehmen mit Sitz in einem anderen Mitgliedstaat der Europäischen Union oder in einem anderen Vertragsstaat des Abkommens über den Europäischen Wirtschaftsraum, das Wertpapierdienstleistungen allein oder zusammen mit Wertpapiernebendienstleistungen erbringt und das beabsichtigt, im Inland eine Zweigniederlassung zu errichten oder Wertpapierdienstleistungen und Wertpapiernebendienstleistungen gegenüber Kunden zu erbringen, die ihren gewöhnlichen Aufenthaltsort oder ihre Geschäftsleitung im Inland haben, ist vom Bundesaufsichtsamt innerhalb der in § 53b Abs. 2 Satz 1 des Gesetzes über das Kreditwesen bestimmten Frist auf die Meldepflichten nach § 9 und die in diesem Abschnitt geregelten Pflichten hinzuweisen.

(2) Stellt das Bundesaufsichtsamt fest, dass ein Unternehmen im Sinne des Absatzes 1, das im Inland eine Zweigniederlassung hat oder Wertpapierdienstleistungen oder Wertpapiernebendienstleistungen gegenüber den in Absatz 1 genannten Kunden erbringt, die Meldepflichten nach § 9 oder die in diesem Abschnitt geregelten Pflichten nicht beachtet, fordert es das Unternehmen auf, seine Verpflichtungen innerhalb einer vom Bundesaufsichtsamt zu bestimmenden Frist zu erfüllen. Kommt das Unternehmen der Aufforderung nicht nach, unterrichtet das Bundesaufsichtsamt die zuständigen Stellen des Herkunftsstaats. Das Bundesaufsichtsamt unterrichtet das Bundesaufsichtsamt für das Kreditwesen, sofern der Herkunftsstaat keine Maßnahmen ergreift oder sich die Maßnahmen als unzureichend erweisen.

I. Grundlagen

1. Regelungsgegenstand

§ 36a soll die Einhaltung vor allem der Meldepflichten nach § 9 WpHG und der Wohlverhaltensregeln für den Fall sicherstellen, dass Unternehmen mit Sitz in einem anderen Mitgliedstaat der Europäischen Union oder in einem anderen Vertragsstaat des Abkommens über den Europäischen Wirtschaftsraum Wertpapierdienstleistungen im Rahmen des freien Dienstleistungsverkehrs oder der Niederlassungsfreiheit grenzüberschreitend in Deutschland anbieten. § 36a betrifft ausschließlich die Aufsicht des BAWe in Deutschland als Aufnahmestaat. Dabei hat § 36a Abs. 1 WpHG nicht nur vorbeugende Funktion ohne Eingriffscharakter, indem das BAWe das Unternehmen über die in Deutschland geltenden Pflichten informiert. Diese Vorschrift verpflichtet in erster Linie das BAWe zu einer Serviceleistung für die Unternehmen, für die angesichts der äußerst komplizierten Gesetzeslage oft sehr schwer erkennbar ist, welche nationalen Vorschriften trotz der Vorteile des „Europäischen Passes“ auf sie anwendbar sind. § 36a Abs. 2 regelt die Durchsetzung der Pflichten im Falle der Nichtbeachtung sowie die Ahndung.

Bei Unternehmen aus Drittstaaten richten sich die Aufsichtskompetenzen nach den allgemeinen Vorschriften, insbesondere nach § 4 Abs. 1 Satz 3.[566]

2. *Gesetzesgeschichte*

a) *Europarechtlicher Hintergrund*

§ 36a Abs. 1 soll Art. 17 Abs. 4 und Art. 18 Abs. 2 Satz 2 der WpDRiL umsetzen. § 36 Abs. 2 soll Art. 19 Abs. 3 bis 5 der WpDRiL umsetzen. Das Verhältnis der Abs. 3 bis 5 im Art. 19 WpDRiL zu Abs. 6 ist widersprüchlich. Alle Absätze betreffen dieselben im Aufnahmeland geltenden Vorschriften. Denn andere als die nach Art. 11 geltenden Wohlverhaltensregeln und aus Gründen des Gemeinwohls erlassenen Rechts- und Verwaltungsvorschriften (vgl. Abs. 6) können im Aufnahmeland nicht gelten. Ob das Aufnahmeland in Anwendung von Abs. 6 nun ohne vorherige Konsultation gegen die Wertpapierfirma vorgehen kann oder aber zuerst nach den Abs. 3 bis 5 vorgehen muss, bleibt offen. Der Widerspruch lässt sich nur darauf zurückführen, dass bei den zähen Verhandlungen zwischen den Vertretern, die das Herkunftslandprinzip umfassend durchsetzen wollten und den Gegenkräften keine klaren Kompetenzabgrenzungen möglich waren.

§ 36a Abs. 2 WpHG und die betreffenden Vorschriften der WpDRiL bauen auch auf den negativen Erfahrungen aus der BCCI-Krise auf[567] und sind von der Ar-

---

[566] Oben C. II

[567] Der Zusammenbruch der *Bank of Credit and Commerce International (BCCI)* hat im Jahre 1992 zu der Erkenntnis geführt, dass zusätzliche Regelungen notwendig sind, um eine zentrale Beaufsichtigung und Transparenz bei international tätigen Banken sicherzustellen sowie deren einheitliche Beaufsichtigung und Zusammenarbeit der jeweiligen nationalen Aufsichtsstellen zu gewährleisten. Vgl. Punkte 3.22 und 3.23, Seiten 184 und 185 des *Bingham Report*, Inquiry into the Supervision of the Bank of Credit and Commerce International, chairman: Lord of Justice Bingham, erstellt auf Wunsch des House of Commons am 22. Oktober 1992, Referenznummer HCP 198 und herausgegeben von HM80, London, 1992.

beit des Baseler Ausschusses für Bankenaufsicht[568] beeinflusst, der die 4 „Basler Standards“ vom Juni 1992[569] formulierte.[570] Diese letzten Ergänzungen zum Konkordat „Grundsätze für Beaufsichtigung der ausländischen Niederlassungen von Banken“[571] sollen ebenfalls gewisse Prinzipien und Minimum-Standards für die Zusammenarbeit der Stellen von Herkunfts- und Aufnahmestaaten festlegen, die allerdings im Gegensatz zur WpDRiL nicht bindend sind. Es bleibt abzuwarten, welche Erfahrungen mit diesen Standards gemacht werden und welche Konsequenzen der Baseler Ausschuss für Bankenaufsicht, dem auch Staaten außerhalb der EU angehören, daraus ziehen wird.

b) Deutscher Hintergrund und Gang des Gesetzgebungsverfahrens

Die Vorschrift wurde erst durch Art. 2 des Gesetzes zur Umsetzung von EG-Richtlinien zur Harmonisierung bank- und wertpapieraufsichtsrechtlicher Vorschriften vom 22. Oktober 1997[572] in das Wertpapierhandelsgesetz eingefügt. Aus der Begründung zu Abs. 2 geht unter anderem hervor, dass angenommen wird, entsprechend der Aufgabenverteilung zwischen dem BAWe und BAKred obliege es letzteren, als ultima ratio erforderlichenfalls die Durchführung neuer Geschäfte im Inland zu versagen.[573] Die Betätigungsuntersagung wird der Zuständigkeit über die Erteilung und den Entzug der Erlaubnis für das Betreiben von Bankgeschäften zugeordnet, also der institutionellen Aufsicht.

3. Abgrenzung und Vergleich zu anderen Normen

Das Kreditwesengesetz enthält in § 53b Abs. 2 und 2a eine dem § 36a Abs. 1 WpHG entsprechende Hinweispflicht. Da das Gesetz in § 6 Abs. 2 a. E. KWG von einer Kompetenzpriorität zu Gunsten des BAWe ausgeht, wird das BAKred nur auf Pflichten hinweisen, die nicht im Abschnitt 5 WpHG und § 9 geregelt sind.

---

[568] Der Baseler Ausschuss für Bankenaufsicht besteht aus den Ländern der so genannten „Zehnergruppe“, also Belgien, Deutschland, Frankreich, Vereinigtes Königreich, Italien, Japan, Kanada, Niederlande, Schweden, Schweiz, USA und Luxemburg. Er tagt bei der Bank für Internationalen Zahlungsausgleich.

[569] Die offizielle Bezeichnung der Verlautbarung lautet: „Mindestanforderungen für die Beaufsichtigung internationaler Bankkonzerne und ihrer grenzüberschreitenden Niederlassungen“.

[570] Siehe zu deren Verabschiedung ausführlich *Dassesse/Isaacs/Penn*, EC Banking Law, second edition (1994), paragraph 10.23 ff.

[571] Bundesanzeiger vom 15. Juni 1983, 5606.

[572] BGBl. 1997/2518.

[573] BTag-Drucks. 13/7124, 114.

§ 36 Abs. 2 WpHG findet sein Pendant in § 53b Abs. 4 KWG. Letztere Vorschrift geht in den Befugnissen zur Durchsetzung der Anordnungen jedoch weiter, indem es dem BAKred ermöglicht, als ultima ratio die Durchführung neuer Geschäfte im Inland zu untersagen.

4. *Rechtsvergleichende Betrachtung*

a) Österreich

In Österreich findet sich keine dem § 36a Abs. 1 WpHG entsprechende Vorschrift. Hier gilt, dass ein derartiger Hinweis keinen Eingriff darstellt und ein angemessenes Mittel für die Aufsichtsstellen ist, die Einhaltung der Verhaltenspflichten zu gewährleisten. Ein Hinweis würde daher schon von der Aufgabenzuweisung gedeckt sein. Art. 17 Abs. 4 und Art. 18 Abs. 2 Satz 2 der WpDRiL ist dennoch nicht ordnungsgemäß umgesetzt worden. Eine entsprechende Hinweispflicht würde die grenzüberschreitende Dienstleistung im Wertpapierhandelsgeschäft innerhalb der EU sicherlich fördern, weil die gesetzlichen Regelungen in den einzelnen Mitglied- oder Vertragsstaaten nicht nur völlig unterschiedlich sind und zum Teil äußerst umfangreich und kompliziert. Es wäre für die betreffenden Unternehmen auch ein viel berechenbarerer Zustand, wenn ihnen schon aus der Sicht der zuständigen Stellen mitgeteilt würde, welche Regeln sie konkret einzuhalten haben.

Die Vorgehensweise bei Pflichtverletzungen gegen ein Wertpapierhandelsunternehmen aus einem Mitglied- oder Vertragsstaat ist entsprechend den WpDRiL-Vorgaben in Österreich in § 24a Wertpapieraufsichtsgesetz (WAG)[574] geregelt. Hier ist es im Gegensatz zur deutschen Regelung das Amt für Bundeswertpapieraufsicht (BWA) selbst, das als ultima ratio die Sanktion einer Untersagung weiterer Betätigung verhängt.

b) Frankreich

In Frankreich findet sich die Hinweispflicht im Sinne des § 36a Abs. 1 WpHG in Art. 16 des Décret n° 96-880 vom 8. Oktober 1996[575]. Danach informieren der *Conseil des marchés financiers* und die *COB* über die Wohlverhaltensregeln und die übrigen Vorschriften im Allgemeininteresse, welche die Unternehmen für

[574] BGBl. Nr. 753/1996 i.d.F. BGBl. I Nr. 126/1998.
[575] JO n° 236 du 9 octobre 1996, page 14804.

die Sicherstellung des Schutzes der Anleger und der Ordnungsmäßigkeit der Geschäfte zu beachten haben. Gegebenenfalls unterrichtet auch die *Comité des établissements de crédit et des entreprises d'investissement* die Unternehmen über die Vorschriften, die sie aus Gründen des Allgemeininteresses bei der Ausführung von Bankgeschäften einzuhalten haben.

Die Vorgehensweise bei Pflichtverletzungen gegen ein Wertpapierdienstleistungsunternehmen aus einem Mitglied- oder Vertragsstaat ist entsprechend den WpDRiL-Vorgaben in Art. 79 paragraph III der loi n° 96-597 du 2 juillet 1996[576] geregelt. Sowohl der *Conseil des marchés financiers*, die *Commission bancaire* als auch die *COB* überwachen die Einhaltung der Pflichten, die für die Unternehmen aus einem Mitglied- oder Vertragsstaat in Frankreich gelten und gehen nach Konsultation der Stellen des Herkunftsstaats gegen Verstöße vor und können gegebenenfalls als ultima ratio die weitere Betätigung in Frankreich untersagen. Ein décret des *Conseil d'Etat* wird die genaue Verfahrensweise bei dem Vorgehen gegen das Unternehmen festlegen.[577]

c) England

In England ist die Pflicht zur Aufklärung i.S.d. § 36a Abs. 1 in section 8 der Investment Services Regulation 1995[578] geregelt. Allerdings ist sie nicht als Pflicht zur Aufklärung über die im Vereinigten Königreich geltende Regeln formuliert, sondern als Pflicht zur Aufklärung über diejenigen Vorschriften, welche die zuständige Stelle für angemessen[579] hält. Das erscheint etwas unbestimmt und wäre gegebenenfalls richtlinienkonform auszulegen.

Section 9 bis 11, insbesondere section 11, regeln die Durchsetzung der Einhaltung der Pflichten, die nach der WpDRiL dem Aufnahmestaatsprinzip unterstellt wird, und das Verhältnis dabei zu den zuständigen Stellen des Herkunftsstaates.

---

[576] JO n° 154 du 4 juillet 1996, page 10063.
[577] Art. 79 papagraph IV loi n° 96-597 du 2 juillet 1996.
[578] Vom 18. Dezember 1995. Statutory Instruments 1995/3275.
[579] „appropriate"

II. Die Hinweispflicht nach § 36a Abs. 1

1. „Unternehmen mit Sitz in einem anderen Mitgliedsstaat der Europäischen Union oder in einem anderen Vertragsstaat des Abkommens über den Europäischen Wirtschaftsraum“

a) Sitz des Unternehmens

In Ermangelung einer deutschen Regelung für den Begriff des „Sitzes“ kann, nachdem § 36a als Umsetzung europäischer Richtlinien nur auf EU-Sachverhalte anwendbar ist, nur die europarechtliche Definition maßgebend sein. Nach Art. 1 Nr. 6 WpDRiL kommt es bei Wertpapierendienstleistungsunternehmen, die von natürlichen Personen betrieben werden, auf den Ort der Hauptverwaltung an. Bei Wertpapierendienstleistungsunternehmen, die juristischen Personen gehören, ist primär der satzungsmäßige Sitz, sekundär, wenn sie nach einzelstaatlichem Recht keinen satzungsmäßigen Sitz haben, der Ort der Hauptverwaltung entscheidend.

b) Anderer Mitgliedstaat der Europäischen Union oder in einem anderen Vertragsstaat des Abkommens über den Europäischen Wirtschaftsraum

Mit „anderer Vertragsstaat des Abkommens über den Europäischen Wirtschaftsraum“ sind die Länder gemeint, die im Rahmen des EWR-Abkommens[580] mit der Europäischen Union insbesondere die vier Grundfreiheiten übernommen haben.[581]

2. Erbringung von Wertpapierdienstleistungen allein oder zusammen mit Wertpapiernebendienstleistungen

Mit dieser Formulierung knüpft das Gesetz an § 2 Abs. 4 an, enthält aber nicht dessen Beschränkung in zweifacher Hinsicht.[582] Der Begriff der Wertpapier-

---

[580] Dieses Abkommen ist zwischen der EG, der Europäischen Gemeinschaft für Kohle und Stahl (EGKS), deren Mitgliedstaaten und der Staaten der Europäischen Freihandelsassoziation (European Free Trade Association – EFTA) außer der Schweiz am 1.1.1994 in Kraft getreten, BGBl. 1993 II, 266, 1294. Näher *Ipsen*, Völkerrecht (1999), 448 ff.

[581] Also neben den Staaten der EU noch Island, Liechtenstein und Norwegen.

[582] Einerseits sind nämlich Wertpapierdienstleistungsunternehmen i.S.d. WpHG nur Kreditinstitute nach §§ 1 Abs. 1, 2 Abs. 1 KWG, Finanzdienstleistungsinstitute in Sinne der §§ 1 Abs. 1a, 2 Abs. 6 KWG, oder Kredit- oder Finanzdienstleistungsinstitute gemäß § 53 Abs. 1 Satz 1

dienstleistung wird in § 2 Abs. 3 legaldefiniert, derjenige der Wertpapiernebendienstleistung in § 2 Abs. 3a.

Der Zusatz *„oder zusammen mit Wertpapiernebendienstleistungen“* ist rundum missglückt. Ein tieferer Grund, warum der Gesetzgeber ausgerechnet diese Formulierung gewählt hat, ist schlechterdings nicht ersichtlich.[583] Das Erbringen der Wertpapierdienstleistungen soll das notwendige, aber auch hinreichende Merkmal sein. Unternehmen, die ausschließlich Wertpapiernebendienstleistungen erbringen, fallen nicht unter § 36a. Angesichts der Tatsache, dass ein Unternehmen, auch wenn es nur Wertpapiernebendienstleistungen gegenüber Kunden in Deutschland erbringt, nach klarem Gesetzeswortlaut aber den Verhaltenregeln nach §§ 31 und 32 unterliegt, wäre es sinnvoll gewesen, die Hinweispflicht entsprechend auszudehnen. Es stellt sich also die Frage nach einer analogen Anwendung. Da der Gesetzgeber einerseits doch jeweils sauber die Wertpapiernebendienstleistungen von den Wertpapierdienstleistungen trennt, andererseits sich allerdings ein bestimmter Regelungsplan nicht vernünftig nachvollziehen lässt[584] und man eher vermuten muss, dass der Gesetzgeber ohne besondere Reflexion einfach nur gängige Floskeln in Gesetzesentwürfe formuliert hat, ist die Antwort auf diese Frage höchst zweifelhaft. Für Analogie spricht eine möglichst umfangreiche Ausdehnung der Überwachungsinstrumente des BAWe im Sinne einer effektiven Aufsicht. Meiner Ansicht nach sollte ein Hinweisrecht und eine Hinweispflicht auch bestehen, wenn das Unternehmen ausschließlich Wertpapiernebendienstleistungen erbringt. Auf jeden Fall wäre de lege ferenda eine entsprechende Klarstellung durch den Gesetzgeber wünschenswert.

KWG. Andererseits muss das Unternehmen die Wertpapierdienstleistungen allein oder zusammen mit Wertpapiernebendienstleistungen gewerbsmäßig oder in einem Umfange, der einen in kaufmännischer Weise eingerichteten Geschäftsbetrieb erfordert erbringen.

[583] Nach der Begründung des Regierungsentwurfs für das Umsetzungsgesetz, BRat-Drucks. 963/96, 101 zu Abs. 3a, 102 zu Abs. 4, lassen sich aus dem Merkmal „allein oder zusammen“ in Abs. 4 im übrigen keine Anforderungen an den Begriff der Wertpapier- oder Wertpapiernebendienstleistungen ableiten.

[584] Eine Regelungslücke ist nur bei einer planwidrigen Unvollständigkeit gegeben, BGH NJW 81, 1726. Für die Frage, ob einer planwidrigen Unvollständigkeit gegeben ist, muss der dem Gesetz zu Grunde liegende Regelungsplan im Wege historischer oder teleologische Auslegung ermittelt werden, vgl. *Heinrichs*, in: Palandt (2000), Einleitung, RNr. 47.

3. *„Absicht, im Inland eine Zweigniederlassung zu errichten oder Wertpapierdienstleistungen und Wertpapiernebendienstleistungen gegenüber Kunden zu erbringen, die ihren gewöhnlichen Aufenthalt oder ihre Geschäftsleitung im Inland haben"*

a) Absicht

Die Absicht wird sich durch einen nach außen erkennbaren, formellen Beschluss manifestieren. I.d.R. dürfte eine Entscheidung auf Vorstandsebene vorliegen. Diese Entscheidung alleine führt aber noch nicht zu einem Fristlauf für die Hinweispflicht. Sie löst zunächst nur eine Mitteilungspflicht an die zuständigen Stellen des Herkunftsstaats aus. Erst die Übermittlung der Unterlagen durch die zuständigen Stellen des Herkunftsstaats an das BAKred gemäß § 53b Abs. 2 Satz 1 (und Abs. 2a Satz 1) KWG führt zu einem Beginn des Fristlaufs.[585]

b) Errichtung einer Zweigniederlassung

Europarechtlich ist dieser Begriff in Art. 1 Nr. 8 WpDRiL definiert. Danach ist eine Zweigniederlassung eine Betriebsstelle, die einen rechtlich unselbstständigen Teil einer Wertpapierfirma bildet und Wertpapierdienstleistungen erbringt, für die der Wertpapierfirma eine Zulassung erteilt wurde; hat eine Wertpapierfirma mit Sitz in einem anderen Mitgliedstaat in ein und demselben Mitgliedstaat mehrerer Betriebsstellen errichtet, so werden diese als eine einzige Zweigniederlassung betrachtet. In Ermangelung einer deutschen Definition bietet sich diese Begriffsbeschreibung auch für das WpHG an.

c) Erbringen von Wertpapierdienstleistungen und Wertpapiernebendienstleistungen gegenüber Kunden im Inland

(1) Alternativ oder kumulativ?

Das „und" ist als „oder" zu lesen, also alternativ. Es muss sich hier um ein Redaktionsversehen handeln. Mindestens die Pflichten nach § 31 und 32 gelten gleichermaßen, wenn entweder nur Wertpapierdienstleistungen oder nur Wertpapiernebendienstleistungen gegenüber Kunden im Inland erbracht werden. Dies folgt aus dem klaren Wortlaut des § 31 Abs. 3. In diesem Zusammenhang kann auf die Ausführungen unter E. II.2. verwiesen werden, wonach die Hinweispflicht gemäß § 36a Abs. 1 schon besteht, wenn nur Wertpapiernebendienstleistungen erbracht werden.

---

[585] Hierzu unten E. IV.1. a) .

(2) Gegenüber Kunden, die ihren gewöhnlichen Aufenthalt oder ihre Geschäftsleitung im Inland haben

Wegen des Ausdrucks „Kunden, die ihren gewöhnlichen Aufenthalt oder ihre Geschäftsleitung im Inland haben", wird auf die Ausführungen zu § 31 Abs. 3 verwiesen.

III. Durchsetzung der Aufsicht, § 36a Abs. 2

1. Nichtbeachtung „der Meldepflichten nach § 9 oder der in diesem Abschnitt geregelten Pflichten"

Deutschland ist als Aufnahmestaat nach Art. 11 Abs. 2 und 19 Abs. 6 WpDRiL dafür zuständig, die Einhaltung der Wohlverhaltensregeln und anderer aus Gründen des Gemeinwohls erlassener Rechts- und Verwaltungsvorschriften in seinem Hoheitsgebiet zu beaufsichtigen und Verstöße dagegen zu verhindern. § 36a WpHG setzt diese europarechtlichen Vorgaben um, indem die in § 9 und die „in diesem Abschnitt geregelten Pflichten" genannt werden, was nur ein Teilbereich aus allen aus Gründen des Gemeinwohls erlassenen Rechts- und Verwaltungsvorschriften ist. Die von § 36a nicht erfassten Pflichten werden aber jedenfalls auch vom BAKred überwacht und nach § 53b Abs. 2 und 2a KWG wird auf deren Geltung hingewiesen.

Mit der Umschreibung „in diesem Abschnitt geregelten Pflichten" sind insbesondere die Wohlverhaltenspflichten i.S.d. Art. 11 WpDRiL gemeint, also in erster Linie die Pflichten nach §§ 31 und 32 sowie als Annex die Pflicht aus § 35 Abs. 2. Der Hinweis auf die Meldepflichten des § 9 WpHG ist nur für börsliche Geschäfte nach § 9 Abs. 1 Satz 3 WpHG relevant, weil die Normadressaten des § 36a WpHG in § 9 Abs. 1 Satz 1 WpHG gerade ausgeklammert werden. Das BAWe ist, soweit Deutschland Aufnahmestaat ist, für die Überwachung der Meldepflichten nach Art. 20 WpDRiL grundsätzlich nicht zuständig. Und § 36a betrifft Deutschland lediglich als Aufnahmestaat.

a) Die teilweise fehlende Konkretisierung der Pflichten

Die Voraussetzung für das Eingreifen durch das BAWe, weil das Unternehmen die Meldepflichten nach § 9 und die in diesem Abschnitt geregelten Pflichten nicht einhält, ist zu weit gefasst und dahingehend auszulegen, dass natürlich nur die Regeln und Pflichten gemeint sind, die für das betreffende Unternehmen auch wirklich gelten. Dabei fallen die Regeln heraus, die nach dem Herkunftslandprinzip in die Aufsichtskompetenz des Herkunftsstaates fallen. Das Unternehmen ist dann nur an die entsprechenden im Herkunftsland geltenden Regelungen gebunden. Fraglich ist dies vor allem bei den §§ 33 bis 34a, 36 und 36b, die mangels einer den §§ 31 Abs. 3 und 32 Abs. 3 und § 35 Abs. 2 entsprechenden Bestimmung womöglich nicht für das ausländische Unternehmen gelten. Ob dieser Umkehrschluss allerdings richtig ist, ist nicht sicher. Nach dem gesetzgeberischen Willen sollen die §§ 33 Abs. 1 Nr. 2 und 3, Abs. 2, 34 und 34a den Art. 10 WpDRiL umsetzen, für den das Herkunftslandprinzip gilt und die entsprechenden Regelungen des Aufnahmemitgliedstaates nicht gelten.[586] Wie im folgenden dargestellt wird, ist diese Einschätzung richtig. Der gesetzgeberische Wille, der zudem wegen der Hektik im Gesetzgebungsverfahren z.T. widersprüchlich ist,[587] kann allerdings keine Gesetzeskraft beanspruchen.

Während der Gesetzgeber in § 36a darauf verzichtet hat, die Pflichten, die das Unternehmen zu beachten hat, obwohl es vom Europäischen Pass profitiert, durch Verweis auf die betreffenden Normen genau zu bezeichnen, findet sich in § 37 Abs. 3 eine Regelung, wonach die §§ 33 Abs. 1 Nr. 2 und 3 und Abs. 2 sowie die §§ 34 und 34a nicht für Zweigniederlassungen von Unternehmen im Sinne des § 53b Abs. 1 Satz 1 KWG gelten. Das könnte zu dem Gegenschluss verleiten, innerhalb des fünften Abschnitt des WpHG müssten alle übrigen Pflichten, also die §§ 31, 32, 33 Abs. 1 Nr. 1, 35, 36 und 36b auch für Zweigniederlassungen von Unternehmen im Sinne des § 53b Abs. 1 Satz 1 KWG verbindlich sein. Es scheint aber eher, dass der deutsche Gesetzgeber diese Klarstellung allein deshalb machte, damit die Umsetzung der WpDRiL, die sowieso schon verspätet war, hinreichend vollständig erfolgte und die letzten gegen das Europarecht verstoßenden Beschränkungen des freien Marktes im Zweifel garantiert ausgeräumt sind.

Für den Fall, dass Wertpapierhandelsunternehmen aus Mitglied- oder Vertragsstaaten im Rahmen des freien Dienstleistungsverkehrs in Deutschland tätig werden, fehlt eine Regelung. Es liegt nahe, den § 37 Abs. 3 analog oder im Wege eines Erst-Recht-Schlusses anzuwenden. Unternehmen, die im Rahmen des freien Dienstleistungsverkehrs in Deutschland tätig werden, wären dann aus dem Pflichtenkreis der §§ 33 Abs. 1 Nr. 2 und 3 und Abs. 2 sowie der §§ 34 und 34a

586 BRat-Drucks. 963/96, 115.
587 Vgl. unten Seite 157.

auszunehmen. Die Gesetzesbegründung nimmt zu dieser Frage keine Stellung.[588] Jedenfalls wäre eine Analogie oder ein Erst-Recht-Schluss nur möglich, soweit sie mit der WpDRiL konform ist. Welche Pflichten gemeint sind, muss also der Rechtsanwender gegebenenfalls durch eine richtlinienkonforme Auslegung ermitteln. Die Entscheidung hierüber treffen in letzter Instanz die Gerichte, und nicht das BAWe.

Damit muss sich der Gesetzgeber meines Erachtens den Vorwurf einer ungenauen Umsetzung der WpDRiL im Ergebnis jedoch nicht gefallen lassen. Möglicherweise wollte sich der Gesetzgeber bei der Frage, welche Pflichten konkret anwendbar sind, nicht festlegen. Das ist angesichts der äußerst komplizierten Materie und der Tatsache, dass Deutschland mit der Umsetzung der Wertpapierrichtlinie sowieso bereits in Verzug war, verständlich.[589] Zudem ist die WpDRiL selbst nicht besonders konkret, obwohl noch der Wirtschafts- und Sozialausschuss in seiner Stellungnahme zum Richtlinienentwurf empfahl, den Bereich der Aufsichtsregeln und denjenigen der Wohlverhaltensregeln mit den entsprechenden Aufsichtskompetenzen klar voneinander abzugrenzen.[590]

b) Prüfungsschema für die im Allgemeininteresse geltenden Regelungen, die geeignet sind, den freien Dienstleistungsverkehr oder die Niederlassungsfreiheit einzuschränken oder zu behindern

Nach den Art. 11 Abs. 2 und 19 Abs. 6 WpDRiL können die im Aufnahmeland aus Gründen des Gemeinwohls erlassenen Vorschriften als Ausnahme vom Herkunftslandprinzip für das Unternehmen verbindlich sein. Diese sind i.d.R. geeignet, die Verwirklichung der vom EGV angestrebten Grundfreiheiten des freien Dienstleistungsverkehrs und der Niederlassungsfreiheit zu behindern. Da den vorgenannten Grundfreiheiten weitmöglichst Rechnung getragen werden soll (effet utile), ist die Prüfung, ob Beschränkungen oder Behinderungen durch

---

[588] Das Problem wurde offensichtlich nicht erkannt. Zwar wurde richtig gesehen, dass die Regeln, die Art. 10 WpDRiL umsetzen, dem Herkunftslandprinzip unterliegen. Und die Regeln, die Art. 11 WpDRiL umsetzen, ausnahmsweise dem Aufnahmestaatsprinzip. Dass weder Art. 10, Art. 11 WpDRiL, noch § 53b Abs. 1 KWG allerdings zwischen der Erbringung der Dienstleistung im Rahmen des freien Dienstleistungsverkehrs einerseits und im Rahmen der Niederlassungsfreiheit andererseits unterscheiden, wurde nicht erkannt, vgl. BTag-Drucks. 12/7918, 28, BRat- Drucks. 963/96, 115.

[589] Andererseits hat z.B. Frankreich die anzuwendenden Pflichten nicht nur für Zweigniederlassungen genau bestimmt, vgl. Art. 74 alinéa 2 loi n° 96-597 du 2 juillet 1996.

[590] Punkt 1.5.1 Amtsblatt EG Nr. C 198/6 vom 27.11.89.

Rechts- und Verwaltungsvorschriften zum Schutz von Allgemeininteressen zulässig sind, restriktiv durchzuführen. Der Begriff des Gemeinwohls entspricht dem des Allgemeininteresses.

Aus der inzwischen vielfältigen Rechtsprechung des EuGH lässt sich für die Frage der Anwendbarkeit von nationalen Rechtsvorschriften auf den innergemeinschaftlichen Dienstleistungsverkehr und die grenzüberschreitende Niederlassung ein Prüfungsschema entwickeln.[591] Folgende Fragen sind für die Beurteilung der Zulässigkeit der Auferlegung von gesetzlichen Pflichten zu stellen:

- Ist die zu untersuchende Pflicht überhaupt geeignet, den freien Dienstleistungsverkehr oder die Niederlassungsfreiheit einzuschränken oder zu behindern? Alle Regeln, die dem Unternehmen zusätzlich zu seinen im Heimatland einzuhaltenden Pflichten, um den Europäischen Pass zu erhalten, vom Aufnahmeland zusätzlich auferlegt werden, sind geeignet, den freien Dienstleistungsverkehr oder die Niederlassungsfreiheit einzuschränken oder zu behindern, weil sie zu einer doppelten Belastung für das Unternehmen führen. [592]
- Dient die Pflicht dem Allgemeininteresse?[593]
- Gilt sie für alle im Hoheitsgebiet des Bestimmungsstaats tätigen Personen oder Unternehmen (keine Diskriminierung ausländischer Unternehmen)?[594]

---

[591] Eine ausführliche Darstellung der EuGH-Rechtsprechung zum Bankenrecht muss für die Beurteilung, welche Pflichten im 5. Abschnitt des WpHG für Wertpapierdienstleistungsunternehmen noch gelten, nicht erfolgen. Hierzu wird auf die einschlägige Kommentarliteratur verwiesen, wie z.B. *Kluth*, in: Calliess/Ruffert, Kommentar zum EU-Vertrag und EGV (1999), RNr. 55 ff zu Art. 50 EGV; *Geiger*, EGV (1995), RNr. 10 ff. zu Art. 60 EGV. Eine besonders ausführliche Darstellung der EuGH-Rechtsprechung gibt auch *Björkland,* EBLR 1998, 227.

[592] Nur ausnahmsweise verneint der EuGH bei Regeln, die lediglich die Frage betreffen, wie ein Geschäft abzuwickeln ist, diese doppelte Belastung. Erstmals lehnte er sie in der Entscheidung *Keck* ab, Slg. 1993, I-6097.

[593] EuGH, Slg. 1981, 3305 („Webb“), Leitsatz Nr. 3.

[594] EuGH, Slg. 1981, 3305 („Webb“), Leitsatz Nr. 3. Eine Rechtfertigung mit Gründen der öffentlichen Ordnung, Sicherheit oder Gesundheit im Sinne des Art. 46 EGV ist jedenfalls nur dann möglich, wenn *„außer der Störung der öffentlichen Ordnung, die jede Gesetzesverletzung darstellt, eine tatsächliche und hinreichend schwere Gefährdung vorliegt, die ein Grundinteresse der Gesellschaft berührt.“* Vgl. EuGH, Slg. 1977, 1999 („Bouchereau“), Leitsatz Nr. 4. Welche Maßnahmen die Bedingung einer schweren Gefährdung für die Gesellschaft erfüllen könnten, ist schlechterdings nicht mehr denkbar, vgl. im Ergebnis ebenso für die Zweite Bankenrichtlinie: Mitteilung der Kommission zu Auslegungsfragen über den frei-

Hier ist eine Diskriminierung durch die im 5. Abschnitt geregelten Pflichten nicht ersichtlich.[595]

- Ist sie zur Erreichung ihres Zwecks geeignet und notwendig?[596]
- Ist dem Allgemeininteresse nicht bereits durch die Rechtsvorschriften Rechnung getragen, denen der Leistungserbringer in dem Staat unterliegt, in dem er ansässig ist?[597]
- Ist diese Pflicht sachlich geboten (d.h. verhältnismäßig im engeren Sinne), um die Einhaltung der Berufsregelungen und den Schutz der Interessen, den diese bezwecken, zu gewährleisten?[598]

c) Einzelne Probleme

(1) Mögliche Ziele des Allgemeininteresses

Die WpDRiL wie auch der EGV oder die übrigen EU-Richtlinien enthalten keinerlei Definition des Allgemeininteresses (bzw. Gemeinwohls). Dabei ist dieser Begriff nicht nur für Wertpapierdienstleistungen bedeutsam, sondern wird zur Prüfung möglicher marktbeschränkender Wirkungen von mitgliedstaatlichen Regelungen an Hand aller europäischen Grundfreiheiten herangezogen.[599] Der Vergleich mit dem ordre-public-Vorbehalt im Internationalen Privatrecht (Art. 6 EGBGB) liegt nahe. Daraus lassen sich aber keine Rückschlüsse ziehen, weil Funktion und dogmatische Einordnung zu unterschiedlich sind.[600]

---

en Dienstleistungsverkehrs und das Allgemeininteresse in der Zweiten Bankenrichtlinie, Amtsblatt der EG Nr. C 209/6, 17.

[595] Eine Diskriminierung wird wie folgt definiert: „*Anwendung unterschiedlicher Vorschriften auf vergleichbare Situationen oder Anwendung der gleichen Vorschrift auf unterschiedliche Situationen.*“ Vgl. zuletzt etwa EuGH, Slg. 1996, I-3089 („Asscher“).

[596] EuGH, Slg. 1992, 249 („Bachmann“), 281 (Geeignetheit, allerdings nur indirekt), 285 (Notwendigkeit); wohl auch EuGH, Slg. 1991, I-4221 („Säger“), Leitsatz Nr. 2 (sachlich geboten).

[597] EuGH, Slg. 1981 („Webb“), 3305, Leitsatz Nr. 3; EuGH, Slg. 1991, I-4231 („Säger“), Leitsatz Nr. 2.

[598] EuGH, Slg. 1991, I-4221 („Säger“), Leitsatz Nr. 2.

[599] Insbesondere der Vergleich mit der Warenverkehrsfreiheit ist sachgerecht. Hier hat der EuGH schon mit dem berühmten Urteil *Cassis de Dijon,* Slg. 1979, 649, letztlich den Grundstein für das Herkunftslandprinzip gelegt, *Björkland,* EBLR 1998, 227, 228, und *Tornberg,* EBLR 1999, 24, 25. Nach EuGH Slg. 1991, I-4221 („Säger“), sind die Art. 30 und 59 EGV gleich auszulegen.

[600] *Dalhuisen,* EBLR 1999, 158, 289, sieht den Anwendungsbereichs des Allgemeininteresses noch enger als den des ordre public, weil der EGV den Staaten noch weniger Freiheit lässt als

In diese Lücke ist der Europäische Gerichtshof eingesprungen und hat bereits seit 1979[601] eine Reihe von Entscheidungen erlassen, die den Begriff des Allgemeininteresses ganz entscheidend geprägt haben, jedoch bei einer Fallrechtsprechung hängen blieb. Eine Definition des Allgemeininteresses in abstrakter Form erfolgte bislang nicht. Seine erläuternden Argumentationen, warum eine bestimmte im Allgemeininteresse erlassene Maßnahme geltend gemacht werden kann, sind nicht ohne weiteres verallgemeinerungsfähig. Der Gerichtshof wollte sich und will sich bis jetzt einen evolutiven Charakter des Begriffes vorbehalten.[602] Die aus dieser Rechtsunsicherheit resultierende Gefahr des Missbrauchs durch die Mitgliedstaaten, die nur durch aufwändige und kostspielige Gerichtsverfahren aufgedeckt und vom EuGH für ungültig erklärt werden können, wurde bereits häufig bemängelt.[603]

Zunächst einmal fallen insbesondere die Bestimmungen des Artikels 56 EGV unter den Begriff des Allgemeininteresses, also die öffentliche Ordnung, Sicherheit und Gesundheit. Unter den Zielen, die für Wertpapierdienstleistungen außerdem in Betracht kommen, sind zu nennen:

- der Schutz des Dienstleistungsempfängers,[604]
- der Verbraucherschutz,[605]
- die Wahrung des guten Rufs des nationalen Finanzsektors,[606]
- die Betrugsverhütung,[607]

---

sie völkerrechtlich als souveräne Staaten bei der Definition des ordre public in Anspruch nehmen können.

601 EuGH, Slg. 1979, 35 („Van Wesemal"), 52 (RNr. 28).

602 *Björkland,* EBLR 1998, 227.

603 Z.B. *Björkland,* EBLR 1998, 227, 238; *Dalhuisen,* EBLR 1999, 158, 289. Auch die Kommission versucht dieser Rechtsunsicherheit durch offiziell veröffentlichte Mitteilungen entgegenzuwirken, vgl. Mitteilung der Kommission zu Auslegungsfragen über den freien Dienstleistungsverkehr und das Allgemeininteresse in der Zweiten Bankenrichtlinie, Amtsblatt 97/C 209/04, vom 10 Juli 1997, 6.

604 EuGH, Slg. 1979, 35 („Van Wesemal"), 52 (RNr. 28). In sozialer Hinsicht EuGH, Slg. 1996, I-1905 („Guiot"), 1906.

605 EuGH, Slg. 1986, 3755, RNr. 5 ff. bei Versicherungsnehmern und Versicherten.

606 EuGH, Slg. 1995, I-1141 („Alpine Investment"), 1143 (Leitsatz Nr. 5). Kritisch wegen der angeblichen Dehnbarkeit dieses Begriffs *Björkland,* EBLR 1998, 227, 236.

607 EuGH, Slg. 1994, I-1039 („Schindler"), I-1040 (RNr. 2): Schutz der Verbraucher und der Sozialordnung beim Lotteriegeschäft.

- die Steuergerechtigkeit,[608]
- der Schutz der Gläubiger[609]
- und der Schutz der ordnungsgemäßen Justizverwaltung.[610]

Dies ist keine abschließende Aufzählung. Es ist sehr gut möglich, dass der Gerichtshof noch weitere Ziele als im Rahmen des Allgemeininteresses anerkennt. Es spricht vieles dafür, dass zum Beispiel verbindliche Anforderungen im Interesse des Prinzips von Treu und Glauben im Geschäftsverkehr, das der Gerichtshof in seiner Rechtsprechung zum freien Warenverkehr als Allgemeininteresse anerkannt hat, auch im Bereich der Dienstleistungen geltend gemacht werden können.[611]

(2) Geeignetheit und Erforderlichkeit

Selbst wenn ein Ziel gefunden wurde, das unter den Begriff des Allgemeininteresses subsumiert werden kann, ist danach zu fragen, ob die Maßnahme effektiv geeignet ist, um dieses Interesse zu schützen. Zum Verbraucherschutz sind vor allem Vorschriften über die Organisation, Befähigung, Standespflichten, Kontrolle, Verantwortlichkeit und Haftung geeignet.[612] Ob eine bestimmte Maßnahme dem Verbraucher tatsächlich zum Vorteil gereicht, oder ob der Mitgliedstaat, der sie auferlegt, nicht das Urteilsvermögen des Verbrauchers unterschätzt,[613] wird vom Gerichtshof genau geprüft.[614] Damit deckt er viele Maßnahmen auf, die unter dem Vorwand des Verbraucherschutzes in Wirklichkeit den Schutz des nationalen Marktes und somit ein europarechtswidriges Ziel verfolgen. So können beispielsweise Vorschriften, die den Verbrauchern den Zugang zu bestimmten Informationen verwehren, nicht mit Gründen des Verbraucherschutzes begründet werden.[615] Dennoch bleibt der Verbraucherschutz das Allgemeininteresse, das die größten Beschränkungen der EG-Grundfreiheiten rechtfertigen kann.

---

[608] EuGH, Slg. 1992, 249 („Bachmann"), 280.

[609] EuGH, Slg. 1996, I-6511 („Reisebüro Broede"), 6538 (RNr. 31): Forderungseinziehung durch Personen, die keine Rechtsanwälte sind.

[610] Ebenda.

[611] Mitteilung der Kommission zu Auslegungsfragen über den freien Dienstleistungsverkehrs und das Allgemeininteresse in der Zweiten Bankenrichtlinie, Amtsblatt der EG Nr. C 209/6, 15 bei Fußnote 24.

[612] EuGH RIW 1996, 782, 783 (Kommission gegen Italien).

[613] Hierzu vgl. EuGH, Slg. 1995, I-1923 („Mars"), 1944. Der Gerichtshof hat in diesem Urteil auf den Begriff des „verständigen Verbrauchers" zurückgegriffen.

[614] Z.B. EuGH, Slg. 1996, I-3179 („Schmit").

[615] EuGH, Slg. 1990, I-667 („GB-INNO-BM"), 689.

Die Voraussetzung der Erforderlichkeit fragt nach dem mindesten Mittel. Es muss geprüft werden, ob es keine weniger restriktiven Mitteln gibt, um dem verfolgten Ziel der Beachtung des Allgemeininteresses gerecht werden. So kann es sein, dass einem Mitgliedstaat eine die Handelsbeziehungen weniger stark beschränkende Maßnahme zur Verfügung steht.[616] Der europäische Gerichtshof leitet gelegentlich aus einer vergleichenden Analyse der Rechtsvorschriften der anderen Mitgliedstaaten ab, dass es weniger restriktive Maßnahmen zum Schutze des Verbrauchers gibt.[617] Allerdings hat er auf der anderen Seite auch entschieden, dass *„der Umstand, dass ein Mitgliedstaat weniger strenge Vorschriften erlässt als ein anderer Mitgliedstaat, nicht [bedeutet], dass diese unverhältnismäßig und folglich mit dem Gemeinschaftsrecht unvereinbar sind.“*[618]

(3) Dem Allgemeininteresse ist nicht bereits durch die Rechtsvorschriften Rechnung getragen, denen der Leistungserbringer in dem Staat unterliegt, in dem er ansässig ist

Es ist anerkannt, dass das Niveau des Allgemeininteresses grundsätzlich vom Ermessen der Mitgliedstaaten abhängt und zwischen den verschiedenen Ländern entsprechend den nationalen Traditionen und Zielen der Mitgliedstaaten sehr unterschiedlich sein kann.[619] Für den Bereich der harmonisierten Regeln, die ein Mindestniveau des gemeinschaftlichen Allgemeininteresses definieren, kann nach Auffassung der Kommission allerdings *„ein Mitgliedstaat einem auf seinem Gebiet im Rahmen der gegenseitigen Anerkennung tätigen Kreditinstitut der Gemeinschaft nicht strengere Regelungen als die in diesen Richtlinien vorgesehen auferlegen.“*[620]

---

[616] In EuGH, Slg. 1996, I-2691 ("SIM"), 2726, werden zahlreiche ebenso wirksame Maßnahmen diskutiert. Auch könne sich der Mitgliedstaats nicht darauf berufen, dass andere Mitgliedstaaten ähnlich europarechtswidrige Maßnahmen vorsehen: EuGH, Slg. 1995, I-1141 („Alpine Investment“), 1178 ff., in der der EuGH die Erforderlichkeit genau prüft, allerdings (wie auch die Verhältnismäßigkeit im engeren Sinne) bejaht.

[617] EuGH, Slg. 1993, I-2361 („Yves Rocher“), 2390.

[618] EuGH, Slg. 1995, I-1141 („Alpine Investment“), 1181.

[619] Mitteilung der Kommission zu Auslegungsfragen über den freien Dienstleistungsverkehrs und das Allgemeininteresse in der Zweiten Bankenrichtlinie, Amtsblatt der EG Nr. C 209/6, 15.

[620] Mitteilung der Kommission, a.a.O. Diese Aussage wird allerdings bereits auf derselben relativiert, in dem gesagt wird, dass Regelungen zum Verbraucherschutz, die ein Mitgliedstaat aus Gründen des Allgemeininteresses einem auf seinem Territorium tätigen Kreditinstitut der Gemeinschaft auferlegt, „*in jedem Fall den Verhältnismäßigkeitstest bestehen*“ müssen, so-

Diese Aussage gilt nur für die nach dem Herkunftslandprinzip geltenden Regelungen. Sonst würde kein Mitgliedsstaat mehr seine nationalen Besonderheiten und sein Ermessen bei der Beurteilung des Mindestniveaus beim Schutz des Allgemeininteresses zur Geltung bringen können.

(4) Verhältnismäßig im engeren Sinne

Auch wenn eine beschränkende Maßnahme geeignet und erforderlich ist, ein legitimes Ziel im Allgemeininteresse zu verfolgen, kann sie unzulässig sein, weil die Nachteile, die aus der Beschränkung der Niederlassungsfreiheit oder des freien Dienstleistungsverkehrs resultieren, im Verhältnis zu den erreichten Vorteilen im Allgemeininteresse unverhältnismäßig sind. Letztlich geht es hier auch um die Frage, wie Prioritäten zu setzen sind und wie groß der Schutzbedarf der Empfänger der im Rahmen der gegenseitigen Anerkennung erbrachten Bankdienstleistung ist.

Eine Analyse der Rechtsprechung des Europäischen Gerichtshofs ergibt, dass er diese Verhältnismäßigkeit im engeren Sinne streng prüft. Dabei kann eine Unterscheidung danach, ob die Dienstleistung im freien Dienstleistungsverkehr oder durch eine Zweigstelle erbracht wird, ausschlaggebend sein. So hat der Europäische Gerichtshof bestätigt, dass der zeitweise tätige Dienstleistungserbringer sich in einem weniger restriktiven und leichteren Rechtsrahmen bewegen muss als ein niedergelassener Dienstleistungserbringer.[621] Beschränkungen der

---

weit sie strenger sind als die nach einer gemeinschaftsrechtlichen Vorschrift vorgesehenen Mindestanforderung.

621 *„Ein Mitgliedstaat darf (...) die Erbringung von Dienstleistungen in seinem Hoheitsgebiet nicht von der Einhaltung aller Voraussetzungen abhängig machen, die für eine Niederlassung gelten, und damit den Bestimmungen des EWG-Vertrags, deren Ziel es gerade ist, die Dienstleistungsfreiheit zu gewährleisten, jede praktische Wirksamkeit nehmen.“*, EuGH, Slg. 1991, I-4221 („Säger“), Leitsatz Nr. 1. Siehe auch EuGH, Slg. 1991, I-727, Leitsatz Nr. 2; EuGH RIW 1996, 782, 783 (Kommission gegen Italien). Außerdem entschied der EuGH, dass Art. 60 Abs. 3 EGV nicht impliziere, *„daß jede für die Staatsangehörigen dieses Staates geltende nationale Regelung, die normalerweise eine Dauertätigkeiten von in diesem Staat ansässigen Unternehmen zum Gegenstand hat, in vollem Umfang und in gleicher Weise auf zeitlich begrenzte Tätigkeiten angewandt werden könnte, die von im anderen Mitgliedstaaten ansässigen Unternehmen ausgeübt werden.“* Vgl. EuGH, Slg. 1986, 3755, 2802. Siehe auch EuGH, Slg. 1981, 3305 („Webb“). Die Kommission vertritt in ihrer Mitteilung zu Auslegungsfragen über den freien Dienstleistungsverkehrs und das Allgemeininteresse in der Zweiten Bankenrichtlinie, Amtsblatt der EG Nr. C 209/6, 20, die Ansicht, dass ein Mitgliedstaat, der aus Gründen des Allgemeininteresses den Kreditinstituten bestimmte Formalitäten vorschreibt

Dienstleistungsfreiheit werden erst recht unzulässig, wenn die Dienstleistung erbracht wird, *„ohne dass sich der Dienstleistende in das Gebiet des Mitgliedstaates zu begeben braucht, in dem die Leistung erbracht wird."*[622] Dies ist eine überaus wichtige Klarstellung gerade für Bankdienstleistungen, die heute elektronisch ohne jede Ortsveränderung erbracht werden kann.

(5) Beweislast für die innere Rechtfertigung der beschränkenden Maßnahme

Für die Vorschriften im Allgemeininteresse gilt nach richtiger Ansicht, dass die Beweislast für das Allgemeininteresse bei dem beschränkenden Mitglied- oder Vertragsstaat liegt.[623] Das ergibt sich aus der Erkenntnis, dass Maßnahmen, die den freien Dienstleistungsverkehr oder die Niederlassungsfreiheit beschränken oder behindern, nach dem Zeck der WpDRiL und den hinter den Entscheidungen des EuGH liegenden Erwägungen nur ausnahmsweise zulässig sein sollen. Die mit den Richtlinien angestrebten Harmonisierungen sollen gerade die Handelsbeschränkungen unnötig machen. Schließlich sind die durchgeführten Harmonisierungen unter der Beteiligung aller Mitgliedstaaten zu Stande gekommen, die dabei Gelegenheit hatten, die aus ihrer Sicht wichtigen Regelungen zum Mindestschutz des Allgemeininteresses in die Richtlinien einzubringen. Die Vermutung spricht also grundsätzlich dafür, dass dem Allgemeininteresse durch die Harmonisierungen hinreichend Rechnung getragen wurde. Für das Vorliegen einer Ausnahme ist aber nach allgemeinen Beweislastregeln die Partei beweispflichtig, die sich auf die Ausnahme beruft. Das ist im Falle von beschränkenden Regelungen das Land, das diese Ge- und Verbote dem Unternehmen mit Sitz in einem anderen Mitglied- oder Vertragsstaat auferlegt. Dass die Beschränkung ausnahmsweise gerechtfertigt ist, muss der Mitgliedstaat gerade auch im Verhältnis zu dem Unternehmen, dem diese Maßnahme auferlegt wird, unter Beweis stellen.

Nach der Rechtsprechung des Europäischen Gerichtshofs ist es im Falle eines Vertragsverletzungsverfahrens nach Art. 169 EGV zwar Sache der Kommission, den Nachweis der zur Last gelegten Vertragsverletzung zu führen.[624] Diese Be-

---

(Kontrollen, Registrierungen, Gebühren, Übermittlung von Informationen usw.), die von den in seinem Hoheitsgebiet im Rahmen der gegenseitigen Anerkennung tätigen Kreditinstitute gewählte Tätigkeitsform berücksichtigen muss.

622 Urteil „Säger", a.a.O. (Fußnote 621), Leitsatz Nr. 1.

623 *Troberg,* in :7. Bonner Europa-Symposium (1996), 76.

624 EuGH, Slg. 1992, I-5899, 5913 (RNr. 12) mit Verweis auf seine frühere Rechtsprechung.

weislastregel ist jedoch zu allgemein formuliert und kann sich nur auf die beschränkende Wirkung der Maßnahme beziehen.

d) Prüfung der einzelnen Pflichten

(1) Allgemeine organisatorische Vorhaltepflichten, § 33 Abs. 1 Nr. 1

Nach § 33 Abs. 1 Nr. 1 ist ein Wertpapierdienstleistungsunternehmen verpflichtet,

> *die für eine ordnungsmäßiger Durchführung der Wertpapierdienstleistung und Wertpapiernebendienstleistung notwendigen Mittel und Verfahren vorzuhalten und wirksam einzusetzen.*

Gemeint sind zum Beispiel genau definierte Verfahren, wie Anfragen an die Bank weitergeleitet werden.[625] Jedenfalls bei postalischen Anfragen verfügen die Banken über konkrete interne Anweisungen, nach denen die Formulierung der Antwort ausschließlich Mitarbeitern mit entsprechender Erfahrung und Zeichnungsbefugnis obliegt.[626] § 33 Abs. 1 Nr. 1 bezeichnet eine Pflicht, die fast völlig inhaltsgleich mit der Wohlverhaltenspflicht des Art. 11 Abs. 1 Satz 4 3. Spiegelstrich WpDRiL ist: Nach Art. 11 Abs. 1 Satz 4 3. Spiegelstrich WpDRiL in der deutschen Übersetzung muss die Wertpapierfirma

> *über die für einen erfolgreichen Abschluss ihrer Tätigkeit erforderlichen Mittel und Verfahren verfügen und diese wirksam einsetzen.*

---

[625] Siehe eingehend zu den Organsiationspflichten *Fischbach,* Organisationspflichten (2000). Eine inhaltliche Konkretisierung dieser allgemeinen Anforderungen an die Organisationspflichten findet sich in der Richtlinie des BAWe zur Konkretisierung der Organisationspflichten von Wertpapierdienstleistungsunternehmen gemäß § 33 Abs. 1 WpHG vom 25. Oktober 1999. Danach gehören zu den notwendigen Mitteln und Verfahren „insbesondere Vorkehrungen,

- um bei Systemausfällen und -störungen Verzögerungen bei der Auftragsausführung oder -weiterleitung möglichst gering zu halten,
- um Mitarbeiter des Wertpapierdienstleistungsunternehmens in die Lage zu versetzen, die angebotenen Wertpapierdienstleistungen und Wertpapiernebendienstleistungen mit der erforderlichen Sachkenntnis, Sorgfalt und Gewissenhaftigkeit im Interesse des Kunden zu erbringen,
- zum Umgang mit Beschwerden."

[626] Hierzu *Birkelbach/Ebeling/Kramer,* c't, 7 (2000), 142, 144.

Dennoch hat der deutsche Gesetzgeber anders als in den §§ 31 Abs. 3 und 32 Abs. 3 entgegen Art. 11 Abs. 2 WpDRiL die Geltung auch für grenzüberschreitenden Sachverhalte nicht angeordnet. Wie § 37 Abs. 3 zeigt, schließt das aber eine Geltung nicht aus. Auch die Richtlinie des BAWe zur Konkretisierung der Organisationspflichten von Wertpapierdienstleistungsunternehmen gemäß § 33 Abs. 1 WpHG vom 25. Oktober 1999 sagt in ihrem 1. Abschnitt („Anwendungsbereich") letztlich nichts genaueres über ihren internationalen Anwendungsbereich. Sie lehnt sich streng an die gesetzlichen Vorgaben der §§ 2 Abs. 4 (vgl. den Verweis auf § 53 Abs. 1 Satz 1 des Gesetzes über das Kreditwesen), 2a und 37 Abs. 3 an.

Paradoxerweise deckt sich § 33 Abs. 1 Nr. 1 teilweise allerdings auch mit der in Art. 10 Satz 2 1. Spiegelstrich WpDRiL beschriebenen Pflicht. Danach muss der Herkunftsmitgliedstaat vorschreiben, dass die Wertpapierfirma

> *über eine ordnungsgemäße Verwaltung und Buchhaltung, Kontroll- und Sicherheitsvorkehrungen in Bezug auf die elektronische Datenverarbeitung sowie über angemessene interne Kontrollverfahren verfügt, wozu insbesondere eine Regelung für persönliche Transaktionen der Angestellten der Firma gehört.*

Hier geht die WpDRiL eindeutig vom Herkunftsstaatsprinzip aus, was die Anwendbarkeit für Deutschland als Aufnahmestaat ausschließen könnte. Betrachtet man die Formulierung, muss dies eher verneint werden, weil § 33 Abs. 1 Nr. 1 eben fast identisch mit Art. 11 Abs. 1 Satz 4 3. Spiegelstrich ist.[627] Der gesetz-

---

[627] So auch *Fischbach,* Organisationspflichten (2000), 16; *Kümpel,* in: Kümpel/Ott, Kapitalmarktrecht (Lfg. 1996), 065, 119, sowie *Kümpel*, Bank- und Kapitalmarktrecht (1995), 805, allerdings ohne einen möglichen Konflikt mit dem Herkunftslandprinzip zu diskutieren. Die in § 33 Abs. 1 Nr. 1 WpHG gegenüber Art. 11 Abs. 1 Satz 4 3. Spiegelstrich WpDRiL geringfügig andere Wortwahl ist zu vernachlässigen. Die Formulierung „*für eine ordnungsmäßige Durchführung der Wertpapierdienstleistung und Wertpapiernebendienstleistung notwendigen*" ist fast inhaltsgleich mit der Formulierung „*für einen erfolgreichen Abschluss ihrer Tätigkeit erforderlichen*". Der Ausdruck „*erfolgreichen*" (franz.: „*à bonne fin*", engl.: „*proper performance*") meint zwar etwas mehr als „*ordnungsgemäßen*", die französische und englische Version verwenden jedoch nicht den der deutschen Version eigentlich entsprechenden starken Begriff „Erfolg" = „succès"/„success". Der überschießende Teil, also der subjektive Erfolg, ist letztlich aus der Sicht des Unternehmens zu interpretieren, und es ist vertretbar, „erfolgreich" mit „ordnungsgemäß" gleichzusetzen. Der Begriff „*Durchführung*" ist im vor-

geberische Wille, wonach § 33 Abs. 1 Art. 10 WpDRiL umsetzen soll,[628] ist rechtlich nicht verbindlich. Er ist widersprüchlich, weil zu § 37 Abs. 3 beim Bericht des Finanzausschusses nur die § 33 Abs. 1 Nr. 2, 3 und Abs. 2, nicht jedoch Abs. 1 Nr. 1 als Umsetzungen des Art. 10 WpDRiL genannt werden.[629] Dies ist darauf zurückzuführen, dass eine erhebliche Hektik im Gesetzgebungsverfahren bestand, die den Aussagewert der rechtshistorischen Materialien gravierend schwächt.[630] Daher ist diese Norm sowohl eine Umsetzung von Art. 11 als auch von Art. 10 WpDRiL.[631]

(a) Kompetenzüberlappung bei den organisatorischen Vorhaltepflichten

Leider lässt auch die WpDRiL eine klare Abgrenzung vermissen. Eine gewisse Grauzone bei der Kompetenzabgrenzung war wahrscheinlich sogar mehr oder weniger beabsichtigt.[632] Es spricht bei den Wohlverhaltensregeln vieles dafür,

---

gegebenen Kontext mit dem Begriff „*Abschluss*" (franz.: „*mener à bonne fin*", engl.: „*performance*") deckungsgleich. Die Formulierung „*ihrer Tätigkeit*" (franz.: „*ses activités*", engl.: „*its business activities*") ist ebenfalls mit der Formulierung „*Wertpapierdienstleistung und Wertpapiernebendienstleistung*" deckungsgleich, weil diese Dienstleistungen schließlich die für den Anwendungsbereich des Gesetzes relevante Tätigkeit des Unternehmens darstellen. Der Begriff „*erforderlich*" (franz.: „*nécessaires*", engl.: „*necessary*") hat im deutschen Recht exakt dieselbe Bedeutung wie der Begriff „*notwendig*". Der Begriff „*verfügen*" (franz.: „*à avoir*", engl.: „*has*") letztendlich ist dem Begriff „*vorhalten*" gleichzusetzen. Soweit Unterschiede bestehen, liegen diese im Bereich des üblichen Spielraums bei der sprachlichen Übersetzung. Trotz des Gebots der perfekten Umsetzung ist eine wörtliche Übernahme der EG-Richtlinien nicht erforderlich, *Bliesener*, Verhaltenspflichten (1998), 21; *Ipsen*, Europäisches Gemeinschaftsrecht in Einzelstudien (1984), 459; *Schweitzer/Hummer* (1996), 115.

628 Bericht des Finanzausschusses, BTag-Drucks. 12/7918, 105, zu dem damals noch im Entwurf so bezeichneten § 30c WpHG.

629 BRat-Drucks. 963/96, 115.

630 *Koller*, in: Assmann/Schneider (1999), RNr. 1 zu § 31.

631 *Fischbach*, Organisationspflichten (2000), 53 ff., 221, will § 33 Abs. 1 Nr. 1 daher konsequenterweise auch zweigleisig auslegen. *Koller*, in: Assmann/Schneider (1999), RNr. 1 zu § 33, wiederholt den Willen des Gesetzgebers (vgl. Fußnote 628), wonach § 33 Abs. 1 den Art. 10 WpDRiL umsetzen soll, und betont, die Vorschrift müsse im Licht des Art. 10 WpDRiL ausgelegt werden. In RNr. 1 zu § 31 stellt er allerdings beiläufig fest, dass die Umsetzung von Art. 11 Abs. 1 Satz 4 3. Spiegelstrich WpDRiL in § 33 Abs. 1 erfolgt ist.

632 Abgrenzungsprobleme hat die Kommission mehr oder weniger bewusst hingenommen, weil schon der Wirtschafts- und Sozialausschuss in seiner Stellungnahme zum Richtlinienentwurf empfahl, den Bereich der Aufsichtsregeln und den der Wohlverhaltensregeln mit den entsprechenden Aufsichtskompetenzen klar voneinander abzugrenzen, vgl. Punkt 1.5.1 Amtsblatt EG Nr. C 198/6 vom 27.11.89.

dass neben der von der WpDRiL ausdrücklich dem Aufnahmeland zugewiesene Durchführungs- und Überwachungskompetenz die Wohlverhaltensregeln des Herkunftslands nicht verdrängt werden und für das dort ansässige Unternehmen auch bei seiner Auslandstätigkeit weiterhin gelten bleiben.[633]

Eine systematische Analyse, nach der Art. 11 WpDRiL eher die transaktionsbezogenen Verhaltenspflichten regelt, während Art. 10 WpDRiL nur unternehmensbezogene Verhaltenspflichten betrifft, hilft nicht weiter.[634] Art. 11 Abs. 1 Satz 4 3. Spiegelstrich WpDRiL lässt sich nicht als eine rein transaktionsbezogene Verhaltenspflicht (um-) qualifizieren. Sie hat nun mal nichts mit einer konkreten Transaktion zu tun. Ist also ein System nicht erkennbar oder wird es jedenfalls vom Gesetz selbst nicht eingehalten, so sollte man keine systematische Analyse durchführen. Sie würde nur zu einem Zirkelschluss führen.

Der Versuch, eine Abgrenzung nach der funktionellen Eigenschaft als „Aufsichtsregel“ (= Funktionsfähigkeit des Marktes) im Gegensatz zu „Wohlverhaltensregel“ (= Anlegerschutz) vorzunehmen, führt ebenfalls zu keinem brauchbaren Ergebnis. Diese unterschiedliche Qualifikation ließe darauf schließen, dass Pflichten, die als Aufsichtsregeln erlassen werden, nur im Verhältnis zur beaufsichtigenden Stellen einzuhalten sind. Wohlverhaltensregeln dagegen wollen letztlich die vertragliche Beziehung zwischen der Bank und dem Kunden konkretisieren. Eine trennscharfe Abgrenzung der Pflichten nach ihrem Funktionszweck lässt sich allerdings nicht durchführen. Nur ihrem Schwerpunkt nach verfolgen die Regelkataloge der Art. 10 und 11 WpDRiL verschiedene Zwecke. Wirklich trennen lassen sich die Funktionen Anlegerschutz und Funktionsfähigkeit des Marktes allerdings nicht, weil sich keines der beiden Ziele ohne dem anderen alleine voll verwirklichen ließen. Sie gehören zusammen und bedingen sich gegenseitig.

Genau betrachtet muss man also feststellen, dass die Pflicht aus Art. 10 Satz 2 1. Spiegelstrich WpDRiL ein Ausschnitt aus dem Pflichtenkreis des Art. 11 Abs. 1 Satz 4 3. Spiegelstrich WpDRiL darstellt, wobei beide Pflichten ansonsten nach

---

633 So unter Hinweis auf das Interesse des Herkunftstaats auf eine gute Reputation seiner Finanzmärkte *Dalhuisen,* EBLR 1999, 158, 357.

634 Nach der Empfehlung der Kommission vom 25. Juli 1977 betreffend europäische Wohlverhaltensregeln für Wertpapier Transaktionen (77/534/EWG) gehörte das zur Verfügung stellen der für einen erfolgreichen Abschluss ihrer Tätigkeit erforderlichen Mittel und Verfahren nicht zu den Wohlverhaltensregeln.

Inhalt und Zweck völlig deckungsgleich sind. Vorzugswürdig ist daher der Ansatz, dass die Pflicht aus § 33 Abs. 1 Nr. 1 mit der Wohlverhaltenspflicht des Art. 11 Abs. 1 Satz 4 3. Spiegelstrich WpDRiL praktisch identisch ist, während Art. 10 Satz 2 1. Spiegelstrich WpDRiL demgegenüber wesentlich enger gefasst ist. Die „*Verwaltung, Buchhaltung, Kontrolle und Sicherheitsanforderungen in Bezug auf die elektronische Datenverarbeitung sowie interne Kontrollverfahren*" sind eben lediglich – aber auch notwendigerweise – ein Teilbereich aus allen unternehmerisch „*möglichen Mitteln und Verfahren*". Dabei wird bei Art. 10 Satz 2 1. Spiegelstrich WpDRiL im Gegensatz zu Art. 10 Satz 2 1. Spiegelstrich WpDRiL zudem nur eine Vorhaltepflicht, nicht jedoch eine Einsatzpflicht festgelegt.

(b) Kompetenzpriorität

Dass es zu einer gewissen Aufgabenüberlappung bei den Kompetenzen des Aufnahme- und des Herkunftsstaats kommt, ist hinzunehmen. Interessant ist in diesem Zusammenhang auch, dass Art. 10 Abs. 1 Satz 1 nur von „Herkunftsstaaten" spricht, während Art. 11 Abs. 1 Satz 1 allgemein alle „Mitgliedsstaaten" nennt. Eine doppelte Aufsicht ist also bereits von der WpDRiL mehr oder weniger bewusst angelegt. Und eine grundsätzliche Kompetenzpriorität zu Gunsten des einen oder des anderen Staates sieht die WpDRiL nicht vor. Art. 8 Abs. 3 a.E. und Art. 19 Abs. 6 WpDRiL zeigen, dass die Kompetenzen des Herkunftsstaats nicht exklusiv sind. Die genannten Vorschriften deuten eher auf das Gegenteil hin. Das gilt auch für die besonderen Ausformungen der organisatorischen Vorhaltepflichten. Dieses Ergebnis wird bestätigt durch die von der herrschenden Meinung vertretenen Erkenntnis, dass im internationalen Bankenaufsichtsrecht durchaus zwei oder mehr Staaten in Bezug auf ein und denselben Sachverhalt ein legitimes Regelungsinteresse haben können.[635] Im „Alpine Investment"-Fall des EuGH wurde beispielsweise einem in den Niederlanden ansässigen Wertpapierdienstleistungsunternehmen von den niederländischen Behörden untersagt, sich mit einer „cold calling"-Marketingstrategie an potenzielle Kunden in anderen Mitgliedstaaten zu wenden.[636] Der EuGH bemerkte in diesem Fall, dass auch der Staat des Leistungserbringers, gerade weil er am ehesten in der Lage ist, die Werbung potentieller Kunden in einem anderen Mitgliedstaat zu regeln, befugt sei, beschränkende Maßnahmen aus zwingenden Gründen des

[635] *Schuster*, Internationale Anwendung (1996), 38, 591 ff.
[636] EuGH Slg. I-1141.

Allgemeininteresses (hier: guter Ruf des nationalen Finanzsektors) durchzusetzen.[637]

Wenn mehrere Länder in Bezug auf denselben wirtschaftlichen Sachverhalt kraft eines sachlichen Anknüpfungspunktes[638] eine kapitalmarktrechtlich begründete Regelungsgewalt beanspruchen, sind Jurisdiktionskonflikte denkbar. Für den Bereich des EU-Rechts, der im Wertpapierhandelsrecht nicht nur mit der Wertpapierdienstleistungsrichtlinie eine Mindestharmonisierung erfahren hat,[639] ist fraglich, ob der Fall eines echten Jurisdiktionskonfliktes logisch überhaupt möglich ist. Die verschiedenen Verhaltenspflichten mögen in den jeweiligen Ländern zwar unterschiedlich weit gehen, sie werden aber immer auf einem kleinsten gemeinsamen Nenner deckungsgleich sein.[640] Sollte es dennoch einmal zu einem echten Jurisdiktionskonflikt kommen, was von der WpDRiL offensichtlich nicht ganz ausgeschlossen wird, so haben die Wohlverhaltenregeln des Aufnahmestaates jedenfalls im Falle des Art. 10 Abs. 1 Satz 2 5. Spiegelstrich Priorität gegenüber den Verhaltensregeln des Herkunftsstaates.

(c) Zwischenergebnis

§ 33 Abs. 1 Nr. 1 ist im Ergebnis auch eine Wohlverhaltenspflicht, für die Art. 11 Abs. 2 WpHG gilt. Er ist also für Unternehmen mit Sitz in einem anderen Mitglied- oder Vertragsstaat verbindlich, und das BAWe hat hierfür die aufsichtliche Kompetenz.

Wegen der Identität mit Art. 11 Abs. 1 Satz 4 3. Spiegelstrich WpDRiL muss die oben dargestellte Prüfung zum Vorliegen eines überwiegenden Allgemeininteresses nicht durchgeführt werden, weil im Hinblick auf die von der WpDRiL

---

[637] EuGH Slg. I-1141, Leitsatz 5.

[638] Zu diesem Begriff vgl. die Ausführungen zu § 35 Abs. 2.

[639] Dies gilt inzwischen jedenfalls für alle harmonisierten Regelungen über Aufnahme und Ausübung der Tätigkeit als Wertpapierdienstleister (Eigenkapitalausstattung, Mindestkapital, Einlagensicherung, Krediten, Deckung der Kredit- und Marktrisiken), für missbräuchliche Vertragsbestimmungen zwischen den Wertpapierdienstleistungsunternehmen und seinen Kunden sowie für irreführende Werbung.

[640] Im Ergebnisse wohl ebenso *Schuster*, Internationale Anwendung (1996), 603, der zwei Gegenbeispiele nennt, die allerdings nicht dem Recht der Wertpapierdienstleistungen entstammen. Auf 605 weist er jedoch auch darauf hin, dass die Harmonisierung häufig unvollkommen ist. Insbesondere hinsichtlich der Harmonisierungen der kapitalmarktrechtlichen Verhaltenspflichten gäbe es trotz der großen Detailliertheit durch Richtlinien noch erhebliche Spielräume.

festgelegte Mindestharmonisierung keine überschießende Beschränkung feststellbar ist, die rechtfertigt werden müsste.

(2) Pflicht zur Bildung von Vertraulichkeitsbereichen zur Minimierung von Interessenskonflikten, § 33 Abs. 1 Nr. 2

Nach § 37 Abs. 3 ist § 33 Abs. 1 Nr. 2 bei Zweigniederlassungen nicht anwendbar. § 37 Abs. 3 gilt wohl auch im Falle der Dienstleistungsfreiheit.

§ 33 Abs. 1 Nr. 2 entspricht fast[641] wortwörtlich dem Art. 10 Satz 2 5. Spiegelstrich Satz 1 WpDRiL und hat keine vergleichbare sprachliche Entsprechung in Art. 11 WpDRiL. Auch hier muss eine gewisse Überschneidung der Überwachungskompetenzen festgestellt werden, weil man die von Art. 10 Satz 2 5. Spiegelstrich Satz 1 WpDRiL beschriebenen organisatorischen Vorhaltepflichten zur Interessenskollisionsvermeidung sehr wohl auch unter die „Mittel[642] und Verfahren[643]" in Art. 11 Abs. 1 Satz 4 3. Spiegelstrich subsumieren kann, der eine sehr weite und offene Formulierung verwendet. Dass der Aufnahmestaat in seiner Aufsichtskompetenz durch Art. 10 Satz 2 5. Spiegelstrich Satz 1 WpDRiL nicht eingeschränkt wird, zeigt auch Satz 2 dieser Vorschrift. Danach können Aufnahmestaaten sogar Wohlverhaltensregeln in Bezug auf Interessenkonflikte erlassen, die im Falle von Zweigniederlassungen sich gegen vom Herkunftsstaat in Umsetzung des Art 10 Satz 2 5. Spiegelstrich WpDRiL ergangene Aufsichtsregeln durchsetzen. Ausschlaggebend für die richtige Einordnung als Pflicht i.S.d. Art. 10 oder Art. 11 WpDRiL ist allerdings die wortwörtliche Entsprechung mit Art. 10 Satz 2 5. Spiegelstrich Satz 1 WpDRiL. Diese einzelne bestimmte Pflicht ist also eine Aufsichtspflicht, die vorrangig vom Herkunftsstaat überwacht wird. Ein Allgemeininteresse des Aufnahmestaats, weitergehende Maßnahmen zur Interessenskollisionsvermeidung zu ergreifen, ist nicht anzuerkennen.

---

641 Die deutsche Umsetzung ist insoweit enger gefasst, als „Interessenskonflikte möglichst gering" sein sollen, während die WpDRiL das „Risiko von Interessenskonflikten möglichst gering" halten will. Nach *Koller,* in: Assmann/Schneider (1999), RNr. 13 zu § 33, ist die deutsche Vorschrift allerdings richtlinienkonform auszulegen.

642 „Mittel" (franz.: *„les ressources*", engl.: *„the resources*") sind Personal und sachliche Ausstattung, insbesondere Büroeinrichtung, aber auch Finanzausstattung. Vgl. etwas weniger präzis: *Koller,* in: Assmann/Schneider (1999), RNr. 3 zu § 33.

643 „Verfahren" (franz.: *„les procédures*", engl.: *„procedures*") sind festgelegte innere Organisationsabläufe, nach denen das Unternehmen arbeitet, ähnlich *Koller,* in: Assmann/Schneider (1999), RNr. 3 zu § 33.

(3) Pflicht zur Bildung einer Kontrollabteilung, § 33 Abs. 1 Nr. 3

Nach § 37 Abs. 3 ist § 33 Abs. 1 Nr. 3 bei Zweigniederlassungen nicht anwendbar. § 37 Abs. 3 gilt wohl auch im Falle der Dienstleistungsfreiheit.

§ 33 Abs. 1 Nr. 3 betrifft „angemessene interne Kontrollverfahren",[644] die auch in Art. 10 Satz 2 1. Spiegelstrich WpDRiL erwähnt sind, wenn auch dort in einem engeren Kontext. § 33 Abs. 1 Nr. 3 ist im Grunde genommen wiederum die Konkretisierung und ausdrückliche Nennung einer bestimmten Pflicht aus dem in § 33 Abs. 1 Nr. 1 bzw. Art. 11 Abs. 1 Satz 4 3. Spiegelstrich WpDRiL genannten Pflichtenkreis, die der Gesetzgeber als besonders erwähnenswert empfand. Auch interne Kontrollverfahren gehören zu „Mittel[645] und Verfahren[646]" i.S.d. Art. 11 Abs. 1 Satz 4 3. Spiegelstrich WpDRiL, womit wieder ein ähnliches Überschneidungsproblem wie bei § 33 Abs. 1 Nr. 1 entsteht. Die vollständige Umsetzung und Regelung des Art. 11 Abs. 1 Satz 4 3. Spiegelstrich WpDRiL befindet sich jedoch bereits in § 33 Abs. 1 Nr. 1. Im Übrigen gilt für § 33 Abs. 1 Nr. 3 nach Art. 10 Satz 2 1. Spiegelstrich WpDRiL das Herkunftslandprinzip. Ein Allgemeininteresse zu weitergehenden Maßnahmen zur Bildung von Kontrollabteilungen in Unternehmen mit Sitz in einem Mitglied- oder Vertragsstaat ist daher nicht anzuerkennen.

(4) Pflichten bei Auslagerung auf andere Unternehmen, § 33 Abs. 2

Das Verbot der Auslagerung nach § 33 Abs. 2 Satz 1 ist eine spezielle Ausformung der Vorhaltepflicht im Sinne des Abs. 1 Nr. 1 für den Fall, dass das Unternehmen eine Outsourcing-Politik betreibt. Die notwendigen Mittel und Verfahren sind grundsätzlich *selbst* vorzuhalten und Bereiche können nur ausnahmsweise und nur in einer bestimmten Art und Weise ausgelagert werden. Die Formulierung zeigt, dass sich Abs. 2 auf den gesamten Abs. 1, also auch dessen Nr. 1 bezieht. Die WpDRiL enthält keine entsprechende Vorschrift. Als Konkretisierung und Umsetzung der im Art. 11 Abs. 1 Satz 4 3. Spiegelstrich WpDRiL formulierten Wohlverhaltenspflicht wäre § 33 Abs. 2 also auch von ausländischen Unternehmen einzuhalten und vom BAWe zu beaufsichtigen, wenn es nicht von § 37 Abs. 3 daran gehindert würde. Nach § 37 Abs. 3 ist § 33

---

644 Gebräuchlich ist der Begriff „*Compliance*".
645 Vgl. Fußnote 642.
646 Vgl. Fußnote 643.

Abs. 2 bei Zweigniederlassungen nämlich nicht anwendbar. Und § 37 Abs. 3 muss erst recht im Falle der Dienstleistungsfreiheit gelten.

(5) Aufzeichnungs- und Aufbewahrungspflichten, § 34

Nach § 37 Abs. 3 ist § 34 bei Zweigniederlassungen nicht anwendbar. § 37 Abs. 3 gilt wohl auch im Falle der Dienstleistungsfreiheit.

§ 34 setzt Art. 10 Abs. 1 Satz 2 4. Spiegelstrich WpDRiL um. Die Aufzeichnungspflicht ist in Art. 11 WpDRiL nicht erwähnt und lässt sich auch nicht unter eines der dort genannten Pflichten subsumieren. Insbesondere ist die Aufzeichnung nicht ein für einen erfolgreichen Abschluss ihrer Tätigkeit erforderliches Mittel oder Verfahren im Sinne des Art. 11 Abs. 1 Satz 4 3. Spiegelstrich WpDRiL. Art. 10 Satz 2 4. Spiegelstrich WpDRiL bezieht die Aufzeichnungspflicht deutlich ausschließlich auf die Kontrolle des Herkunftsstaates. Deutschland als Aufnahmestaat ist daher für die Regelung und Überwachung der Aufzeichnungspflicht nicht zuständig. § 34 gilt mithin nicht für ausländische Unternehmen aus EU-Mitgliedstaaten.

(6) Pflicht zur getrennten Vermögensverwaltung, § 34a

Nach Art. 10 Abs. 1 Satz 2 Spiegelstrich 2 und 3 der WpDRiL fällt die Auferlegung und Überwachung der Pflicht, geeignete Vorkehrungen zu schaffen, um Eigentumsrechte der Anleger und deren Gelder zu schützen, unter das Herkunftslandprinzip. Wieder einmal stellen diese Vorkehrungen gleichzeitig „Mittel und Verfahren" im Sinne des § 33 Abs. 1 Nr. 1[647] bzw. Art. 11 Abs. 1 Satz 4 3. Spiegelstrich WpDRiL dar. Auch diesbezüglich kommt es also zu einer Überlappung der Kompetenzen der zuständigen Stellen des Herkunftsstaates und denen des Aufnahmestaates. Zumindest gilt nach § 37 Abs. 3, dass § 34a bei Zweigniederlassungen nicht anwendbar ist. Und § 37 Abs. 3 gilt erst recht im Falle der Dienstleistungsfreiheit.

(7) Pflicht zur Durchführung und Duldung einer Prüfung, § 36

§ 37 Abs. 3 erwähnt § 36 nicht. Das BAWe hat am 06.01.1999 eine Verordnung über die Prüfung von Wertpapierdienstleistungsunternehmen nach § 36 erlassen.[648] Diese Verordnung erwähnt Unternehmen mit Sitz im Ausland nicht. Da-

---

[647] Vgl. *Koller*, in: Assmann/Schneider (1999), RNr. 1 zu § 34a.
[648] Wertpapierdienstleistungs-Prüfungsverordnung (WpDPV), BGBl. 1999, 4 vom 14. Januar 1999.

gegen verweisen die Erläuterungen des BAWe zu seiner eigenen Prüfungsverordnung[649] auf den § 37 Abs. 3, was für die Reichweite der extraterritorialen Geltung des § 36 aber nicht viel aussagt.

Die dem BAWe eingeräumte Prüfungsbefugnis ist aus Sicht der Unternehmen eine Pflicht, die Prüfung der Meldepflichten und Verhaltensregeln zu dulden. Sie bezieht sich nicht ausdrücklich auf Unternehmen mit Sitz im Ausland. Wegen des Gleichlaufs der geltenden Pflichten und der sich darauf beziehenden Aufsicht kann man aber die Anwendbarkeit im Sinne einer teleologischen Auslegung auf Unternehmen mit Sitz im Ausland ausdehnen. Zwar lässt sich dann die Bestellung eines Prüfers im Ausland wegen des Territorialitätsprinzips möglicherweise nicht durchsetzen. Um jedoch im Wege der Amtshilfe eine ausländische Aufsichtsstelle zu einer Prüfung für das BAWe zu veranlassen, muss das BAWe ähnlich wie bei § 35 Abs. 2 erst einmal eine eigene originäre Prüfungsbefugnis haben. Häufig wird im Ausland sowieso eine jährliche Prüfung nach den dort geltenden Vorschriften im Auftrag der dort zuständigen Stelle stattfinden. Die Amtshilfe beschränkt sich dann auf die Bitte, diese Prüfung auch auf die Einhaltung der in Deutschland geltenden Verhaltenspflichten auszudehnen und das Ergebnis dieser Prüfung an das BAWe zu übermitteln.

Interessanterweise enthält übrigens das österreichische Recht Prüfungsbefugnisse, die sich eindeutig auch auf Unternehmen mit Sitz in einem Mitglied- oder Vertragsstaat beziehen.[650]

(8) Pflicht zur Unterlassung bestimmter Arten von Werbung, § 36b

§ 37 Abs. 3 erwähnt § 36b nicht. § 36b ist eine Generalklausel, die vom BAWe entsprechend seiner Aufgabe nach § 4 Abs. 1, das reibungslose Funktionieren der Wertpapiermärkte und deren Anlegerschutz sicherzustellen, nach pflichtgemäßen Ermessen[651] und europarechtskonform[652] auszufüllen ist. Dabei wird es

[649] Die Erläuterungen sind im Internet unter http://www.bawe.de abrufbar (besucht am 18.07.2000).
[650] Art. 24 Abs. 2 WAG, der durch den Verweis auf Abs. 1 auch die dort genannten Unternehmen mit Sitz im Ausland umfasst, vgl. Abs. 1 Nr. 4.
[651] Zur Ermessensausübung vgl. *Möllers,* ZBB, 1999, 142.
[652] EuGH Slg. 1984, 1891 („von Colson und Kamann"), 1909 (RNr. 26) = ZIP 1984, 1386, in Bezug auf den alten § 611a BGB; EuGH, Slg. 1987, 3969 („Kolpinghuis Nijmwegen"), 3986 (RNr. 12); EuGH Slg. 1990, I-4135 („Marleasing"), 4159 (RNr. 8); EuGH Slg. 1997, I-7411 („Inter-Environnement Wallonie"), 7449 (RNr. 44 ff.); vgl. auch *Sack,* WRP 1998, 241.

die gesetzlichen Wertungen der in den §§ 31 ff. formulierten Verhaltensregeln sowie die entsprechenden Wertungen der zum Wertpapierhandelsrecht oder verwandten Rechtsgebieten ergangenen Richtlinien zur Geltung bringen.[653] Die Kompetenz des BAWe ist prioritär gegenüber der des BAKred, § 23 Abs. 1 und § 6 Abs. 2 a.E. KWG. Im Hinblick auf die konzeptionelle Aufgabenverteilung zwischen dem BAWe und dem BAKred ist zu bemerken, dass Werbung verhaltensbezogen ist und deshalb typischerweise der Marktaufsicht unterliegt, vgl. § 4. Dem BAKred obliegt demgegenüber vor allem die institutionelle Aufsicht, vgl. § 6 KWG. Wann Missstände vorliegen, muss vor allem anhand des UWG und der Generalklauseln dort beurteilt werden.[654] Nach herrschender Meinung ist der Begriff des Missstands i.S.d. § 36b allerdings weder identisch mit dem noch abhängig vom Begriff der unlauteren Werbung nach dem UWG.[655]

Es gibt keine ausdrückliche Norm, die den räumlichen Anwendungsbereich des deutschen Rechts zur Werbung im geschäftlichen Verkehr regelt. Allerdings haben sich im Recht des unlauteren Wettbewerbs (UWG) inzwischen gesicherte Grundsätze herausgebildet, die auf § 36b angewendet werden können. Danach ist das Recht des Begehungsortes, also der Ort, an dem ein Tatbestandsmerkmal des Verletzungstatbestands verwirklicht worden ist, anzuwenden.[656] Als Begehungsort ist in der Regel nur der Ort anzusehen, an dem die wettbewerblichen Interessen der Mitbewerber aufeinander treffen.[657] Unerheblich sind daher der Ort der Vorbereitungshandlung, der Ort des Schadenseintritts als bloße Auswirkung des Wettbewerbsverstoßes, die Staatsangehörigkeit, der Wohnsitz oder der gewöhnliche Aufenthaltsort der angesprochenen Kunden sowie im Regelfall der Sitz der beteiligten Unternehmen.[658] Regelmäßig ist der Ort maßgeblich, an dem

---

[653] Nach der Begründung zum Regierungsentwurf 6. KWG-Novelle, BT-Drucks. 13/7142, 114, liegt ein Missstand i.S.d. § 36b Abs. 1 vor, wenn die Werbemaßnahme geeignet ist, die Ordnungsmäßigkeit der Erbringung von Wertpapierdienstleistungen und Wertpapiernebendienstleistungen zu beeinträchtigen oder zu gefährden.

[654] *Dreyling,* in: Assmann/Schneider (1999) RNr. 1 zu § 36b.

[655] *Möllers,* ZBB 1999, 138; zum KWG vgl. *Dreyling,* Das Recht der Bankenwerbung nach dem Kreditwesengesetz (1977), 17; *Reischauer/Kleinhans*, KWG (1998), § 23 Rz. 25; a.A. mit überzeugenden Argumenten *Wernicke,* WM 1976, 1242, 1244.

[656] Ständige Rechtsprechung: BGHZ 35, 329, 333 („Kindersaugflaschen"); BGHZ 113, 11, 14 = GRUR 91, 463, 464 („Kauf im Ausland"); BGH GRUR 94, 447, 448 („Systierung von Aufträgen").

[657] BGH GRUR 88, 453, 454 („Ein Champagner unter den Mineralwässern"); BGH GRUR 91, 463, 464 („Kauf im Ausland"); OLG Koblenz GRUR 93,763; KG GRUR 93, 771.

[658] Vgl. zum ganzen *Köhler*, in: Köhler/Pieper, UWG (1995), RNr. 74 Einführung m.w.N.

die Webemedien verteilt, erhältlich oder einsichtig sind. Daraus folgt, dass die Ermächtigung zum Erlass eines Verbots missbräuchlicher Werbung gemäß § 36a und das UWG auch in Bezug auf Unternehmen mit Sitz im Ausland gilt.

Art. 13 WpDRiL enthält keine ausdrückliche Regelung, geht jedoch indirekt davon aus, dass jeweils die Vorschriften des Aufnahmestaats über Form und Inhalt der Werbung, die im Interesse der Allgemeinheit festgelegt worden sind, gelten.[659] Andererseits lässt er dem Aufnahmestaat auch nicht völlige Freiheit, derartige Vorschriften als Maßnahmen im Allgemeininteresse festzulegen.[660] Da diese Maßnahmen potenziell den freien Markt innerhalb der EU beeinträchtigen können, müssen sie die strengen Voraussetzungen erfüllen, die der EuGH aufgestellt hat.[661] Hier missachtet der offene Tatbestand des § 36b diese Kriterien nicht. Das BAWe muss bei der Umsetzung der Ermächtigung dann darauf achten, dass seine Untersagungsverfügungen dem Allgemeininteresse dienen, weil die Einhaltung der guten Sitten bei der Werbung sowohl dem Verbraucher als auch dem geordneten Markt von Nutzen ist.[662] Des Weiteren müssen die Untersagungsverfügungen für alle im Hoheitsgebiet der BRD tätigen Personen gelten und dürfen nicht diskriminierend wirken. Dem Allgemeininteresse darf nicht bereits durch die Rechtsvorschriften hinreichend Genüge getan sein, denen der Leistungserbringer in dem Staat unterliegt, in dem er ansässig ist, was z.B. der Fall ist, wenn das Anstands- und Sittengefühl nach den nationalen Besonderheiten divergiert. Schließlich muss die Untersagungsverfügung über die missbilligte Werbung verhältnismäßig im engeren Sinne sein. Dies gilt grundsätzlich auch angesichts der Tatsache, dass das Wettbewerbsrecht in Deutschland eines der strengsten ist. Untersagungsverfügungen nach § 36b gegen bestimmte Arten von Werbung können also europarechtlich Bestand können haben.[663] Sie sind auf

---

[659] Nach *Dreyling,* in: Assmann/Schneider (1999) RNr. 1 zu § 36b, steht Art. 13 diesen (nationalen) Schranken der Werbetätigkeit nicht entgegen.
[660] Vgl. *Möllers*, ZBB 1999, 134, 136.
[661] EuGH, Slg. 1995, I-1141 („Alpine Investments"), Leitsatz Nr. 4, in Bezug auf das Verbot telefonischer Kontaktaufnahme. Die Eignung zur Beschränkung des freien Dienstleistungsverkehrs wird vor allem deutlich bei gemeinschaftsweiten Werbekampagnen, vgl. *Möllers*, ZBB 1999, 135.
[662] Das hat auch der EuGH bestätigt. Die Aufrechterhaltung des guten Rufes des nationalen Finanzsektors sei ein zwingender Grund des Allgemeinwohls, vgl. EuGH Slg. 1995, I-1141, 1179 Tz. 44 („Alpine Investments").
[663] Zum „Cold Calling" im Ergebnis ebenso EuGH Slg. 1995, I-1141 („Alpine Investments"), 1179 Tz. 44. Das BAWe hat bereits eine entsprechende Untersagungsverfügung in Form einer Allgemeinverfügung vom 27. Juli 1999, Bundesanzeiger Nummer 149 vom 12. August 1999,

Unternehmen aus EU-Mitglied- und Vertragsstaaten anwendbar, die in Deutschland sowohl im Rahmen der Niederlassungsfreiheit als auch im Rahmen des freien Dienstleistungsverkehrs tätig werden.

(9) Zwischenergebnis und Zusammenfassung

Als Zwischenergebnis und Zusammenfassung ist festzuhalten, dass mit der Tatbestandsvoraussetzung *„Nichtbeachtung der Meldepflichten nach § 9 oder der in diesem Abschnitt geregelten Pflichten“* i.S.d. § 36a Abs. 2 die Verletzung folgender Pflichten gemeint ist: §§ 31, 32, 33 Abs. 1 Nr. 1, 35 Abs. 2, 36 und Untersagungsverfügungen nach 36b.

Nicht gemeint sind die folgenden Pflichten: §§ 33 Abs. 1 Nr. 2 und Nr. 3, 33 Abs. 2, 34 und 34a.

2. Missachtung der fristgemäßen Erfüllung

Die Fristen müssen so gewählt sein, dass es dem Unternehmen unter Berücksichtigung der durch die Missachtung entstehenden Nachteile zumutbar ist, die andauernde oder fortgesetzte Pflichtverletzung aufzugeben und die Situation zu bereinigen. In Österreich ist gesetzlich eine Frist von 3 Monaten vorgesehen.[664] 3 Monate erscheinen aber nur für den Regelfall angemessen. Je nach den Umständen des Einzelfalles kann das BAWe auch längere oder kürzere Fristen setzen. Das hängt auf der einen Seite von dem zu erwartenden Schaden für den Markt und seine Anleger, und auf der anderen Seite von den Kosten und organisatorischen Schwierigkeiten für das Unternehmen ab, die betreffende Anordnung umzusetzen.

Liegt die Pflichtwidrigkeit in einer sich in regelmäßigen Abständen wiederholenden, fortgesetzten Handlung, reicht die Aufforderung, eine derartige Handlung in Zukunft zu unterlassen. Es besteht dann kein Grund, überhaupt eine Frist zu setzen.

Bei der Festsetzung der Frist muss das BAWe dem Unternehmen grundsätzlich keinerlei Vertrauensschutz für die Beibehaltung des rechtswidrigen Zustandes gewähren. Für die Beurteilung der zumutbaren Nachteile kommen lediglich Kosten und zusätzlicher Aufwand organisatorische Art in Betracht. Je schneller

---

13 518, erlassen. Sie richtet sich, ohne dies ausdrücklich zu regeln, auch an Unternehmen mit Sitz im Ausland nach Maßgabe des § 31 Abs. 3. Siehe hierzu bereits oben C. II.1. b) (3).

[664] § 24a Abs. 1 WAG.

eine Maßnahme in einem Unternehmen umgesetzt werden soll, desto teurer kommt sie in der Regel. Diesen Aspekt hat das BAWe zu berücksichtigen, wenn es die Länge der Frist in ein Verhältnis zu dem noch entstehenden Schaden für den Markt und seine Anleger setzt.

3. *Keine oder unzureichende Maßnahmen durch den Herkunftsstaat*

Nach dem Herkunftslandprinzip obliegt die Überwachung der Wertpapierdienstleistungsunternehmen vorrangig den Behörden und zuständigen Stellen des Staates, in dem das betreffende Unternehmen seinen Sitz hat. Die Aufsicht erstreckt sich dabei nicht nur auf die Einhaltung heimischer Regeln und Pflichten, sondern letztlich auch auf die Einhaltung entsprechender ausländischer Regeln und Pflichten, die das Unternehmen dort zu beachten hat.[665] Jedenfalls EU-rechtlich muss heute ein Herkunftsstaat auch Maßnahmen ergreifen, wenn ein zu beaufsichtigendes Unternehmen Regeln eines Aufnahmelandes missachtet.

Wann derartige Maßnahmen unzureichend sind, ist aus der Sicht des Aufnahmestaates zu beurteilen, weil die Aufsicht über die Einhaltung des im Aufnahmestaat einzuhaltenden Pflichten jedenfalls vorrangig den sachnäheren zuständigen Stellen des Aufnahmestaats obliegt. Das Herkunftsland hat lediglich das Recht und die Pflicht des „ersten Zugriffs", denn die WpDRiL und die Einführung des europäischen Pass ändert nichts an der Letztentscheidungskompetenz der Mitglied- und Vertragsstaaten für den Schutz nationaler Interessen. Dennoch muss das BAWe zunächst versuchen, sich mit den Stellen des Herkunftsstaates abzustimmen. Das erfordert die Pflicht zu einer vertrauensvollen Zusammenarbeit.[666] Erst wenn sich die Stelle im Ausland weigert zusammenzuarbeiten, kann das BAWe auf eigene Faust vorgehen. Weiterhin besteht jedoch die Pflicht, die zuständigen ausländischen Stellen über die unternommen Schritte zu informieren. Es könnte ja immerhin sein, dass die ausländische Stelle durch neuere Entwicklungen sich in ihrer Ansicht umstimmen lässt und sich dann doch zu einer Kooperation bewegen lässt.

[665] Siehe oben C. II.3. a) .
[666] Vgl. 41. Erwägungsgrund und Art. 23 Abs. 1 der WpDRiL.

IV. Rechtsfolge, Sanktionen, Rechtsschutz

1. Die Hinweispflicht nach § 36a Abs. 1

a) Länge der Frist

Liegen die Voraussetzungen des § 36a Abs. 1 vor, ist das BAWe verpflichtet, innerhalb der in § 53b Abs. 2 Satz 1 KWG genannten Frist auf die Meldepflichten nach § 9 und die „in diesem Abschnitt geregelten Pflichten" hinzuweisen. Nach Maßgabe des KWG und in Übereinstimmung mit Art. 17 Abs. 4 und Art. 18 Abs. 2 WpDRiL kann sich das BAWe dafür zwei Monate Zeit lassen, und zwar berechnet ab dem Eingang der von den zuständigen Stellen des Herkunftsstaates über die beabsichtigte Errichtung der Zweigniederlassung oder Aufnahme des grenzüberschreitenden Dienstleistungsverkehrs übermittelten Unterlagen beim BAKred. Diese Unterlagen müssen nicht zusätzlich auch beim BAWe eingehen, um den Lauf der Frist beginnen zu lassen, sonst wäre es keine „innerhalb der in § 53b Abs. 2 Satz 1 KWG bestimmte Frist". Der Verweis in § 36a Abs. 1 gibt keinen Anhaltspunkt dafür, eine derartige, in den Voraussetzungen des Fristbeginns abweichende Analogie durchzuführen, sondern geht von einer wortwörtlichen und direkten Anwendung des § 53b Abs. 2 Satz 1 KWG aus.

Für die Aufnahme des grenzüberschreitenden Dienstleistungsverkehrs wird zwar nicht auf § 53b Abs. 2a KWG verwiesen, der diesen Fall eigentlich regelt. Diese Verweisungsungenauigkeit hat aber keinerlei Auswirkung auf die Berechnung der Frist. Zum Zeitpunkt seines Inkrafttretens konnte § 36a Abs. 1 den § 53b Abs. 2a KWG noch gar nicht erwähnen, weil letztere Norm erst später in das KWG aufgenommen wurde.

b) Rechtliche Qualifikation der Hinweispflicht

(1) Öffentlich-rechtlicher Anspruch auf Erteilung der Hinweise

Die Hinweispflicht ist eine echte öffentlich-rechtliche Pflicht für die Behörde. Ihr steht ein subjektiver Anspruch gegenüber, der auch gerichtlich durchsetzbar ist. Es handelt sich also nicht nur um rein objektives Recht.

Subjektive Rechte liegen immer dann vor, wenn einer Person z. B. durch eine Rechtsnorm die Rechtsmacht zuerkannt wird, von einer anderen ein bestimmtes

Tun, Dulden oder Unterlassen zu fordern.[667] Der Begriff des subjektiven Rechts ist synonym zu den rechtlich geschützten Interessen.[668] Nach der Schutznormtheorie sind Interessen dann rechtlich geschützt, wenn die in Frage stehende Rechtsnorm ausschließlich oder zumindest neben dem öffentlichen Interesse auch Individualinteressen zu dienen bestimmt ist.[669] Lediglich Chancen, sonstige Betroffenheit oder diejenigen Interessen, die gerade nicht in einer Rechtsnorm als subjektive Rechte ausgestaltet sind, sind keine subjektiven Rechte. In diesen Fällen handelt es sich um einen bloßen Rechtsreflex, also die rein tatsächliche und nicht normativ intendierte belastende oder begünstigende Wirkung einer Rechtsnorm.[670]

Das Unternehmen hat einen Anspruch auf diese Mitteilung, weil es Sinn und Zweck der Hinweispflicht ist, dem Unternehmen die Nutzung der Niederlassungsfreiheit und des freien Dienstleistungsverkehrs zu erleichtern und die aus den komplizierten, uneinheitlichen nationalen Gesetzesregelungen resultierende Unberechenbarkeit abzumildern. Der Hinweis, welche Verhaltenspflichten aus der Sicht der Aufsichtsstelle einzuhalten sind, ist eine wertvolle Information, welche die Niederlassungsfreiheit und den freien Dienstleistungsverkehr praktisch erheblich erleichtert. Auch der Wortlaut des § 35a Abs. 1 ist ein entsprechendes Indiz. Es handelt sich um eine Muss- und nicht nur um eine Soll-Vorschrift. Art. 18 Abs. 2 Satz 3 WpDRiL steht dem nicht entgegen. Der Begriff „*gegebenenfalls*" deutet zwar darauf hin, dass die Mitgliedstaaten in dieser Frage einen Ermessensspielraum wahrnehmen können. Im Rahmen der Umsetzung der WpDRiL in nationales Recht können die Mitgliedstaaten die Mitteilungspflicht aber natürlich ohne weiteres zu einer echten Pflicht machen, auf die das Unternehmen einen gerichtlich durchsetzbaren Anspruch geltend machen kann. Es liegt ja gerade im Geist der WpDRiL, dass ein Unternehmen, das im Aufnahmeland Wertpapierdienstleistungen anbieten möchte, sich ohne Schwierigkeiten über die bezüglich des Allgemeininteresses im Aufnahmemitgliedstaat bestehenden Vorschriften informieren können muss. Ein lediglich fakultativer

---

[667] *Happ,* in: Eyermann, VwGO (1998), RNr. 83 zu § 42.
[668] *Happ,* in: Eyermann, a.a.O.
[669] Ständige Rechtsprechung, z. B. BVerwGE 92, 313/317; vgl. *Kopp,* VwGO (1994), § 42 RNr. 48.
[670] BVerfGE 83, 182, 194.

Charakter der Mitteilung würde eine Behinderung der Ausübung der Niederlassungsfreiheit und des freien Dienstleistungsverkehrs darstellen.[671]

(2) Durchsetzung des Anspruchs auf Mitteilung

Kommt die Behörde ihrer Hinweispflicht nicht nach, kann das Unternehmen nach Durchführung eines Vorverfahrens eine Verpflichtungsklage nach § 42 Abs. 1 VwGO erheben, und zwar vor dem VG Frankfurt, vgl. § 52 Nr. 2 und Nr. 5 VwGO[672].

(3) Reichweite des Anspruchs auf Mitteilung

Da der Gesetzgeber genauso wenig wie im Abs. 2 klar definiert, welche Pflichten nun konkret für das Unternehmen gelten, bleibt dem BAWe nichts anderes übrig, als seine rechtlich unverbindliche Meinung mitzuteilen. Es wird also auf alle Pflichten hinweisen, die seiner Ansicht nach vom ausländischen Unternehmen einzuhalten sind. Auf die vom § 36a nicht erfassten Pflichten wird das BAKred nach § 53b Abs. 2 und 2a KWG hinweisen können.

Die Pflicht zur Erteilung der Hinweise hat das BAWe schon dann erfüllt, wenn es eine vernünftige, nach objektiv-oberflächlicher Betrachtung hinreichend vollständige Liste der in Deutschland geltenden Regeln aushändigt. Das BAWe ist kein Gericht und kann keine rechtkräftige Entscheidung über die inhaltliche Vollständigkeit und Richtigkeit der Hinweise treffen. Daher kann es meiner Ansicht nach für das Ergebnis seiner Hinweise auch nicht verantwortlich gemacht werden.[673] Das Unternehmen genießt insoweit keinen Vertrauensschutz. Daraus folgt auch, dass eine nicht mitgeteilte Vorschrift gegenüber dem Unternehmen auf jeden Fall wirksam bleibt. Die Hinweise haben insoweit allenfalls einen deklaratorischen, keinesfalls jedoch konstitutiven Charakter. Die Anwendbarkeit einer in Deutschland erlassenen Vorschrift kann schließlich nicht wegen einer nicht eingehaltenen Verwaltungsformalität außer Kraft gesetzt werden.

---

[671] Mitteilung der Kommission zu Auslegungsfragen über den freien Dienstleistungsverkehr und das Allgemeininteresse in der Zweiten Bankenrichtlinie, Amtsblatt der EG vom 10.7.1997, Nr. C 209/6, 14.

[672] *Dreyling,* in: Assmann/Schneider, WpHG (1999), § 3, RNr. 7.

[673] Mitteilung der Kommission zu Auslegungsfragen über den freien Dienstleistungsverkehr und das Allgemeininteresse in der Zweiten Bankenrichtlinie, Amtsblatt der EG vom 10.7.1997, Nr. C 209/6, 14.

c) Negative Feststellungsklage bei Streit über die Frage, welche Pflichten konkret anwendbar sind?

Sollte das BAWe auf eine Verhaltenspflicht hinweisen, die zwar nicht in § 9 oder im fünften Abschnitt des WpHG geregelt ist, aber dennoch vom Unternehmen einzuhalten ist, liegt kein Eingriff vor. Ein solcher Hinweis wäre von der Aufgabenzuweisung nach § 4 gedeckt und damit rechtlich zulässig. Sollte die Behörde dagegen auf eine Verhaltenspflicht hinweisen, die nach Ansicht des Wertpapierdienstleistungsunternehmen nicht anwendbar ist, ist eine negative Feststellungsklage in Erwägung zu ziehen mit dem Antrag auf Feststellung, dass eine bestimmte Pflicht, auf die das BAWe hingewiesen hat, für das Wertpapierdienstleistungsunternehmen nicht verbindlich ist.

(1) Rechtsverhältnis

Bei der allgemeinen Feststellungsklage nach § 43 VwGO muss sich der Klageantrag auf die Feststellung des Bestehens oder Nichtbestehens eines verwaltungsrechtlichen Rechtsverhältnisses oder der Nichtigkeit eines Verwaltungsaktes beziehen. Problematisch ist, ob es sich bei der Frage, welche Pflichten das Unternehmen zu beachten hat, um ein Rechtsverhältnis im Sinne von § 43 VwGO handelt.

Als Rechtsverhältnisse werden die rechtlichen Beziehungen angesehen, die sich aus einem konkreten Sachverhalt auf Grund einer diesen Sachverhalt betreffenden öffentlich-rechtlichen Norm für das Verhältnis mehrerer Personen untereinander oder einer Person zu einer Sache ergeben.[674] Auch Rechte und Pflichten gegenüber dem Staat können Gegenstand einer Feststellungsklage sein.[675] Nicht erforderlich ist, ein Rechtsverhältnis als Ganzes zum Gegenstand der Feststellungsklage zu machen. Der Feststellungsklage unterliegen auch einzelne rechtliche Pflichten als Ausfluss eines umfassenden Rechtsverhältnisses.[676] Lediglich bloße Elemente, unselbstständige Teile oder Vorfragen eines Rechtsverhältnisses gehören nicht hierzu.[677] Ebenso wenig Gegenstand einer Feststellungsklage können abstrakte Rechtsfragen sein. Es ist nicht Aufgabe der Gerichte, Rechts-

---

[674] BVerwGE 89, 327, 329; ferner *Kopp,* VwGO (1994), § 43 RNr. 11.

[675] Diese Frage ist nicht anders zu beurteilen als bei den so genannten Statusrechten, die ebenfalls Gegenstand einer Feststellungsklage sein können, wie z. B. die Feststellung der Staatsangehörigkeit und dergleichen, vgl. BVerwGE 7, 30; OVG Münster DÖV 1954, 439.

[676] *Kopp*, VwGO (1994), RNr. 12 zu § 43 m.w.N.

[677] BVerwGE 24, 358; 90, 228; *Kopp*, VwGO (1994), RNr. 13 zu § 43.

fragen um ihrer selbst willen rechtstheoretisch zu lösen.[678] Kein Rechtsverhältnis zum Gegenstand hat daher die Frage nach der Auslegung einer Rechtsnorm.[679] Nur subjektive Rechte und Pflichten kommen also in Betracht.[680] Unzulässig ist auch die Frage nach der Gültigkeit von Rechtsnormen[681] oder Anträge, die auf eine Umgehung des § 47 VwGO hinauslaufen.[682]

Bei den Pflichten im Sinne des § 36a Abs. 1 wird es sich in aller Regel um konkrete Pflichten handeln und nicht lediglich um unselbstständige Teile oder Vorfragen eines Rechtsverhältnisses. Die Frage, ob eine bestimmte Verhaltenspflicht von einem Unternehmen zu beachten ist und ob das BAWe deren Einhaltung verlangen kann, ist auch kein Problem der Auslegung einer Rechtsnorm. Dies stellt nicht eine abstrakte, sondern eine konkrete Rechtsfrage dar, weil es darum geht, die Anwendbarkeit von Pflichten auf ein ganz bestimmtes Unternehmen hin zu untersuchen. Die Frage der Anwendbarkeit auf ein Unternehmen hat auch nichts mit der Frage nach der Gültigkeit der Rechtsnorm zu tun. Schließlich wird auch nicht § 47 VwGO umgangen, weil es nicht um die Nichtigkeit einer Rechtsnorm geht, sondern um deren Anwendbarkeit auf einen bestimmten Sachverhalt. Damit kann festgehalten werden, dass es sich bei der Frage, ob bestimmte Pflichten auf ein Unternehmen anwendbar sind, um ein Rechtsverhältnis i.S.d. § 43 Abs. 1 VwGO handelt.

(2) Besondere Rechtsschutzbedürfnis nach § 43 Abs. 1 VwGO

Das besondere Rechtsschutzbedürfnis nach § 43 Abs. 1 VwGO wäre gegeben. Das Interesse ist schon dann berechtigt[683], wenn es rechtlicher oder schutzwürdiger tatsächlicher, insbesondere wirtschaftlicher oder ideeller Art ist.[684] Hier hätte das Unternehmen ein berechtigtes Interesse an der alsbaldigen Feststellung der Anwendbarkeit von Pflichten auf sein Unternehmen. Zwischen den Beteiligten des Rechtsverhältnisses besteht ein Meinungsstreit, bei dem die Behörde der

---

678 BVerwGE 14, 235.

679 *Kopp*, VwGO (1994), RNr. 14 zu § 43; *Happ*, in: Eyermann, VwGO (1998), RNr. 15 zu § 43.

680 *Maurer*, Allgemeines Verwaltungsrecht (1997), § 8 Nr. 17; *Happ*, in: Eyermann, VwGO (1998), RNr. 13 zu § 43.

681 *Kopp*, VwGO (1994), a. a. O.

682 *Kopp*, VwGO (1994), RNr. 8 zu § 43.

683 Zu diesem Begriff vgl. *Kopp*, VwGO (1994), RNr. 24 zu § 43.

684 BVerwG NJW 1990, 1804; NVwZ 1991, 470, 471 (Einschränkung soll lediglich die Popularklage verhindern).

Ansicht ist, ein bestimmtes Tun oder Unterlassen verlangen zu können.[685] Die Rechtslage ist also unklar, die zuständige Stelle ist anderer Auffassung als der Kläger,[686] und der Kläger will sein künftiges Verhalten an der Feststellung orientieren.[687]

(3) Subsidiarität nach § 43 Abs. 2 Satz 1 VwGO

Die Feststellungsklage wäre auch nicht subsidiär nach § 43 Abs. 2 Satz 1 VwGO. Zwar gilt nach herrschender Lehre grundsätzlich, dass der Kläger nicht die Möglichkeit haben oder gehabt haben darf, seine Rechte durch Gestaltungs- oder Leistungsklage zu verfolgen. Der Betroffene muss jedoch nicht abwarten, bis ihm gegenüber eine Untersagungsverfügung erlassen wird. Eine bereit erhobene Feststellungsklage kann aber dazu führen, dass sich eine Gestaltungs- oder Leistungsklage durch das Feststellungsurteil erübrigt.[688] Die Subsidiaritätsklausel soll lediglich den erforderlichen Rechtsschutz auf ein einziges gerichtliches Verfahren konzentrieren. Ist der durch die Leistungsklage gewährte Rechtsschutz in Reichweite und Effektivität der Feststellungsklage nicht mindestens gleichwertig, greift die Subsidiaritätsklausel nicht.[689]

Nach alledem wäre eine Feststellungsklage zulässig. Vieles dürfte allerdings auch von einer sorgfältigen Formulierung der Anträge abhängen.

2. Das Vorgehen zur Durchsetzung der Aufsicht nach § 36a Abs. 2

Die Vorschrift ist rein öffentlich-rechtlichen Charakters und zeitigt keine zivilrechtlichen Folgen.

a) Das Verfahren

Abs. 2 sieht als Rechtsfolge ein dreistufige Verfahren vor, um auf das Unternehmen einzuwirken:

---

685 Vgl. BVerwG a.a.O.

686 Vgl. BVerwG NJW 1983, 2584

687 Ähnlich VG Münster DVBl 1972, 506, 507; VG Kassel NJW 1979, 997. Das Feststellungsinteresse ist im Hinblick darauf, dass dem Betroffenen nicht zuzumuten ist, die Klärung verwaltungsrechtlicher Zweifelsfragen auf der Anklagebank erleben zu müssen, berechtigt: vgl. im Detail hierzu, *Kopp*, VwGO (1994), RNr. 24 zu § 43.

688 *Happ*, in: Eyermann, VwGO (1998), § 43 RNr. 40.

689 BVerwG BayVBl 1997, 90.

- Aufforderung an das Unternehmen, seinen Pflichten innerhalb einer gesetzten Frist nachzukommen,
- bei anhaltendem Pflichtverstoß Unterrichtung der zuständigen Stellen des Herkunftsstaates, und
- falls keine oder nur unzureichende Maßnahmen seitens des Herkunftsstaates ergriffen werden, Unterrichtung des BAKred durch das BAWe. Dieses hat dann im Rahmen seiner Zuständigkeit zu prüfen, in welcher Weise gegen das Unternehmen vorgegangen werden kann. Das kann bis zur Abberufung der Geschäftsleiter, zur Schließung der Zweigniederlassung oder zur Untersagung der grenzüberschreitenden Tätigkeit führen, vgl. § 53b Abs. 8 KWG, natürlich mit nur begrenzter Wirkung außerhalb des staatlichen Machtanspruchs Deutschlands.

Zwangsmittel, die das BAWe nach § 10 einsetzen könnte, sieht § 36a Abs. 2 nicht vor. Ein Rückgriff auf die Zwangsmittel des § 10 bleibt dem BAWe auch verwehrt, weil die Rechtsfolge des § 36a Abs. 2, der ausdrücklich nur die Benachrichtigung des BAKred vorsieht, spezialgesetzlichen Vorrang genießt.

b) Möglicher Inhalt einer Aufforderung durch das BAWe

Das BAWe kann das Unternehmen alle Anordnungen treffen, die es auch bei Verstößen gegen die Wohlverhaltenspflichten allgemein treffen kann.[690] Bei anderen Verstößen kann es zusätzlich eine Sanktion festsetzen, sofern die Verhaltenspflicht, gegen die verstoßen wurde, straf- oder bußgeldbewehrt war.

c) Keine eigene Betätigungsuntersagungsverfügung durch das BAWe?

Eine eigene Betätigungsuntersagungsverfügung durch das BAWe ist von § 36a Abs. 2 nichtvorgesehen. Aus der Begründung des Regierungsentwurfes geht hervor, dass entsprechend der Aufgabenverteilung zwischen dem BAWe und BAKred es letzteren obliege, als letzte Maßnahme und ultima ratio erforderlichenfalls die Durchführung neuer Geschäfte im Inland zu versagen.[691] Daraus folgt, dass jedenfalls nach „offizieller" Auffassung das BAWe, anders als viele entsprechenden Stellen im Ausland,[692] nicht selbst eine Untersagungsverfügung

---

[690] Vgl. hierzu bereits oben C. II.1.

[691] BT-Drucksache 13/7124, 114.

[692] In Österreich kann nach § 24a WAG das Amt für Bundeswertpapieraufsicht selbst eine Betätigungsuntersagungsverfügung verhängen, vgl. oben E. I.4. a) In Frankreich können nach Art. 79 paragraph III der loi n° 96-597 du 2 juillet 1996 geregelt. Sowohl der Conseil des

erlassen kann. Es ist auf bei diesen statusbezogenen Aufsichtsmaßnahmen auf die Amtshilfe des BAKred angewiesen. Diese Ergebnis kann rechtspolitisch nicht überzeugen.[693] Eine Klarstellung des Gesetzgebers sollte hier erfolgen.

d) Keine originäre Eilkompetenz i.S.d. Art. 19 Abs. 8 WpDRiL

Ebenso wenig enthält das WpHG eine Eilkompetenz im Sinne des Art. 19 Abs. 8 WpDRiL. Auch in diesem Fall ist es somit auf die Amtshilfe durch das BAKred angewiesen, das seinerseits gemäß § 53b Abs. 5 KWG spezielle Befugnisse in dringenden Fällen hat. Angesichts dieser Rechtslage bestehen die gleichen Bedenken wie bezüglich des Fehlens der Befugnis zum Erlass einer eigenen Betätigungsuntersagungsverfügung.

e) Rechtsschutz

Beim Rechtsschutz ergeben sich keine Unterschiede gegenüber den allgemeinen Grundsätzen.[694]

---

marchés financiers, die Commission bancaire als auch die COB überwachen die Einhaltung der Pflichten, die für die Unternehmen aus einem Mitglied- oder Vertragsstaat in Frankreich gelten und können gegebenenfalls als ultima ratio die weitere Betätigung in Frankreich untersagen, vgl. hierzu oben E. I.4. b) In England gilt nach section 11 subsection (4) der Investment Services Regulation 1995, dass die Aufsichtsbehörde selbst letzten Endes alle möglichen Sanktionen bis hin zu einer Betätigungsuntersagung aussprechen darf, vgl. hierzu oben E. I.4. c)

[693] Siehe ausführlich hierzu bereits oben C. II.1. a) .

[694] Siehe oben C. III

F. Auskünfte und Vorlage von Unterlagen bei Unternehmen mit Sitz im Ausland nach § 35 Abs. 2 WpHG

Wortlaut:

§ 35
Überwachung der Meldepflichten und Verhaltensregeln

(2) Das Bundesaufsichtsamt kann zur Überwachung der Einhaltung der in diesem Abschnitt geregelten Pflichten Auskünfte und die Vorlage von Unterlagen auch von Unternehmen mit Sitz im Ausland verlangen, die Wertpapierdienstleistungen gegenüber Kunden erbringen, die ihren gewöhnlichen Aufenthalt oder ihre Geschäftsleitung im Inland haben, sofern nicht die Wertpapierdienstleistung einschließlich der damit im Zusammenhang stehenden Wertpapiernebendienstleistungen ausschließlich im Ausland erbracht wird.

I. Grundlagen

1. Regelungsgegenstand

§ 35 Abs. 2 begründet eine originäre Auskunft- und Vorlagepflicht gegenüber dem BAWe auch für Unternehmen mit Sitz im Ausland. Er regelt einen Fall der extraterritorialen Jurisdiktion, weil er tatbestandlich an Unternehmen anknüpft, die sich im Ausland befinden.[695] Es handelt sich nicht um eine innerstaatliche Regelung, die nur faktische Auswirkung auf das Ausland hat, wie dies bei der Einfuhr von Waren etwa der Fall ist, von denen die Einhaltung von inländischen Standards und Bestimmungen gefordert wird.[696] Es geht aber auch noch nicht unbedingt um die Vornahme von Hoheitsakten im Ausland und damit um extraterritoriale Jurisdiktion im Sinne einer Machtausübung im Ausland.[697] § 35 Abs. 2 begründet insbesondere kein Recht des BAWe, überprüfende Hoheitsakte im Ausland vorzunehmen. Es liegt lediglich insoweit ein grenzüberschreitender Bezug vor, als die Auskunft und Unterlagen, die in Deutschland erteilt bzw. vorgelegt werden müssen, aus dem Ausland stammen. Nur wenn die Vorlage der Urkunden vor Ort stattfinden soll, also in Räumlichkeiten des Unternehmens im Ausland, läge ein klassischer Fall der Ausübung hoheitlicher Gewalt im Ausland

---

[695] *Meng,* Extraterritoriale Jurisdiktion (1994), 297, sieht die Anordnung der Mitführung oder Herausgabe von Dokumenten, welche im Ausland belegen sind, ebenso wie die Ladung von Zeugen im Ausland als echte, wenn auch nicht erzwingbare Auslandsregelungen an.

[696] Vgl. zum Begriff der extraterritorialen Jurisdiktion *Meng*, Extraterritoriale Jurisdiktion (1994), 73 ff.

[697] Eine Aufzählung echter Ausübung hoheitlicher Tätigkeit im Ausland findet sich bei *Groß,* JZ 1994, 598.

vor. § 35 Abs. 2 schweigt sich jedoch gerade über den Ort, an dem die Vorlage stattfinden soll, aus. Anders als bei § 35 Abs. 1 wird kein Betretungsrecht statuiert, vgl. Satz 3 im Abs. 1. Für die Machtausübung im Inland ist es zunächst irrelevant, ob sich die Unterlagen im Ausland oder bei einem inländischen Stützpunkt befinden.[698] Die Zuwiderhandlung gegen eine vollziehbare Anordnung ist nicht bußgeldbewehrt, vgl. § 39 Abs. 2 Nr. 1.[699]

Die extraterritoriale Wirkung von § 35 Abs. 2 ist völkerrechtlich unbedenklich, weil der deutsche Jurisdiktionsanspruch im vom Gesetz umschriebenen Fall regelmäßig völkergewohnheitsrechtlich begründet werden kann. Es liegt ein anerkennenswertes Regelungsinteresse Deutschlands vor, dass sich auf einen sachlichen Anknüpfungspunkt beziehen lässt.[700] Allerdings haben in der staatlichen Praxis viele Verfahrenshandlungen trotz fehlender Völkerrechtswidrigkeit bereits erhebliche Jurisdiktionskonflikte erzeugt, weil sie auf Personen im Ausland starke Persuasionswirkungen erzeugen können.[701]

Die direkte Durchsetzung eines Auskunft- und Vorlageverlangens nach § 35 Abs. 2 im Ausland sowie von aufsichtlichen Sanktionen kann bei Verweigerung einer Zustimmung an der Souveränität des betroffenen Staates scheitern.[702] Denn es gehört zu den allgemeinen Regeln des Völkerrechts i.S.d. Art. 25 GG, dass ohne dessen Zustimmung keine Hoheitsakte auf dem Gebiet anderer Staaten vorgenommen werden.[703] EU-rechtlich ist nach Art. 24 Abs. 1 WpDRiL zwar vorgesehen, dass die zuständigen Stellen des Herkunftsstaats eine Prüfung vor Ort im Aufnahmenstaat vornehmen dürfen. Das gilt aber nicht für Prüfungen

---

698 Ähnlich für das Kartellrecht *Rehbinder,* in: Immenga/Mestmäcker, GWB (1992), RNr. 299 zu § 98 Abs. 2.

699 Nach herrschender Meinung ist die extraterritoriale Ausdehnung auf verwaltungsstrafrechtlichem Gebiet nur sehr begrenzt möglich. Hier gilt grundsätzlich der strenge Territorialitätsgrundsatz, Ausnahmen müssen ausdrücklich vorgesehen sein. Das ergibt sich im deutschem Recht aus § 5 OWiG. Vgl. hierzu auch *di Amato,* Foro it. 1989, IV, 108 f. und ihm folgend *Groß*, JZ 1994, 596, 602.

700 Vgl. hierzu grundlegend die Ausführungen bei C. I.3.

701 *Meng*, Extraterritoriale Jurisdiktion (1994), 296.

702 Die sogenannte „enforcement jurisdiction", also die Durchsetzung extraterritorialer Hoheitsansprüche durch hoheitlichen Zwang, bedarf prinzipiell der Einwilligung des betroffenen Staates, vgl. *Schuster*, Internationale Anwendung (1996), 38 (Fußnote 173), 590, 661 ff. Vgl. auch *Schäfer/Müller*, Haftung für fehlerhafter Wertpapierdienstleistungen (1999), 94 (Fußnote 61).

703 BSGE 33 (1972), 280, 284.

durch zuständige Stellen des *Aufnahme*staats im *Herkunfts*staat. Im Fall des § 35 Abs. 2 wäre Deutschland jedoch immer Aufnahmestaat, weil das betreffende Unternehmen seinen Sitz ja gerade nicht in Deutschland hat. Auf den ersten Blick scheint daher dieser Regelung oft in die Leere zu gehen. Dies ist jedoch keineswegs der Fall. Denn selbst wenn Hoheitsbefugnisse nur im Inland ausgeübt werden können, entsteht natürlich ein Druck auf das Unternehmen, sich kooperativ zu zeigen. § 35 Abs. 2 ist auch dann relevant, wenn Zwangsmittel gegenüber einem Tochterunternehmen oder einer Zweigstelle im Inland in Betracht kommen. Vor allem jedoch bei der Zusammenarbeit mit ausländischen Stellen ist diese Vorschrift bedeutsam. Für die Inanspruchnahme der Rechtshilfe ist es notwendig, dass das BAWe selbst originär zuständig und zu Eingriffen ermächtigt ist.[704] Dabei wird die ausländische Stelle im Rahmen der Amtshilfe nur sehr selten Zwangsmittel anwenden, weil dies unüblich ist.[705] Sie wird aber möglicherweise in eigener Zuständigkeit als Sitzlandbehörde gegen das Unternehmen vorgehen.

Die Zusammenarbeit mit zuständigen Stellen aus anderen Ländern selbst ist in § 36c und § 7 geregelt. Außerdem gibt es zahlreiche multi- und bilaterale Vereinbarungen mit dem BAWe[706], so genannte Memoranda of Understanding[707] sowie die Leitlinien des revidierten Basler Konkordats vom Mai 1983[708], das die Aufsichtsverantwortlichkeit über Geschäftsbanken zwischen den für die Muttergesellschaften und den für die Tochtergesellschaften verantwortlichen Aufsichtsbehörden verteilt. Schließlich gibt es mindestens ebenso viele Rechtshilfeabkommen vor allem für Strafverfahren,[709] die hier außer Betracht gelassen werden

[704] So jedenfalls die Regierungsbegründung zu dem Gesetzesentwurf, BRat-Drucks. 963/96, 111. Vgl. die Rechtslage nach den §§ 4 und 13 BDSG bei personenbezogenen Daten: Nach § 13 Abs. II BDSG müssen Daten primär beim Betroffenen erhoben werden und nur ausnahmsweise ohne seine Mitwirkung.

[705] *Groß*, JZ 1994, 596, 600.

[706] Siehe im einzelnen hierzu die Kommentierung zu § 36c in der Einleitung. Eine Aufzählung der Memoranda of Understanding findet sich in der Fußnoten 800 ff.

[707] Das sind Vereinbarungen, die Absichtserklärungen über den Austausch vertraulicher Informationen zwischen den Aufsichtsstellen enthalten. Sie erleichtern die internationale Zusammenarbeit, weil Auskunftsersuchen standardisiert und Übermittlungsverfahren festgelegt werden.

[708] Vgl. hierzu auch Fußnoten 568 und 569.

[709] Z.B. *Mann*, WuR 1986, 175, 180 ff. mit besonderer Berücksichtigung des Haager Abkommens.

können. Sie können allerdings für das Insiderstrafrecht erhebliche Bedeutung haben.

Für die EU und den EWR gilt, dass grundsätzlich die Stellen des Herkunftsstaates für die Überwachung der Wertpapierdienstleistungsunternehmen zuständig sind („europäischer Pass"). Nur ausnahmsweise ist dem Aufnahmeland ausdrücklich eine Überwachungskompetenz zugewiesen, und zwar nach Art. 11 Abs. 2 WpDRiL bei den Wohlverhaltensregeln im Sinne des Art. 11 WpDRiL, die vor allem in den §§ 31 Abs. 3 und 32 Abs. 3 enthalten sind, als auch bei den aus Gründen des Gemeinwohls erlassenen Rechts- und Verwaltungsvorschriften, vgl. Art. 19 Abs. 6 WpDRiL. Für diese Bereiche stellt § 35 Abs. 2 eine wichtige Befugnisnorm für die Aufsicht dar.

2. Gesetzesgeschichte

a) Europarechtlicher Hintergrund

Die Vorschrift soll – obwohl durch das „Gesetz zur Umsetzung von EG-Richtlinien zur Harmonisierung bank- und wertpapieraufsichtsrechtlicher Vorschriften" eingefügt – nicht primär Regelungen der Wertpapierdienstleistungsrichtlinie umsetzen. Sie gilt allgemein für alle Unternehmen mit Sitz im Ausland, nicht nur für solche mit Sitz in einem EU-Mitgliedstaat oder EWR-Vertragsstaat.

Soweit sie jedoch auch für Unternehmen gilt, die unter die Wertpapierdienstleistungsrichtlinie fallen, liegt ihr letztlich Art. 19 Abs. 2 und Abs. 6 sowie Art. 11 Abs. 2 WpDRiL zu Grunde, wonach den zuständigen Stellen des Aufnahmelandes eine aufsichtliche Residualkompetenz verbleibt. Zu nennen wäre an dieser Stelle auch Art. 24 Abs. 3 WpDRiL, der unterstreicht, dass die zuständigen Behörden des Aufnahmemitgliedsstaats in ihrem Kompetenzbereich Prüfungen von in ihrem Hoheitsgebiet errichteten Zweigniederlassungen vornehmen können.

Ganz allgemein gibt es sogar ein Europäisches Übereinkommen über die Erlangung von Auskünften und Beweisen in Verwaltungssachen im Ausland,[710] das jedoch außer für Deutschland nur für vier weitere europäische Staaten[711] in Kraft

---

[710] Vom 15.3.1978, BGBl. 1981 II 533, 550; Geltung für Deutschland durch das Ausführungsgesetz vom 20.7.1981, BGBl. I 665, in Kraft seit dem 1.1.1983, BGBl. 1982 II, 1052.

[711] Luxemburg, Belgien, Italien und Portugal, vgl. BGBl. II 1994, Nr. 9a, Fundstellennachweis B (Stand 31.12.1993), 500.

getreten ist, die zudem – mit Ausnahme Luxemburgs – alle keine bedeutende Wertpapierhandelsmärkte besitzen. Weit reichende Ablehnungsgründe[712] und die starken Förmlichkeiten des Verfahrens[713] haben dazu geführt, dass die praktische Bedeutung des Abkommens gegen Null tendiert. Die nach Art. 11 Abs. 1 dieses Abkommens vereinfachte Form der Zustellung unmittelbar durch die Post ist für die Bundesrepublik Deutschland zumeist nicht möglich, weil sie für ihr eigenes Hoheitsgebiet dieser Art der Zustellung in § 6 Satz 2 des Ausführungsgesetzes widersprochen hat, was gemäß Art. 11 Abs. 2 möglich war.[714] Alle anderen Vertragsstaaten können sich daher auf das Fehlen der Gegenseitigkeit berufen, vgl. Art. 11 Abs. 2 Satz 2 der Europäischen Übereinkunft.

b) Deutscher Hintergrund und Gang des Gesetzgebungsverfahrens

Die Vorschrift wurde erst durch Art. 2 des Gesetzes zur Umsetzung von EG-Richtlinien zur Harmonisierung bank- und wertpapieraufsichtsrechtlicher Vorschriften vom 22. Oktober 1997[715] in das WpHG eingefügt. Nach der Regierungsbegründung für den Gesetzesentwurf muss das BAWe eine gewisse Überwachungskompetenz auch gegenüber Unternehmen mit Sitz im Ausland haben, damit es feststellen kann, ob diese Unternehmen die Verhaltensregeln beachten. Auch könne das BAWe nur dann im Wege der Amtshilfe von der zuständigen ausländischen Behörde Auskunft verlangen oder diese ersuchen, bei dem betreffenden Unternehmen Nachforschungen hinsichtlich der Einhaltung der inländischen Verhaltensregeln anzustellen, wenn das BAWe selbst gegenüber den Unternehmen berechtigt ist, diese Angaben zu verlangen.[716]

3. Abgrenzung und Vergleich zu anderen Normen

Ähnliche Normen im KWG finden sich in den §§ 44 ff. § 44 Abs. 3 KWG bezieht sich auf Tochterunternehmen und Unternehmen mit Sitz im Ausland, soweit sie der Aufsicht auf zusammengefasster Basis unterliegen. Ob über § 44 KWG auch Informationen über ausländische Zweigstellen eingeholt werden

---

[712] Souveränität, Sicherheit, öffentliche Ordnung oder andere wesentliche Interessen des ersuchten Staates, Grundrechte und wesentliche Interessen der betroffenen Personen, Schutz der Vertraulichkeit bestimmter Informationen, sonstiges entgegenstehende Recht und sogar entgegenstehende innerstaatliche Übung, vgl. Art. 7 I des Übereinkommens.

[713] Das Amtshilfeersuchen muss über eine zentrale Stelle über den diplomatischen oder konsularischen Weg abgewickelt werden, vgl. Art. 2 i. V. m. Art. 11 des Übereinkommens.

[714] Für den analogen Fall des Haager Zustellungsübereinkommens wird dies zum Teil heftig kritisiert, vgl. *Kondring*, RIW 1996, 722, 726.

[715] BGBl. 2518

[716] BRat-Drucks. 963/96, 111.

können, war lange Zeit umstritten.[717] Inzwischen hat das Problem teilweise an Praxisrelevanz verloren. Denn jetzt enthält § 44a, der auf Grund der Richtlinie über die Beaufsichtigung der Kreditinstitute auf konsolidierter Basis vom 13. 6.1983[718] aufgenommen wurde und seit 1. Januar 1998 gilt, zusätzliche Regelungen für grenzüberschreitende Auskünfte und Prüfungen zum Teil auch im Verhältnis zu anderen als EG-Ländern.[719] Nach § 44 Abs. 3 KWG können die für gebietsansässige Kreditinstitute zulässigen Prüfungen auch im Ausland durchgeführt werden.[720] Er beseitigt aber nicht die Notwendigkeit einer Zustimmung des Aufnahmemitgliedstaates. Außerdem hat der Staat die Möglichkeit, die Prüfung selbst durchzuführen.

Ganz ähnliche Auskunfts- und Vorlagepflichten finden sich auch im Kartellrecht. Im § 44 Außenwirtschaftsgesetz (AWG) und im § 46 GWB finden sich allgemeine Auskunftspflichten, die sich grundsätzlich auch auf Personen und Unternehmen außerhalb des deutschen Territoriums erstrecken.[721]

Im Europäischen Wettbewerbsrecht findet sich eine vergleichbare Regelung in der Verordnung Nr. 17.[722] Nach Art. 14 können Bücher und Geschäftsunterlagen geprüft und kopiert werden, Vernehmungen vor Ort und Betretungen sowie Durchsuchungen durchgeführt werden. Diese Maßnahmen können entweder von Behörden des Mitgliedstaats im Auftrag der Kommission oder durch Bedienstete der Kommission selbst durchgeführt werden. Wenn das Unternehmen widerspricht, kann nach Abs. 6 die Durchsetzung mit Hilfe des betroffenen Mitgliedstaats mit allen Zwangsmitteln, die zu Gebote stehen, erfolgen. Bei allen Maßnahmen, die ohne Mitwirkung des Unternehmens erfolgen, ist die Kommission nach einer Entscheidung des EuGH an die im jeweiligen nationalen Recht vor-

---

717 *Mülbert,* AG 1986, 1, 12.

718 Amtsblatt EG L 192/18; mittlerweile ersetzt durch die Richtlinie von 6.4.1992, Amtsblatt EG L 110/52. Zur Entstehungsgeschichte vgl. *Dassesse/Isaacs QC/Penn*, EC Banking Law (1994), 77 ff.

719 *Beck/Samm,* Gesetz über das Kreditwesen (2000), RNr. 4 zu § 44a.

720 Amtliche Begründung BTag-Drucks. 10/1441, 51.

721 *Loewenheim/Belke,* Gesetz gegen Wettbewerbsbeschränkungen (1993), § 46, RNr. 11.

722 VO (EWG) Nr. 17/62 vom 6.2.62, Amtsblatt 1962 Nr. 13, 204, zuletzt geändert durch den Beitrittsvertrag vom 12.6.1985, Amtsblatt 1985 L 301, 1. Für spezielle Wirtschaftsbereiche und die Fusionskontrolle gibt es eigene Regelungen mit entsprechenden Auskunfts- und Vorlagepflichten, vgl. Nachweise hierzu bei *Meng*, Extraterritoriale Jurisdiktion (1994), 290 - 292.

gesehenen Verfahrensgarantien gebunden.[723] Eine allgemeine Auskunftspflicht findet sich in Art. 11 Abs. 1 dieser Verordnung Nr. 17, die die Kommission mit Zwangsgeldern von bis zu 1000 Rechnungseinheiten durchsetzen kann, vgl. Art. 16 Abs. 1 lit. c. Auch bei Wirtschaftszweigen gibt es Auskunftspflichten nach Art. 12 Abs. 1, deren Verletzung mit Geldbußen bis zu 5000 Rechnungseinheiten bestraft werden kann. Nach Auffassung der Kommission gelten die Zwangsvorschriften grundsätzlich auch gegenüber Unternehmen mit Sitz im Ausland.[724]

Schließlich gibt es auch gemäß § 90 Abs. 2 Abgabenordnung eine Mitwirkungspflicht zur Sachverhaltsaufklärung, die sich extraterritorial erstrecken kann. Nach der deutschen Rechtsprechung wird diese Vorschrift auch im Falle verbundener Unternehmen zur Beschaffung auslandbelegener Urkunden angewandt und kann im Wege des Verwaltungszwangs gemäß §§ 328 ff. Abgabenordnung von den Behörden durchgesetzt werden. Voraussetzung sei lediglich, dass es sich um Informationen handele, die der Mitwirkungspflichtige in zumutbarer Weise beschaffen könne. Die Grenze der Sachverhaltsaufklärung liege erst dort, wo der Aufklärungspflichtige die Verhältnisse nicht ohne die Mitwirkung des Steuerpflichtigen oder nur unter unverhältnismäßigen Schwierigkeiten ermitteln könne. Dabei könne eine Tochtergesellschaft im Inland auch nicht einwenden, der Offenlegung der Verhältnisse stünde eine Strafvorschrift aus dem Recht des Staates der Muttergesellschaft entgegen.[725]

Die Richtlinie vom 26. Juli 1994[726] gemäß des alten § 35 Abs. 2 (Stand vor 22. Oktober 1997), welche die sich aus den §§ 31 und 32 ergebenden Verpflichtungen erläutert, ist grundsätzlich auch auf Unternehmen mit Sitz im Ausland im Sinne des § 35 Abs. 2 (neu) anwendbar, auch wenn sich dies nicht ausdrücklich aus Punkt 1: „Anwendungsbereich“ ergibt. Das folgt aus der Erkenntnis, dass die Richtlinie den § 35 Abs. 2 (neu) noch nicht erwähnen konnte, weil die Gesetzesänderungen erst am 22. Oktober 1997, also etwa ein halbes Jahr später als die Richtlinie vom 26. Juli 1994 vorgenommen wurde. Die Pflichten für die Nachprüfbarkeit nach den Punkten 2.3 und 3.7 dieser Richtlinie beziehen sich also (entgegen ihrem sich auf die alte Fassung des § 35 beziehenden Wortlaut) nicht nur auf die Prüfung nach § 35 Abs. 1, das heißt auf die Prüfung von inlän-

[723] EuGH, Slg. 1989, 2859 („Hoechst“), 2928 (RNr. 34) = NJW 1989, 3080, 3092.
[724] 11. Bericht über Wettbewerbspolitik 1981 (1982), §§ 37 ff.
[725] Z.B. BFH RIW 1981, 497.
[726] Bundesanzeiger vom 3.6.1997 Nr. 98, 6586.

dischen Unternehmen, sondern auch auf die Prüfung von ausländischen Unternehmen im Sinne des § 35 Abs. 2 (neu).[727]

4. Rechtsvergleichende Betrachtung

a) Österreich

Österreich enthält in § 24 Abs. 2 WAG[728] eine Auskunfts- und Vorlagepflicht für Bücher, Schriftstücke und Datenträger sowie eine Prüfbefugnis für die österreichische Bundeswertpapieraufsicht. Die Pflichten beziehen sich auch auf Kreditinstitute, Finanzinstitute und Wertpapierfirmen aus Mitgliedstaaten gemäß den §§ 9 ff BWG[729] und auf anerkannte Wertpapierfirmen mit Sitz in einem Drittstaat, lokale Firmen und an einer österreichischen Börse tätige Mitglieder einer Kooperationsbörse. Die Auskunfts- und Vorlagepflicht dient unter anderem der Überprüfung der Einhaltung aller Meldepflichten und Wohlverhaltensregeln gemäß den §§ 10 - 18 WAG.

b) Frankreich

Frankreich hat eine eigene Gesetzessystemantik zur Beschreibung des Zusammenspiels zwischen Aufnahme- und Herkunftslandsaufsicht. Zunächst wird festgelegt, dass die zuständigen französischen Stellen die Aufgabe haben, die Einhaltung der gesetzlichen Vorschriften und Verordnungen, die von den Unternehmen aus einem Mitgliedstaat in Frankreich einzuhalten sind, sicherzustellen.[730] Außerdem überwachen sie die Art und Weise der Ausführung der Geschäfte durch die Unternehmen und deren Ergebnisse *unter Berücksichtigung der Aufsicht, die von den zuständigen Stellen des Herkunftsstaates ausgeübt*

---

[727] Vgl. auch die ausdrückliche Einbeziehung von Unternehmen mit Sitz im Ausland in den Anwendungsbereich der Richtlinie gemäß deren Punkt 1 Satz 3.

[728] Wertpapieraufsichtsgesetz, BGBl. Nr. 753/1996 i.d.F. BGBl. I Nr. 126/1998.

[729] Bundesgesetz über das Bankwesen, (Bankwesengesetz – BWG i.d.F. BGBl. I Nr. 126/1998).

[730] Loi n° 96-597 du 2 juillet 1996, Art. 79 paragraph 2 alinéa 1: „Le Conseil des marchés financiers est chargé d'assurer le respect, par les prestataires de services d'investissement visés à l'article 74 de la présente loi, des dispositions législatives et réglementaires qui leur sont applicables, à l'exception des normes de gestion que ces prestataires doivent respecter, au sens de l'article 33-1 de la loi no 84-46 du 24 janvier 1984 précitée.“ und Loi n° 84-46 du 24 janvier 1984 Article 71-7 alinéa 1: „La commission bancaire est chargée de contrôler le respect, par les établissements visés aux articles 71-2 et 71-3 de la présente loi, des dispositions législatives et réglementaires qui leur sont applicables aux termes de l'article 71-4.“

wird.[731] Schließlich bestimmt das Gesetz noch die Verhaltensregeln, die für Unternehmen aus Mitglieds- oder Vertragsstaaten anwendbar sind, und erklärt die Ermittlungsbefugnisse für die Commission bancaire für die diesbezügliche Aufsicht für anwendbar.[732] Darunter fallen dann auch Auskunfts- und Vorlagepflichten.[733] Eine eigene Vorschrift wie § 35 Abs. 2 ist also nicht erforderlich.

c) England

In England sind Auskunfts- und Vorlagepflichten der Wertpapierdienstleistungsunternehmen in section 104[734] und 105[735] des Financial Services Act geregelt.

Section 104 regelt die allgemeine Auskunftspflicht im Rahmen der normalen Marktaufsicht. Sie bezieht sich nur auf Unternehmen, die nach dem Financial Services Act eine Erlaubnis haben, Finanzgeschäfte zu betreiben.[736] Das sind grundsätzlich nur Unternehmen mit Sitz im Vereinigten Königreich.[737]

Nach section 105 sind die Ermittlungsbefugnisse demgegenüber nicht auf bestimmte Unternehmen beschränkt und können sich daher auch auf ausländische Unternehmen beziehen. Dass nur Personen im Vereinigten Königreich von den Auskunfts- und Vorlagepflichten erfasst sein sollten, ergibt sich aus dem Gesetzestext nicht. Der Umkehrschluss ist also erlaubt. Einzige Voraussetzung ist, dass die betreffende Person in der zu untersuchenden Angelegenheit irgendeine Wertpapierdienstleistung erbracht oder scheinbar erbracht hat. Dann treffen

---

[731] Loi n° 96-597 du 2 juillet 1996, Art.79 paragraph 2 alinéa 2: „Le conseil examine les conditions d'exercice de leurs activités et les résultats de celles-ci en tenant compte de la surveillance exercée par les autorités compétentes de l'Etat d'origine" und Loi n° 84-46 du 24 janvier 1984 Article 71-7 alinéa 2: „Elle [la commission bancaire] peut examiner les conditions de leur exploitation et la qualité de leur situation financière en tenant compte de la surveillance exercée par les autorités compétentes visées à l'article 71-1."

[732] Loi n° 84-46 du 24 janvier 1984 Article 71-7 alinéa 3: „Les dispositions des articles 37 et 39 à 46 de la présente loi sont applicables à ces établissements."

[733] Loi n° 84-46 du 24 janvier 1984 Article 39-46.

[734] „Power to call for information"

[735] „Investigation powers"

[736] Vgl. den entsprechenden Wortlaut der subsection 1: „Alle Personen, die die Erlaubnis nach den sections 22, 24, 25 und 31 haben, Wertpapierdienstleistungen zu erbringen."

[737] Demgegenüber wird im Part IV des Banking Act ausländischen Unternehmen ein eigener Abschnitt gewidmet. Wollen ausländische Unternehmen im Vereinigten Königreich Zweigstellen eröffnen, sind sie auskunfts- und vorlageverpflichtet, vgl. section 79 des Banking Act 1987.

grundsätzlich Informationspflichten die Person, auf die sich die Ermittlungen beziehen, sowie alle weiteren Personen, die mit dieser Person in einer bestimmten Weise verbunden[738] waren.[739] Vorlagepflichten treffen Personen, die im Besitz von relevanten Unterlagen sind.[740] Alle Auskunfts- und Vorlagepflichten sind im Rahmen dieser Ermittlungsbefugnisse strafbewehrt.[741]

Nichtsdestotrotz fehlen allgemeine Auskunfts- und Vorlagepflichten für die Aufsicht über Unternehmen mit Sitz im Ausland außerhalb von laufenden Ermittlungen.

II. Zu den Tatbestandsmerkmalen

1. „Zur Überwachung der Einhaltung der in diesem Abschnitt geregelten Pflichten" – Welche Pflichten hat das Unternehmen mit Sitz im Ausland zu beachten?

Ähnlich wie in § 36a hat der Gesetzgeber auch hier darauf verzichtet, die Pflichten, die für Unternehmen mit Sitz im Ausland gelten sollen, durch Nennung konkreter Normen zu bezeichnen. Ohne Zweifel sind in erster Linie die Wohlverhaltenspflichten gemeint, die gemäß §§ 31 Abs. 3 und 32 Abs. 3 ausdrücklich auch für Unternehmen mit Sitz im Ausland gelten können.[742] Mangels einer den §§ 31 Abs. 3 und 32 Abs. 3 entsprechenden Vorschrift muss bei den §§ 33, 34, 34a, 36 und 36b geregelten Pflichten allerdings auf andere Weise ermittelt werden, ob sie auf Unternehmen mit Sitz im Ausland anwendbar sind.

a) Die von Unternehmen aus Ländern des Europäischen Wirtschaftsraumes zu beachtenden Pflichten

Für Unternehmen aus einem EU-Mitglieds- oder Vertragsstaat bietet sich für die Lösung der Rückgriff auf die WpDRiL an, die hier zum Teil recht konkret eine Abgrenzung der Kompetenzen vornimmt (hierzu F. II.1. a) Und das WpHG muss insoweit ohnehin richtlinienkonform ausgelegt werden. Für die Formulierung der „in diesem Abschnitt geregelten Pflichten" kann auf die Ausführungen

---

738 „Connected person", vgl. subsections 3 und 9.
739 Subsection 3.
740 Subsection 4.
741 Subsection 10.
742 Auch die Begründung zum Gesetzesentwurf, BRats- Drucks. 963/96, 111, erwähnt lediglich die §§ 31 Abs. 3 und 32 Abs. 3.

zu § 36a Abs. 2 verwiesen werden, der eine entsprechende Formulierung enthält.[743] Auch völkerrechtliche Aspekte bleiben in diesem Fall außer Betracht. Denn das Gemeinschaftsrecht verdrängt in seinem Anwendungsbereich das Völkerrecht.[744] Verbindlich sind also im Ergebnis die Wohlverhaltenspflichten der §§ 31 und 32, aber auch die §§ 33 Abs. 1 Nr. 1, 35 Abs. 2, 36 sowie 36b. Nicht gemeint sind die in den §§ 33 Abs. 1 Nr. 2 und Nr. 3, 33 Abs. 2, 34 und 34a enthaltenen Pflichten.

b) Die von Unternehmen aus Drittstaaten zu beachtenden Pflichten

Für Unternehmen aus Drittstaaten dagegen bleibt der Rückgriff auf die WpDRiL versperrt. Auch eine analoge Anwendung kommt nicht in Betracht. Die dort geregelten Besonderheiten bezüglich der mit dem Europäischen Pass verbundenen Freiheiten können nicht auf Drittstaaten übertragen werden. Dafür sind die Voraussetzungen der vertraglichen Bindung der Mitglieds- und Vertragsstaaten an den EGV zu grundlegend. Völkerrechtlich ist die extraterritoriale Auferlegung von Pflichten bei Vorliegen eines sachlichen Anknüpfungspunktes grundsätzlich zulässig. Die völkergewohnheitsrechtlichen Grundsätze der internationalen Anwendung des Bankenaufsichtsrechts führen aber zu gewissen Grenzen der Anwendbarkeit von deutschem Recht auf ausländische Unternehmen, worauf bereits bei den völkerrechtlichen Rahmenbedingungen eingegangen wurde.[745] Im Ergebnis werden die §§ 31 ff. im Rahmen des § 31 Abs. 3 sowie möglicherweise auch in anderen Fällen auf Unternehmen mit Sitz in einem Drittstaat anwendbar sein, weil ein sachlicher Anknüpfungspunkt bei allen im fünften Abschnitt des WpHG enthaltenen Pflichten vorliegen kann.[746] In manchen Konstellationen kann das völkerrechtliche Nichteinmischungsgebot dazu führen, dass bei manchen Normen, auch wenn sie grundsätzlich extraterritorial anwendbar wären, von einer Anwendung in einem besonders gelagerten Fall wegen eines Jurisdiktionskonfliktes ausnahmsweise abgesehen werden muss.[747]

---

[743] Vgl. E. III.1. 147 ff.

[744] *Groß*, JZ 1994, 596, 600; *Schwarze*, EuR 1983, 1; A.A. *Arnold*, in: Gedächnisschrift Küchenhoff (1987), 165, 184: Das allgemeine Völkerrecht wird rezipiert, gilt weiter und seine fundamentalen Regeln können sogar übergeordnet sein.

[745] Siehe oben C. I.

[746] Siehe oben C. I.3. c) .

[747] Siehe oben C. I.4.

2. *„Unternehmen mit Sitz im Ausland, die Wertpapierdienstleistungen gegenüber Kunden erbringen, die ihren gewöhnlichen Aufenthalt oder ihre Geschäftsleitung im Inland haben"*

a) Nur Unternehmen sind verpflichtet

Anders als in den § 35 Abs. 1 und § 32 Abs. 2 Nr. 1 werden nur die Unternehmen als solche, nicht aber deren Geschäftsinhaber, Geschäftsführer und Angestellten genannt. Gleiches gilt für verbundene Unternehmen mit Sitz im Ausland.[748] Diese werden ebenfalls nicht genannt, so dass § 35 Abs. 2 auf sie nur anwendbar ist, wenn sie auch selbst Wertpapierdienstleistungen gegenüber Kunden in Deutschland erbringen.

b) Sitz im Ausland

In Ermangelung einer deutschen Regelung für den Begriff des „Sitzes" bietet sich wie auch bei § 31 Abs. 3 die europarechtliche Definition an. Nach Art. 1 Nr. 6 WpDRiL kommt es bei Wertpapierdienstleistungsunternehmen, die von natürlichen Personen betrieben werden, auf den Ort der Hauptverwaltung an. Bei Wertpapierdienstleistungsunternehmen, die juristische Personen sind, ist primär der satzungsmäßige Sitz und sekundär der Ort der Hauptverwaltung maßgebend, wenn sie nach einzelstaatlichem Recht keinen satzungsmäßigen Sitz haben. Zwar gelten nach der herrschenden deutschen Meinung im Bereich des internationalen Privatrechts zum Teil davon abweichende Kriterien. Wie bereits oben ausgeführt, sollte man allerdings sowohl bei europarechtlichem Bezug als auch gegenüber Drittstaaten bei der Definition der WpDRiL bleiben.[749]

c) Erbringen von Wertpapiernebendienstleistungen reicht nicht?

Das Erbringen von Wertpapier*neben*dienstleistungen reicht nach dem klarem Wortlaut nicht aus, um das Unternehmen zu Auskünften und zur Vorlage von Unterlagen zu verpflichten. Diese Einschränkung steht im Widerspruch zu den Regelungen der §§ 31 Abs. 3 und 32 Abs. 3. Wenn das Unternehmen z.B. wirklich ausschließlich eine Anlageberatung i.S.d. § 2 Abs. 3a Nr. 2 nach Deutschland hinein durchführt, ist nicht ersichtlich, warum der Gesetzgeber in diesem Fall dem BAWe nicht die Aufsichtsinstrumente des § 35 Abs. 2 an die Hand gibt, gelten doch die deutschen Wohlverhaltensregeln auch dann. Zudem ist die

---

[748] *Koller,* in: Assmann/Schneider, WpHG (1999), RNr. 3 zu § 35.
[749] Vgl. oben D. II.2.

Gefahr eines Verstoßes gerade in diesem Fall sehr hoch, wenn man nur z.B. an die Regeln des § 31 Abs. 2 oder § 32 Abs. 1 denkt.

Angesichts dieser als eher zufällig zu qualifizierenden Lücke stellt sich die Frage nach einer analogen Anwendung. Wie im Falle des § 36a spricht vieles dafür.[750] Dagegen spricht eigentlich nur das Risiko möglicher Kompetenzüberlappungen mit Aufsichtsbehörden aus Herkunftsstaaten. Dieses Gegenargument ist jedoch nicht stichhaltig. Schon die Wertpapierdienstleistungsrichtlinie geht davon aus, dass manche Kompetenzüberlappungen hinzunehmen und durchaus akzeptabel sind und propagiert die vertrauensvolle Zusammenarbeit zwischen den verschiedenen zuständigen Stellen. Im Ergebnis wäre eine analoge Anwendung des § 35 Abs. 2 auf Unternehmen, die lediglich Wertpapiernebendienstleistungen erbringen, also sachgerecht. Zumindest sollte der Gesetzgeber de lege ferenda für eine Klarstellung sorgen.

d) „Gegenüber Kunden, die ihren gewöhnlichen Aufenthalt oder ihre Geschäftsleitung im Inland haben"

Wegen des Ausdrucks „Kunden, die ihren gewöhnlichen Aufenthalt oder ihre Geschäftsleitung im Inland haben", wird auf die Ausführungen zu § 31 Abs. 3 verwiesen.[751]

3. „Sofern nicht die Wertpapierdienstleistung einschließlich der damit im Zusammenhang stehenden Wertpapiernebendienstleistungen ausschließlich im Ausland erbracht wird"

Diese Formulierung entspricht den Einschränkungen in den §§ 31 Abs. 3 und 32 Abs. 3.[752]

III. Rechtsfolge, Sanktionen, Rechtsschutz

Die Norm ist rein öffentlich-rechtlichen Charakters. Liegen die Voraussetzungen vor, hat das BAWe als Rechtsfolge einen Anspruch auf Auskünfte und Vorlage von Unterlagen. Eine Zuwiderhandlung gegen eine entsprechende vollzieh-

[750] Siehe oben E. II.2.
[751] Siehe oben D. II.3.
[752] Vgl. die Ausführungen oben D. II.4.

bare Anordnung ist anders als im Falle des § 35 Abs. 1 nicht bußgeldbewehrt, vgl. § 39 Abs. 2 Nr. 1.[753]

An welchem Ort die Auskunft und Vorlage von Urkunden zu erfolgen hat, wird vom Gesetz nicht geregelt. Völkerrechtlich kann diese Frage durchaus unterschiedliche Auswirkungen haben. Während es bei der Auskunft weitgehend gleichgültig sein kann, an welchen Orten sich der Auskunftserteilende und der Empfänger der Auskunft befinden, ist die Sachlage bei der Vorlage von Unterlagen komplizierter. In diesem Fall kann das Unternehmen ein berechtigtes Interesse haben, jedenfalls die Urschriften der Unterlagen nicht außer Haus zu geben. Dann kann die Vorlage nur vor Ort, also im Ausland stattfinden. Dies jedoch ist ein klassischer Fall der Ausübung staatlicher Hoheitsgewalt im Ausland. Sie bedarf der Zustimmung des betreffenden Staates. Eine Zustimmung durch das betreffende Unternehmen ist hierbei nicht ausreichend. Es mangelt ihm als rein private Organisation an der Verfügungsbefugnis für den Verzicht auf Hoheitsrechte. Dies ist nicht ganz unumstritten. Es wird zum Teil vertreten, dass Ermittlungen, die ohne Zwangsmittel durchgeführt werden, einen nichthoheitlichen Charakter haben sollen. So dürfe man im Ausland bei möglichen Zeugen vorsprechen, um freiwillige Auskünfte zu erlangen, freiwillig Akten und Dokumente einsehen oder andere Ermittlungen ohne Zwang durchführen. Derartige nichthoheitliche behördliche Ermittlungen im Ausland würden keinen Verstoß gegen die fremde Territorialhoheit darstellen. [754] Diese Ansicht ist jedoch abzulehnen. Diese Handlungen wurden von vielen Staaten zu Recht immer wieder als unzulässig angesehen.[755] Eine allgemeine Zustimmung durch völkerrecht-

---

[753] Nach herrschender Meinung ist die extraterritoriale Ausdehnung auf verwaltungsstrafrechtlichem Gebiet nur sehr begrenzt möglich. Hier gilt grundsätzlich der strenge Territorialitätsgrundsatz, Ausnahmen müssen ausdrücklich vorgesehen sein. Das ergibt sich im deutschem Recht aus § 5 OWiG. Vgl. hierzu auch *di Amato,* Foro it. 1989, IV, 108 ff. und ihm folgend *Groß*, JZ 1994, 596, 602.

[754] So *Stockmann*, WuW 1975, 243, 253, soweit sich die Bevollmächtigten des Entsendestaats voll der fremden Rechtsordnung unterwerfen; *Schwartz*, Anwendbarkeit nationalen Kartellrechts auf internationale Wettbewerbsbeschränkungen, in: Kartelle und Monopole im modernen Recht (1961) Band II, 673, 679. *Matscher,* ÖZöffRVR 1977, 131, 138 ff., will bestimmte Handlungen staatlicher Organe im Ausland als privatrechtlich einordnen. Dagegen *Groß,* JZ 1994, 596, 599.

[755] Ebenso *Meng*, Extraterritoriale Jurisdiktion (1994), 135; *Nordmann*, Beschaffung von Beweismitteln (1979), 57 bis 59. *Obresek*, ÖZöffRVR 1985, 325, 345, nimmt immer einen hoheitlichen Charakter der Maßnahmen an, will aber bei manchen typischen Handlungen völkergewohnheitsrechtlich von einer Zulässigkeit ausgehen.

liche Verträge gibt es derzeit im EU-Recht nur eingeschränkt, und zwar in einem umgekehrten Falle. So ist nach Art. 24 Abs. 1 WpDRiL vorgesehen, dass die zuständigen Stellen des Herkunftsstaats eine Prüfung vor Ort im Aufnahmestaat vornehmen dürfen.[756] Die eigentliche völkerrechtliche Grundlage für diese Einschränkung der souveränen Gebietshoheit ist allerdings in Art. 52 und 57 EGV zu finden,[757] da für Art. 24 Abs. 1 GG nur das Primärrecht eine ausreichende Grundlage für die Übertragung von Hoheitsrechten darstellt.[758] Art. 24 Abs. 1 WpDRiL gilt aber nicht für Prüfungen durch zuständige Stellen des Aufnahmestaats im Herkunftsstaat. Im Fall des § 35 Abs. 2 wäre Deutschland jedoch immer Aufnahmestaat, weil das betreffende Unternehmen seinen Sitz ja gerade nicht in Deutschland hat.

Im Übrigen gilt § 36c für die Übermittlung von Informationen im Rahmen der Zusammenarbeit mit den zuständigen Stellen des Herkunftsstaates. Die Verpflichtung des Herkunftsstaates zur Übermittlung von Informationen ergibt sich innerhalb des EWR aus Art. 23 Abs. 3 der WpDRiL bzw. aus dem entsprechenden Umsetzungsgesetz, bei Drittstaaten möglicherweise aus einem Memorandum of Understanding. Fehlt auch dieses, kann die zuständige Behörde gegebenenfalls über den diplomatischen Weg zu einer freiwilligen Zusammenarbeit gebracht werden. Wegen der Durchsetzung der Amtshilfe kann auf die Ausführungen zu § 36c verwiesen werden.[759]

1. Reichweite der Aufsichtsinstrumente

Als Rechtsfolge von § 35 Abs. 2 kann das BAWe alle Auskünfte und die Vorlage von allen Unterlagen verlangen, die für die Überwachung der Einhaltung der für das Unternehmen im 5. Abschnitt des WpHG verbindlichen Pflichten erforderlich sind. Die Erforderlichkeit für die Aufsicht führt zu einer Zweckbindung des zulässigen Umfangs der begehrten Information in zweierlei Hinsicht: Einmal muss sich die Information auf die Wertpapierdienstleistungen oder Wertpapiernebendienstleistungen beziehen, die das Unternehmen gegenüber Kunden in Deutschland erbringt (a). Zum anderen muss sie das betroffene Unternehmen

---

756 Hierzu *Clarotti,* RMC 1989, 453, 459 ff., der seinerzeit Abteilungsleiter in der EG-Kommission war und der der Regelung einen revolutionären Charakter zusprach, da sie das Prinzip der nationalen Souveränität offen schachmatt setzte.

757 Weitere Anknüpfungspunkte im Primärrecht bei Fehlen eines ausdrücklichen Regelungsauftrags nennt *Heinze,* Europäisches Kapitalmarktrecht (1999), 11 ff.

758 *Groß*, JZ 1994, 596, 600.

759 Siehe unten G.

selbst betreffen und nicht ein drittes (b). Außerdem dürfen nur Informationen verlangt werden, über die das Unternehmen verfügt bzw. die es unschwer beschaffen kann (c). Schließlich können völkerrechtliche Grundsätze zu einer Beschränkung des Auskunftsverlangens führen (d).

a) Tätigkeitsbezogene Beschränkung

Die Aufsicht des § 35 Abs. 2 erstreckt sich nach Ansicht einer Literaturansicht anscheinend nur auf Wertpapierdienstleistungen, nicht jedoch auf die im § 3 Abs. 3a genannten Wertpapiernebendienstleistungen.[760] Diese Einschränkung lässt sich dem genau gelesenem Wortlaut nicht entnehmen. Im Gegenteil, die Erwähnung im zweiten Halbsatz des betreffenden Absatzes zeigt, dass auch die Wertpapiernebendienstleistungen von der Aufsicht erfasst sind. Schon zur Beurteilung der Frage, ob neben den Wertpapierdienstleistungen auch die Wertpapier*neben*dienstleistungen ausschließlich im Ausland erbracht werden, ist eine Überprüfung von beiden Alternativen erforderlich. Eine Beschränkung hinsichtlich der Reichweite der Aufsicht ergibt sich nur aus dem Erfordernis der Notwendigkeit der Auskünfte und Unterlagen *für* die Überwachung der einzuhaltenden Pflichten. Diese Pflichten sind aber natürlich regelmäßig sowohl bei Wertpapierdienstleistungen als auch bei Wertpapiernebendienstleistungen zu beachten.[761] Jedenfalls nach seinem Sinn und Zweck erstreckt sich § 35 Abs. 2 auf Wertpapiernebendienstleistungen, ebenso wie das alleinige Erbringen von Wertpapiernebendienstleistungen für die Zugehörigkeit zum Normadressatenkreis als ausreichend befunden wurde.[762] Diese Sichtweise steht mit dem EU-Recht im Einklang. Nach Art. 11 Abs. 1 Satz 3 WpDRiL ist es den Mitgliedstaaten freigestellt, auch die Nebendienstleistungen den Wohlverhaltensregeln und damit auch der Aufsicht über deren Einhaltung zu unterwerfen.

---

[760] *Koller*, in: Assmann/Schneider, WpHG (1999), RNr. 3 zu § 35

[761] Vgl. die entsprechenden Formulierungen z.B. in: § 31 Abs. 1 Nr. 1: „... ist verpflichtet, Wertpapierdienstleistungen und Wertpapiernebendienstleistungen ...“, Abs. 2 Nr. 1: „... die Gegenstand von Wertpapierdienstleistungen oder Wertpapiernebendienstleistungen sein sollen, ...“ und § 33 Abs. 1 Nr. 1: „... für eine ordnungsmäßige Durchführung der Wertpapierdienstleistungen und Wertpapiernebendienstleistungen notwendigen ...“.

[762] Vgl. hierzu oben F. II.2. c) .

b) Informationen über dritte Unternehmen oder von „Dritten"?

(1) Grundsatz

Die geschäftlichen Verhältnisse eines anderen Unternehmens sind nicht Gegenstand der Aufsicht, für die das BAWe über die Ermittlungsbefugnisse gemäß § 35 Abs. 2 gegenüber dem betreffenden Unternehmen verfügt. Die Behörde muss die Informationen also grundsätzlich an der Quelle ermitteln, um eine größtmögliche Authentizität und Richtigkeit zu gewährleisten.[763] Dies ergibt sich auch aus dem allgemeinen Rechtsgedanken, wie er im § 13 Abs. 2 BDSG verankert ist, wonach der Erhebung von Information beim Betroffenen Vorrang einzuräumen ist. Das gilt grundsätzlich auch bei verbundenen Unternehmen. Eine Muttergesellschaft ist eine andere juristische Person als ihre Tochtergesellschaft, ebenso wie in umgekehrter Richtung die Tochtergesellschaft im Verhältnis zur Muttergesellschaft ein drittes Unternehmen ist.[764] Zudem kann eine Tochtergesellschaft nicht die Verantwortung für die Richtigkeit einer Auskunft über eine Muttergesellschaft übernehmen.[765] Auf mögliche Ausnahmen wird unten näher eingegangen.

Von dieser Problematik der Auskunft über Dritte ist die Frage zu unterscheiden, ob von „Dritten", also am Verfahren ansonsten Unbeteiligten, Informationen über ihre geschäftlichen Verhältnisse eingeholt werden kann. Diese Frage ist ebenfalls zu verneinen. Das Auskunftsersuchen kann sich nicht an unbeteiligte

---

[763] Für die parallele Situation im Wettbewerbsrecht im Ergebnis genauso, wenngleich nicht immer mit näherer Begründung *Rehbinder*, in: Immenga/Mestmäcker, GWB (1992), RNr. 300 ff. zu § 98 Abs. 2, m.w.N.: Die Information muss sich auf die geschäftlichen Verhältnisse des betroffenen Unternehmens beziehen.

[764] Das Gleiche galt nach herrschender, aber umstrittener Ansicht im Abgabenrecht nach dem § 171 Abgabenordnung in der alten Fassung, vgl. *Heise*, Im Ausland belegene Geschäftsunterlagen (1975), 35. Ähnlich für das Wettbewerbsrecht im Verhältnis einer inländischen Tochtergesellschaft zu ihrer ausländischen Muttergesellschaft: KG WuW/E OLG 1961, 1964 („Flugunion"); 2607, 2610 („Raffinerie-Abgabepreise"); 3734, 3735 („Französische Muttergesellschaft"); *Hermanns*, Die Ermittlungsbefugnis der Kartellbehörden (1972), 75; *Rehbinder*, in: Immenga/Mestmäcker, GWB (1992), RNr. 303 zu § 98 Abs. 2. A.A. aber KG WuW/E OLG (1974) 1467, 1469 („BP") im obiter dictum; *Basedow*, NJW 1989, 627, 631.

[765] *Rehbinder*, in: Immenga/Mestmäcker, a.a.O. Vgl. hierzu auch die Entscheidung des Kammergerichts WuW/E OLG (1986), 3734, das allerdings versucht, Fragen allgemeiner Art zuzulassen.

„Dritte“ richten, wie dies im Kartellrecht nach § 46 GWB möglich sein kann.[766] Die Eigenheit im Kartellrecht, wo der Marktanteil dritter Unternehmen für die Beurteilung des Monopols eines verfahrensbezogenen anderen Unternehmens relevant sein kann oder bei der Fusionskontrolle die geschäftlichen Verhältnisse verbundener Unternehmern eine Rolle spielen, findet sich im Wertpapierhandelsrecht nicht wieder. Auch Kunden des ausländischen Unternehmens, das Normadressat von § 35 Abs. 2 ist, sind nicht verpflichtet, Auskunft zu erteilen. Sie werden es in aller Regel freiwillig machen und wahrscheinlich sogar die Ermittlungen durch ihre Beschwerden überhaupt erst veranlassen. Im Rahmen der Aufgabenzuweisung des § 4 Abs. 1 ist es dem BAWe nicht verboten, Fragen an diese „Dritten“ zu richten. Ein Eingriff in deren Rechte ist jedenfalls dann nicht gegeben, wenn der Anschein einer Auskunftsverpflichtung vermieden wird. Dann ist auch eine gesetzliche Befugnisnorm nicht erforderlich.

(2) Sonderproblem der verbundenen Unternehmen

Für den Bereich des § 46 GWB wurde bereits 1974 vom Kammergericht in einem Beschluss als obiter dictum erwähnt, dass die Kartellbehörde von ausländischen Unternehmen auch über ein inländisches Tochterunternehmen Auskunft verlangen kann, wobei auch die Anwendung von Zwangsmaßnahmen in Betracht käme.[767] Damit war der Keim zu einer Diskussion gelegt, auch wenn nicht klar war, was das Gericht damit genau meinte. Es konnte hierin eine reine Briefträgerfunktion[768] oder eine Mithaftung wegen Teilnahme oder Mittäterschaft verstanden werden. Im Jahre 1981 entschied dann das Kammergericht, dass eine *deutsche Mutter*gesellschaft auch über die wirtschaftlichen Verhältnisse von Tochtergesellschaften im Ausland Auskunft geben müsse.[769] Die Informations-

---

[766] *Bechtold*, GWB (1993), RNr. 10 zu § 46. Vgl. auch Kammergericht WuW/E OLG (1981) 2433, wonach bei der Fusionskontrolle die geschäftlichen Verhältnisse verbundener Unternehmen vom Auskunftsanspruch ebenfalls gedeckt sind.

[767] Beschluss des Kammergerichts, WUW/E OLG (1974) 1467, 1469 ("BP"): „Da die . . . einen derartigen, auf den deutschen Inlandsmarkt einwirkenden Mißbrauch gegebenenfalls mitverursacht hätte, kann die Kartellbehörde gemäß § 46 in Verbindung mit § 98 Abs. 2 GWB die erforderlichen Auskünfte auch von dem ausländischen Konzerunternehmen – eventuell über die Beschwerdef. – verlangen. Die unter 1. dieses Beschlusses angeführten erheblichen Gefahren, welche mißbräuchlich überhöhte Preise wegen ihrer Sogwirkung mit sich bringen, erfordern eine schnelle und vollständige Ausschöpfung der gesetzlich vorgesehenen Möglichkeiten, also umfassende präzise Fragen unter kurzer Fristsetzung, deren Beantwortung nicht verzögert werden darf, da sonst Zwangsmaßnahmen in Betracht kämen.“

[768] So *Meng*, Extraterritoriale Jurisdiktion (1994), 290.

[769] Kammergericht WuW/E OLG (1981) 2433, 2438 („Metro/Kaufhof“).

pflicht sei aber auf diejenigen Informationen beschränkt, welche dem Unternehmen im Rahmen der Verwaltung seiner Unternehmensbeteiligung zufließen. Später, im Jahre 1985, erließ das Bundeskartellamt gegen eine *deutsche Tochter*gesellschaft einen Beschluss, wonach es Auskünfte über die mit ihr verbundenen französischen Muttergesellschaft erteilen müsse. Das mit diesem Fall befasste Kammergericht hatte nur noch im Rahmen einer Kostenentscheidung darüber zu urteilen. Es ging zunächst davon aus, dass nach § 46 Abs. 1 Nr. 1 GWB die Auskunftspflicht sich nur auf die wirtschaftlichen Verhältnisse des befragten Unternehmens selbst erstreckt. Der herrschenden Meinung in der Literatur zuneigend bezweifelte es, ob die gesetzlichen Vertreter eines beherrschten Unternehmens verpflichtet sein können, Auskünfte über das herrschende Unternehmen zu geben. Allerdings entschied das Gericht die Frage nicht endgültig, sondern teilte die Kosten nach Billigkeit je zur Hälfte auf.[770] In der kartellrechtlichen Literatur wird heute ein Informationsanspruch über geschäftliche Verhältnisse der Muttergesellschaft im Wege des Durchgriffs ausnahmsweise anerkannt, wenn sich die inländische Tochtergesellschaft auf Weisung der ausländischen Muttergesellschaft an dem Wettbewerbsverstoß beteiligt oder das materielle Recht[771] durch Konzernklauseln eine Einheitsbetrachtung zugrundelegt.[772] Auch der Auskunftsanspruch über geschäftliche Verhältnisse der Tochtergesellschaft gegenüber der Muttergesellschaft wird zum Teil bejaht, wenn die gewünschten Informationen der deutschen Mutter im normalen Geschäftsgang zufließen.[773]

Diese Erwägungen treffen wohl nur auf das Kartellrecht zu und sind nicht auf das Wertpapierhandelsaufsichtsrecht übertragbar. Übrigens betreffen die zuletzt erwähnten Grundsätze kein Problem des § 35 Abs. 2 mehr, sondern des Abs. 1, weil der Auskunftsanspruch gegenüber einem Unternehmen in Deutschland geltend gemacht wird. Die Frage, ob ein Auskunftsanspruch über dritte Unternehmen betreffende Informationen besteht, muss streng von dem Problem unterschieden werden, ob ein Unternehmen im Inland für den Auskunftsanspruch, der

---

[770] Kammergericht WuW/E OLG (1986) 3734.

[771] Gemeint sind im Wettbewerbsrecht speziell die §§ 23 Abs. 1 Satz 3 und 22 Abs. 3 Satz 2 GWB.

[772] *Autenrieth*, RIW 1983, 15, der darauf hinweist, dass der Durchgriff möglich sein muss, weil sich sonst transnationale Unternehmen nahezu beliebig durch eine entsprechende Wahl des Sitzes ihrer Konzernspitze der Ermittlung kartellrechtlicher Verstöße entziehen könnten; *Rehbinder*, in: Immenga/Mestmäcker, GWB (1992), RNr. 303 zu § 98 Abs. 2. Ablehnend dagegen *Wildhaber*, Schweizerisches Jahrbuch für Internationales Recht XLI (1985), 99, 107.

[773] *Mozet*, Internationale Zusammenarbeit der Kartellbehörden (1991), 9 ff.

gegenüber einem anderen, mit ihm verbundenen Unternehmen im Ausland besteht, haften muss.[774]

Ich halte einen Auskunftsanspruch gegenüber dem Tochterunternehmen über geschäftliche Verhältnisse eines Mutterunternehmens grundsätzlich für ausgeschlossen. Dagegen kann in anderer Richtung, also hinsichtlich eines Auskunftsanspruches gegenüber der Muttergesellschaft über geschäftliche Verhältnisse der Tochtergesellschaft eine Zurechnung in konsequenter Anwendung dieser Erwägungen gerechtfertigt sein,[775] denn die Muttergesellschaft kann über ihre Mehrheitsbeteiligung an der Tochtergesellschaft ihren Willen durchsetzen und trägt damit in gewisser Weise auch die Verantwortung für deren geschäftliche Tätigkeit. Der Rechtsgedanke der Durchgriffshaftung ist also übertragbar. Daher kann Auskunft über eine die Tochtergesellschaft betreffende Information von der Muttergesellschaft zum Beispiel auch dann verlangt werden, wenn das BAWe seinen Informationsanspruch aus völkerrechtlichen oder tatsächlichen Gründen nicht direkt gegenüber der Tochtergesellschaft geltend machen kann. Befindet sich das Mutterunternehmen im Inland, ist die Grundlage für den Auskunftsanspruch in § 35 Abs. 1 zu suchen. Allerdings darf das Fehlen einer eigenen Aufsichtskompetenz über das Tochterunternehmen nicht auf dem Umweg über das Mutterunternehmen umgangen werden. Deshalb ist ein eigener Auskunftsanspruch gegenüber dem Tochterunternehmen zu fordern oder muss zumindest ein gewisser Zusammenhang mit den grenzüberschreitenden Tätigkeiten des Tochterunternehmens erkennbar sein.

c) Beschaffungspflicht?

Ohne Zweifel bezieht sich die Vorlagepflicht auf alle Unterlagen, die sich im Besitz des betreffenden Unternehmens im Ausland befinden. Inwieweit das Unternehmen zu einer Beschaffung von Informationen verpflichtet ist, die es nicht besitzt, wird vom § 35 Abs. 2 nicht geregelt. Nach dem allgemeinen Grundsatz, dass eine unmögliche Leistung nicht gefordert werden kann, ist eine Beschaffungspflicht von vornherein überhaupt nur dann anzuerkennen, wenn es dem Unternehmen tatsächlich und rechtlich möglich ist, diese Unterlagen von einem Dritten herauszuverlangen. Dies kann wohl generell bei Muttergesellschaften in Bezug auf ihre Tochtergesellschaften bejaht werden. Ob das aber auch in ande-

[774] Siehe zu letzterer Frage bereits oben C. II.2. b) .

[775] Tendenziell auch das Kammergericht WuW/E OLG (1986) 3734, dass ebenfalls in dieser Entscheidung, bei dem es einen Auskunftsanspruch ablehnte, der Tatsache, das es sich um ein *beherrschtes* Unternehmen handelte, wohl entscheidende Bedeutung beimaß.

rer Richtung gilt, also eine Pflicht der Tochtergesellschaft zur Beschaffung von bei ihrer Muttergesellschaft liegenden Unterlagen angenommen werden kann, wie dies zum Teil im Kartellrecht behauptet wird,[776] ist zweifelhaft. Wenn diese Unterlagen der Tochtergesellschaft eigentumsrechtlich gehören, hätte sie immerhin die rechtliche Möglichkeit. Damit ist die tatsächliche Durchsetzbarkeit aber noch nicht sichergestellt. Deshalb wird eine Beschaffungspflicht in diesem Fall in der Regel abzulehnen sein.

d) Völkerrechtliche Beschränkung des Umfangs

Das Auskunft- und Vorlageverlangen muss nicht nur hinsichtlich der Frage, ob es überhaupt gegeben ist,[777] sondern auch bei der Beurteilung, wie weit es dem Umfang nach gehen darf, die Souveränitätsinteressen anderer Länder berücksichtigen. Grundsätzlich stellen Vorlageverlangen bezüglich im Ausland befindlicher Unterlagen oder Beweisanordnungen zur Vernehmung von im Ausland befindliche Zeugen noch keine Verletzung der Souveränität des Belegenheitsstaates dar.[778] Dies gilt selbst bei Verhängung von Sanktionen für die Vorlageverweigerung, wenn der Gerichtsstaat einen Jurisdiktionsanspruch hat.[779] Auch gibt es keinen völkergewohnheitsrechtlichen Grundsatz, dass Auskunft- und Vorlageverlangen nicht weiter gehen dürften, als im Wege der Rechtshilfe verlangt werden könnte.[780] Eine Völkerrechtswidrigkeit kann allerdings in Betracht

---

[776] Z.B. *Rehbinder*, in: Immenga/Mestmäcker, GWB (1992), RNr. 301 zu § 98 Abs. 2

[777] Was im Fall des § 35 Abs. 2 ohne weiteres zu bejahen ist, vgl. oben F. I.1. und Fußnote 700.

[778] BFHE 93, 1, 5 (hier stillschweigend vorausgesetzt und ohne ausdrücklichen Bezug auf Urkunden); 118, 553 (ohne ausdrücklichen Bezug auf Urkunden); ähnlich BGH NJW 1986, 2371 (Beweislastfolgen bei Undurchführbarkeit einer Blutentnahme zur serologischen Begutachtung zur Vaterschaftsfeststellung) ; *Schlosser,* Der Justizkonflikt (1985), 31; *ders.*, ZZP 81, 394; *Junker*, Discovery (1987), 392 ff.; *Rehbinder,* Extraterritoriale Wirkung (1965), 384 ff; *Haymann*, Extraterritoriale Wirkungen (1974), 334 ff. Anderer Meinung *Stadler,* Schutz des Unternehmensgeheimnisses (1989), 287 ff., die nur Prozessnachteile bzgl. Beweiswürdigung als zulässig erachtet; differenzierend *Hermanns*, Die Ermittlungsbefugnis der Kartellbehörden (1972), 74 ff.; anderer Ansicht auch *Mann,* Receuil des Cours 1964 I, 9, 146 ff., 156 ff.; *ders.*, Receuil des Cours 1984 III, 9, 49 ff., hier jedoch etwas differenzierender.

[779] *Geimer,* Internationales Zivilprozeßrecht (1993), 137; im Ergebnis ebenso BGH NJW 1986, 2371; *Schlosser,* Der Justizkonflikt (1985), 31; *ders.*, ZZP 81, 394; *Junker*, Discovery (1987), 392 ff.; *Rehbinder,* Extraterritoriale Wirkung (1965), 384 ff.; *Haymann*, Extraterritoriale Wirkungen (1974), 334 ff.

[780] *Rehbinder*, in: Immenga/Mestmäcker, GWB (1992), RNr. 306 zu § 98 Abs. 2, mit Bezugnahme auf eine angeblich andere Ansicht von *von Hülsen,* AWD 20 (1974), 315, 319, der an dieser Stelle allerdings nur eine Kritikermeinung erwähnt, die bei einer Entscheidung eines

kommen, wenn die Informationsherausgabe in dem betreffenden Land verboten wäre.[781] Dann käme der Informationsverpflichtete in eine unangenehme Zwangslage, die nur bei Vorliegen eines überwiegenden deutschen Jurisdiktionsanspruchs völkerrechtlich akzeptabel wäre.[782]

Nichtsdestoweniger haben Verfahrenshandlungen, die zwar rein innerstaatliche Rechtsfolgen zeitigen und daher regelmäßig völkerrechtmäßig sind, bereits zu erheblichen Jurisdiktionskonflikten geführt, weil sie auf Personen im Ausland eine starke Persuasionswirkungen haben können.[783] Abwehrgesetze, welche die Befolgung von ausländischen Verfahrenshandlungen verbieten, zeigen, dass das Interesse anderer Staaten stark betroffen sein kann.[784] Auch wenn im Wertpapierhandelsrecht internationale Konflikte eher unwahrscheinlich sind, ist das BAWe nicht nur politisch gut beraten, trotz deutschem Jurisdiktionsanspruch behutsam vorzugehen. Es muss bei möglichen Jurisdiktionskonflikten also prüfen, ob der ausländische Jurisdiktionsanspruch völkergewohnheitsrechtlich gegeben ist, ob dieser tatsächlich mit dem deutschen nicht in Einklang gebracht

---

amerikanischen Gerichts bemängelt, das Gericht habe es versäumt zu versuchen, Dokumente auf dem Wege der Rechtshilfe zu erhalten.

781 In Betracht kommen öffentlich-rechtliche Verpflichtungen zur Wahrung von Betriebs- oder Geschäftsgeheimnissen oder Berufsgeheimnissen. Fälle ausländischer Vorschriften zur Abwehr extraterritorialer Ermittlungen dritter Staaten findet sich bei *Heise,* Im Ausland belegene Geschäftsunterlagen (1975), 122 ff. Welche Rolle privatrechtliche Informationsverbote haben können, ist schwierig zu beantworten. Soweit ersichtlich, wurde die Frage noch nicht ausführlich diskutiert. Soweit sich derartige privatrechtliche Verbote im Rahmen dessen bewegt, was in dem Staat zulässig ist und auch vom Rechtssystem ansonsten geschützt ist, kann ein Interesse des Staates, privatrechtlich erlaubte Vereinbarungen seiner Bürger zu schützen, anzuerkennen sein.

782 *Rehbinder,* Extraterritoriale Wirkungen (1965), 384 ff.; *Tercier,* RabelsZ 36 (1972), 341, 349 ff.; *Hartfield,* New York University Journal of International Law and Politics 16 (1986), 973, der noch weiter geht, und schon eine Sanktionsdrohung im Inland, die sich auf Personen im Ausland nur persuasiv auswirkt, generell als Umgehung des völkerrechtswidrigen Zwangs im Ausland als völkerrechtswidrig ansieht, wenn die Informationsübermittlung dort verboten war. Differenzierender: *Nordmann,* Beschaffung von Beweismitteln (1973), 67 bis 117, der weniger einen Übergriff in das fremde Territorium in Betracht zieht als einen Eingriff in die souveräne Entscheidungsfreiheit über wirtschaftspolitische Zielsetzungen. Eine Völkerrechtwidrigkeit ergibt sich dann nur aus der Verletzung des Nichteinmischungsgebots wegen Fehlens eines Jurisdiktionsanspruchs oder der rechtsmissbräuchlichen Vorgehensweise.

783 *Meng,* Extraterritoriale Jurisdiktion (1994), 296.

784 *Meng,* Extraterritoriale Jurisdiktion (1994), 296, weist allerdings darauf hin, dass diese Abwehrgesetze den Privaten bei ihrem Befolgungskonflikt manchmal lediglich eine Handhabe geben wollen, Sanktionen im fremden Staat zu entgehen.

werden kann und als letztes Mittel gegebenenfalls eine Abwägung der ausländischen mit den deutsche Regelungsinteressen vornehmen.[785] Sollte sich herausstellen, dass das ausländische Regelungsinteresse das deutsche überwiegt, ist das BAWe verpflichtet, das ansonsten bestehende Auskunftsrecht nach Art und Umfang zu beschränken oder jedenfalls nicht durchzusetzen. Dieses Abwägungsgebot ist eine echte völkerrechtliche Pflicht.[786]

Auf jeden Fall können Interessen wie z. B. ein gesetzliches Bankgeheimnis oder zivilrechtliche Schadensersatzsanktionen zu einem völkerrechtlichen Einmischungsverbot führen.[787] Ähnlich wie auch der Richter durch Art. 25 Satz 2 GG gebunden ist und ein ausländisches Herausgabeverbot z.B. aufgrund eines Zeugnisverweigerungsrechts berücksichtigen muss, muss auch das BAWe die dargestellten völkergewohnheitsrechtlichen Erwägungen bei Jurisdiktionskonflikten anstellen.[788] Der Bundesregierung bleibt es aber offen, in Verhandlungen mit dem betreffenden Staat treten,[789] was das BAWe mangels Völkerrechtssubjektivität zwar in die Wege leiten, aber nicht in eigener Verantwortung durchführen kann.

2. *Durchsetzung*

Für die Bekanntgabe von Anordnungen auf Auskunft oder Vorlage von Dokumenten und deren zwangsweise Durchsetzung kann auf die allgemeinen Ausführungen über die völkerrechtlichen Rahmenbedingungen verwiesen werden.[790] Besonders von Interesse ist auch hier, dass das BAWe letztlich auf die Amtshilfe der zuständigen Stellen im Ausland angewiesen ist, sofern es nicht möglich ist, Zwangsmaßnahmen auf Objekte im Inland auszudehnen. Wenn die Anwendung von Zwang im Rahmen der Rechtshilfe unüblich ist, wird die zuständige Stelle im Ausland möglicherweise in eigener Zuständigkeit als Sitzlandbehörde gegen das Unternehmen vorgehen, Informationen einholen und diese nach § 38c Abs. 4 dem BAWe übermitteln.

---

785 Hierzu im einzelnen C. I.3. c) (1)

786 Siehe oben C. I.4. b) .

787 Herrschende Meinung, vgl. LG Kiel RIW 83, 206; *Mann,* Receuil des Cours 1984 III, 9, 50 ff.; *Hermanns*, Die Ermittlungsbefugnis der Kartellbehörden (1972), 74 ff.; *Seidl-Hohenveldern,* AWD 17 (1971), 53, 60; wohl auch *von Hülsen* AWD 20 (1974), 315, 319; *Tercier,* RabelsZ 36 (1972), 341, 353. A.A. *Rehbinder*, in: Immenga/Mestmäcker, GWB (1992), RNr. 306 zu § 98 Abs. 2

788 So auch *Meng,* Extraterritoriale Jurisdiktion (1994), 698.

789 *Meng,* a.a.O.

790 Vgl. oben C. II

Der Zugriff auf verbundene Unternehmen im Inland zur Erzwingung der Herausgabe von Informationen über Unternehmen mit Sitz im Ausland ist auch für den Fall denkbar, dass das BAWe über einen direkten Auskunfts- oder Vorlageanspruch gegenüber dem verbundenen Unternehmen verfügt, der nicht auf § 35 Abs. 2, sondern auf § 35 Abs. 1 beruht und den es dann ganz normal zwangsweise durchsetzen kann. Für diese Frage kann auf die Ausführungen zu dem Problem verwiesen werden, ob Auskunft über einen Dritten (oder von einer dritten Person) verlangt werden kann.[791]

3. *Rechtsschutz*

Wegen des Rechtschutzes kann auf die allgemeinen Ausführungen zu den völkerrechtlichen Rahmenbedingungen verwiesen werden.[792]

---

[791] Vgl. F. III.1. b) .
[792] Vgl. oben C. III

G. Zusammenarbeit mit zuständigen Stellen im Ausland nach § 36c WpHG

Wortlaut:

§ 36c
Zusammenarbeit mit zuständigen Stellen im Ausland

(1) Das BAWe übermittelt den zuständigen Stellen der anderen Mitgliedstaaten der Europäischen Union und der anderen Vertragsstaaten des Abkommens über den Europäischen Wirtschaftsraum die Informationen, die für diese Stellen zur Überwachung der Einhaltung der nach den Vorschriften des anderen Mitgliedstaats oder Vertragsstaats geltenden Verhaltensregeln erforderlich sind. Es macht von seinen Befugnissen nach § 35 Abs. 1 Gebrauch, soweit dies zur Erfüllung des Auskunftersuchens der in Satz 1 genannten zuständigen Stellen erforderlich ist.

(2) Bei der Übermittlung von Informationen sind die zuständigen Stellen im Sinne des Absatzes 1 Satz 1 darauf hinzuweisen, dass sie unbeschadet ihrer Verpflichtungen in strafrechtlichen Angelegenheiten, die Verstöße gegen Verhaltensregeln zum Gegenstand haben, die ihnen übermittelten Informationen ausschließlich zur Überwachung der Einhaltung der Verhaltensregeln oder im Rahmen damit zusammenhängender Verwaltungs- und Gerichtsverfahren verwenden dürfen.

(3) Das BAWe darf die ihm von den zuständigen Stellen im Sinne des Absatzes 1 Satz 1 übermittelten Informationen, unbeschadet seiner Verpflichtungen in strafrechtlichen Angelegenheiten, die Verstöße gegen Verhaltensregeln zum Gegenstand haben, ausschließlich für die Überwachung der Einhaltung der Verhaltensregeln oder im Rahmen damit zusammenhängender Verwaltungs- und Gerichtsverfahren verwenden. Eine Verwendung dieser Informationen für andere Zwecke der Überwachung nach § 7 Abs. 2 Satz 1 oder in strafrechtlichen Angelegenheiten in diesen Bereichen oder ihre Weitergabe an zuständige Stellen anderer Staaten für Zwecke nach Satz 1 bedarf der Zustimmung der übermittelnden Stelle.

(4) Das BAWe kann für die Überwachung der Einhaltung der in den §§ 31 und 32 geregelten Pflichten und entsprechender ausländischer Verhaltensregeln mit den zuständigen Stellen anderer als der in Absatz 1 Satz 1 genannten Staaten zusammenarbeiten und diesen Stellen Informationen nach Maßgabe des § 7 Abs. 2 übermitteln. Absatz 1 Satz 2 ist entsprechend anzuwenden.

I. Grundlagen

1. Regelungsgegenstand

Die Weitergabe von Informationen stellt generell eine Einschränkung in grundrechtlich geschützte Positionen des von der Information Betroffenen dar.[793] Für

[793] Ständige Rechtsprechung, vgl. BVerfGE 65, 1, 43; 78, 77, 84; 84, 192, 194; hierzu auch *Jarass*, in: Jarass/Pieroth, Grundgesetz (1997), RNr. 28a zu Art. 2. Zum Teil wird hinsichtlich

natürliche Personen hat das BVerfG hierfür den Begriff des informationellen Selbstbestimmungsrechts geprägt und aus Art. 2 Abs. 1 GG abgeleitet.[794] Bei Unternehmen gilt Art. 19 Abs. 3 GG. Zwar gewähren die Rechtsprechung und manche Stimmen in der Literatur juristischen Personen des Privatrechts ein Recht auf informationelle Selbstbestimmung.[795] Unklar ist jedoch, ob dieser Schutz unter den Schutz des informationellen Selbstbestimmungsrechts nach Art. 2 Abs. 1 GG fällt[796] oder zu Art. 14 GG gehört.[797] Der Schutz von Geschäfts- und Betriebsgeheimnissen jedenfalls gehört zu Art. 14 GG.[798]

§ 36c ist für diesen Eingriff die einschlägige Ermächtigungsgrundlage bei der Aufsicht über die Verhaltensregeln. Er regelt die Zusammenarbeit des BAWe mit den zuständigen Stellen im Ausland. Dabei betreffen die Absätze 1 und 2 das Recht und die Pflicht des BAWe, die Aufsichtsstellen der anderen Mitgliedstaaten der Europäischen Union und der anderen Vertragsstaaten des Abkommens über den Europäischen Wirtschaftsraum bei ihrer Aufsicht zu unterstützen. Abs. 3 regelt die Verwendung der Daten durch das BAWe, die es im Rahmen seiner Aufsichtsaufgaben von diesen zuständigen Stellen erhält. Abs. 4 schließlich regelt die Zusammenarbeit mit zuständigen Stellen in Drittstaaten.

Üblicherweise werden zwischen den jeweiligen zuständigen Stellen für praktische Details des Informationsaustausches und der Zusammenarbeit Memoranda of Understanding[799] abgeschlossen.[800] Ein multilaterales Übereinkommen[801] exis-

---

der Intensität der Rechtseinschränkung differenziert. Bei § 15 Abs. 1 Nr. 1 2. Alternative BDSG, wonach eine Informationsübermittlung zulässig ist, wenn sie für die Erfüllung der in der Zuständigkeit des Empfängers liegenden Aufgaben erforderlich ist, sollen wegen der zu geringen Präzision der Rechtsgrundlage nur „quasi alltägliche Übermittlungsvorgänge ohne besondere Belastung des Betroffenen" möglich sein (so genannte Schwellentheorie), *Dammann,* in: Simitis/Dammann/Mallmann/Reh, Bundesdatenschutzgesetz (1998), RNr. 5 zu § 15.

[794] Vgl. Rechtsprechungsnachweise in Fußnote 793.

[795] BVerfGE 67, 100, 142 ff.; *Murswieck,* in: Sachs, Grundgesetz (1996), RNr. 76 und 77 zu Art. 2; *Jarass*, in: Jarass/Pieroth, Grundgesetz (1997), RNr. 28a zu Art. 2.

[796] *Murswieck,* in: Sachs, Grundgesetz (1997), RNr. 77 zu Art. 2 GG.

[797] BVerfGE 67, 100, 142 ff.

[798] *Jarass*, in: Jarass/Pieroth, Grundgesetz (1997), RNr. 28a zu Art. 2.

[799] Das sind Vereinbarungen, die Absichtserklärungen über den Austausch vertraulicher Informationen zwischen den Aufsichtsstellen enthalten. Sie erleichtern die internationale Zusammenarbeit, weil Auskunftsersuchen standardisiert und Übermittlungsverfahren festgelegt werden. Inhaltlich reichen diese Vereinbarungen von bloßen allgemeinen Absichtserklärun-

tiert zwischen den zuständigen Stellen im Rahmen der FESCO[802]. Die völkerrechtliche Verbindlichkeit dieser Vereinbarungen ist beschränkt.[803] Sie sind am ehesten mit den zwischen Organwaltern verschiedener Staaten international üblichen „*Gentlemen's Agreements*" vergleichbar, denen keine Bindungswirkung gegenüber den Staaten zukommen, sondern allenfalls eine auf guten Sitten beruhende Bindungswirkung.[804] Die Befugnis des BAWe zum Abschluss derartiger Selbstverpflichtungserklärungen ergibt sich aus der Aufgabenbeschreibung nach § 4 WpHG, und die eingegangenen Verpflichtungen müssen sich im Rahmen der durch die Ermächtigungsgrundlagen beschriebenen Eingriffsbefugnisse halten.

---

gen über den Informationsaustausch zwischen den Beteiligten bis hin zu relativ detaillierten Konsultations- und Verfahrensabreden.

[800] In Europa hat das BAWe inzwischen mit Italien, Frankreich, Spanien und Portugal eine bilaterale Vereinbarung geschlossen.

[801] Am 26. Januar 1999 wurde in Paris ein multilaterales Memorandum of Understanding zum Informationsaustausch und zur Beaufsichtigung der Finanzmärkte geschlossen, vgl. unten Anlage. Unterzeichnet wurde dieses Abkommen von allen im Forum of European Securities Commissions (FESCO) zusammengeschlossenen europäischen Wertpapieraufsichtsstellen, also der 15 EU-Staaten (Österreich – Wertpapieraufsichtsamt bzw. WPA, Belgien – Commission bancaire et financière, Dänemark – Danish Financial Supervisory Authority, Finnland – Financial Supervision Authority, Frankreich – Commission des Opération de Bourse bzw. COB, Deutschland – Bundesamt für den Wertpapierhandel bzw. BAWe und dem Bundesaufsichtsamt für Kreditwesen bzw. BAKred, Griechenland – Capital Market Commission, Irland – Central Bank of Ireland, Italien – Commissione Nazionale per le Società e la Borsa bzw. CONSOB, Luxemburg – Commissariat aux Bourses, Niederlande – Stichting Toezicht Effectenverkeer, Portugal – Comissão Do Mercado De Valores Mobiliários bzw. CMVM, Spanien – Comisión Nacional del Mercado de Valores bzw. CNMV, Schweden – The Financial Supervisory Authority und England – Financial Services Authority bzw. FSA) sowie Islands und Norwegens – The Banking, Insurance and Securities Commission.

[802] Die FESCO wurde am 8. Dezember 1997 gegründet. Aufgabe der Organisation ist es, den Anlegerschutz zu verbessern, die Transparenz auf den Märkten zu erhöhen und die faire Behandlung der Anleger sicherzustellen. Vorsitzender der FESCO ist derzeit der Präsident des Deutschen BAWe, Georg Wittich. Die FESCO hat einen ständigen Ausschuss aus hochrangigen Vertretern der Aufsichtsstellen eingerichtet (FESCOPOL), der die Aufgabe hat, Lösungen für technische und praktische Probleme bei der grenzüberschreitenden Kooperation zu erarbeiten.

[803] Nach *Schuster*, Internationale Anwendung (1996), 646 sind Erklärungen über beabsichtigte Verhaltensweisen völkerrechtlich aber auch nicht völlig unerheblich. Vereinzelt gibt es auch völkerrechtlich verbindliche Vereinbarungen, wie z. B. zwischen den USA und den Niederlanden vom 11.12.1989 und zwischen der französischen Börsenaufsicht (COB) und der SEC in den USA.

[804] Zu diesen „Gentlemen's Agreements" *Ipsen*, Völkerrecht (1999), 101.

Auch über die Grenzen Europas hinweg kommt es zu einer Zusammenarbeit.[805] So wurden im Rahmen der IOSCO[806] eine Reihe von Resolutionen unterzeichnet[807] und viele multi- oder bilaterale Memoranda of Understanding geschlossen.[808] Zu dem Thema der Aufsicht bei grenzüberschreitender Geschäftstätigkeit der Banken hat auch der Basler Ausschuss für Bankenaufsicht[809] und die so genannte „off-shore"-Gruppe[810] durch Verlautbarungen und Konkordate wichtige Vorarbeiten geleistet.[811] Insbesondere schreibt Principle 24 der *Basle Core Prin-*

---

805 Die WpDRiL sieht dies auch indirekt vor: vgl. Art. 25 Abs. 3.

806 *International Organisation of Securities Commissions*

807 Insgesamt bereits 13 Resolutionen, in denen sich die Mitglieder, d.h. die Aufsichtsstellen oder ggf. Selbstverwaltungsorgane von Wertpapiermärkten, selbst verpflichtet haben. Bezüglich der Sicherstellung von Verhaltensregeln im grenzüberschreitendem Verkehr sind folgende Resolutionen unterschrieben worden:

- Resolution Concerning Mutual Assistance ("Rio Declaration")
- Resolution On Cooperation
- Resolution On International Conduct Of Business Principles
- Resolution Concerning Transnational Securities And Futures Fraud
- Resolution On Coordination Between Cash And Derivative Markets
- Resolution On Commitment To Basic Iosco Principles Of High Regulatory Standards And Mutual Cooperation And Assistance (Self-Evaluation)
- Resolution On Enforcement Powers
- Resolution On Principles for Record Keeping, Collection of Information, Enforcement Powers and Mutual Cooperation
- Resolution On Principles for Memoranda of Understanding

808 Neben dem bereits erwähnten multilateralen Übereinkommen im Rahmen der FESCO (außer EU-Staaten noch Island und Norwegen) hat das BAWe bereits mit den Aufsichtsstellen von Ungarn (Komise pro cenné papíry, KCP), Tschechien, mit den US-amerikanischen Börsenaufsichtsstellen SEC (Securities and Exchange Commission) und CFTC (Commodities Futures Trading Commission) sowie mit den Stellen von China (China Securities Regulatory Commission, CSRC), Taiwan (Securities Futures Commission), Hongkong (Securities and Futures Commission), Australien (Australien Securities Commission) Brasilien, Polen und Argentinien (Comisión Nacional de Valores, CNV) entsprechende Memoranda of Understanding geschlossen. Mit der Schweiz besteht derzeit lediglich ein entsprechender Briefwechsel.

809 Der Baseler Ausschuss für Bankenaufsicht besteht aus den Ländern der so genannten „Zehnergruppe", also Belgien, Deutschland, Frankreich, Vereinigtes Königreich, Italien, Japan, Kanada, Niederlande, Schweden, Schweiz, USA und Luxemburg. Er tagt bei der Bank für Internationalen Zahlungsausgleich.

810 Zu der Off-shore-Gruppe gehören vor allem die so genannten „Orchideen"-Länder, an denen off-shore Finanzmärkte bestehen.

811 Vgl. die „Grundsätze für Beaufsichtigung der ausländischen Niederlassungen von Banken", dass im Bundesanzeiger vom 15. Juni 1983, 5606 veröffentlicht wurde. Diesem Kon-

ciples on Banking Supervision[812] ausdrücklich den Aufbau eines engen Kontakts und Informationsaustauschs mit den jeweilig betroffenen zuständigen Stellen vor.

2. *Gesetzesgeschichte*

a) *Europarechtlicher Hintergrund*

§ 36c soll Art. 23 Abs. 3 und 24 Abs. 2 WpDRiL umsetzen. Der Geheimnisschutz ist in Art. 25 dieser Richtlinie vorgesehen. Zu berücksichtigen ist auch der 41. Erwägungsgrund[813] dieser Richtlinie, der die Wichtigkeit betont, dass die zuständigen Stellen in den Mitgliedstaaten „auf engste Zusammenarbeit zählen können müssen".[814]

Gegenseitige Informationspflichten gibt es bereits in einer Vielzahl von Europäischen Richtlinien.[815] So z. B. in Art. 12 ff. der Beteiligungspublizitäts-Richtlinie,[816] in Art. 24 ff. der Zulassungsprospekt-Richtlinie[817] und in Art. 22 der Verkaufsprospekt-Richtlinie[818]. Allgemein gibt es ein Europäisches Übereinkommen über die Erlangung von Auskünften und Beweisen in Verwaltungssachen im Ausland,[819] das jedoch außer für Deutschland nur für vier weitere eu-

---

kordat folgten Ergänzungen: „Sicherstellung eines ausreichenden Informationsaustausches zwischen den Bankenaufsichtsstellen" vom April 1990, „Mindestanforderungen für die Beaufsichtigung internationaler Bankkonzerne und ihrer grenzüberschreitenden Niederlassungen" vom Juni 1992, „Grenzüberschreitende Bankenaufsicht" vom Oktober 1996.

812 Im Internet http://www.bis.org/publ/index.htm (besucht am 19.06.2000).

813 Eine offizielle Nummerierung der Erwägungsgründe gab er bei der Veröffentlichung der Richtlinie im Amtsblatt nicht. Das erschwert die Zitierung, weil der Nachdruck der Richtlinie z.B. in Assmann/Schneider (1999), Anhang, 939 die im Amtsblatt im Layout erkennbaren Absätze nicht einhält.

814 Die Erwägungsgründe in Richtlinien haben in interpretativer Hinsicht rechtlichen Wert. Vgl. Urteil des EuGH Slg. 1973, 457 („Michel").

815 Z. B. Art. 12 ff. der Beteiligungspublizitäts-Richtlinie, Amtsblatt Nr. L 348 vom 17.12.89, 62; Art. 24 ff. der Zulassungsprospekt-Richtlinie, Amtsblatt Nr. L 100 vom 17.4.80, 1; Art. 22 der Verkaufsprospekt-Richtlinie, Amtsblatt Nr. L 124 vom 5.5.89, 8.

816 Amtsblatt Nr. L 348 vom 17.12.89, 62.

817 Amtsblatt Nr. L 100 vom 17.4.80, 1.

818 Amtsblatt Nr. L 124 vom 5.5.89, 8.

819 Vom 15.3.1978, BGBl. 1981 II 533, 550; für Deutschland in Kraft seit dem 1.1.1983, BGBl. 1982 II, 1052.

ropäische Staaten[820] in Kraft getreten ist, die zudem – mit Ausnahme Luxemburgs – alle keine bedeutende Wertpapierhandelsmärkte besitzen. Weit reichende Ablehnungsgründe[821] und die starken Förmlichkeiten des Verfahrens[822] haben dazu geführt, dass die praktische Bedeutung des Abkommens gegen Null tendiert.

b) Deutscher Hintergrund und Gang des Gesetzgebungsverfahrens

§ 36c wurde durch das Gesetz zur Umsetzung der EG-Richtlinien zur Harmonisierung Bank- und wertpapieraufsichtsrechtlicher Vorschriften vom 22.10.1997 (BGBl. I Seite 2518) eingefügt und geändert durch das dritte Finanzmarktförderungsgesetz vom 24.3.1998 (BGBl. I Seite 529). Vorbild sind die §§ 19 Abs. 1 und 30 Abs. 3, die die internationale Zusammenarbeit bei der Insiderüberwachung und der Überwachung der Meldepflichten betreffen.[823]

3. Abgrenzung und Vergleich zu anderen Normen

Die internationale Kooperation ist im internationalen Wirtschaftsrecht eine nicht zu übersehende Entwicklung. Erwähnenswert ist auch hier das internationale Kartellrecht, bei dem es ebenfalls eine ganze Reihe Empfehlungen und internationaler Vereinbarungen gibt.[824] Ähnliche gesetzliche Befugnisse wie in § 36c geregelt enthält § 8 KWG für das BAKred sowie für die Deutsche Bundesbank. § 44a KWG regelt Auskünfte und Prüfungen zum Zwecke der grenzüberschreitenden Datenübermittlung nach Maßgabe der Konsolidierungsrichtlinie.[825]

Für die internationale Zusammenarbeit der zuständigen Stellen bei der Überwachung von Insidergeschäften gilt ausschließlich § 19 als Sonderregelung, bei der Überwachung der Meldepflichten § 30. Ansonsten ist § 36c in vieler Hinsicht seinerseits lex specialis zu § 7. Allerdings muss für jede Tatbestandsvorausset-

---

[820] Luxemburg, Belgien, Italien und Portugal, vgl. BGBl. II 1994, Nr. 9a, Fundstellennachweis B (Stand 31.12.1993), 500.

[821] Souveränität, Sicherheit, öffentliche Ordnung oder andere wesentliche Interessen des ersuchten Staates, Grundrechte und wesentliche Interessen der betroffenen Personen, Schutz der Vertraulichkeit bestimmter Informationen, sonstiges entgegenstehende Recht und sogar entgegenstehende innerstaatliche Übung, vgl. Art. 7 I des Übereinkommens.

[822] Das Amtshilfeersuchen muss über eine zentrale Stelle über den diplomatischen oder konsularischen Weg abgewickelt werden, vgl. Art. 2 i. V. m. Art. 11 des Übereinkommens.

[823] Regierungsbegründung BRat-Drucks. 963/96, 114.

[824] Siehe den Überblick bei *Parisi,* ECLR 1999, 133.

[825] Richtlinie 92/30/EWG des Rates vom 6. April 1992 über die Beaufsichtigung von Kreditinstituten auf konsolidierter Basis, Amtsblatt EG Nr. L 110 52 (Konsolidierungsrichtlinie).

zung sowie für jede Rechtsfolge genau geprüft werden, inwieweit § 36c die Anwendbarkeit des § 7 ausschließt. Z.B. muss das BAWe bei § 36c Abs. 1 und 2 nicht wie bei § 7 Abs. 1 Sätze 4 und 5 prüfen, ob eine Übermittlung von Daten zu unterbleiben hat, weil Grund zu der Annahme besteht, dass durch die Übermittlung gegen den Zweck eines deutschen Gesetzes verstoßen wird oder weil dadurch schutzwürdige Interessen des Betroffenen beeinträchtigt werden, insbesondere wenn im Empfängerland ein angemessener Datenschutzstandard nicht gewährleistet ist. Innerhalb der EU ist davon auszugehen, dass der Datenschutzstandard durch Anwendung und Umsetzung von Art. 25 WpDRiL für den Bereich des Wertpapierhandels angemessen gesichert ist.

Für die Belange des Datenschutzes gilt das BDSG. Es ist nicht auszuschließen, dass bei der Amtshilfe nach § 38c auch personenbezogene Daten i.S.d. § 3 Abs. 1 BDSG betroffen sind, auch wenn in aller Regel wohl nur betriebliche oder geschäftliche Informationen übermittelt werden. Jedoch können Angaben über geschäftliche Verhältnisse ohne weiteres gleichzeitig personenbezogene Daten darstellen.[826] Daher ist das Verhältnis von § 38c zum BDSG zu klären. Nach § 1 Abs. 4 Satz 1 BDSG genießen andere Rechtsvorschriften des Bundes Vorrang vor einer entsprechenden Vorschrift des BDSG. Dies gilt auch bei später erlassenen Gesetzen.[827] Dabei wird das BDSG nicht zur Gänze, sondern nur zum Teil, im Umfang eines Paragrafen, eines Absatzes oder Satzes verdrängt.[828] Nach der Rechtsprechung des BGH bedeutet dies, dass das BDSG anwendbar bleibt, wenn keine „bereichsspezifische Datenschutzregelung" für denselben Sachverhalt in einem anderen Bundesgesetz gilt.[829] Das BDSG ist also nur bei Tatbestandskongruenz oder Schweigen des BDSG subsidiär, ansonsten bleibt es allerdings als Auffanggesetz anwendbar.[830] Irrelevant ist, welchen datenschutzrelevanten Inhalt die spezielle Vorschrift hat.[831] Neben der Subsidiaritätsklausel des

---

826 Vgl. *Auernhammer*, BDSG (1993), § 3 RNr. 5. Nach *Walz,* in: Simitis u.a., BDSG, RNr. 292 zu § 1, besteht eine Regelungskongruenz zu § 17 UWG, der ebenfalls Betriebs- und Geschäftsgeheimnisse betrifft, dort, wo der Geheimnisgehalt personenbezogene Daten einschließt oder „zumindest personenbeziehbar" ist. Dabei sei es für die Anwendbarkeit vom § 1 Abs. 4 Satz 2 ohne Relevanz, ob die verschärften Regelungen sich auf Angaben zu natürlichen Personen beschränken oder umfassend auch sonstige dienstlich oder beruflich erhobene oder zur Kenntnis genommene Informationen einschließen.

827 *Auernhammer*, BDSG (1993), § 1 RNr. 27.

828 So *Auernhammer*, BDSG (1993), § 1 RNr. 26.

829 BGH NJW 1991, 568.

830 *Auernhammer*, BDSG (1993), § 1 RNr. 26.

831 *Auernhammer,* a.a.O.

§ 1 Abs. 4 Satz 1 regelt § 17 Abs. 1 als Spezialvorschrift die Datenübermittlung an Stellen außerhalb des Geltungsbereiches des BDSG. Danach muss sie nach der Vorschrift des § 16 Abs. 1 BDSG, und zwar „nach Maßgabe der für diese Übermittlung geltenden Gesetze und Vereinbarungen", erfolgen und findet § 16 Abs. 3 Anwendung. Nach der wohl herrschenden Meinung kann die Sondervorschrift den Datenschutz für den Betroffenen dann sowohl verstärken als auch abschwächen.[832] Das Verhältnis der einschlägigen Sondervorschrift zum BDSG wird aber nicht völlig klar.[833] Offensichtlich wird § 16 Abs. 1 nicht vollständig verdrängt.[834] Sowohl nach § 1 Abs. 4 Satz 1 als auch § 17 Abs. 1 BDSG bleibt das BDSG also als Auffanggesetz anwendbar, so dass das Verhältnis beider Subsidiaritätsklauseln zueinander dahingestellt bleiben kann.[835] Nachdem § 38c diesbezüglich nichts aussagt, müssen also bei personenbezogenen Daten die zusätzlichen Beschränkungen der § 17 Abs. 2 und 3, nicht jedoch des Abs. 4 beachtet werden. Nach § 17 Abs. 2 BDSG hat die Übermittlung zu unterbleiben, wenn Grund zu der Annahme besteht, dass dadurch gegen den Zweck eines deutschen Gesetzes verstoßen würde (ordre public Vorbehalt). Nach Abs. 3 liegt die Verantwortung für die Zulässigkeit der Übermittlung bei der übermittelnden Stelle. Schließlich muss das BAWe nach § 16 Abs. 3 Satz 1 BDSG den Betroffenen von der Übermittlung unterrichten, wenn diese nach § 16 Abs. 2 Nr. 2 erfolgt und nicht Abs. 3 Satz 2 vorliegt.

Die §§ 4 ff. VwVfG und die entsprechenden landesrechtlichen Regelungen sind rein innerstaatliche Rechtsgrundlagen für die Amtshilfe und gelten grundsätzlich nicht für den Auslandsverkehr.[836] Sie sind, soweit bei der Ermittlung des Sach-

---

[832] *Dammann* in: Simitis u.a., BDSG (1998), RNr. 9 zu § 17; *Weigert,* BayVBl. 1980, 69, 70. Einschränkend allerdings *Riegert,* BayVBl. 1980, 72, der mit einer datenschutzkonformen Auslegung die schutzwürdigen Belange des Betroffenen als Mindestnotwendigkeit immer berücksichtigt haben will.

[833] *Dammann,* in: Simitis u.a., BDSG (1998), RNr. 2 zu § 17.

[834] Nach *Dammann,* in: Simitis u.a., BDSG (1998), RNr. 8 zu § 17 soll wohl vor allem zum Ausdruck gebracht werden, dass der Grundsatz des § 16 Abs. 1 BDSG als allgemeine Regel möglichst wirksam zur Geltung gebracht wird.

[835] Nach *Dammann,* in: Simitis u.a., BDSG (1998), RNr. 9 zu § 17, kommt die Subsidiaritätsklausel des § 1 Abs. 4 BDSG voll zur Geltung, wenn die Zulässigkeit der Datenübermittlung sowohl nach ihren Voraussetzungen als auch nach ihrem Umfang durch eine Sondervorschrift bestimmt ist. Das ist nur konsequent, weil § 1 für den Anwendungsbereich des § 17 wie auch für das gesamte BDSG den Rahmen vorgibt.

[836] *Schwarze,* in Knack: VwVfG (1998), vor § 4 Rand Nr. 1.1; *Kopp*, VwVfG (1996), RNr. 14 zu § 4.

verhalts personenbezogene Daten verarbeitet werden, nach dem Wortlaut des § 1 Abs. 5 BDSG ohnehin subsidiär gegenüber dem BDSG.[837] Gerade beim Grundsatz des Vorrangs der Datenerhebung beim Betroffenen wird im Überschneidungsbereich des VwVfG mit dem BDSG der Handlungsspielraum der Behörde erheblich eingeschränkt.[838] Eine Analogie der auf den innerdeutschen Rechtsverkehr zugeschnittenen §§ 4 ff. VwVfG auf Fälle der Amtshilfe für eine ausländische Behörde ist nicht möglich, weil bei der innerdeutschen gegenüber der grenzüberschreitenden Rechtshilfe Unterschiede grundsätzlicher Art bestehen. Völlig außer Betracht können die Vorschriften des VwVfG allerdings nicht bleiben. Zum Teil können sie nämlich über ein Erst-Recht-Argument Berücksichtigung finden wie z.B. § 5 Abs. 2 VwVfG, der Grenzen der Amtshilfe für den Fall vorsieht, dass die Behörde aus rechtlichen Gründen hierzu nicht in der Lage ist oder dass durch die Hilfeleistung dem Wohl des Bundes oder eines Landes erhebliche Nachteile bereitet würden. Diese Grenzen erklärt übrigens § 44a Abs. 2 Satz 2 KWG ausdrücklich für entsprechend anwendbar.

4. Rechtsvergleichende Betrachtung

a) Österreich

In Österreich ist die Informationsübermittlung im Rahmen der Zusammenarbeit mit zuständigen Stellen in anderen Mitgliedstaaten der EU in § 24 Abs. 5 und 30 Wertpapieraufsichtsgesetz (WAG)[839], und zwar insbesondere in § 30 Abs. 1 Nr. 12 sowie Abs. 2 geregelt. Die Regelung beschränkt sich bei der Umsetzung der WpDRiL im Wesentlichen auf einen ausdrücklichen Verweis bzw. Hinweis auf die Art. 23 und 25 der Richtlinie 93/22/EWG.

b) Frankreich

Frankreich enthält Bestimmungen über den Informationsaustausch in Art. 80 loi n° 96-597 du 2 juillet 1996[840] und Art. 5 bis der Ordonnance n° 67-833 du 28 septembre 1967[841], zuletzt geändert durch das Gesetz loi n° 96-597 du 2 juillet

---

[837] Allerdings gehen manche davon aus, dass § 1 Abs. 5 BDSG auf ein Redaktionsversehen zurückzuführen ist. *Walz,* in: Simitis u.a., BDSG (1998), RNr. 305 zu § 1, spricht gar von einem „eindeutigen" Redaktionsversehen. In RNr. 307 verweist er auf § 1 2. Halbsatz VwVfG.

[838] *Walz,* in: Simitis u.a., BDSG (1998), RNr. 306 zu § 1.

[839] BGBl. Nr. 753/1996 i.d.F. BGBl. I Nr. 126/1998.

[840] JO du 4 juillet 1996.

[841] JO du 29 septembre 1967.

1996. Dabei steht die Amtshilfe unter einem Gegenseitigkeitsvorbehalt, der nur bei Ermittlungsersuchen durch eine zuständige Stelle eines Mitgliedstaates der Europäischen Union oder des Europäischen Wirtschaftsraums z.T. nicht gilt.[842] Die Amtshilfe findet nicht statt, wenn Hoheitsrechte, Sicherheitsinteressen oder essenzielle wirtschaftliche Interessen Frankreichs gefährdet sind, gegen den ordre public Frankreichs verstoßen oder bereits ein Strafverfahren in derselben Angelegenheit anhängig oder durchgeführt wurde.[843] Außerdem dürfen aus dem Ausland erhaltene Informationen nur entsprechend den Anweisungen der Stelle, welche die Informationen weitergeleitet hat, verwendet werden.[844]. Schließlich enthält das Gesetz auch eine ausdrückliche Ermächtigung für die COB, Vereinbarungen mit zuständigen Stellen anderer Länder zu treffen, die dann im Amtsblatt veröffentlicht werden müssen.[845]

c) *England*

England hatte bereits in section 128 A-C Financial Services Act 1986 noch lange vor dem Erlass der WpDRiL die Zusammenarbeit der verschiedenen englischen zuständigen Stellen mit zuständigen Stellen anderer Länder geregelt. Die einschlägigen Vorschriften der WpDRiL wurden dann mit der Investment Services Regulation 1995[846] in nationales Recht umgesetzt. Für die erst seit kurzem bestehende Financial Services Authority schließlich ist eine Regelung der Befugnis geplant, Informationen im Rahmen der Zusammenarbeit mit zuständigen Stellen anderer Staaten zu übermitteln, vgl. Clause 122 des Gesetzesentwurfs Financial Services & Market Bill.[847]

---

[842] Vgl. Art. 5 bis alinéa 1 der Ordonnance n° 67-833 du 28 septembre 1967 und Art. 80 alinéa 1 de la loi n° 96-597 du 2 juillet 1996.

[843] Vgl. Art. 5 bis alinéa 4 der Ordonnance n° 67-833 du 28 septembre 1967.

[844] Art. 80 alinéa 3 de la loi n° 96-597 du 2 juillet 1996.

[845] Vgl. Art. 5 bis alinéa 5 der Ordonnance n° 67-833 du 28 septembre 1967.

[846] Vom 18. Dezember 1995. Statutory Instruments 1995/3275.

[847] Financial Services and Markets Bill: A consultation Document, HM Treasury, July 1998. Vgl. hierzu auch *Financial Services Authority,* Financial Services Regulation: Enforcing the New Regime, Consultation Paper 17, London December 1998.

II. Informationsübermittlung an EU-Mitglieds- oder Vertragsstaaten, § 36c Abs. 1

1. „Zuständige Stellen der anderen Mitgliedstaaten der Europäischen Union und der anderen Vertragsstaaten des Abkommens über den Europäischen Wirtschaftsraum"

a) Zuständige Stellen

Zuständig sind die Stellen, die entweder durch Gesetz oder durch unmittelbaren hoheitlichen Auftrag für die Überwachung der Verhaltensregeln verantwortlich sind. Nach Art. 22 Abs. 1 WpDRiL benennen die Mitglied- oder Vertragsstaaten die zuständigen Stellen, welche die in der Richtlinie vorgesehenen Aufgaben zu erfüllen haben. Sie setzen die Kommission davon unter Angabe etwaiger Aufgabenteilungen in Kenntnis.

Für die Überwachung der Einhaltung von Verhaltensregeln sind die Wertpapierhandelsaufsichtsstellen zuständig, von denen es in jedem Land in der Regel mindestens eine gibt. Ist ein Land Herkunftsstaat, so ist es für die Überwachung von allen dort geltenden Vorschriften zuständig mit Ausnahme der Wohlverhaltensregeln und der aus Gründen des Gemeinwohls erlassenen Rechts- und Verwaltungsvorschriften i.S.d. Art. 19 Abs. 6 WpDRiL. Ist ein Land Aufnahmestaat, so sind deren Stellen nur für die Überwachung der Wohlverhaltensregeln und der aus Gründen des Gemeinwohls erlassene Rechts- und Verwaltungsvorschriften i.S.d. Art. 19 Abs. 6 WpDRiL zuständig. Der Begriff der „zuständigen Stelle" ist nicht eng auszulegen. Er beschreibt alle Stellen, die *allgemein* durch Gesetz oder durch unmittelbaren hoheitlichen Auftrag für die Überwachung von Verhaltensregeln zuständig sind.

Wie in Deutschland im Falle des BAKred gibt es in der Aufgabenbeschreibung häufig Überlappungen mit anderen Aufsichtsstellen. Deshalb sollte es in jedem Land Vorschriften über Aufgabenabgrenzungen geben, wie sie etwa in § 6 Abs. 2 a.E. KWG in Form einer Kompetenzpriorität zu Gunsten des BAWe bei der Überwachung der Marktaufsicht vorgesehen ist.

So ist z.B. in Frankreich in mehreren Vorschriften eine Aufgabenaufteilung zwischen der COB, dem Conseil des marchés financiers, der Commission bancaire, dem Comité de la règlementation bancaire et financiaire sowie dem Comité des établissement de crédit et des entreprises d'investissements vorgesehen. Die Kompetenzabgrenzungen bleiben dennoch sehr verwirrend. Der COB hat eine prioritäre Kompetenz für die Marktaufsicht über Unternehmen, die hauptsächlich die Portfolioverwaltung für Dritte übernehmen.[848]

Das Vereinigte Königreich verfolgt das Ziel einer Konzentrierung der Kompetenzen auf die Financial Services Authority („Single Regulator").[849] Die Aufsichtskompetenzen der drei so genannten Selbstverwaltungsorganisationen („Self-Regulating Organisations" – SRO)[850] wurden auf die FSA übertragen und unterstehen ihr heute.[851]

In Österreich entspricht die Aufgabenaufteilung zwischen dem Wertpapieraufsichtsamt und dem Bundesministerium für Finanzen derjenigen zwischen dem BAWe und dem BAKred. Zwar gibt es keine Bestimmung über eine Kompetenzpriorität, die Aufgabenbeschreibungen in § 69 des Bankwesengesetzes[852]

---

848 Z.B. im Verhältnis zum Conseil des marchés financiers bei der Marktaufsicht in Art. 67 paragraph 1 alinéa 2 im Gesetz loi n° 96-597 du 2 juillet 1996, im Verhältnis zu der Commission bancaire bei der Marktaufsicht in Art. 72 paragraph 1 alinéa 2 im Gesetz loi n° 96-597 du 2 juillet 1996.

849 Die Übertragung von Aufsichtskompetenzen begann mit dem Bank of England Act 1998. Vgl. hierzu *Davis,* Financial Regulation and the Law (1999) sowie das sehr umfangreiche Gutachten von *Briault,* The Rationae for an Single National Finances Regulator (1999). Außerdem *Watkins,* EBLR 1998, 107.

850 The Securities and Futures Authority – SFA; The Investment Management Regulatory Organisation – IMRO; und die Personal Investment Authority – PIA

851 Eigentlich obliegt die Durchsetzung des Financial Services Act dem Secretary of State for Trade and Industry, dessen Aufgaben seit 1992 im wesentlichen von HM Treasury wahrgenommen werden. Vgl. zur Abgrenzung der Aufgaben im einzelnen: Transfer of Functions (Financial Services) Order 1992, Statutory Instrument 1992/1315. In der Praxis sind jedoch die wichtigsten Aufgaben gemäß section 114 Financial Services Act i. V. m. einzelnen delegation orders auf die SIB (The Securities and Investment Board Ltd.), heute FSA, übertragen. Als sog. frontline regulators haben die SROs nach wie vor die Aufgabe, ihre Mitglieder zu akkreditieren und unmittelbar zu überwachen. Die FSA kann aber jederzeit auch direkt akkreditieren und überwachen. Außerdem ist die FSA für die Homogenität bei den Verhaltenspflichten verantwortlich und ihr obliegt die authentische Interpretation, vgl. *Bliesener*, Verhaltenspflichten (1998), 80.

852 Bundesgesetz über das Bankwesen (Bankwesengesetz – BWG i.d.F. BGBl. I Nr. 126/1998).

und § 24 des Wertpapieraufsichtsgesetzes[853] sind jedoch auch genauer voneinander abgegrenzt.

b) Anderer Mitgliedstaat der Europäischen Union oder anderer Vertragsstaat des Abkommens über den Europäischen Wirtschaftsraum

Mit „anderer Vertragsstaat des Abkommens über den Europäischen Wirtschaftsraum" sind die Länder gemeint, die im Rahmen des EWR-Abkommens[854] mit der Europäischen Union insbesondere die vier Grundfreiheiten (freier Waren-, Personen-, Dienstleistungs- und Kapitalverkehr) übernommen haben.[855]

2. „Die Informationen, die für diese Stellen zur Überwachung der Einhaltung der nach den Vorschriften des anderen Mitgliedstaat oder Vertragsstaat geltenden Verhaltensregeln erforderlich sind"

a) Information

Der Begriff der Information umfasst Tatsachen und personenbezogene Daten. Dass auch personenbezogene Daten gemeint sind, lässt sich § 7 Abs. 2 Satz 3 und 4 entnehmen.[856]

b) Verhaltensregeln

Die Informationen müssen der Überwachung der im Mitglied- oder Vertragsstaat geltenden *Verhaltens*regeln dienen. Dieser Begriff ist wegen missglückter Übersetzungen und europarechtlich wie international nicht nachzuvollziehender Begriffssysteme außerordentlich schwer zu konkretisieren und gibt Anlass zu mancherlei Missverständnissen. Für die terminologische Einordnung der Verhaltensregeln in den Katalog der Pflichten, die auch für ausländische Unternehmen verbindlich sind, kann auf die Ausführungen oben verwiesen werden, vgl. B. II.1.

---

[853] Bundesgesetz über die Beaufsichtigung von Wertpapierdienstleistungen – Wertpapieraufsichtsgesetz bzw. WAG, BGBl. Nr. 753/1996 i.d.F. von BGBl. I Nr. 126/1998.

[854] Dieses Abkommen ist zwischen der EG, der Europäischen Gemeinschaft für Kohle und Stahl (EGKS), deren Mitgliedstaaten und der Staaten der Europäischen Freihandelsassoziation (European Free Trade Association – EFTA) außer der Schweiz am 1.1.1994 in Kraft getreten, BGBl. 1993 II, 266, 1294. Näher *Ipsen,* Völkerrecht (1999), 448 ff.

[855] Also neben den Staaten der EU noch Island, Liechtenstein und Norwegen.

[856] *Dreyling,* in: Assmann/Schneider (1999) RNr. 5 zu § 19 WpHG; *Schuster,* Internationale Anwendung (1996), 639.

Systematisch ist der Begriff der Verhaltensregeln des § 36c abzugrenzen von Verhaltensregeln in anderen Abschnitten des WpHG. § 36c meint nur die Verhaltensregeln des 5. Abschnitts des WpHG. Die Insiderverbote im 3. Abschnitt und die Mitteilungs- und Veröffentlichungspflichten des 4. Abschnitts sind natürlich sprachlich gesehen auch „Verhaltens"pflichten, erfahren jedoch für den Fall des grenzüberschreitenden Bezugs eine eigene Behandlung in den §§ 19 und 26 sowie 30.

c) Diese Verhaltensregeln müssen in dem Mitglieds- oder Vertragsstaat „gelten"

Die entsprechenden ausländischen Verhaltensregeln, die in einem Mitglied- oder Vertragsstaat gelten, sind nicht immer leicht zu ermitteln.[857] Gegebenenfalls wird das BAWe die ausländische Stelle danach fragen, welche Verhaltensvorschriften jeweils gelten und wie diese ausgelegt und angewandt werden.

Das Herkunftslandsprinzip dürfen die Mitglieds- und Vertragsstaaten bei der Umsetzung der WpDRiL in nationales Rechts nicht verletzen. Die betreffenden Normen wären ansonsten bei Unmöglichkeit einer richtlinienkonformen Auslegung wegen Verstoßes gegen höherrangiges EU-Recht unanwendbar. Problematisch ist, wenn die Stelle im Ausland Informationen für die Überwachung von Regeln anfordert, die das betreffende Unternehmen dort eigentlich gar nicht zu beachten braucht.[858] Ist z.B. das Land in Bezug auf ein Unternehmen Aufnahmestaat, so ist fraglich, ob die Informationsübermittlung für die Überwachung von Vorschriften zulässig ist, obwohl diese keine Wohlverhaltensregeln i.S.d. Art. 11 WpDRiL darstellen und auch sonst keine aus Gründen des Gemeinwohls er-

---

[857] An (Wohl-)Verhaltensregeln gelten im Ausland: In Österreich die §§ 11 ff. Wertpapieraufsichtsgesetz (WAG). In Frankreich gelten die „règles de bonne conduite" gemäß Art. 58 alinéa 4 loi n° 96-597 du 2 juillet 1996, die vom Conseil des marchés financiers und/oder der Commission des opérations de bourse durch règlements konkretisiert werden können. Im Vereinigten Königreich gelten derzeit noch die Principles and Core Conduct of Business Rules der SIB (Securities and Investment Board) von 15. März 1990, in Kraft seit 30. April 1990, vgl. hierzu *Blaire,* Financial Services: The new core rules (1991). Zusätzlich haben die verschiedenen SROs noch ihre eigenen Regeln (rules and guidances), die diese (quasi-)gesetzlichen Vorgaben im Detail umsetzen. Die FSA wird bald die „The FSA Principles for Business" erlassen, vgl. Consultation Paper 13, September 1998, deren Ermächtigung in clause 70 des noch zu beschließenden Gesetzes Financial Services and Markets Bill, vgl. Consultation Document, HM Treasury, July 1998, zu finden ist.

[858] Für deren Überwachung ist die ausländische Stelle dann auch strenggenommen nicht zuständig i.S.d. § 36c Abs. 1. Das wäre aber letzten Endes nicht schädlich, vgl. oben G. II.1.

lassene Rechts- und Verwaltungsvorschriften i.S.d. Art. 19 Abs. 6 WpDRiL sind. Diese Regeln dürften also nach dem Herkunftslandsprinzip für das Unternehmen nicht gelten.[859] Kommt das BAWe mit der zuständigen ausländischen Stelle nicht zu einer Einigung, muss das BAWe die Datenübermittlung in letzter Konsequenz verweigern. Denn eine Informationsübermittlung für die Aufsicht über Regeln, die in dem betreffenden Land nicht gelten, ist nicht *erforderlich* i.S.d. § 36c Abs. 1. § 36c Abs. 1 lässt eine Informationsübermittlung dann nicht zu und ist insoweit auch lex specialis zu § 7 WpHG.

Denkbar ist auch, dass die zuständige Stelle im Ausland Informationen anfordert, um nicht die Einhaltung der im eigenen Land geltenden, sondern der in Deutschland geltenden deutschen Verhaltensregeln zu überprüfen, was in Umsetzung des Herkunftslandsprinzip durchaus konsequent wäre.[860] Das wäre jedenfalls nicht über § 36c möglich, weil diese Vorschrift von ihrem klaren Wortlaut voraussetzt, dass nur die Informationsübermittlung zur Überwachung von den im jeweiligen Ausland geltenden Regeln erfolgen muss. Der Rückgriff auf § 7 bleibt aber offen.

d) Zur Überwachung erforderlich

Ob eine konkrete Information für eine bestimmte Überwachung tatsächlich erforderlich ist, wird das BAWe nur eingeschränkt beurteilen können. Selbst die empfangende Stelle wird womöglich erst nach Erhalt sicher feststellen können, ob sie eine bestimmte Information wirklich braucht hat oder nicht. Deshalb muss die Beurteilung der Erforderlichkeit im Zweifel großzügig erfolgen. Außerdem wird sich das BAWe in aller Regel der Beurteilung der ausländischen Stelle anschließen. Die Frage, welche Informationen im Detail erforderlich sind, wird aber weder alleine dem Ermessen der Stellen des Aufnahmestaates, noch alleine den Stellen des Herkunftsstaates überlassen sein. Die Stellen sind verpflichtet, über diese Frage gemeinsam zu entscheiden, weil nach dem Geist der WpDRiL

---

[859] In diesem Fall wäre die ausländische Vorschrift, die die Geltung dieser Vorschriften auch für mit dem „europäischen Pass" ausgestattete Unternehmen anordnet, entweder richtlinienkonform auszulegen, oder, weil europarechtswidrig und gegen die Grundsätze des freien Dienstleistungsverkehrs und der Niederlassungsfreiheit verstoßend, nicht anzuwenden (zum Anwendungsvorrang *Geiger,* EGV (1995), RNr. 22 Art. 5). In der Regel dürften dann entsprechende deutsche Regelungen gelten, weil die WpDRiL schließlich eine Mindestharmonisierung bezweckt. Außerdem überlappt sich der Bereich der Wohlverhaltenspflichten mit den übrigen allgemeinen Verhaltenspflichten. Dennoch könnten sich in Grenzfällen Streitfragen ergeben.

[860] Siehe bereits oben C. II.3. a) .

die zuständigen Stellen vertrauensvoll zusammenarbeiten sollen.[861] An keiner Stelle ist den zuständigen Stellen des einen oder anderen Landes ein Vorrecht bei der Rechtsauslegung eingeräumt worden. Die Mitgliedsstaaten sind grundsätzlich alle gleichberechtigt. Ein gewisses Vorrecht hat in letzter Instanz nur der EuGH. Nur wenn ganz offensichtlich kein Zusammenhang mit der Einhaltung von Verhaltensregeln besteht, wird das BAWe eine Informationsübermittlung verweigern dürfen und müssen. Im Verhältnis zu den von der Information Betroffenen wird man von einem Ermessensspielraum ausgehen müssen.

3. *Grenzen der Informationsübermittlungspflicht*

Das Gesetz sieht in § 36c keine Schranken für die Pflicht zur Übermittlung von Informationen vor. Wie bereits erwähnt, gilt die Grenze der Übermittlung personenbezogener Daten nach § 7 bei Fällen, in denen „Grund zu der Annahme besteht, dass durch sie gegen den Zweck eines deutschen Gesetze verstoßen wird" oder „schutzwürdige Interessen des Betroffenen beeinträchtigen würden" nicht, weil § 36c lex specialis zu § 7 ist. Innerhalb der EU ist davon auszugehen, dass der Datenschutzstandard durch Anwendung und Umsetzung von Art. 25 WpDRiL für den Bereich des Wertpapierhandels angemessen gesichert ist.

Fraglich ist hingegen, ob das BAWe auch zur Informationsherausgabe verpflichtet ist, wenn deren Weitergabe wesentliche Interessen der Bundesrepublik Deutschland beeinträchtigen könnte. Da die in § 7 aufgezählten Gründen stets einen individualrechtlichen Bezug haben müssen, ist nicht ausgeschlossen, dass das BAWe derartige nationale Interessen zu berücksichtigen hat. Zu denken ist insbesondere an eine analoge Anwendung des § 5 Abs. 2 VwVfG, wonach die ersuchte Behörde Amtshilfe nicht leisten darf, wenn sie hierzu aus rechtlichen Gründen nicht in der Lage ist oder durch die Hilfeleistung dem Wohl des Bundes oder eines Landes erhebliche Nachteile bereitet würden. Als Regelbeispiel führt das Gesetz in § 5 Abs. 2 Satz 2 den Fall an, dass die Behörde insbesondere zur Vorlage von Urkunden oder Akten sowie zur Erteilung von Auskünften nicht verpflichtet ist, wenn die Vorgänge nach einem Gesetz oder ihrem Wesen nach geheim gehalten werden müssen. Diese Grenzen der Amtshilfe gelten zwar nur für den innerdeutschen Amtshilfeverkehr. Die Grenzen der Amtshilfe für den Fall, dass dem Wohle des Bundes oder eines Landes erhebliche Nachteile bereitet würden, müssen aber erst recht für den grenzüberschreitenden Verkehr gelten, weil die Gefahren insoweit als mindestens ebenso, wahrscheinlich sogar

---

[861] Vgl. 41. Erwägungsgrund der WpDRiL, der die Wichtigkeit betont, dass die zuständigen Stellen in den Mitgliedstaaten „auf engste Zusammenarbeit zählen können müssen".

als weit größer einzustufen sind und die innere Rechtfertigung dieser Ausnahme deswegen gleichfalls vorliegt. Auch ist die Berücksichtigung der nationalen Interessen in allen Memoranda of Understanding des BAWe mit den jeweiligen zuständigen Stellen im Ausland vorgesehen und im Übrigen international völlig üblich.[862] Daher ist davon auszugehen, dass die Grenzen der Amtshilfe jedenfalls bei einer erheblichen Gefährdung der Interessen des Bundes oder eines der Länder analog § 5 Abs. 2 VwVfG auch bei § 36c Abs. 1 anwendbar sind.[863]

III. Pflicht zum Hinweis auf Zweckbindung der Informationsverwendung nach § 36c Abs. 2

1. Zweck und Folge der Hinweispflicht

a) Zweck

Die Hinweispflicht soll die Interessen des von den Daten Betroffenen schützen. Eine Beschränkung des Rechts auf informationelle Selbstbestimmung ist nur in dem Maße notwendig, wie es der Zweck der Überwachung und Durchsetzung der Einhaltung der Verhaltensregeln erfordert. Die Hinweispflicht dient also der Sicherstellung des Verhältnismäßigkeitsgrundsatzes auch bei den zuständigen ausländischen Stellen. Zwar hat die WpDRiL in Art. 25 bereits eine entsprechende Beschränkung der Informationsverwendung vorgesehen. Die Hinweispflicht ist dennoch angemessen und sinnvoll, weil noch nicht alle Mitgliedstaaten die WpDRiL umgesetzt haben und über einen derart hohen Standard an Datenschutz verfügen wie Deutschland. Insbesondere haben nicht alle Staaten eine dem § 15 Abs. 3 BDSG entsprechende Vorschrift. Der Europäische Pass soll jedoch nicht dazu führen, dass der hohe deutsche Standard an Datenschutz bei grenzüberschreitendem Bezug aufgeweicht wird. Das ist für die Zwecke des freien Dienstleistungsverkehrs und der Niederlassungsfreiheit nicht erforderlich und führt schließlich auch nicht zu einer Beschränkung der Dienstleistungs- oder Niederlassungsfreiheit.

---

[862] Vgl. z. B. Punkt 6 des Modell-Memorandum of Understanding der IOSCO, „Principles for Memoranda of Understanding", Resolution of the Presidents Committee, Documents of the XVI Annual Conference, Tome I, Washington, 1991, Item 1, Appendix B, oder über das Internet unter der Adresse: http://www.IOSCO.org bei documents library Nr. 17.

[863] *Schuster*, Internationale Anwendung (1996), 638, tendiert zu demselben Ergebnis.

b) Folge

Eine andere Frage ist, welche Folgen der Hinweis bei Nichtbeachtung auslöst und ob die Hinweispflicht ausreicht. Das BAWe kann unter völkerrechtlichen Aspekten für den Empfänger der Information durch diesen Hinweis nicht eine Pflicht zur konservativen Informationsverwendung zum Entstehen bringen. Soweit ein Mitgliedstaat Art. 25 WpDRiL noch nicht vollständig umgesetzt hat, wird man allerdings in vielen Fällen eine richtlinienkonforme Auslegung und Anwendung der ansonsten einschlägigen nationalen Vorschriften vornehmen müssen. Verwendet die Empfängerstelle dennoch Informationen zweckwidrig, so ist zu prüfen, ob § 7 Abs. 2 Satz 4 und 5 anwendbar sind. Bei der Aufsicht über die *Verhaltens*regeln i.S.d. 5. Abschnitts des WpHG ist § 36c lex specialis, womit auch bei wiederholter pflichtwidriger Verwendung von Daten durch die Empfängerstelle kein Rückgriff auf § 7 Abs. 2 Satz 4 und 5 (analog) möglich ist. In diesem Fall muss sich der Betroffene an die Empfängerstelle im Ausland wenden und kann nicht das BAWe in Anspruch nehmen. Das BAWe ist nur für die Zulässigkeit der Informationsübermittlung verantwortlich.[864] Dem Verletzten bleibt dann tatsächlich nur übrig, sich an die nationalen Gerichte des Mitglied- oder Vertragsstaates zu wenden, die für den Rechtsschutz gegen Amtspflichtverletzungen der Empfängerstelle zuständig sind. Die deutsche Regelung ist damit insoweit sehr „europafreundlich", als die europarechtliche Amtshilfe vorrangig gegenüber der Durchsetzung des Anspruchs auf informationelle Selbstbestimmung durch einen Bürger ist.[865]

Ganz anders ist die Sachlage zu beurteilen, wenn es nicht um die Aufsicht über *Verhaltens*regeln geht, sondern über andere in § 7 Abs. 2 Satz 1 genannten Ü-

---

[864] Dies ergibt sich aus dem allgemeinen Rechtsgedanken des § 5 Abs. 1 Nr. 3, 5 VwVfG für die Amtshilfe oder des § 15 Abs. 2 Satz 1 BDSG für die Informationsübermittlung zwischen deutschen öffentlichen Stellen (§§ 1, 2 und 8 BDSG), und § 16 Abs. 2 BDSG für die Datenübermittlung an nicht-öffentliche Stellen. Vgl. zur Verantwortlichkeitsaufteilung im Detail *Auernhammer,* BDSG (1993), RNr. 18 ff. zu § 15.

[865] In Frankreich z.B. ist die Regelung wesentlich „europaunfreundlicher". So steht die Ermächtigung zur Informationsübermittlung durch die COB unter dem Vorbehalt, dass das Empfängerland einen ebenso hohen Standard an Geheimnispflichten hat wie Frankreich, vgl. Art. 5 bis alinéa 2 und Art. 3 der Ordonnance n° 67-833 du 28 septembre 1967, insbesondere alinéa 3: „La Commission des opérations de bourse peut également communiquer les informations qu'elle détient ou qu'elle receuille à leur demande aux autorités des autres Etats exerçant des compétences analogues, sous réserve de réciprocité, et à condition que l'autorité étrangère compétente soit soumise au secret professionnel avec les mêmes garanties qu'en France".

berwachungsbereiche. Dann ist der Rückgriff auf § 7 Abs. 2 Satz 5 nicht nur zulässig, sondern auch notwendig.[866]

2. *„Unbeschadet ihrer Verpflichtungen in strafrechtlichen Angelegen heiten, die Verstöße gegen Verhaltensregeln zum Inhalt haben"*

Die Beschränkungen der Informationsverwendung gelten nicht, wenn sich der Betroffene hinreichend verdächtig macht, eine Straftat begangen zu haben und die zuständigen Stellen im Ausland deswegen zu einer Übermittlung von Informationen zum Zwecke der Strafverfolgung verpflichtet sind. Die Hinweispflicht des BAWe darf natürlich nicht dazu führen, dass die empfangene Stelle ihre strafrechtlichen Mitteilungspflichten verletzen muss. So selbstverständlich dieser Aspekt ist, eine gesetzliche Klarstellung ist im Interesse einer reibungslosen Zusammenarbeit zwischen den zuständigen Stellen ein diplomatischer Gewinn. Wenn jemand einer strafrechtlichen Verurteilung hinreichend wahrscheinlich ist, kann er insoweit seine Ansprüche aus dem Recht auf informationelle Selbstbestimmung nicht mehr geltend machen.

Die Ausnahme gilt nicht für Mitteilungen, zu denen die empfangende Stelle nicht gesetzlich verpflichtet ist. Die Mitteilungspflicht muss sich also aus den jeweiligen nationalen Gesetzen des betreffenden Landes ergeben. Eine Mitteilung, die die zuständige Stelle für lediglich angemessen hält, der Durchsetzung der Verhaltenspflichten unter zu Hilfenahme der dortigen Strafverfolgungsorgane mehr Druck zu verleihen, ist nicht zulässig.

Was die zweite Einschränkung zu bedeuten hat, die aus dem Relativsatz „..., *die Verstöße gegen Verhaltenspflichten zum Gegenstand haben,*" folgt, ist unklar. Die Verwendung der vom BAWe übermittelten Informationen zum Zwecke der Strafverfolgung ist nach dem Wortlaut angeblich auch dann unzulässig, wenn die strafrechtliche Angelegenheit einen Verstoß zum Gegenstand hat, der keine Verhaltensregeln betrifft. Sollte dies ebenso für den Fall gelten, dass die zuständige Stelle zu der Verwendung verpflichtet wäre, ist diese Einschränkung missglückt und war europarechtlich auch nicht erforderlich.[867] Sie dürfte kaum praktische Relevanz aufweisen, weil die strafrechtlichen Verfolgung meist auch einen Verstoß gegen Verhaltenspflichten zum Gegenstand haben wird. Der Hinweis des BAWe bei der Informationsübermittlung darf aber jedenfalls nicht dazu führen, dass die empfangende Stelle ihre Mitteilungspflichten gegenüber Straf-

[866] Begründung des Regierungsentwurfes, BTag-Drucks. 963/96, 114.
[867] Vgl. die Regelung der Informationsverwendung in Art. 25 WpDRiL.

verfolgungsorganen verletzen muss, unabhängig davon, ob nun der Verstoß in keinster Weise mit einer Verhaltenspflicht in Zusammenhang gebracht werden kann oder nicht. Damit die empfangende Stelle nicht in einen Pflichtenkonflikt gerät, muss die Informationsverwendung in letzter Konsequenz gänzlich unterbleiben. Dann muss auch kein Hinweis erfolgen. Der Gesetzgeber hätte den Relativsatz also besser weggelassen.

3. Verwendung im Rahmen mit der Überwachung zusammenhängender Verwaltungs- oder Gerichtsverfahren

Auch die Bedeutung dieser Formulierung ist nicht sehr klar. Die verwaltungsrechtliche und wohl auch die gerichtliche Durchsetzung der Einhaltung der Verhaltenspflichten gehört zu deren Überwachung. Man hätte sich wohl auch diesen Zusatz sparen können. Er stört aber nicht und dient der Klarstellung.

Fraglich ist, ob die zuständige Stelle eine Information im Rahmen von Kundenbeschwerden verwenden darf. Wenn die Sache vom Kunden bei Gericht rechtshängig gemacht wird, hängt dieses Gerichtsverfahren nicht mit der Überwachung der Verhaltensregeln durch die zuständige ausländische Stelle zusammen, sondern ist insoweit eine rein privatrechtliche Angelegenheit. Eine Informationsverwendung hätte also zu unterbleiben. Andererseits begründet die Kundenbeschwerde in aller Regel einen genügenden Anfangsverdacht für die Verletzung von Verhaltensregeln. Der Bezug zu einer Überwachungsaufgabe wäre also praktisch immer gleichzeitig gegeben. Zudem stünde eine Verneinung der Verwendungsbefugnis bei Kundenbeschwerden in einem gewissem Konflikt mit dem deutschen Grundsatz, wonach auch Nichtbeteiligte Anspruch auf Akteneinsicht zur wirksamen Rechtsverfolgung haben, was von der herrschenden Meinung aus einer analogen Anwendung des § 29 Abs. 1 Satz 1 VwVfG gefolgert wird.[868] Der Kunde könnte also immer Akteneinsicht direkt beim informationsübermittelnden BAWe erhalten. Ein Verbot der Verwendung der Informationen bei Kundenbeschwerden wäre also sinnlos.

4. Verwendung für andere Zwecke oder in strafrechtlichen Angelegenheiten oder zur Weitergabe an zuständige Stellen anderer Staaten generell unzulässig?

Eine besondere Regelung der Informationsverwendung, die für das BAWe nach Abs. 3 Satz 2 gilt, fehlt bei Abs. 2 für die ausländische Stelle: Ob die Verwen-

[868] *Kopp*, VwVfG (1996), RNr. 11 zu § 29.

dung für andere Zwecke oder in strafrechtlichen Angelegenheiten oder zur Weitergabe an zuständige Stellen anderer Staaten möglicherweise nach einer entsprechenden besonderen Zustimmung durch das BAWe zulässig ist, wird vom Gesetz nicht angesprochen. Zwar gilt die Vermutung, dass der Gesetzgeber immer ein Ziel verfolgt, wenn er ein Problem nur für einen besonderen Bereich eigens regelt. Ein gesetzgeberisches Regelungsziel ist hier allerdings nicht ersichtlich. Das Fehlen eines dem Abs. 3 Satz 2 entsprechenden Satzes in Abs. 2 hat keinerlei Bedeutung. Dem BAWe steht es im Rahmen seiner allgemeinen Befugnis nach § 4 Abs. 2 frei, nach pflichtgemäßen Ermessen die Zustimmung zu einer anderen Informationsverwendung zu erteilen.

IV. Zweckbindung der Verwendung aus dem Ausland erhaltener Informationen nach § 36c Abs. 3

1. Zweckbindung

a) Zur Überwachung der Einhaltung der Verhaltensregeln

Die Vorschrift für den Bereich der Aufsicht über die Einhaltung von Verhaltensregeln bei grenzüberschreitendem Bezug entspricht § 15 Abs. 3 BDSG und setzt Art. 25 WpDRiL um. Dabei darf die Informationsverwendung über den Aufsichtszweck nach Abs. 4 hinausgehen und sich auch auf die Aufsicht anderer Verhaltensregeln als der §§ 31 und 32 WpHG erstrecken. Der Begriff der Verhaltensregeln ist nicht auf die so genannten „Allgemeinen und besonderen Verhaltensregeln“ der §§ 31 und 32 beschränkt. Der Aufsichtszweck bezieht sich auch auf die §§ 33 ff., die ebenfalls „Verhaltensregeln“ darstellen,[869] und zwar zumeist unternehmensbezogene. Diese Verhaltensregeln müssen für das Unternehmen auch verbindlich sein. Welche es konkret zu beachten hat, richtet sich danach, ob Deutschland in Bezug auf dieses Unternehmen Aufnahme- oder Herkunftsland ist.

Da § 36 Abs. 3 nicht zwischen ausländischen und deutschen Verhaltensregeln unterscheidet, darf die Informationsverwendung auch für die Überwachung von für das Unternehmen verbindlicher ausländischer Verhaltensregeln erfolgen, deren Überwachung dem BAWe nicht verwehrt ist.[870]

[869] Vgl. die Betitelung des 5. Abschnitts des WpHG.
[870] Siehe hierzu auch die Ausführung oben C. II.3. a) .

b) Verwendung „im Rahmen damit zusammenhängender Verwaltungs- oder Gerichtsverfahren"

Für diese Formulierung gilt dasselbe wie bei Abs. 2.

2. „Unbeschadet der Verpflichtungen in strafrechtlichen Angelegenheiten, die Verhaltensverstöße zum Gegenstand haben"

Zuständige Amtsträger des BAWe haben nach § 18 Tatsachen, die den Verdacht einer Straftat nach § 38 begründen, der zuständigen Staatsanwaltschaft anzuzeigen. Nach § 258a StGB macht sich strafbar, wer als zuständiger Amtsträger des BAWe entgegen der ihm nach § 18 obliegenden Verpflichtung den begründeten Verdacht einer Insiderstraftat nicht der Staatsanwaltschaft anzeigt und dadurch absichtlich oder wissentlich ganz oder zum Teil vereitelt, dass eine Person wegen einer rechtswidrigen Tat nach § 38 bestraft oder einer Maßnahme (§ 11 Abs. 1 Nr. 8 StGB) unterworfen wird. In diesen Fällen ist also eine Übermittlung der aus dem Ausland erhaltenen Informationen trotz der engen Zweckbindung zulässig.

3. Gegebenenfalls erforderliche Zustimmung der übermittelnden Stellen

Diese Formulierung, die eine Zustimmung der übermittelnden Stelle zur Verwendung der Informationen für andere Zwecke als zusätzliche Rechtmäßigkeitsvoraussetzung verlangt, setzt Art. 25 WpDRiL vollständig um, der in seinen Abs. 7 bis 9 dieses Zustimmungserfordernis vorsieht.

V. Die Zusammenarbeit mit Drittstaaten nach § 36c Abs. 4

1. Anwendungsbereich

§ 36c Abs. 4 betrifft ausschließlich Drittstaaten, also in der Praxis vor allem die USA, die Schweiz, Kanada oder Japan. Der Anwendungsbereich ist auf die Überwachung der Einhaltung der in den §§ 31 und 32 geregelten Pflichten und entsprechender ausländischer Verhaltensregeln beschränkt, und insoweit enger als die Absätze 1 bis 3. Der in den §§ 31 und 32 geregelte Pflichtenkreis ist sogar noch enger als der Begriff der Wohlverhaltensregeln nach der WpDRiL, weil § 33 Abs. 1 Nr. 1 WpHG (vgl. Art. 11 Abs. 1 Satz 4 3. Spiegelstrich WpDRiL) nicht mitumfasst ist. Ein Grund für diese Einschränkung des Anwendungsbereichs ist nicht erkennbar.

2. *Rückgriff auf § 7*

Geht es um die Überwachung von anderen Pflichten und Verhaltensregeln, die in Deutschland anwendbar sind und vom BAWe beaufsichtigt werden oder entsprechender ausländischer Regeln, kann direkt auf § 7 Abs. 2 zurückgegriffen werden. Dieser Rückgriff wird von § 36c Abs. 4 nicht versperrt, obwohl es sich hier eigentlich um eine lex specialis für die Frage der Vorliegens der Tatbestandsvoraussetzungen handelt und der Verweis auf § 7 Abs. 2 dem Wortlaut nach ein bloßer Rechtfolgeverweis ist (vgl. „nach Maßgabe des"). Es besteht kein Grund, warum das BAWe mit den zuständigen ausländischen Stellen nur zum Zwecke der Überwachung der Regeln nach §§ 31 und 32 zusammenarbeiten können soll. Das BAWe ist zur Überwachung aller Verhaltensregeln verpflichtet, vgl. § 4, und muss mit den zuständigen ausländischen Stellen auch zusammenarbeiten, soweit es um die Überwachung anderer Verhaltensregeln als der §§ 31 und 32 geht. Die einschränkende Formulierung des § 36c ist eher zufällig.[871] Das BAWe darf im Ergebnis jedenfalls auf der Grundlage des § 7 mit den zuständigen ausländischen Stellen zusammenarbeiten.

3. *Ausländische Verhaltensregeln*

Die entsprechenden ausländischen Verhaltensregeln von Drittstaaten sind, ähnlich wie bei EU Mitglieds- oder Vertragsstaaten, nicht immer leicht zu ermitteln. Das ist für das BAWe auch nicht unbedingt erforderlich, weil es für deren Überwachung i.d.R. nicht zuständig ist. Gegebenenfalls wird das BAWe die ausländische Stelle danach fragen, welche Verhaltensvorschriften jeweils gelten und wie diese ausgelegt und angewandt werden.

4. *Grenzen der Informationsübermittlung*

Soweit es um die Übermittlung von personenbezogenen Daten geht, sind die Vorschriften des § 7 Abs. 2 Satz 3 bis 5 über den Datenschutz zu beachten, die in jedem Fall gelten.[872] Sie werden auch nicht durch datenschutzrechtliche Vorschriften des EU-Rechts oder der entsprechenden nationalen Umsetzungen verdrängt, die nur im Falle der Zusammenarbeit mit zuständigen Stellen in Vertrags- oder Mitgliedsstaaten gelten. Wie bereits bei Abs. 1 ist das BAWe nicht zur Informationsherausgabe verpflichtet, wenn deren Weitergabe wesentliche

---

[871] Auch die Gesetzesbegründung enthält keine Beschränkung der Zusammenarbeit auf die Überwachung der Pflichten nach den §§ 31 und 32. Sie erwähnt lediglich den Begriff der „Verhaltensregeln", BRats-Drucks. 963/96, 114.

[872] Gesetzesbegründung BRats-Drucks. 963/96, 114.

Interessen der Bundesrepublik Deutschland beeinträchtigen könnte. Diese Frage ist nicht anders zu beurteilen wie im Verhältnis zu Mitglieds- oder Vertragsstaaten der EU.[873]

5. Vertragliche Unterwerfung der ausländischen Stelle unter den deutschen Datenschutzstandard?

Nach § 7 Abs. 2 Satz 6 hat die Übermittlung personenbezogener Daten zu unterbleiben, wenn durch sie schutzwürdige Interessen des Betroffenen beeinträchtigt würden, insbesondere wenn im Empfängerland ein angemessener Datenschutzstandard nicht gewährleistet ist.[874] Fraglich ist, ob das BAWe im Wege einer vertraglichen Regelung mit einer zuständigen Stelle im Ausland eine Vereinbarung treffen kann, wonach sich jene verpflichtet, die Informationen ausschließlich in einer den deutschen Datenschutzstandard einhaltenden Art und Weise zu verwenden.[875] In der völkerrechtlichen Praxis ist ein ähnlicher Fall bereits einmal in spektakulärer Weise bekannt geworden. So hat die französischen Datenschutzkommission CNIL im Jahre 1989 den beabsichtigten Transfer von Daten über französische Fiat-Führungskräfte an die zentrale Konzernpersonalabteilung von Fiat Turin deswegen blockiert, weil in Italien kein Datenschutzgesetz existierte. Damit blieb das französische Fiat-Management vom weltweiten Fiat-Personalinformationssystem I.H.R.I. (International Human Resources Information System), welches der internationalen Führungskräfteentwicklung dient, zunächst ausgeschlossen. Die Datenschutzkommission wollte diese Entscheidung erst dann aufheben, wenn und sofern sich Fiat Italien gegenüber Fiat Frankreich

[873] Vgl. hierzu oben G. II.3.

[874] Noch Ziffer 4.3 der vorläufigen Verwaltungsvorschriften der Länder zum Bundesdatenschutzgesetz, Stand 1.1.1981, bestimmte, dass schutzwürdige Belange des Betroffenen nicht schon dadurch beeinträchtigt sind, weil es im Empfängerland kein Datenschutzgesetz gibt. Schon damals sah die herrschende Meinung im Schrifttum das Problem anders. Schutzwürdige Belange der Betroffenen seien regelmäßig verletzt, sofern im Empfängerland ein dem Bundesdatenschutzgesetz vergleichbares Datenschutzgesetz fehle, da dann keinerlei Schutz mehr möglich sei, vgl. *Schapper*, CR 1987, 86 (92); *Mallmann*, in: Simitis/Dammann/Mallmann/Reh, BDSG (1998), § 32 RNr. 29; *Bergmann*, Grenzüberschreitender Datenschutz (1985), 90 ff., 92; *Auernhammer*, DuD 1985, 7, 11; *Schwappach*, DuD 1978, 21, 24 ; *Simitis*, RDV 1990, 3, 21.

[875] Bejahend *Ulbricht*, CR 1990, 602, 609; *Auernhammer*, BDSG (1993), § 28 Rdnr. 46, 49: Vertrag gemäß § 328 BGB; *ders.*, DuD 1985, 7, 11; *Ordemann/Schomerus*, BDSG (1988), § 24 Anm. 5; *Schwappach*, DuD 1978, 21, 24.

vertraglich verpflichtet, bei der Verarbeitung und Nutzung der übermittelten Daten die DSK des Europarates zu beachten.[876]

Dieses Vertragsmodell-Konzept ist heftig diskutiert worden. In den USA sind so genannte *submission clauses* üblich, mit denen im Wege privatautonomer Regelung zwischen inländischem Exporteur und ausländischen Abnehmer letztere verpflichten werden müssen, gewisse US-Exportkontrollbestimmungen einzuhalten. In Hinblick darauf wird verlangt, dass sich diese Verpflichtungen unbedingt innerhalb der völkerrechtlichen Zulässigkeit extraterritorialer Jurisdiktion bewegen müssten.[877] Ansonsten sei diese Vorgehensweise geeignet, das Souveränitätsinteresse des betroffenen Staates in besonders empfindliche Weise zu berühren und möglicherweise rechtsmissbräuchlich trotz Fehlens eines völkerrechtlichen Vertrags staatliche Regelungsbefugnisse zu erweitern oder zu beschränken.[878]

Die gegen die Praxis der submission clauses vorgebrachte Kritik ist nicht auf mögliche Unterwerfungserklärungen durch das BAWe übertragbar. Während bei den US-Exportbestimmungen schon der US-amerikanische Jurisdiktionsanspruch fehlte oder jedenfalls höchst zweifelhaft war, ist der deutsche Jurisdiktionsanspruch hinsichtlich des Exports des deutschen Datenschutzstandards gegeben. Er lässt sich auf das Territorialitätsprinzip und häufig auch auf die Personalitätsprinzip zurückführen. Der Staat hat ein legitimes Interesse, die datenschutzrechtlichen Belange hinsichtlich Informationen, die der inländischen Verwaltung im Rahmen ihrer Aufsichtstätigkeit zugehen, auch extraterritorial zu wahren. Die Bedenken beziehen sich auch allesamt nur auf Fälle, in denen Private verpflichtet werden, ausländische Geschäftspartner entsprechend zu verpflichten.[879] Denn Private können mangels Dispositionsbefugnis nicht auf Souveränitätsinteressen des Staates verzichten.[880] Bei der Informationsübermittlung durch das BAWe allerdings stehen sich zwei staatliche Stellen gegenüber.

---

876 Beschluss Nr. 89-78 vom 11. Juli 1989.

877 *Ulbricht,* CR 1990, 602, 607; *Lowe,* 33 International and Comparative Law Quarterly (1984), 515; *Morse/Powers,* 23 Virginia Journal of International Law (1983), 537, 567.

878 Besonders kritisch *Kuyper,* 27 GYIL (1984), 72, 84 ff., über die von den US-Behörden geforderten „submission clauses“, mit denen ausländische Käufer verpflichtet werden müssen, die amerikanischen Exportkontrollbestimmungen einzuhalten.

879 Vgl. die Argumentation bei *Ulbricht,* CR 1990, 602, 607, insbesondere bei Fußnote 42.

880 *Obresek,* ÖZöffRVR 1985, 325, 345.

Bedenken ergeben sich allerdings hinsichtlich der Tatsache, dass beide Seiten nicht zu Erklärungen befugt sind, die völkerrechtlich voll erheblich wären. Die völkerrechtliche Wirksamkeit von Willenserklärungen, die von Stellen unterhalb der Regierungsebene bzw. von nicht diplomatischen Stellen (Auswärtiges Amt, Botschaften oder Konsulate), abgegeben werden, wird möglicherweise unzureichend sein. Das hängt zum einen von der jeweiligen nationalen Gesetzgebung ab, die möglicherweise die Befugnis zum Abschluss von so genannten gentlemen agreements im Wege der Delegation an die dortigen Stellen verleiht, zum anderen hängt das von der in der Vergangenheit durchgeführten Übung auf bilateraler oder internationaler Ebene ab. Diese Aspekte wird das BAWe im Rahmen seines Ermessens zur Beurteilung der Frage, ob Daten an das Ausland übermittelt werden dürfen, einfließen lassen. Entschließt sich das BAWe dazu, die empfangende Stelle entsprechend vertraglich zu unterwerfen, sollte sichergestellt werden, dass Berichtigungen, Aktualisierungen und Löschungen beim Exporteur vom ausländischen Empfänger auf Grund entsprechender Meldungen des Exporteurs nachvollzogen werden. Der von der Information Betroffene müsse über das vertraglich zu seinem Schutz vereinbarten Datenschutzrecht informiert werden, so die Ansicht der Berliner Resolution der internationalen Konferenz der Datenschutzbeauftragten vom 30. August 1989.[881] Außerdem müsse der Exporteur die Einhaltung der Empfängerpflichten zumindest durch Stichproben überprüfen und für die Beseitigung von Mängeln sorgen. Die genannte Resolution gibt im Übrigen weitere Hinweise im Detail, um die Interessen der Beteiligten zu schützen.[882]

VI. Rechtsfolge, Sanktionen, Rechtsschutz

Die Vorschrift ist rein öffentlich-rechtlichen Charakters. Zivilrechtliche Folgen gibt es nicht.

1. Ablauf der Zusammenarbeit zwischen den zuständigen Stellen

a) Subsidiarität

Datenschutzrechtlich sollen staatliche Stellen vorrangig versuchen, die Informationen zunächst bei den Betroffenen einzuholen. Erst wenn die vom Betroffenen freiwillig herausgegebenen Informationen unzureichend sind, können bei anderen Stellen Informationen eingeholt werden. Mit dieser Amtshilfe ist daten-

---

[881] Abgedruckt im 18. Tätigkeitsbericht des Hessischen Datenschutzbeauftragten, 162 ff.
[882] Vgl. hierzu auch die Diskussion bei *Ulbricht,* CR 1990, 602, 606.

schutzrechtlich ein größerer Eingriff verbunden, weil die Stelle sich über den Betroffenen ohne seine Mitwirkung, also „hinter seinem Rücken" informiert. Der Betroffene hat also gar keine Chance, sich dagegen zu wehren. Deshalb gilt auch bundesgesetzlich nach den §§ 4 und 13 BDSG bei personenbezogenen Daten, dass die Daten primär beim Betroffenen erhoben werden müssen und nur ausnahmsweise ohne seine Mitwirkung, § 13 Abs. 2 BDSG. Dieser Rechtsgedanke ist auch im Falle der grenzüberschreitenden Rechtshilfe nach § 36c zu berücksichtigen. Eine Abweichung von diesem Grundsatz ist entsprechend den Grundätzen im Datenschutzrecht nur möglich, wenn die Besonderheit der Verwaltungsaufgabe oder ein unverhältnismäßiger bürokratischer Aufwand eine Informationsbeschaffung bei Dritten erfordert und Anhaltspunkte dafür fehlen, dass überwiegende schutzwürdige Interessen des Betroffenen dadurch tangiert werden, wenn er bei der Sachverhaltsaufklärung ausgeschlossen bleibt.[883]

Bei der Aufforderung zur umfassenden Informationsherausgabe beim Betroffenen selbst ist dieser möglichst darauf hinzuweisen, dass der Aufsichtsstelle im Falle einer Weigerung auch die Befugnis gegeben ist, diese Informationen von dritter Stelle anzufordern. Nur wenn die direkte Informationseinholung beim Betroffenen den Überwachungszweck vereiteln könnte, kann ohne sein Mitwissen recherchiert werden. Das ist bei groben Verstößen mit Verdeckungsgefahr anzunehmen.

b) Der technische Ablauf

Die Zusammenarbeit findet im Wesentlichen durch Austausch von Informationen statt. Dabei wird sich die jeweilige Stelle nicht nur die ein einzelnes Unternehmen betreffenden Informationen übermitteln lassen, sondern auch den Wortlaut der auf diese anwendbaren Rechtsvorschriften. Gegebenenfalls wird es die ausländische Stelle danach fragen, wie diese einzuhaltenden Verhaltensvorschriften jeweils ausgelegt und angewandt werden.

In der Praxis werden standardisierte Informationsersuchen überwiegen. Anders erscheint eine Zusammenarbeit nicht praktikabel. Der mit der Informationsübermittlung verbundene Grundrechtseingriff wird i.d.R. erträglich sein. Es wird sich zumeist um rein unternehmensbezogene Daten, weniger um personenbezogene oder gar persönliche Daten handeln, die einen größeren Schutz genießen. Da sowohl das BAWe als auch die zuständigen Stellen der EU Mitglieds- und

---

[883] *Walz,* in: Simitis u.a., BDSG (1998), RNr. 306 zu § 1.

Vertragsstaaten sowie in den meisten Fällen auch die der Drittstaaten, worauf das BAWe dann gegebenenfalls zu achten hat, einer strengen Geheimnispflicht unterliegen, bleibt der Eingriff in das informationelle Selbstbestimmungsrecht überschaubar.

c) Gebrauchmachen von Befugnissen nach § 35 Abs. 1

Das BAWe hat bezüglich der Daten, die es nicht schon besitzt, eine Beschaffungspflicht. Das gilt sowohl für EU-Mitglieds- oder Vertragsstaaten als auch für Drittstaaten[884]. Es ist also zu einer umfassenden Amtshilfe verpflichtet, wenn von den zuständigen Stellen ein Ermittlungsersuchen eingeht.

2. Strafrechtliche Sanktionen bei Verstößen gegen die Verschwiegenheitspflicht

Ein Überschreiten der in den Absätzen 1, 3 und 4 genannten Befugnisse kann gleichzeitig ein Verstoß gegen die Verschwiegenheitspflicht nach § 8 darstellen. Diese Verschwiegenheitspflicht ist strafbewehrt: § 203 Abs. 2 StGB schützt die in § 8 genannten Unternehmen und Personen gegen das unbefugte Offenbaren von Tatsachen, die nach dieser Vorschrift der Verschwiegenheitspflicht der Beschäftigten des BAWe und der nach § 6 Abs. 1 beauftragten Personen unterliegen.

3. Rechtsschutz für das Unternehmen

a) Drittschützender Charakter

Normen haben drittschützenden Charakter, wenn sie ausschließlich oder zumindest neben dem öffentlichen Interesse auch Individualinteressen zu dienen bestimmt sind.[885] Dabei muss sich aus den Tatbestandsmerkmalen der betreffenden Rechtsnorm ein Personenkreis bestimmen lassen, der sich von der Allgemeinheit unterscheidet.[886] Greift staatliches Handeln in den Schutzbereich eines Grundrechts ein, ist im Zweifel den einschlägigen Normen des einfachen Rechts ein subjektiv-rechtlicher Gehalt zuzuerkennen.[887] Hier ist das informationelle

---

[884] Vgl. zu den Drittstaaten die Gesetzesbegründung BRats-Drucks. 963/96, 114.

[885] Ständige Rechtsprechung des BVerwG, z. B. BVerwGE 92, 313, 317; ferner *Kopp*, VwGO (1994), § 42 RNr. 48; *Happ*, in: Eyermann, VwGO (1998), RNr. 86 zu § 42 VwGO.

[886] BVerwGE 94, 151, 158; BVerwG NJW 1996, 1297.

[887] BVerfGE 15, 275, 281; BVerfG NJW 1990, 2249 (im Zweifel ist wegen Art. 19 IV GG diejenige Interpretation eines Gesetzes der Vorzug einzuräumen, die dem Bürger einen Rechtsanspruch einräumt).

Selbstbestimmungsrecht betroffen, das vom BVerfG aus den Grundrechten abgeleitet wurde und dem grundrechtlicher Schutz zuerkannt wurde. Das gilt auch für juristischen Personen des Privatrechts.[888] Die den Datenschutz verfahrenstechnisch gewährleistenden Vorschriften dienen ausschließlich oder jedenfalls neben dem öffentlichen Interesse auch dem Individualinteresse des von der Information Betroffenen.

Auch hinsichtlich § 36c Abs. 2 kann der Betroffene das BAWe zu der Verpflichtung anhalten, die notwendigen Hinweise zu erteilen. Eine Verletzung dieser Hinweispflicht kann theoretisch einen Schadensersatzanspruch des Bürgers auslösen. Die Hinweispflicht hat nämlich ebenfalls drittschützenden Charakter und ist nicht nur eine Ordnungsvorschrift. In der Regel dürfte aber der Nachweis eines Schadens und der Kausalität nicht gelingen.

b) Statthafte Klagearten

Soweit § 36c Abs. 1, Abs. 3 oder § 8 verletzt wird, kann der Betroffene nach einem erfolgslosen Widerspruchsverfahren das BAWe im Wege der Verpflichtungsklage nach § 42 VwGO verpflichten, weder Geschäfts- und Betriebsgeheimnisse noch personenbezogenen Daten unbefugt zu offenbaren, zu verwerten oder zu verwenden. Er kann gegebenenfalls nach § 113 Abs. 1 Satz 4 (analog) feststellen lassen, dass unbefugt offenbart oder verwertet wurde, und er kann u. U. auch Schadensersatz verlangen. Für einen derartigen Amtshaftungsanspruch wird der Schaden und die Kausalität in aller Regel sehr schwer nachweisbar sein. Umso wichtiger wird daher das ebenfalls zulässige einstweilige Verfügungsverfahren nach § 123 VwGO sein.

c) Verantwortlichkeitsaufteilung

Bürger, die sich in ihrem Recht auf informationelle Selbstbestimmung verletzt fühlen, oder Unternehmen, die ihre Geschäfts- und Betriebsgeheimnisse rechtswidrig verwendet oder weitergegeben sehen, müssen sich an die Stelle wenden, die ihrer Ansicht nach die rechtswidrige Verletzung begangen hat. Dabei ist jede Stelle für ihre Handlungen im eigenen Pflichtenkreis verantwortlich. § 15 Abs. 2 Satz 2 BDSG, wonach die Verantwortung von dem Empfänger der übermittelten Information zu tragen ist, wenn die Übermittlung auf sein Ersuchen hin erfolgte, ist weder analog noch von seinem Rechtsgedanken her anwendbar. Diese rein

[888] BVerfGE 67, 100, 142 ff. (Art. 14 GG); *Murswieck*, in: Sachs, Grundgesetz (1996), RNr. 76 und 77 zu Art. 2 (Art. 2 GG); *Jarass*, in: Jarass/Pieroth, Grundgesetz (1997), RNr. 28a zu Art. 2 (Geschäfts- und Betriebsgeheimnisse sind jedenfalls von Art. 14 GG geschützt).

auf den innerdeutschen Amtshilfeverkehr zugeschnittene Vorschrift[889] lässt sich auf den internationalen Informationsaustausch nicht übertragen. Während es dem Betroffenen bei § 15 Abs. 2 Satz 2 relativ gleichgültig sein kann, gegen welche Behörde er vorgeht, weil er immer vor einem deutschen Verwaltungsgericht klagen kann, macht es für ihn einen erheblichen Unterschied, ob er gegebenenfalls ein ausländisches Verwaltungsgericht anrufen muss. Wird also eine Information von dem BAWe rechtmäßig an eine ausländische Stelle übermittelt, dort aber rechtswidrig verwendet, muss sich der Betroffene an die ausländische Stelle wenden und gegebenenfalls die dort zuständigen Gerichte anruzuständigen Gerichte anrufen. Immerhin kann er das BAWe auf Akteneinsicht nach § 29 VwVfG (analog) zur Durchsetzung seiner Rechte gegen die ausländische Stelle in Anspruch nehmen.

Ist die Verantwortlichkeit bei einer zuständigen Stelle im Ausland zu suchen, muss sich der Betroffene an die Gerichte des betreffenden Landes halten. Da es sich um hoheitliche Tätigkeiten handelt, können Gerichte anderer Länder nach dem Grundsatz der Staatenimmunität hierüber nicht urteilen.[890]

---

[889] Vgl. den Anwendungsbereich des BDSG gemäß §§ 1, 2 und 12.

[890] Siehe hierzu bereits oben C. III

H. Zusammenfassung und Ausblick

1. Die Wirtschaftsaufsicht muss mit der zunehmenden grenzüberschreitenden Wirtschaftstätigkeit Schritt halten. Die nationale Verwaltung muss bei ihrer Aufsichtsaufgabe immer mehr über die Grenzen schauen. Sie muss ihre Aufsichtskompetenzen auch extraterritorial ausüben. Gesetze müssen in Bezug auf ihren Regelungsbereich zunehmend extraterritorial anwendbar sein.

2. Europarechtlich wird das Problem der Aufsicht bei grenzüberschreitenden Sachverhalten durch eine gegenseitige Anerkennung der Heimataufsicht und enge Kooperation der zuständigen Stellen gelöst. Die durch die Richtlinien eingeführte Herkunftslandkontrolle führt den zuständigen Stellen der Herkunftsländer den Hauptanteil der Aufsichtskompetenz zu. Den Aufnahmeländern verbleibt eine Restaufsichtskompetenz, zu der insbesondere die Aufsicht über die Einhaltung der nationalen Wohlverhaltenspflichten zählt. Die europarechtlich vorgesehene internationale Verzahnung bei der Aufsichtsverwaltung ist hinsichtlich der begrifflichen Abgrenzung bei den einzuhaltenden Regeln sehr kompliziert und wenig präzise. So können neben den im Aufnahmeland geltenden Wohlverhaltensregeln die entsprechenden Wohlverhaltensregeln des Sitzstaats auf das betreffende Unternehmen anwendbar bleiben. Auch können und sollten die zuständigen Stellen des Herkunftsstaates die Einhaltung der im Aufnahmeland geltenden Wohlverhaltensregeln im Rahmen der ihnen obliegenden Herkunftslandkontrolle mitüberwachen. Damit kann es zu einer Aufsicht in dreifacher Hinsicht kommen. Diese Kompetenzüberlappungen sind weitgehend unschädlich.

3. Die §§ 31, 32, 33 Abs. 1 Nr. 1, 35 Abs. 2, 36 und Untersagungsverfügungen nach 36b sind auch auf Unternehmen mit Sitz in einem EU-Mitglieds- oder Vertragsstaat anwendbar, die in Deutschland ihre Dienstleistungen im Wege der Dienstleistungsfreiheit oder Niederlassungsfreiheit anbieten. § 33 Abs. 1 Nr. 1 ist die Umsetzung der in Art. 11 Abs. 1 Satz 4 3. Spiegelstrich enthaltenen Wohlverhaltenspflicht. Dagegen sind die aus den §§ 33 Abs. 1 Nr. 2 und Nr. 3, 33 Abs. 2, 34 und 34a resultierenden Pflichten nicht anwendbar.

4. Im Verhältnis zu Drittländern, mit denen keine völkerrechtlichen Verträge bestehen, kann allenfalls das Völkergewohnheitsrecht gewisse Anhaltspunkte für die internationale Kompetenzabgrenzung liefern. Danach hat grundsätzlich jeder Staat einen extraterritorialen Jurisdiktionsanspruch, wenn der betreffende

Sachverhalt einen sachlichen Anknüpfungspunkt mit der deutschen Rechtsordnung aufweist. Inzwischen völkergewohnheitsrechtlich anerkannt ist das so genannte Auswirkungsprinzip, nach dem ein Staat Sachverhalte regeln kann, die sich in einer substantiellen, unmittelbaren und vorhersehbaren Art und Weise auf das Inland auswirken.

5. Alle im 5. Abschnitt des WpHG erwähnten Regeln kommen für eine extraterritoriale Anwendung in Betracht. Schon eine substanzielle, vorhersehbare und unmittelbare Auswirkung eines bestimmten Sachverhalts auf das Inland kann zu einen Jurisdiktionsanspruch führen. In den meisten Fällen, in denen sich die Mitarbeiter des BAWe also instinktiv trotz Auslandsberührung berufen fühlen einzugreifen, dürfte ein deutscher Jurisdiktionsanspruch gegeben sein. Auch wenn ein deutscher Jurisdiktionsanspruch gegeben ist, muss ein mögliches ausländisches Regelungsinteresse berücksichtigt werden. Bei einem Jurisdiktionskonflikt ist die Verwaltung völkerrechtlich verpflichtet, eine Abwägung zwischen den widerstreitenden nationalen Regelungsinteressen vorzunehmen. Das kann im Extremfall dazu führen, dass sie eine an sich anwendbare deutsche Norm nicht anwendet, um bestehende ausländische Jurisdiktionsansprüche nicht zu verletzen. Sonst missachtet sie das völkerrechtliche Einmischungsverbot.

6. Die praktische Durchsetzung der Wohlverhaltenspflichten begegnet vielfältigsten Problemen völkerrechtlicher Art, bei denen nach wie vor große Rechtsunsicherheit herrscht. Insbesondere die Zustellung und Vollstreckung von Entscheidungen des BAWe kann daran scheitern, dass es die Souveränität anderer Staaten zu wahren hat.

7. Diese Probleme könnten am effektivsten mit zentralen Aufsichtsbehörden sowohl auf europäischer als auch auf globaler Ebene gelöst werden nach Art der Kartellaufsicht durch die europäische Kommission. Weitreichende, die Souveränität der einzelnen Staaten beschränkenden Kompetenzzuweisungen an eine derartige Behörde lassen sich allerdings politisch nicht durchsetzen. Die intensive Zusammenarbeit der einzelnen nationalen Behörden hat sich aber bislang gerade auch wegen der Kompetenzüberlappungen als hinreichend effektiv erwiesen.[891] Dennoch sollte man über eine stärkere Einbindung international zuständiger Stellen bei der globalen Aufsicht nachdenken.[892] Diese Stelle sollte zur Ko-

[891] Noch deutlicher *Behrens,* MJ 1999, 271, 296.

[892] A.A. *Behrens* a.a.O., der es als grundsätzlichen Fehler ansieht zu glauben, die Weltmärkte bräuchten eine Weltverwaltung für die globale Marktaufsicht. *Behrens* berücksichtigt aber

ordinierung der grenzüberschreitenden Zusammenarbeit beitragen und möglichst weitreichende Entscheidungsbefugnissen für die Streitbeilegung zwischen zuständigen Stellen besitzen.

nicht die in der vorliegenden Arbeit angesprochenen zahlreichen Probleme völkerrechtlicher Art. Vgl. auch die Diskussion für die europäische Ebene bei *Hoppmann,* EWS 1999, 204.

Lebenslauf

Thomas Lutz Stephan
Zentnerstr. 33, 80798 München

- 04.08.68 Geburt in Augsburg. Eltern: Studiendirektor Jens und Fremdsprachenkorrespondentin Ingun Stephan. 2 Brüder
- 1968-75: Aufenthalt in Tokio, Japan. Besuch der 1. Klasse an der Deutschen Schule Tokio
- 1975-78: Volkshochschule Herrsching am Ammersee, Bayern
- 1978-84: Gymnasium Gilching (bei München)
- 1984-87: Deutsche Schule Helsinki, Finnland
  Mai 1987: Reifeprüfung
- 1987/88: Grundwehrdienst

- 1988-91: Jurastudium (1.-6. Fachsemester) an der Ludwig-Maximilians-Universität München
- 1991/92: Jurastudium an der Université de Montpellier, Frankreich
  Juni 1992: Licence en droit privé
- 1992-93: Beendigung des deutschen Studiums (7. und 8. Fachsemester) an der Ludwig-Maximilians-Universität München
  Februar 1994: 1. Staatsexamen
- 1994-96: Referendariat in München
  Juli 1996: 2. Staatsexamen
- Seit November 1996: Wissenschaftlicher Mitarbeiter am Institut für Anwaltsrecht an der Ludwig-Maximilians-Universität München (geschäftsführender Direktor Professor Dr. Peter Schlosser),
- Seit Februar 1997: Zulassung als Rechtsanwalt
- Seit Januar 2001: Tätigkeit als Rechtsanwalt für ein großes Unternehmen